WORLD MOTOR SPORT RECORDS 2012

O LIVRO DOS RECORDES AUTOMOBILÍSTICOS

Copyright © Carlton Books Limited 2010, 2011
Copyright de tradução © Alaúde Editorial, 2011

Título original: WORLD MOTOR SPORT RECORDS 2012

Todos os direitos reservados. Nenhuma parte desta edição pode ser utilizada ou reproduzida – em qualquer meio ou forma, seja mecânico ou eletrônico –, nem apropriada ou estocada em sistema de banco de dados sem a expressa autorização da editora.

O texto deste livro foi fixado conforme o acordo ortográfico vigente no Brasil desde 1º de janeiro de 2009.

EDIÇÃO ORIGINAL

EDITOR:
Martin Corteel

ASSISTENTE EDITORIAL:
David Ballheimer

EDITORA DE ARTE:
Katie Baxendale

DESIGNER:
Luke Griffin

PESQUISADOR ICONOGRÁFICO:
Paul Langan

PRODUÇÃO:
Kate Pimm

EDIÇÃO BRASILEIRA

TRADUÇÃO:
Alexandre A. Vasconcellos

PREPARAÇÃO:
Beatriz Chaves

REVISÃO:
Shirley Gomes e Bia Nunes de Sousa

IMPRESSO EM DUBAI

1ª edição, 2011

Dados Internacionais de Catalogação na Publicação (CIP)
(Câmara Brasileira do Livro, SP, Brasil)

Jones, Bruce
    World Motor Sport Records : o livro dos recordes automobilísticos / Bruce Jones ; tradução de Alexandre A. Vasconcellos. -- São Paulo : Alaúde Editorial, 2011.
    Título original: World Motor Sport Records.
    ISBN 978-85-7881-081-8

    1. Automobilismo - História 2. Automobilismo - Recordes mundiais 3. Pilotos de automobilismo I. Título. II. Título: O livro dos recordes automobilísticos.

11-07122   CDD-796.7209

Índices para catálogo sistemático:
1. World Motor Sport Records : Recordes automobilísticos : História 796.7209

2011
Alaúde Editorial Ltda.
Rua Hildebrando Thomaz de Carvalho, 60
04012-120, São Paulo, SP
Tel.: (11) 5572-9474
e 5579-6757
www.alaude.com.br

NOTA: As estatísticas estão atualizadas até o fim do ano de 2010

Da esq. para a dir. A alegria da vitória: Jeff Gordon, Nascar 1998; Ayrton Senna, F3 1983; Juan Pablo Montoya, Cart 1999; Sébastien Loeb, Rali 2009.

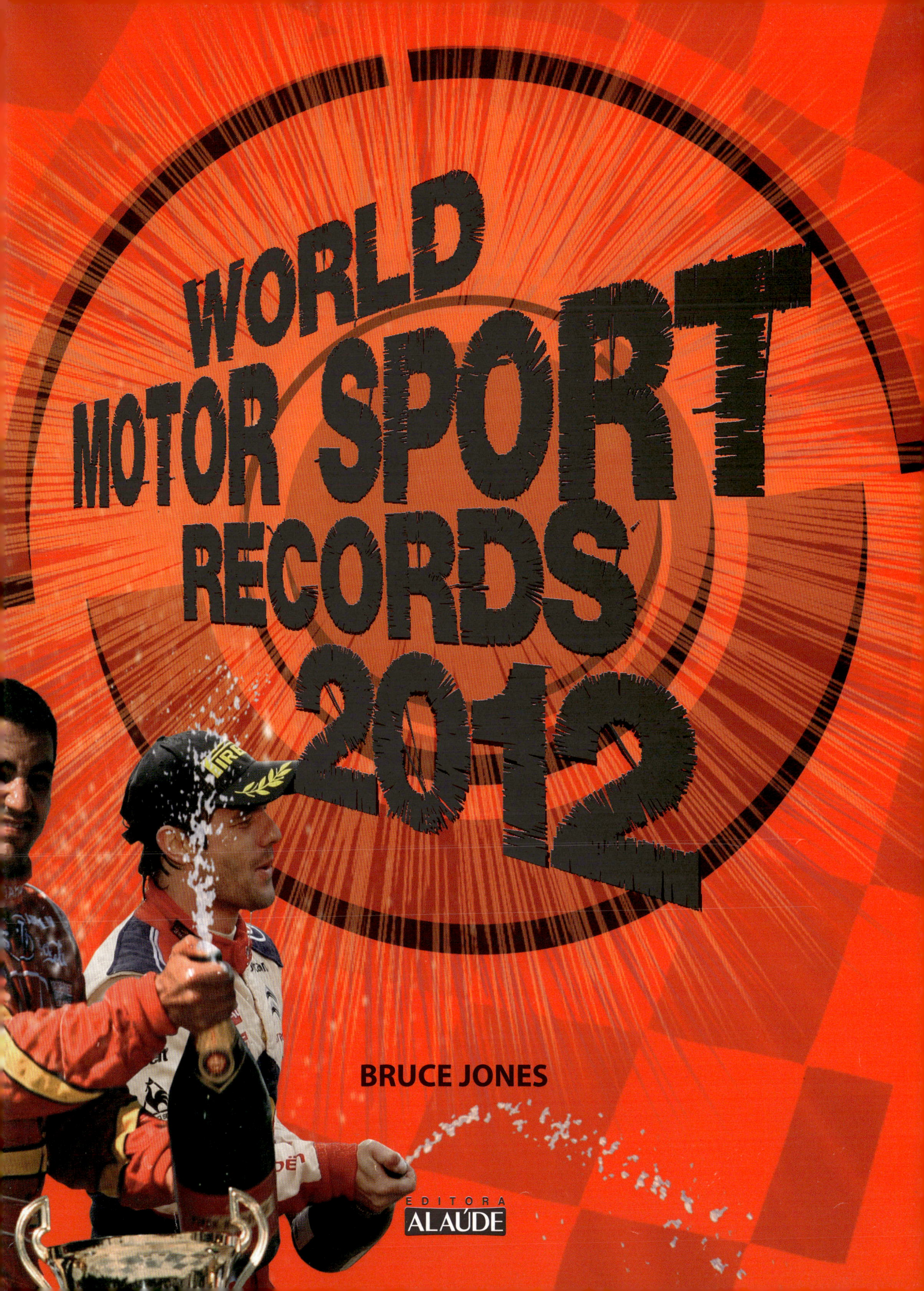

SUMÁRIO

APRESENTAÇÃO	8
PARTE 1: FÓRMULA 1	**10**
PILOTOS	12
Campeões	14
Vice-campeões	18
Vitórias	20
Pole positions	26
Voltas mais rápidas	28
Pontos	30
Carreira	32
Mais jovem e mais velho	34
Largadas	36
Outros recordes	40
CONSTRUTORES	42
Vitórias por equipe	44
Poles por equipe	46
Melhores voltas	48
Pontos por equipe	50
Títulos por equipe	52
Participações	54
Chefes de equipe	56
Fabricantes de pneus	60
Motores	62
CIRCUITOS	64
Extensão	66
Sedes	68
Recordes de volta	70
Vitórias	72
GPs realizados	74
Rápidos e lentos	76
PARTE 2: NASCAR SPRINT CUP	**78**
PILOTOS	80
Campeões	82
Vice-campeões	84
Vitórias	86
Pontos	90
Pole positions	92
Carreira	94
Mais jovem e mais velho	96
Largadas	98
Outros recordes	100
EQUIPES	102
Vitórias por equipe	104
Poles por equipe	108
Premiações	110
Outros recordes	112
CIRCUITOS	114
Extensão	116
Sedes	118
Recordes de volta	120
Número de provas	122
Outros recordes	124
PARTE 3: RALI	**126**
CAMPEONATO MUNDIAL DE RALI	128
Campeões	130
Vitórias	132
Pontos	134
Carreira	136
Outros recordes	138
Recordes por fabricante	140
Sedes	142
RALI DE MONTE CARLO	144
Recordes por piloto	146
Recordes por fabricante	148
RALI PARIS–DACAR	150
Recordes por piloto	152
Recordes por equipe	154

PARTE 4: INDYCAR — 156
PILOTOS — 158
- Campeões — 160
- Vitórias — 162
- Pole positions e voltas mais rápidas — 164
- Pontos — 166
- Largadas — 168
- Carreira — 170
- Outros recordes — 172

EQUIPES E PISTAS — 174
- Recordes por equipe — 176
- Recordes por pista — 180

500 MILHAS DE INDIANÁPOLIS — 184
- Recordes por piloto — 186
- Recordes por equipe — 188
- Outros recordes — 190

PARTE 5: OUTRAS FÓRMULAS — 192
FÓRMULA 2 — 194
- Pilotos — 196
- Equipes — 198

FÓRMULA 3000 — 200
- Pilotos — 202
- Equipes — 204

OUTRAS FÓRMULAS — 206
- Recordes GP2: pilotos/equipes — 208
- Recordes da A1GP: pilotos/equipes — 210
- Recordes da Fórmula 3: pilotos/equipes — 212

PARTE 6: ESPORTE PROTÓTIPO E TURISMO — 214
24 HORAS DE LE MANS — 216
- Recordes por piloto — 218
- Recordes por equipe — 220

ESPORTE PROTÓTIPO — 222
- Pilotos — 224
- Recordes por equipe — 226
- Porsche Supercup — 228
- American Le Mans Series — 230

TURISMO — 232
- Recordes por piloto — 234
- Recordes por equipe — 236
- Deutsche Tourenwagen Meisterschaft (DTM) — 238
- V8 Supercars da Austrália — 240

PARTE 7: OUTRAS CATEGORIAS — 242
- Recordes de velocidade — 244
- Recordes da Nascar Truck Series — 246
- Competições de arrancada — 248
- Outros recordes (funny car, pro stock e outros) — 250

ÍNDICE REMISSIVO — 252
CRÉDITO DAS FOTOS — 256

Ao lado (da frente para trás) **Fórmula 1**, Michael Schumacher, Ferrari, 2006; **Nascar**, Jimmie Johnson, Hendrick Motorsports Chevrolet; **Rallye**, Juha Kankkunen, Martini Lancia, 1990.

Abaixo (da frente para trás) **NHRA Funny Car**, John Force, John Force Racing Ford, 2010; **24 Horas de Le Mans**, Rinaldo Capello/Allan McNish/Tom Kristensen, Audi R10 TDI, 2008; **GP2**, Timo Glock, iSport International, 2007; **Champ Car**, Sébastien Bourdais, Newman/Haas/Lanigan Racing, 2007.

Próxima **GP Brasil 2010:** A Red Bull de Sebastian Vettel à frente da Williams de Nico Hülkenberg e seu companheiro de equipe, Mark Webber, a McLaren de Lewis Hamilton e a Ferrari de Fernando Alonso após a largada da penúltima corrida do Mundial de Fórmula 1. Vettel venceu a prova e, em Abu Dhabi, uma semana depois, o campeonato mundial.

APRESENTAÇÃO

Pág. ao lado, centro **Playground de milionários:** os carros da F1 desfilam pelas ruas estreitas de Mônaco durante o GP de 2005. *Pág. ao lado, embaixo* **Olhando para os dois lados:** Stephane Peterhansel, VW Touareg 2, cruza os trilhos do trem no deserto de Marrocos durante o Rali Dacar 2007. *Abaixo* **O grande momento:** os carros da Nascar Sprint Cup prontos para a largada em Daytona 2009. *No meio* **Via aérea:** o Campeão Mundial de Rali de 1995, Colin McRae/Subaru Impreza, voa na pista de terra. *No pé da pág.* **Mais uma na conta:** Michael Andretti, Equipe Motorola, recebe a bandeira da vitória no GP de Long Beach 2002, na Califórnia.

Bem-vindo ao livro de recordes do esporte a motor mais global já produzido. Fatos e estatísticas vêm sendo estabelecidos desde que os pioneiros participaram de corridas de carros, no início do século 19, e o esporte que todos nós amamos cresceu e se diversificou, desde as corridas de Fórmula 1, nas ruas de Mônaco, passando pelos stocks da Nascar, deslizando pela pista superelevada de Daytona, e os carros do Mundial de Rali ladeira abaixo, numa trilha bruta da África.

O esporte a motor não para. Está continuamente em desenvolvimento, moldado pelo progresso tecnológico, pela situação econômica mundial e, muitas vezes, pelos requisitos de segurança para pilotos e público. Independentemente das mudanças, uma coisa é certa: a competitividade. Trata-se na verdade de competir. E todo competidor e cada competição têm sua história, feita por estatísticas e recordes que são muito mais do que simples datas ou números.

World Motor Sport Records 2012 não provê uma cronologia de resultados de campeonatos, pois já existem livros sobre isso. O seu foco está naquilo que foi conquistado por pilotos, equipes e fabricantes ao longo dos anos. Destaca tanto o sucesso quanto o fracasso, compara os melhores em diferentes eras e registra os extremos de cada categoria, da F1 à Nascar, da IndyCar ao Rali, das corridas de carros esporte e de turismo à melhor categoria júnior dos monopostos.

Este livro não registra somente o que aconteceu no calor da competição dos circuitos de rua, ovais e estradas dos ralis, mas também cobre os dragsters e a mais livre forma de competição a motor de todas: os recordes de velocidade.

Então, independentemente da sua preferência, Ferrari, Chevrolet ou Citroën; de Michael Schumacher, Richard Petty, Colin McRae; do GP da Inglaterra, 500 Milhas de Indianápolis ou 24 horas de Le Mans; de Monza, Talladega ou os 1.000 km do Rali dos Mil Lagos, este livro apresenta histórias, fatos e informações sobre categorias de esporte a motor que você nem conhece muito bem. Esperamos até que lhe dê uma nova perspectiva sobre os pilotos que estiveram em atividade entre 1950 e 1960, que realmente deram a vida em nome da competição.

World Motor Sport Records 2012 foi ao mesmo tempo divertido e, ocasionalmente, muito difícil no requisito pesquisa e me levou a caminhos de prazer e muitas horas de jornada, o que me fez parar somente no momento em que o prazo final se aproximou. Realmente há muita informação por aí; muitas histórias de perseverança, quase sucesso, que mereceriam um outro livro só para seu registro.

Depois de ler este trabalho, espero que você tenha formado uma opinião sobre os méritos de diferentes pilotos, equipes, categorias e circuitos, e sobre como compará-los ao longo do tempo. Ninguém poderá responder se Jim Clark, Dale Earnhardt, Sébastien Loeb ou Mario Andretti foram os melhores pilotos de todos os tempos em suas categorias, mas espero que este livro lhe dê uma nova perspectiva para pensar sobre isso.

Bruce Jones
Março de 2011

PARTE 1
FÓRMULA 1

A Fórmula 1, o esporte mais rápido do mundo, tem empolgado e divertido fãs ao redor do mundo desde sua criação em 1950. O desejo de vencer está mais forte do que nunca, mas a Fórmula 1 mudou drasticamente durante esses 60 anos. Os carros se transformaram em mísseis de alta velocidade com uma aceleração incrível e uma fantástica capacidade para frear e fazer curvas. Os circuitos estão maiores, melhores e mais seguros. Assim, a cada GP, recordes continuam a ser batidos numa interessante mistura de glamour e velocidade.

Tráfego pesado: Nico Hülkenberg (Williams) mostra como a batalha pode ser dura no meio do pelotão, ao liderar a fila formada por Sébastien Buemi (Toro Rosso), Adrian Sutil (Force India), Nico Rosberg (Mercedes), Vitaly Petrov (Renault) e Vitantonio Liuzzi (Force India) na largada do GP da Europa de 2010, em Valência.

PILOTOS

O domínio de Michael Schumacher, de 2000 até 2004, colocou seu nome no topo de qualquer lista de conquistas de pilotos. Mas alguns de seus rivais e os pilotos que correram antes dele deram uma grande contribuição à colorida história da Fórmula 1, incluindo nomes como Alberto Ascari, Juan Manuel Fangio, Stirling Moss, Jim Clark, Jackie Stewart, Niki Lauda, Alain Prost, Ayrton Senna e Nigel Mansell.

Imbatíveis: Juan Manuel Fangio e sua Mercedes foram imbatíveis em 1955, o que enfatizou sua capacidade de escolher o carro certo na hora certa.

CAMPEÕES

TERRITÓRIO DE LEÕES

Muitas vezes um piloto ou uma equipe atingem o máximo do desempenho, dominando a F1. Veja o caso de Michael Schumacher no início do século 21, quando foi campeão de 2000 a 2004. Sua equipe, a Ferrari, igualou duas vezes, em 2002 e 2004, o recorde de 15 vitórias no ano. Michael venceu 11 provas em 2002, 13 em 2004, deixando as 6 restantes para o companheiro, Rubens Barrichello. Quando a McLaren venceu 15 das 16 provas de 1988, Alain Prost levou 7 e Ayrton Senna, 8.

NÚMERO 1 NO CARRO

O campeão mundial tem a honra de levar o número 1 no carro no ano seguinte. Michael Schumacher foi quem carregou o número 1 por mais tempo em seu carro: do início da temporada de 2001 até o final de temporada de 2005.

BRITÂNICOS NA FRENTE

Pilotos, equipes e fornecedores britânicos de motores lideram muitas das estatísticas da F1, um fato que teria enlouquecido os espectadores dos anos 1950, quando os carros verde-escuros ficavam atrás dos melhores da Itália e da Alemanha. A Grã-Bretanha tem o maior número de títulos de pilotos, 14, e o maior número de campeões, 10: Mike Hawthorn, Graham Hill, John Surtees, James Hunt, Nigel Mansell, Damon Hill, Lewis Hamilton e Jenson Button, da Inglaterra, e Jim Clark e Jackie Stewart, da Escócia.

POR UMA FRAÇÃO

Alguns campeões venceram por ampla margem, outros nem tanto. Lewis Hamilton (2008) e Kimi Räikkönen (2007), ambos por 1 ponto. Mike Hawthorn venceu pela mesma margem, em 1958, mas sua conquista precisou de uma atitude ética de Stirling Moss, que impediu que ele fosse desclassificado em Portugal ao atestar que ele não fora empurrado na largada. O campeonato mais apertado aconteceu em 1984, quando Niki Lauda venceu Alain Prost por meio ponto, ambos de McLaren.

Acima **Britânicos na frente:** Mike Hawthorn foi o primeiro britânico campeão, em 1958. *Abaixo* **Territórios de leões:** Michael Schumacher disputou o seu terceiro título mundial em 2000, e, a partir de então, pilotou o carro nº 1 pelos próximos 5 anos.

PILOTOS 15

Acima **Privados surpreendem:** Jack Brabham celebra a vitória no GP inglês de 1959 em Aintree, com seu Cooper.
Abaixo **Jogo sujo:** A Benetton de Michael Schumacher fica em duas rodas depois de tocar na Williams de Damon Hill.

OS MAIORES DO MUNDO

1	Michael Schumacher	7
2	Juan Manuel Fangio	5
3	Alain Prost	4
4	**Jack Brabham**	3
=	Niki Lauda	3
=	Nelson Piquet	3
=	Ayrton Senna	3
=	Jackie Stewart	3
9	Fernando Alonso	2
=	Alberto Ascari	2
=	Jim Clark	2
=	Emerson Fittipaldi	2
=	Mika Hakkinen	2
=	Graham Hill	2
15	Mario Andretti	1
=	Jenson Button	1
=	Giuseppe Farina	1
=	Lewis Hamilton	1
=	Mike Hawthorn	1
=	Damon Hill	1
=	Phil Hill	1
=	Denis Hulme	1
=	James Hunt	1
=	Alan Jones	1
=	Nigel Mansell	1
=	Kimi Räikkönen	1
=	Jochen Rindt	1
=	Keke Rosberg	1
=	Jody Scheckter	1
=	John Surtees	1
=	Sebastian Vettel	1
=	Jacques Villeneuve	1

VANTAGEM CLARA

Michael Schumacher conseguiu a maior vantagem em uma conquista de título, quando, em 2002, venceu por uma diferença de 67 pontos seu companheiro da Ferrari, Rubens Barrichello. Ele superou a margem de 58 pontos que havia marcado sobre o McLaren de David Coulthard no ano anterior e os 52 pontos que Nigel Mansell colocou em seu companheiro de Williams, Riccardo Patrese, em 1992.

PRIVADOS SURPREENDEM

Jack Brabham e a Cooper defenderam bem as equipes privadas quando conquistaram juntos os títulos de piloto e de construtores em 1959. Isso fez com que a Cooper fosse a primeira fabricante independente a vencer marcas já estabelecidas, como Ferrari, Mercedes e Maserati, que competiam com suas equipes de F1 ao mesmo tempo que conduziam suas já instituídas empresas automobilísticas.

JOGO SUJO

Damon Hill teve toda a razão para se revoltar no fim da temporada de 1994 em Adelaide. Michael Schumacher parecia ter deixado a porta aberta; Hill mergulhou por ali sem saber que o alemão havia danificado seu carro no muro. Schumacher jogou seu Benetton sobre o Williams de Hill, o que resultou numa batida com danos irreparáveis no carro de Hill, levando-o a se retirar da prova. Schumacher venceu o campeonato do mundo por 1 ponto.
O pai de Damon, Graham, também perdeu um título nos momentos finais (México/1964), quando o Ferrari de John Surtees o venceu por 1 ponto, depois que Lorenzo Bandini tocou em Hill, levando-o a uma rodada.

MENOR NÚMERO

Fora a conquista de Giuseppe Farina no primeiro mundial em 1950, o menor número de grandes prêmios disputados por um piloto antes de ser campeão foram os 12 feitos por Juan Manuel Fangio e seu Alfa Romeo entre 1950 e 1951. Hoje em dia os pilotos disputam muito mais do que isso numa só temporada.

A PIOR DEFESA DE TÍTULO

Alberto Ascari venceu dois títulos consecutivos, em 1952 e 1953. No entanto sua segunda defesa de título foi um desastre. Seu Lancia não ficou pronto e ele entrou no campeonato mais tarde, sem terminar nenhuma das cinco provas que disputou. Ascari marcou apenas 1,14 ponto por ter registrado uma volta mais rápida e dividido essa marca em outra ocasião. Mais tarde, Jody Scheckter enfrentou um pesadelo ao defender o título conquistado em 1979: seu Ferrari 312T5 era pouco competitivo e ele marcou apenas 2 pontos ao longo de toda a temporada de 1980.

UMA É SUFICIENTE

Qualquer pessoa que assistisse a Keke Rosberg pilotar, percebia como ele entrava para vencer. Extremamente combativo, conquistou o título mundial com um Williams, em 1982, com apenas uma vitória. O mesmo aconteceu com Mike Hawthorn em 1958. Jack Brabham (1959), Phil Hill (1961), John Surtees (1964) e Denny Hulme (1967) foram campeões com apenas duas vitórias.

TUDO EM FAMÍLIA

A família Hill tem um orgulho singular: apesar de a F1 ter em sua história vários filhos que seguiram os pais, Graham e Damon são os únicos, pai e filho, a serem campeões. Graham venceu em 1962, para a BRM, e em 1968, para a Lotus, enquanto Damon foi coroado com uma Williams em 1996. Os Andrettis e Scheckters falharam em suas tentativas, enquanto as dinastias de Piquet e Rosberg mantêm a esperança.

DUPLA DE CAMPEÕES

A dupla de pilotos da McLaren em 2010, Lewis Hamilton, campeão de 2008, e Jenson Button, campeão de 2009, foi a oitava dupla de campeões numa mesma equipe na história da categoria. Antes disso, foram estas as duplas de campeões na mesma equipe: Alberto Ascari e Giuseppe Farina na Ferrari, em 1953 e 1954; Jim Clark e Graham Hill na Lotus, em 1967 e 1968; Emerson Fittipaldi e Denny Hulme na McLaren, em 1974; Alain Prost e Keke Rosberg na McLaren, em 1986; e Alain Prost e Ayrton Senna na McLaren, em 1989.

DE 2 PARA 4 RODAS

John Surtees – campeão mundial pela Ferrari, em 1964 – tem a distinção de ser o único campeão mundial de moto a conquistar também o título mundial com quatro rodas. Dois outros campeões mundiais, Mike Hailwood e Johnny Cecotto, também vieram das duas rodas, mas "Mike the Bike" teve como melhor resultado um segundo lugar na Itália em 1972, ironicamente correndo pela equipe Surtees, enquanto o melhor resultado de Cecotto foi uma sexta posição em Long Beach, com uma Theodore em 1983.

Acima **Pior defesa de título:** Alberto Ascari (34) teve problemas em 1954, não terminando nenhuma corrida. Aqui, ele aparece em segundo, atrás de Juan Manuel Fangio em Monza. *No alto* **Tudo em família:** Em 1996, Damon Hill, filho de Graham, lidera o companheiro de Williams, Jacques Villeneuve, filho de Gilles, durante o ano em que se tornou o primeiro filho de campeão também campeão.

ESPAÇO DE SOBRA

O piloto que conquistou o campeonato com maior antecipação foi Michael Schumacher em sua trajetória de sucesso na Ferrari, em 2002. Houve 17 etapas naquele ano e o alemão foi campeão na 11ª prova, o GP da França em Magny-Cours, vencido por ele mesmo.

ESCOLHO O MAIS RÁPIDO

Juan Manuel Fangio foi sem dúvida um mestre atrás do volante, mas era também um mestre na escolha do seu equipamento, mudando de equipe para garantir essa condição. Isso explica por que ele venceu o campeonato mundial por mais equipes do qualquer outro piloto. Fangio foi campeão pela Alfa Romeo, Mercedes, Lancia-Ferrari e Maserati.

O PRIMEIRO CAMPEÃO MUNDIAL

Giuseppe Farina foi o primeiro campeão mundial em 1950, aos 44 anos. O piloto italiano conquistou sua última vitória com quase 47 anos, tornando-se o segundo vencedor mais velho da história da F1. Hoje em dia a maioria dos pais dos pilotos é mais jovem do que isso.

A VOLTA ÀS PISTAS

Niki Lauda tinha dois títulos mundiais ao abandonar as pistas ao final da temporada de 1979. Como muitos outros pilotos, antes e depois dele, não conseguiu ficar longe das pistas, voltando a competir em 1982 pela equipe McLaren. Ao vencer o campeonato de 1984, ele registrou a maior distância entre dois títulos mundiais: sete anos (1977-1984).

DOIS TÍTULOS EM UM

Fernando Alonso estabeleceu um recorde ao vencer seu segundo título mundial em 2006: tornou-se o mais jovem bicampeão aos 25 anos e 85 dias. Ayrton Senna é o mais jovem tricampeão mundial da história, com 31 anos e 227 dias.

OS PILOTOS QUE DISPUTARAM MAIS CORRIDAS ANTES DE VENCER O TÍTULO MUNDIAL

#	Piloto	Corridas
1	Nigel Mansell	180
2	Jenson Button	170
3	Kimi Räikkönen	121
4	Mika Hakkinen	112
5	**Jody Scheckter**	**97**
6	Alain Prost	87
7	Mario Andretti	80
=	Alan Jones	80
9	Ayrton Senna	77
10	Fernando Alonso	67
=	Damon Hill	67

Direita **Pilotos que disputaram mais corridas antes de vencer o título mundial:** Jody Scheckter correu 97 vezes antes de ser campeão; Nigel Mansell correu 83 a mais! *Abaixo* **Escolho o mais rápido:** Juan Manuel Fangio sorri com sua vitória em 1957, no GP da Alemanha, após abater as Ferraris com sua Maserati.

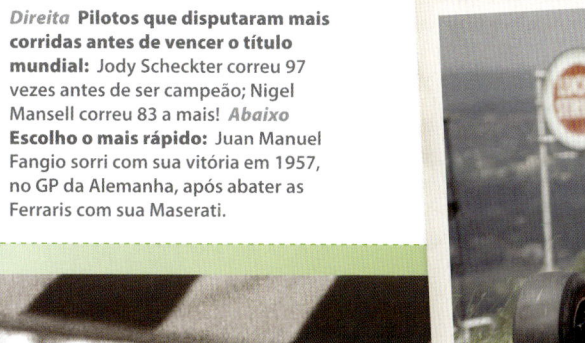

VICE-CAMPEÕES

PRIMEIRO DOS PERDEDORES

Ninguém quer chegar em segundo num GP porque na F1 eles são conhecidos como "o primeiro dos perdedores". Então, imagine como os pilotos torcem o nariz ao terminarem o campeonato nessa posição. Fica pior ainda se eles disputaram até a última etapa e perderam o título por uma margem mínima. Um exemplo disso aconteceu em 2007 com Lewis Hamilton (McLaren), quando ele terminou o GP do Brasil na sétima colocação, enquanto Kimi Räikkönen e seu Ferrari conquistaram a vitória e o título mundial.

LAUDA BATE PROST

Ser mais rápido e conquistar mais vitórias é uma coisa, mas o mestre das estratégias Niki Lauda deu uma lição de consistência ao companheiro de McLaren, Alain Prost, em 1984. Prost se adaptou rapidamente à equipe, vindo da Renault e vencendo a prova de estreia, para adicionar seis vitórias a essa marca, incluindo três das quatro provas finais. Entretanto, Lauda esteve sempre nos pontos, registrando cinco vitórias. Lauda arrebatou o título mundial por meio ponto de vantagem, cortesia da metade dos pontos aplicadas no GP de Mônaco, encerrado prematuramente em razão de uma tempestade, justamente quando Prost liderava.

PERSEGUINDO O SONHO

Rubens Barrichello andou em segundo lugar atrás de Ayrton Senna em 1993 no GP da Europa, em Donington Park, naquele que era apenas seu terceiro GP, um mês antes de fazer 21 anos. No entanto, apesar dessa "promessa", Barrichello tem agora o maior número de GPs disputados sem conquistar um campeonato mundial: 306 provas até o fim de 2010.

Acima **Perseguindo o sonho:** Rubens Barrichello (Williams) ultrapassou os 300 grandes prêmios antes do GP do Brasil em 2010. Nessa etapa, de número 305, ele não lutou pela vitória. *Abaixo* **Se não conseguir da primeira vez...:** Nigel Mansell "quase" foi campeão em 1986, mas teve que esperar até 1992 para vencer.

PONTOS NÃO SÃO TÍTULOS

Rubens Barrichello tem a honra estranha de ter o maior número de corridas disputadas sem o título de campeão, como também ser aquele que marcou mais pontos sem o título, com 654. David Coulthard é o segundo da lista de pontos com um total de 535.

IMPACTO INSTANTÂNEO

Jacques Villeneuve e Lewis Hamilton são os únicos pilotos que conquistaram o vice-campeonato no ano de estreia. Villeneuve obteve a marca com a Williams em 1996 e Hamilton com a McLaren em 2007. E os dois conquistaram o título de campeão no ano seguinte.

SE NÃO CONSEGUIR NA PRIMEIRA VEZ...

Nigel Mansell poderia ter sido campeão em 1986, mas um estouro de pneu acabou com sua chance em Adelaide, deixando-o atrás de Alain Prost. Ele insistiu e foi vice-campeão mais duas vezes, em 1987 e 1991, antes de conquistar, finalmente, seu título em 1992, com o imbatível Williams FW14 com suspensão eletrônica.

PILOTOS COM MAIOR NÚMERO DE VITÓRIAS SEM VENCER O CAMPEONATO MUNDIAL

1	Stirling Moss	16
2	**David Coulthard**	13
3	Carlos Reutemann	12
4	Rubens Barrichello	11
=	Felipe Massa	11
6	Gerhard Berger	10
=	Ronnie Peterson	10
8	Jacky Ickx	8
9	Rene Arnoux	7
=	Juan Pablo Montoya	7

Acima Pilotos com maior número de vitórias sem vencer o título mundial: David Coulthard é segundo, atrás de Stirling Moss, neste quesito. *Abaixo* **Como dama de honra:** Stirling Moss venceu quatro provas no mundial de F1 de 1958 – incluindo o GP da Inglaterra –, mas perdeu o título para o compatriota Mike Hawthorn, que venceu apenas uma prova ao longo daquele ano.

TÃO JOVEM E TÃO PERTO

Lewis Hamilton era um novato ao terminar a temporada da F1 em 2007 a um ponto do título, mas Sebastian Vettel era seis meses mais jovem ao ser vice-campeão para Jenson Button em 2009. Tinha apenas 22 anos e 122 dias, mas tornou-se o mais jovem campeão mundial no ano seguinte.

SETE DÁ SORTE?

Três pilotos que se tornaram campeões mundiais marcaram um recorde indesejado numa mesma temporada: venceram sete provas, mas não conquistaram o título mundial. São eles: Alain Prost, em 1984 e 1988, Kimi Räikkönen, em 2005, e Michael Schumacher, em 2006.

COMO DAMA DE HONRA

Stirling Moss sempre será lembrado como o melhor piloto sem conquistar um título mundial. Em quatro ocasiões foi vice-campeão, três delas atrás de Juan Manuel Fangio, seu mentor na Mercedes. Na quarta vez, perdeu por 1 ponto para Mike Hawthorn, apesar de vencer mais provas ao longo de ano. Alain Prost também foi vice-campeão quatro vezes, mas compensou isso com seus quatro títulos mundiais.

VITÓRIAS

FERRARI, A MAIOR FORÇA

Combinando o fato de a Ferrari estar na F1 há mais tempo do que as outras equipes (desde a primeira em 1950) com o fato de o maior vencedor da categoria, Michael Schumacher, ter registrado por ela 91 conquistas, não é surpresa que a equipe seja a maior vencedora de todas com nada menos que 215 triunfos até o fim da temporada de 2010. A McLaren tem 46 vitórias a menos, boa parte delas conquistadas no fim dos anos 1990, antes do domínio de Schumacher e o seu Ferrari.

O MELHOR RECORDE

Talvez o recorde mais impressionante dos muitos recordes de Michael Schumacher seja o fato de ele ter vencido pelo menos uma corrida desde 1992, ao longo dos 14 mundiais, até 2006. Entretanto, ele não foi capaz de adicionar nenhuma vitória em seu retorno em 2010.

13: AZAR SÓ DOS OUTROS

Michael Schumacher não é do tipo supersticioso. Ele não entra no carro sempre pelo mesmo lado nem veste as mesmas botas (Alexander Wurz) ou usa luvas da sorte (David Coulthard). Mas parece que o 13 é um número da sorte para ele, pois ele registrou 13 vitórias nos 18 grandes prêmios disputados em 2004, quando conquistou seu sétimo e último título na F1.

TOQUE BRITÂNICO

Além de ter o maior número de títulos mundiais, os britânicos têm o maior número de vitórias. Eles repartem 208 conquistas entre 19 pilotos, com Nigel Mansell à frente com 31. Mas esse número faz dele apenas o quarto maior vencedor, muito atrás das 91 conquistas de Michael Schumacher. Os britânicos têm 100 sucessos a mais do que a Alemanha, seguidos pelo Brasil com 101.

Direita **Toque britânico:** Nigel Mansell é um dos 19 britânicos que venceram grandes prêmios. *Abaixo* **O melhor recorde:** Michael Schumacher deu à Ferrari quase a metade das suas 210 vitórias, mas Felipe Massa e Kimi Räikkönen mantiveram o hábito para a equipe italiana, como mostraram no GP do Brasil de 2007.

COMO UM TRATOR

Se uma vitória chateia os adversários, imagine o que uma série delas não faz. O rei das vitórias seguidas é Alberto Ascari, que viveu uma série incrível iniciada em 1952 ao vencer o GP da Bélgica e continuou por oito grandes prêmios, o último deles também na Bélgica no ano seguinte. Por isso não é surpresa que ele tenha sido campeão nesses dois anos. Até mesmo Michael Schumacher parou na sétima vitória em 2004.

APENAS ENTRE ELES

O oposto na alternância de vitórias aconteceu nos campeonatos mundiais de 1950 e 1952. Em 1950, Giuseppe Farina e Juan Manuel Fangio venceram três vezes cada um; em 1952 apenas Piero Taruffi venceu, antes das seis conquistas de Alberto Ascari. Esses dados não incluem as 500 Milhas de Indianápolis, que fazia parte do calendário da F1, mas era disputada, praticamente, só por pilotos norte-americanos.

BOM DEMAIS PARA SER MENTIRA

Quando um piloto domina a F1, os fãs logo apontam para o carro. Então, uma das melhores maneiras de se provar o contrário é verificar se o piloto venceu por equipes diferentes. Nessa estatística, Stirling Moss venceu por cinco fabricantes distintos: Mercedes, Maserati, Vanwall, Cooper e Lotus. Juan Manuel Fangio e Alain Prost foram vitoriosos por quatro equipes diferentes.

EM CASA O CORAÇÃO BATE MAIS FORTE

Com dois grandes prêmios disputados em sua terra natal na maioria dos anos em que competiu, Michael Schumacher tem o recorde de vencer mais vezes "em casa". Ele tem cinco vitórias no GP da Europa, disputados em Nürburgring, e mais três no GP da Alemanha. Alain Prost vem a seguir com seis vitórias nos grandes prêmios disputados na França.

TODO MUNDO PODE

A temporada de 1982 foi extremamente competitiva, pois nada menos do que 11 pilotos venceram pelo menos uma vez em 16 provas. Keke Rosberg foi campeão à frente de Didier Pironi e John Watson, ambos com duas vitórias, mas Michele Alboreto, René Arnoux (2), Elio de Angelis, Niki Lauda (2), Riccardo Patrese, Nelson Piquet, Alain Prost (2) e Patrick Tambay também subiram ao lugar mais alto do pódio.

SEM PADRÃO

O campeonato mundial de 1982 teve 11 pilotos vencedores, marcando a série mais longa com diferentes vencedores da história da F1. A vitória surpresa de Riccardo Patrese na sexta etapa em Mônaco iniciou essa série, que continuou até a vitória de Keke Rosberg na 14ª etapa no GP da Suíça. Nunca mais aconteceu um ano como aquele.

OS 10 MAIORES VENCEDORES DE GRANDE PRÊMIO

#	Piloto	Vitórias
1	Michael Schumacher	91
2	Alain Prost	51
3	Ayrton Senna	41
4	Nigel Mansell	31
5	Jackie Stewart	27
6	Fernando Alonso	26
7	Jim Clark	25
=	Niki Lauda	25
9	Juan Manuel Fangio	24
10	Nelson Piquet	23

Esquerda **Os 10 maiores vencedores de Grande Prêmio:** Michael Schumacher se acostumou a levantar a taça de vencedor. Ele fez isso 91 vezes. *Acima* **Sem padrão:** Com a vitória em Mônaco em 1982, Riccardo Patrese deu início a uma série de nove corridas com vencedores diferentes.

A VOLTA QUE VALE

Jochen Rindt foi um *expert* em liderar a última volta ao invés da primeira e fez isso muito bem em Mônaco, em 1970, quando caçou Jack Brabham, pressionando-o até que ele cometesse um erro na volta final. Coitado do Brabham, foi batido novamente na última volta, dessa vez em Brands Hatch, quando Rindt venceria a prova graças à falta de combustível do australiano quase na linha de chegada.

A PRIMEIRA IMPRESSÃO

Jacques Villeneuve e Lewis Hamilton dividem o recorde de vitórias no ano de estreia na F1. Eles venceram quatro vezes, com Villeneuve marcando a primeira delas com seu Williams na sua quarta corrida, em Nürburgring, enquanto Hamilton levou seu McLaren à chegada na sua sexta corrida, no Canadá. Juan Manuel Fangio e Giuseppe Farina venceram três provas em 1950, o primeiro campeonato de F1.

Acima **A primeira impressão:** Lewis Hamilton venceu quatro provas na sua temporada de estreia na F1 em 2007. *Abaixo* **Ultrapassar é fundamental:** John Watson tinha boas razões para sorrir no pódio em Long Beach, em 1983, depois de trazer sua McLaren de 22º para o 1º lugar da prova.

UM ANO EXCEPCIONAL

Seis vitórias num único campeonato é um número expressivo e um registro a ser destacado. Entretanto, os campeonatos mundiais eram muito mais curtos na década de 1950, quando Alberto Ascari marcou seis vitórias em seu primeiro título (1952/Ferrari), pois houve apenas sete provas, resultando em 86% de aproveitamento, o melhor da história. As 13 vitórias de Michael Schumacher, no total de 18 provas de 2004, significaram 72%.

DUPLA DOMINANTE

Michael Schumacher e Rubens Barrichello fizeram o chamado "um-dois" 19 vezes, quando correram juntos pela equipe Ferrari. Algumas vezes, depois de ter garantido o título, Michael chegou a tirar o pé para que fosse Rubens a dar à Ferrari o chamado um-dois. Ele fez isso algumas vezes, mas em Indianápolis, em 2002, a atitude foi um fiasco, pois ele simulou um final eletrizante entre os dois, mas acabou perdendo a prova para o brasileiro.

NAÇÕES VENCEDORAS

Os pilotos britânicos têm o maior número de vitórias agregadas – 19 deles lideram a tabela com 213 conquistas. A primeira delas foi em Reims (França/1953), quando Mike Hawthorn (Ferrari) superou Juan Manuel Fangio (Maserati) por 1 segundo. Os alemães estão em segundo, quase que apenas pelas 91 vitórias de Michael Schumacher, pois só cinco compatriotas somaram vitórias para os alemães. O Brasil, em terceiro, tem 101 conquistas.

HORA CERTA, LUGAR CERTO

Foram 22 os pilotos que venceram um só grande prêmio. Como pode tudo dar tão certo uma vez apenas?
No caso de Jean-Pierre Beltoise, ex-campeão francês de moto tido como uma grande promessa, a vitória aconteceu em Mônaco, em 1972, com muita chuva. Como seu BRM tinha menos potência do que os outros carros do grid, a chuva anulou essa desvantagem, mas depois disso nunca mais ele teve equipamento para somar novas vitórias à sua passagem na F1.

ULTRAPASSAR É FUNDAMENTAL

Como ultrapassar está cada vez mais difícil, a chance de um piloto vir do fundo do grid para vencer é quase impossível. O recorde de John Watson foi estabelecido em 1983 no GP dos EUA Oeste em Long Beach, Califórnia, quando ele venceu a prova vindo da 22ª posição na largada. Ele também tem a 3ª melhor marca, vindo de 17º para 1º em Detroit no mesmo ano.

BARBA RASA

A primeira vitória de um piloto é normalmente um momento de celebração e alívio por "tirar um peso das costas". Para John Watson, em 1975 no GP da Áustria, foi a hora de pagar uma aposta a seu chefe de equipe, Roger Penske. Por causa da vitória, Watson teve que raspar a barba e, depois disso, nunca mais deixou a barba crescer novamente.

COM A CORDA TODA

Nigel Mansell tem o melhor começo de temporada da história, registrado em 1992, com cinco vitórias seguidas. E poderiam ter sido seis não fosse o problema num pneu de seu Williams, em Mônaco, e suas tentativas frustradas de ultrapassar Ayrton Senna e seu McLaren na pista monegasca.

PODE RELAXAR

Você venceu as péssimas condições da pista, as variações do tempo e, certamente, também venceu as apostas. Na verdade, você acabou de conquistar sua primeira vitória! É hora de celebrar, socar o ar... perder o controle e arrancar o bico do seu carro! Bem-vindo ao mundo selvagem do italiano Vittorio Brambilla e seu March no GP da Áustria de 1975. Só que essa foi a primeira e única vitória desse piloto, também conhecido pelo apelido "O Gorila de Monza".

OS 10 PAÍSES COM MAIOR NÚMERO DE VITÓRIAS

#	País	Vitórias
1	Grã-Bretanha	213
2	Alemanha	113
3	Brasil	101
4	França	79
5	Finlândia	44
6	Itália	43
7	Áustria	41
8	Argentina	38
9	Austrália	32
10	Espanha	26

MARGEM MÍNIMA

Uma mudança no último instante do GP de Monza, em 1971, produziu a chegada mais apertada da história da F1. Peter Gethin colocou o nariz de seu BRM à frente do grupo de cinco carros, aproveitando-se do vácuo na saída da curva final, agitando o braço efusivamente na linha de chegada, convenceu os fiscais de que ele era o vencedor. A margem de vitória foi de 0,01 segundo sobre Ronnie Peterson e apenas 0,61 entre os cinco primeiros!

NINGUÉM ME PASSA

Ayrton Senna largou na pole position 65 vezes e se aproveitou muito bem delas, pois tem o recorde de vitórias liderando todas as voltas. Ele repetiu esse feito 19 vezes; Jim Clark é o seguinte da lista, com 13; Michael Schumacher e Jackie Stewart vêm a seguir, com 11.

Abaixo **Ninguém me passa:** Jim Clark venceu sua primeira prova pela Lotus em Aintree, 1962. *No pé da pág.* **Margem mínima:** O bico do BRM de Peter Gethin fica à frente do March (25) de Ronnie Peterson na chegada mais apertada da história da F1.

VITÓRIA LOGO DE CARA

Dois pilotos têm o recorde de vencer uma prova de campeonato mundial em sua estreia. Giuseppe Farina fez isso em 1950, no primeiro campeonato mundial oficial (em que seria campeão), mas a vitória mais significativa foi de Giancarlo Baghetti. Promovido pela Ferrari quando esta procurava um novo talento italiano, em 1961, venceu duas provas extracampeonato e, depois, bateu Dan Gurney por 0,1 de segundo, na sua estreia no mundial no GP da França em Reims. Foi sua única vitória na F1. Desde então, somente Jacques Villeneuve chegou perto da vitória na estreia na Austrália em 1996, quando ficou na segunda colocação.

"SEU" MOMENTO

Em 2009, Mark Webber tirou de Rubens Barrichello o recorde de disputar mais GPs sem vencer. Ele tinha 130 quando levou seu Red Bull ao triunfo em Nürburgring. Jenson Button participou de 113 provas até conseguir vencer e está em quarto lugar na lista, logo atrás de Jarno Trulli (119).

QUEM PODERIA IMAGINAR?

Na história da F1 aconteceram vitórias que surpreenderam a todos. A conquista de Jo Bonnier em 1959, na Holanda, é um bom exemplo disso, pois ninguém imaginava que a BRM pudesse vencer corridas. A conquista de Vittorio Brambilla na Áustria, em 1975, foi um choque porque ninguém esperava que justamente ele sobrevivesse à pista molhada. Entretanto, a vitória de Giancarlo Baghetti em sua estreia na Ferrari no GP da França, em 1961, foi a mais surpreendente, pois ele ultrapassou vários concorrentes vindo da 13ª posição no grid para ultrapassar Dan Gurney e vencer a prova.

VENCENDO POR LARGA MARGEM

Jackie Stewart foi um expoente na tática de "vencer com a menor velocidade possível". Riscos não eram algo que ele considerasse que valesse a pena, mas a tática deu certo, afinal ele venceu 27 grandes prêmios e 3 títulos mundiais. Stewart detém o recorde da maior margem de vitória da história da F1 – duas voltas. No GP de 1969, na Espanha, em Montjuich, ele venceu por 7,58 km. Damon Hill também venceu por duas voltas em 1995 (Austrália), com uma margem de 7,55 km.

Acima **"Seu" momento:** Finalmente Mark Webber vencia uma prova; Nürburgring, 2009, depois de 130 GPs. *Abaixo* **Vitória logo de cara:** Giancarlo Baghetti bate Dan Gurney para vencer na estreia em 1961, no GP da França.

PILOTOS

AS MENORES MARGENS DE VITÓRIA

Margem	Vencedor	Segundo	GP	Ano
0,010 seg	Peter Gethin	Ronnie Peterson	Itália	1971
0,011 seg	Rubens Barrichello	Michael Schumacher	EUA	2002
0,014 seg	Ayrton Senna	Nigel Mansell	Espanha	1986
0,050 seg	Elio de Angelis	Keke Rosberg	Áustria	1982
0,080 seg	Jackie Stewart	Jochen Rindt	Itália	1969
0,100 seg	Juan Manuel Fangio	Karl Kling	França	1954
0,100 seg	Giancarlo Baghetti	Dan Gurney	França	1961
0,174 seg	Michael Schumacher	Rubens Barrichello	Canadá	2000
0,182 seg*	Michael Schumacher	Rubens Barrichello	Áustria	2002
0,200 seg*	Stirling Moss	Juan Manuel Fangio	Bretanha	1955

* Vitórias por ordem de equipe ou benevolência do outro piloto

Abaixo **Vencendo por larga margem:** Dia de erros e atritos, Damon Hill venceu o GP da Austrália com duas voltas de vantagem. *Direita* **Batendo o relógio:** Stirling Moss venceu de forma arrasadora com seu Vanwall o GP de Portugal em 1958, fechando com uma margem de mais de 5 minutos.

BATENDO O RELÓGIO

Em termos de tempo e não de voltas, Stirling Moss tem o recorde de vitória com maior margem da história. Ele recebeu a bandeirada com seu Vanwall 5 minutos e 12,75 segundos à frente de Mike Hawthorn, na cidade do Porto, em Portugal, em 1958. Hawthorn rodou na última volta e Moss, para não embaraçar o rival na luta pelo título, diminuiu para que ele voltasse à pista e o acompanhou até a bandeirada sem ultrapassá-lo.

VESTINDO O MANTO DE SCHUMMY

Quando Sebastian Vettel marcou sua primeira vitória em Monza, em 2008, pela Toro Rosso, tornou-se o primeiro alemão fora os Schumachers (Ralf 6, Michael 91) a vencer um GP depois de Jochen Mass (McLaren), vencedor da prova interrompida de Montjuich, na Espanha, em 1975.

COM A AJUDA DO AMIGO

Dividir vitórias era permitido até 1957. Assim, quando um líder de equipe achava que algo estava errado com seu equipamento, solicitava o carro de um dos seus companheiros de equipe para completar a prova e os pontos eram divididos entre eles. Isso aconteceu três vezes pela vitória e muitas outras em posições secundárias. Juan Manuel Fangio pegou o Alfa Romeo de Luigi Fagioli para vencer o GP da França, em 1951, e fez o mesmo com o Ferrari de Luigi Musso para vencer na Argentina, em 1956.

COMO É LINDA A FRANÇA

Michael Schumacher parece ter muita afinidade com o GP da França, onde venceu oito vezes. É o recorde de vitórias num mesmo grande prêmio. A primeira foi em 1994, no circuito de Magny-Cours; a última, em 2006, no mesmo local.

ELE BEM QUE TENTOU

O recorde indesejado, de ter disputado o maior número de GPs sem vencer, é de Andrea de Cesaris, com 214 inscrições (208 largadas) entre 1980 e 1994. Seus melhores resultados foram dois segundos lugares em 1983.

SÃO TODAS MINHAS

Fernando Alonso é o piloto espanhol mais famoso da F1, como só poderia ser. Afinal é bicampeão e lutou por outros títulos. Entretanto, ele defendeu sozinho essa bandeira, pois nenhum de seus compatriotas venceu uma prova, enquanto ele sozinho carrega 26 marcas para a Espanha, o décimo país na tabela de vitórias.

COLEÇÃO DE HAT-TRICKS

Um "hat-trick" ocorre quando um piloto larga na pole, lidera todas as voltas e faz a volta mais rápida no seu caminho para a vitória. Vinte pilotos fizeram isso, mas três deles repetiram o feito três vezes numa mesma temporada: Alberto Ascari, Jim Clark e Nigel Mansell, todos eles nos anos em que conquistaram um título mundial. Ascari venceu para a Ferrari em 1952, em Rouen-les-Essarts, Nürburgring e Zandvoort. Clark registrou isso em 1963, em Zandvoort, Reims e México, com a Lotus; Mansell se igualou a eles em Kyalami, Catalunha e Silverstone com seu Williams eletrônico, em 1992.

POLE POSITIONS

Acima **Apareceu? Fez a pole:** Juan Manuel Fangio, visto aqui em 1950, tem o melhor aproveitamento de poles, com 29 em 51 provas. *Abaixo* **Sete da sorte?** Ayrton Senna lidera vindo da pole pela última vez em Imola, 1994.

O ESCORE PERFEITO
Vencer vindo da pole position é um sonho para poucos. O piloto que conquistou isso mais recentemente foi Sebastian Vettel para a Red Bull Racing no GP britânico, em 2009. Entretanto, o máximo mesmo é conquistar o hat-trick – pole position, volta mais rápida e liderar todas as voltas. Fernando Alonso foi o último piloto a registrar isso, quando fez uma corrida exemplar pela Ferrari em Cingapura 2010. Jim Clark é o recordista de hat-tricks com oito marcas.

TÃO FÁCIL COMO 1, 2, 3
Marcar a pole position, registrar a volta mais rápida e depois vencer a prova mostra um certo estilo. Adivinha quem fez isso mais vezes? Sim, ele mesmo, Michael Schumacher, em 22 ocasiões. Jim Clark vem a seguir com 11, o que significa que Clark registrou esse feito a cada seis grandes prêmios disputados!

APARECEU? FEZ A POLE
Como o campeonato mundial nos anos 1950 tinha poucas provas, é difícil para qualquer piloto aparecer na lista de recordes. Menos para Juan Manuel Fangio que ainda aparece na sexta colocação no total de poles marcadas. Fangio tem também o melhor porcentual de poles por corrida. Suas 29 pole positions, num total de 51 largadas, equivalem a 57%, enquanto Jim Clark está em segundo lugar com 46%.

ELE ERA "O CARA"
Michael Schumacher está no topo da lista das poles, mas seu porcentual por pole não chega nem perto de Ayrton Senna. O grande brasileiro era realmente o cara que fazia a volta "camicase" em sua forma mais pura. Um exemplo perfeito disso é o GP de Mônaco de 1988, quando fez a pole por uma margem de 1,4 segundo. Seu total de 65 poles, 3 a menos do que Michael Schumacher, lhe dá 40% de aproveitamento, comparado a 27% do alemão.

OS 10 PILOTOS COM MAIS POLE POSITIONS

1	Michael Schumacher	68
2	Ayrton Senna	65
3	Jim Clark	33
=	Alain Prost	33
5	Nigel Mansell	32
6	Juan Manuel Fangio	29
7	Mika Hakkinen	26
8	Niki Lauda	24
=	Nelson Piquet	24
10	Fernando Alonso	20
=	Damon Hill	20

ANO DE OURO PARA NIGEL MANSELL
Pilotando o dominador Williams Renault FW14B eletrônico, Nigel Mansell conquistou pole atrás de pole em 1992. Ele marcou 14 das 16 possíveis, perdendo a pole no GP do Canadá para Ayrton Senna e no GP da Hungria para seu companheiro de equipe, Riccardo Patrese. Senna fez 13 poles em 16 possíveis em duas ocasiões, 1988 e 1989, como também aconteceu com o piloto francês Alain Prost em 1993.

PROJETADO PARA VOAR
O diretor técnico da Red Bull Racing, Adrian Newey, é chamado de gênio há alguns anos e parece mesmo ter acertado no modelo Red Bull RB6, já que seus pilotos Sebastian Vettel e Mark Webber marcaram 15 das 19 pole positions de 2010. E ninguém faz isso sem que o carro ajude muito.

SETE DA SORTE?
Ayrton Senna adorava Imola e fez a pole sete vezes seguidas nessa pista, entre 1985 e 1991. Foram três pela Lotus e quatro pela McLaren. Pôs seu Williams na pole ali em 1994, para a corrida que seria sua última.

PILOTOS

Esquerda **Quatro seguidas:** Stirling Moss, à direita, largou na pole para o GP da Grã-Bretanha e dividiu a vitória com Tony Brooks. *No pé da pág.* **Largando na primeira fila:** Michael Schumacher marcou a pole 68 em Magny-Cours, em 2006. *Abaixo* **Nasce uma estrela:** Sebastian Vettel, em Silverstone 2009, marcou a quarta de suas cinco pole positions naquele ano.

QUATRO SEGUIDAS

Os fãs britânicos tinham toda a razão em esperar que um britânico estivesse na pole de seu GP nos anos 50 e 60. Stirling Moss marcou a pole quatro anos seguidos, 1955-58, alternadamente entre Aintree e Silverstone. Depois, Jim Clark igualou o feito entre 1962-65, em Aintree, Silverstone (2) e Brands Hatch. O escocês da Lotus não fez a pole em 1966, mas estava na frente do grid novamente em 1967.

UM CASO FRANCÊS

Jim Clark classificou seu Lotus na pole position para o GP da França em quatro anos seguidos: de 1962 a 1965, igualando sua marca para o GP da Grã-Bretanha. As poles aconteceram em três circuitos: Rouen-les-Essarts (2), Reims e Clermont-Ferrand.

NADA COMO A NOSSA CASA

Ayrton Senna parecia fadado a não vencer em casa, até conseguir o fato em sua oitava tentativa em 1991. No entanto, fazer a pole no Brasil era fácil e ele detém o recorde de maior número de poles no GP de sua terra natal. Ele repetiu essa marca seis vezes: em 1986, de 1988 a 1991 e em 1994. As três primeiras poles foram no Rio de Janeiro, no circuito de Jacarepaguá, e as três seguintes no circuito de Interlagos, em São Paulo, a cidade onde nasceu.

LARGANDO NA PRIMEIRA FILA

Michael Schumacher bateu Ayrton Senna no total de pole positions por três conquistas; sua vantagem é maior quando se fala em largar na fila da frente. Schumacher classificou-se em primeiro ou segundo 115 vezes, 28 a mais que Senna. Alain Prost vem a seguir, uma abaixo do brasileiro.

É SENNA OUTRA VEZ

Ayrton Senna reforçou sua inacreditável capacidade de ser mais rápido do que qualquer outro em treinos classificatórios, ao marcar a oitava pole consecutiva com seu McLaren. A sequência teve início em 1988 no GP da Espanha e foi até o GP dos EUA Oeste em 1989.

POLE LOGO NA PRIMEIRA

Os livros de recordes mostram que Mario Andretti (1968, EUA), Carlos Reutemann (1972, Argentina) e Jacques Villeneuve (1996, Austrália) fizeram a pole em seus primeiros GPs, mas era na verdade a segunda prova de Andretti pela Lotus. Ele havia se classificado em 11º no GP da Itália, mas não permitiram que corresse, pois havia disputado um evento da Indy menos de 24 horas antes, em Indiana State Fairgrounds.

NASCE UMA ESTRELA

Sebastian Vettel tem o recorde de ser o pole position mais jovem da história da F1. Em 2008, fez a pole no GP da Itália aos 21 anos e 73 dias. O recorde anterior era de Fernando Alonso, que registrara a pole em 2003, no GP da Malásia, com 21 anos e 236 dias.

VOLTAS MAIS RÁPIDAS

 MAIS RÁPIDO, MAIS RÁPIDO

A excelência de Michael Schumacher não fica só na lista do maior vencedor de grandes prêmios, de pole positions conquistadas, de voltas lideradas e de pontos registrados. Também está à frente da estatística de voltas mais rápidas, com 75. Ele tem uma larga margem sobre Alain Prost, o segundo da lista, que tem 41.

 CHEGANDO AOS DOIS DÍGITOS

Michael Schumacher e Kimi Räikkönen deram à Ferrari a marca de dez melhores voltas numa mesma temporada. O alemão fez essa marca em 2004, enquanto o finlandês fez o mesmo em 2008, ambos em 18 largadas. Räikkönen também havia feito dez voltas mais rápidas pela McLaren em 2005, mas sua porcentagem de aproveitamento foi pior, pois, naquele ano, foram 19 grandes prêmios disputados na F1.

Abaixo **O domínio de Ascari:** Alberto Ascari deu à Ferrari a volta mais rápida em todas as provas de que participou em 1952. *No alto* **Mais rápido, mais rápido:** Alain Prost (Renault) liderou o início do GP da Holanda em Zandvoort 1982; ele fez voltas mais rápidas pelas equipes Renault, McLaren, Ferrari e Williams.

OS 10 MAIS RÁPIDOS POR PAÍS

1	Grã-Bretanha	191
2	Alemanha	106
3	França	86
4	Brasil	84
5	Finlândia	65
6	Itália	51
7	Áustria	49
8	Argentina	37
9	Austrália	31
10	EUA	25

 AMANTE DA SUAVIDADE

David Coulthard demonstrou sua preferência pelas pistas lisas e tortuosas como Magny-Cours, pois registrou lá a volta mais rápida em cinco anos consecutivos pela McLaren entre 1998 e 2002. Isso contrasta com o fato de ter vencido apenas uma delas, no ano de 2000.

 NENHUM EXPERT

O circuito de Jarama, perto de Madri, sediou nove GPs entre 1968 e 1991, mas nenhum piloto marcou a volta mais rápida mais de uma vez. Um recorde de nove pilotos estabeleceram a marca, iniciando por Jean-Pierre Beltoise (Matra), em 1968, e encerrando com Alan Jones (Williams), em 1981. Outro circuito espanhol, Jerez, tem um registro similar com sete pilotos dividindo a volta mais rápida nas sete ocasiões em que o GP realizou-se naquela pista.

 É VERDADE?

Ainda hoje, a volta mais rápida pode ser estabelecida por um piloto que ninguém espera que seja tão rápido. Acontece quando o piloto não tem nada a perder e coloca pneus novos. Um exemplo notório disso foi Masahiro Hasemi em sua estreia no GP do Japão, em 1976. Ele tinha a vantagem de conhecer o circuito de Fuji Speedway melhor do que ninguém. Além disso, chovia muito e seu Kojima utilizava pneus Dunlop, muito superiores na chuva do que os Goodyears utilizados pelos outros pilotos. Ainda assim...

O DOMÍNIO DE ASCARI

Alberto Ascari ficou perto do domínio total na temporada de 1952, quando fez seis voltas mais rápidas das sete possíveis, em seu caminho ao título mundial para a Ferrari. As 500 milhas de Indianápolis faziam parte do mundial e, como ele não participou da prova, sua conquista fica ainda melhor do que mostram os registros, que apontam seis em oito possíveis.

PILOTOS

UMA HONRA, MAS...

As dez voltas mais rápidas de Kimi Räikkönen, em 2008 – seis delas em seguida –, refletem toda a sua velocidade, mas numa época em que havia reabastecimento, mostrando mais sua ambição do que a velocidade da Ferrari durante toda a corrida. Ele terminou o ano em terceiro lugar, com 55,5% de aproveitamento. Jim Clark fez o mesmo pela Lotus em 1962, também sem conquistar o título.

O MELHOR COMEÇO

Fora o ano de 1950, apenas três pilotos fizeram a melhor volta na estreia. A incrível marca de Masahiro Hasemi em 1976 no GP do Japão foi a primeira delas, seguida por Jacques Villeneuve na Austrália em 1996. Depois, somente Nico Rosberg no Bahrein em 2006 registrou a melhor volta na estreia.

ORGULHO NACIONAL

Michael Schumacher está bem à frente na lista das melhores voltas, mas como nenhum compatriota dele sequer chegou aos dois dígitos, não é surpresa que os britânicos superem os alemães nesse quesito por nação. Eles têm, combinados entre si, um total de 185 marcas contra 103 dos alemães, seguidos pelos franceses (86) e pelos brasileiros (84).

MANTENDO A ESCRITA

Alberto Ascari fez seis melhores voltas das sete possíveis em 1952 – ele perdeu a primeira prova daquele ano e, então, competiu nas 500 milhas de Indianápolis (mas não fez a melhor volta lá). Depois, continuou sua toada até 1953 adicionando a sétima na prova de abertura, na Argentina. Sua sequência foi interrompida pelo companheiro de Ferrari, Luigi Villoresi, no GP da Holanda.

OS 10 PILOTOS COM MAIS VOLTAS MAIS RÁPIDAS

1	Michael Schumacher	75
2	Alain Prost	41
3	Kimi Räikkönen	35
4	Nigel Mansell	30
5	Jim Clark	28
6	Mika Hakkinen	25
7	Niki Lauda	24
8	Juan Manuel Fangio	23
=	Nelson Piquet	23
10	Gerhard Berger	21

Acima **Os 10 pilotos com mais voltas mais rápidas:** Michael Schumacher marcou a primeira de suas 75 com a Benetton na Bélgica, em 1992. *Abaixo* **Uma honra, mas...:** Kimi Räikkönen registrou o maior número de voltas mais rápidas em 2008, mas terminou o ano na terceira colocação.

PONTOS

PONTOS, SIM; VITÓRIAS, NÃO

Nick Heidfeld esteve duas vezes perto de vencer – a mais recente delas em 2009 na Malásia –, mas nunca subiu no degrau mais alto do pódio, apesar dos 225 pontos conquistados até o fim de 2010. Martin Brundle é o próximo na lista dos que têm "muitos pontos e nenhuma vitória", com 98. Esse fato acaba enfatizando a perseverança de Heidfeld.

PONTUANDO QUASE SEMPRE

Michael Schumacher tem a carreira de maior sucesso, parte dela feita dentro de carros muito competitivos. Prova é a quantidade de pontos marcados por corrida, iniciada na segunda prova em 1991, quando foi da Jordan para a Benetton. Ele marcou pontos em 202 de suas 269 largadas, com uma média de 5,38 pontos por corrida, superando Juan Manuel Fangio, que tem 5,34.

PONTOS SEGUIDOS

Outro recorde de Michael Schumacher é o número de pontos consecutivos. Ele chegou a 24 grandes prêmios seguidos, da Hungria, em 2001, até a Malásia, em 2003, tempo no qual venceu dois títulos e marcou 191 pontos, mais do que Stirling Moss registrou ao longo de toda a carreira.

SÓ UM PONTINHO

Marcar o primeiro ponto é muito importante para quaquer piloto na F1. Entretanto, 21 pilotos marcaram seu primeiro ponto, pela volta mais rápida, nos anos 1950, pelo sexto lugar, entre 1960 e 2002, pelo oitavo, entre 2003 e 2009, e décimo, em 2010. Depois, nunca mais. Lella Lombardi teria se juntado a eles com o sexto lugar obtido no GP da Espanha de 1975, mas como a corrida foi interrompida antes dos 60% da distância programada, o ponto valeu pela metade.

DE CAMPEÃO A COADJUVANTE

O primeiro norte-americano campeão na F1, Phil Hill, teve uma queda rápida após seu título mundial, em 1961, com a Ferrari. Apenas um ano depois de conquistar o título, ele cometeu um equívoco ao seguir alguns funcionários da Ferrari para a equipe ATS, o que se mostrou totalmente errado. Assim, logo depois de atingir o pico, ele encerrou a carreira com 98 pontos, a menor quantidade de pontos na carreira de um campeão mundial.

Direita **De campeão a coadjuvante:** Phil Hill correu de carro vermelho em 1963, mas foi um ATS, não um Ferrari. *Abaixo* **Pontos, sim; vitórias, não:** Nick Heidfeld marcou 225 pontos nos 11 anos na Fórmula 1; fez 8 segundos lugares, incluindo este na Malásia, em 2009.

OS 10 PILOTOS COM MAIS PONTOS MARCADOS

1. Michael Schumacher 1.441
2. Fernando Alonso 829
3. **Alain Prost** 798,5
4. Rubens Barrichello 654
5. Ayrton Senna 614
6. Kimi Räikkönen 579
7. Jenson Button 541
8. David Coulthard 535
9. Lewis Hamilton 496
10. Nelson Piquet 489,5

Pontos brutos, desconsiderando-se pontos posteriormente anulados.

PONTOS PARA TODOS

Ainda que os pontos valessem apenas para os seis primeiros colocados em 1989, um recorde de 29 pilotos apareceu na tabela naquele ano: do campeão Alain Prost, com 76, até Philippe Alliot, Olivier Grouillard, Luis Perez Sala e Gabriele Tarquini com 1 ponto cada. Foi um ano incrível e, com 39 carros inscritos para muitas provas, um sistema de pré-classificação foi utilizado para excluir os mais lentos antes do treino classificatório final.

SOMANDO JUNTOS

Uma vez que a Grã-Bretanha tem o maior número de vitórias, não é surpresa que tenha também o maior número de pontos. No fim de 2009, os britânicos tinham 4.703,28 pontos, a Alemanha 2.560,5, o Brasil 2.463 e a França 2.326,47. No entanto, talvez a história mais impressionante seja a da Finlândia que tem 1.306,5 pontos, apesar de ter tido apenas seis pilotos competindo na F1.

DIVIDIDO POR MUITOS

Um total de 281 pilotos marcaram pontos no mundial desde 1950 (mais outros 33 se incluirmos as 500 milhas de Indianápolis), divididos entre 33 nacionalidades, em que a Grã-Bretanha tem o maior número de pontuadores: 59. A Itália tem 45 pilotos com pontos, a França 39 e a Alemanha 20.

AFINAL, QUAL É O PONTO?

Antes da temporada de 2009, Luca Badoer tinha um recorde indesejado de 49 corridas sem marcar nenhum ponto. Ele pensava que colocaria um fim nesse recorde ruim ao substituir Felipe Massa no meio do ano de 2009. Infelizmente não conseguiu, e subiu seu recorde para 51. O momento mais próximo que ele esteve dos pontos foi em 1999, no GP da Europa, quando teve que abandonar a prova, ocupando a quarta colocação com seu Minardi a apenas 12 voltas do final da prova.

100 PELA PRIMEIRA VEZ

Marcar 100 pontos é uma conquista e tanto para qualquer piloto. Todavia, Lewis Hamilton ultrapassou esse número no ano de estreia, fazendo 109 pontos para a McLaren. Nenhum outro estreante marcou tantos pontos quanto ele.

UMA AJUDINHA

A mudança no sistema de pontos do campeonato mundial, valorizando a vitória com 10 pontos em 2009 e pulando para 25 em 2010, além de permitir que os dez primeiros colocados pontuassem, teve um grande efeito na tabela dos dez maiores pontuadores de todos os tempos. Fernando Alonso pulou da sexta para a segunda colocação, enquanto Jenson Button e Lewis Hamilton entraram para essa tabela pela primeira vez.

UM GRANDE ABISMO

A maior diferença entre um campeão e um vice-campeão foi de 67 pontos, registrada por Michael Schumacher sobre seu companheiro da equipe Ferrari, Rubens Barrichello, em 2002.

Esquerda **Um grande abismo:** Rubens Barrichello foi um bravo em 2002, mas Michael Schumacher dominava as coisas na Ferrari. *No alto* **Os 10 pilotos com mais pontos marcados:** Alain Prost começou sua série de pontos com o sexto lugar na estreia na McLaren, na Argentina, em 1980.

CARREIRA

 POR MUITO TEMPO

Graham Hill foi detentor do recorde da carreira mais longa da F1 por um bom tempo – do GP de Mônaco de 1958 até sua prova no GP do Brasil em 1975. Sua carreira durou 16 anos e 253 dias. Recentemente, Rubens Barrichello quebrou esse recorde ao correr pela Williams em 2010. O brasileiro completou 17 anos e 245 dias como piloto ativo no mundial de F1.

 SEMPRE O MAIS JOVEM

Rubens Barrichello (que completou 39 anos em 23 de maio de 2011) é de longe o mais antigo competidor atual da F1. Em 2011 ele embarcou em sua 19ª temporada. Ainda assim, ele terá a mesma idade que Graham Hill tinha quando completou sua 10ª temporada. No entanto, Hill não passou no exame de motorista até completar 24 anos, mas passou bem no teste para a F1 com 29 anos.

Abaixo **Por muito tempo:** Graham Hill correu na Fórmula 1 por nada menos do que 16 anos. *No pé da pág.* **Grisalho voador:** Luigi Fagioli ainda corria pela Alfa Romeo 18 anos depois de se juntar à equipe. Aqui, em sua última corrida em 1951.

 NÃO DESISTE NUNCA!

Parece que alguns pilotos simplesmente não desistem. Veja a velocidade com que o quarentão Michael Schumacher tentou aproveitar a ausência de Felipe Massa no meio de 2009, três anos depois de parar. E por fim, voltou às pistas em 2010. Isso não é nada comparado ao que fez Jan Lammers, que retornou à F1 em 1992, aos 36 anos, depois de 10 anos e 114 dias. E ele ainda está em atividade.

 OLHANDO POR CIMA

Todos os pilotos adoram estar no pódio, seja na colocação que for (1º, 2º ou 3º lugar). A emoção ainda é a mesma para Rubens Barrichello, que detém o recorde de maior tempo entre seu primeiro pódio – no GP Pacífico, em 1994 – e sua aparição mais recente, no GP da Itália, em 2009. Sua marca é de 15 anos e 149 dias.

GRISALHO VOADOR

O piloto Luigi Fagioli mostrou que a perseverança é recompensada. Fagioli correu pela Alfa Romeo em 1933 e ainda estava na equipe em 1951 quando venceu sua única prova no mundial da F1, 22 dias depois de completar 53 anos, tornando-se o piloto mais velho a vencer um grande prêmio. A vitória veio em circunstâncias constrangedoras, pois ele foi tirado do carro ao parar para reabastecer, para dar lugar a Juan Manuel Fangio, líder da equipe, cujo monoposto teve problemas. Fangio venceu, mas Fagioli ficou tão desapontado que decidiu abandonar as pistas, ainda que tivesse dividido a vitória com Fangio.

EXPERIMENTAR E GOSTAR

Michael Schumacher acredita claramente numa fórmula de sucesso, já que permaneceu na equipe Ferrari por mais tempo do que qualquer outro piloto na história da F1. Ele disputou 179 grandes prêmios em 11 temporadas, entre 1996 e 2006. E o número de corridas teria sido maior ainda, não fossem as seis provas perdidas em razão do acidente em que teve a perna fraturada, em Silverstone, em 1999.

SE PISCAR, VOCÊ PERDE

Marco Apicella foi um bom piloto, por isso é estranho ver qual é seu recorde na F1. Ele estreou substituindo Thierry Boutsen, dispensado da Jordan, na pista de Monza em 1993. Classificou-se em 23º para a largada (26 carros), mas para sua infelicidade não pôde evitar uma batida envolvendo muitos carros logo na primeira chicana. A distância percorrida na estreia foi menor do que 800 metros.

EXCELÊNCIA POR MAIS DE UMA DÉCADA

Michael Schumacher detém o recorde da maior distância entre a primeira vitória e a última: 14 anos e 32 dias. Aconteceu entre o GP da Bélgica em Spa-Francorchamps, em1992, com o Benetton, e o GP da China em Xangai, com o Ferrari.

F1 É UMA CARREIRA

Graham Hill e Rubens Barrichello são a cara da longevidade quando se olha para dentro do cockpit, mas seus números não impressionam quando se observa o lado de fora do carro. Bernie Ecclestone tem 54 anos desde sua aparição, como chefe de equipe, até seu papel de todo-poderoso atualmente na F1.

UMA LONGA PAUSA

Riccardo Patrese marcou seis vitórias em sua longa carreira na F1, mas talvez o recorde mais impressionante do piloto seja o tempo entre sua segunda vitória, pela Brabham na África do Sul, em 1983, e sua terceira vitória em San Marino, em 1990 com uma Williams: 6 anos e 210 dias depois!

DANDO O TROCO

O longo período como piloto de testes rendeu dividendos para Alex Wurz, quando foi chamado pela McLaren em 2005 para o GP de San Marino. Ele substituiu Juan Pablo Montoya, machucado, e terminou a prova na terceira colocação. Isso deu a ele o recorde de maior tempo entre um pódio e outro: 7 anos e 313 dias. Só que ele não pôde comemorar como devia pela conquista do terceiro lugar depois da cerimônia do pódio: Jenson Button foi desclassificado por irregularidades em seu carro.

Esquerda **Dando o troco:** Alex Wurz investiu um longo tempo como piloto de testes até seu retorno em Imola 2005. *No alto* **Uma longa pausa:** A vitória na África de Sul, em 1983, de Riccardo Patrese foi sua segunda conquista; ele esperaria mais seis anos até conseguir vencer seu terceiro grande prêmio.

OS 10 CHEFES MAIS ANTIGOS

1	Bernie Ecclestone (1957-)	54 anos
2	Tyler Alxander (1966-2009)	44 anos
=	Ron Dennis (1966-2009)	44 anos
4	Herbie Blash (1968-)	43 anos
5	Frank Williams (1969-)	42 anos
6	Jo Ramirez (1961-2001)	41 anos
=	Giampaolo Dallara (1970-)	41 anos
8	Max Mosley (1970-2009)	40 anos
9	Eric Broadley (1960-1997)	38 anos
=	Luca di Montezemolo (1973-)	38 anos

MAIS NOVOS E MAIS VELHOS

 JOVEM E AFIADO

O piloto mais jovem a competir na F1 foi o espanhol Jaime Alguersuari, quando estreou no GP da Hungria com a Toro Rosso aos 19 anos e 125 dias. Ele superou o longo recorde de Mike Thackwell, que era de 19 anos e 182 dias na sua estreia no GP do Canadá. Entretanto, a marca de Thackwell não é universalmente aceita porque ele se envolveu num múltiplo acidente na primeira volta e a corrida foi reiniciada sem ele.

 PRIMEIRO O SENHOR

O piloto mais jovem a liderar uma corrida foi Sebastian Vettel, no GP do Japão, em 2007, durante a sequência de paradas com sua Toro Rosso. Ele tinha 20 anos e 89 dias. Mais à frente na corrida, ele demonstrou sua impetuosidade ao tirar da prova a Red Bull de Mark Webber quando andavam atrás do carro de segurança, pondo um fim na prova de ambos.

 CORRER É UMA COISA...

Alguns pilotos têm a sorte de chegar à F1 ainda na adolescência, mas daí a ter a chance de pilotar um carro para vencer é outra coisa. Assim, a marca estabelecida por Sebastian Vettel, como mais jovem vencedor da história aos 21 anos e 73 dias, é ainda mais fantástica. Afinal, ele venceu o GP da Itália pilotando por uma equipe média, a Toro Rosso.

Esquerda **Jovem e afiado:** Mike Thackwell foi o mais jovem piloto a largar na F1, mas nunca levou muito crédito por isso. *Direita* **De novatos a veteranos:** Sebastian Vettel bateu o recorde de Lewis Hamilton ao tornar-se o mais jovem campeão da F1.

 EXPERIÊNCIA SAUDÁVEL

Luigi Fagioli tinha quase 37 anos quando venceu pela segunda e última vez pela Mercedes, em Mônaco, em 1935. Por isso, sua experiência foi importante para a Alfa Romeo na temporada de 1950, na qual terminou o ano em terceiro lugar. Numa de suas provas, em 1951, no GP da França, ele teve que entregar o carro ao líder da equipe Juan Manuel Fangio, quando dividiram a vitória. Luigi tinha 53 anos e 22 dias. Giuseppe Farina é o seguinte na lista de vencedores mais velhos, no GP da Alemanha, em 1953, aos 46 anos e 76 dias.

 VELOCIDADE SOB PRESSÃO

O treino classificatório sempre foi o momento mais emocionante de um fim de semana de GP, e pode levar muitos anos para um piloto aprender a tirar o máximo dele e do carro, sem exagerar e estragar tudo. O astro Sebastian Vettel foi o mais jovem pole position, com 21 anos e 72 dias no GP da Itália, em 2008. E o piloto da Ferrari Giuseppe Farina, o mais velho, com 47 anos e 79 dias no GP da Argentina, em 1954.

 DE NOVATOS A VETERANOS

O vencedor da prova inaugural do mundial de 1950, o italiano Giuseppe Farina, tinha quase 44 anos ao cruzar a linha de chegada na frente. O argentino Juan Manuel Fangio venceu seu último título mundial em 1957 com 46 anos e 41 dias, fazendo dele o mais velho campeão da história da F1. Na outra ponta dessa estatística, em 2006, estava o espanhol Fernando Alonso, que, aos 24 anos e 58 dias, quebrou o recorde como o mais jovem campeão mundial da F1, que era do brasileiro Emerson Fittipaldi havia mais de 30 anos, desde 1972. Lewis Hamilton, britânico, foi campeão aos 23 anos e 300 dias, mas seu recorde não durou dois anos e foi batido por Sebastian Vettel, com 23 anos e 134 dias, na temporada de 2010.

OS 10 PILOTOS MAIS JOVENS DA F1

	Nome	Equipe	GP	Ano	Idade
1	Jaime Alguersuari	Toro Rosso	Hungria	2009	19 anos 125 dias
2	Mike Thackwell	Tyrrell	Canadá	1980	19 anos 182 dias
3	Ricardo Rodriguez	Ferrari	Itália	1961	19 anos 208 dias
4	Fernando Alonso	Minardi	Austrália	2001	19 anos 218 dias
5	Esteban Tuero	Minardi	Austrália	1998	19 anos 320 dias
6	Chris Amon	Lola	Bélgica	1963	19 anos 324 dias
7	Sebastian Vettel	BMW Sauber	EUA	2007	19 anos 348 dias
8	Jenson Button	Williams	Austrália	2000	20 anos 52 dias
=	Eddie Cheever	Theodore	África do Sul	1978	20 anos 52 dias
10	Tarso Marques	Minardi	Brasil	1996	20 anos 72 dias

QUEM É BOM NASCE PRONTO

Nico Rosberg alegrou o pai, Keke, na sua estreia pela Williams no GP do Bahrein, em 2006. Ele marcou a melhor volta e se tornou o mais jovem piloto a fazer isso, aos 20 anos e 258 dias, superando o recorde anterior que foi de Fernando Alonso, por mais de um ano. O grande Juan Manuel Fangio foi o mais velho, quando, aos 46 anos e 209 dias, levou seu Maserati à melhor volta no GP da Argentina.

AINDA ADOLESCENTE

Sebastian Vettel ainda estava escolhendo o que queria para o 20º aniversário quando se tornou o mais jovem pontuador da história da F1, com 19 anos e 348 dias. Sua conquista – BMW Sauber no GP dos EUA, em 2007 – aconteceu quando ele tinha 83 dias a menos do que Jenson Button, o recordista anterior. Philippe Etancelin é o mais velho pontuador, com 53 anos e 249 dias – quinto lugar no GP da Itália, em 1950, com um Lago Talbot.

OS 10 PILOTOS MAIS VELHOS DA F1

#	Nome	Equipe	GP	Ano	Idade
1	Eitel Cantoni	Maserati	Itália	1952	55 anos 337 dias
2	Louis Chiron	Lancia	Mônaco	1955	55 anos 292 dias
3	Philippe Etancelin	Maserati	França	1952	55 anos 190 dias
4	Arthur Legat	Veritas	Bélgica	1953	54 anos 232 dias
5	Luigi Fagioli	Alfa Romeo	França	1951	53 anos 21 dias
6	Adolf Brudes	Veritas	Alemanha	1952	52 anos 292 dias
7	Hans Stuck	AFM	Itália	1953	52 anos 260 dias
8	Bill Aston	Aston	Alemanha	1952	52 anos 127 dias
9	Clemente Biondetti	Ferrari	Itália	1950	52 anos 15 dias
10	Louis Rosier	Maserati	Alemanha	1956	50 anos 273 dias

ELES NÃO PARECEM MUITO JOVENS?

O mais jovem pódio da história da F1 aconteceu no GP da Itália em 2008, quando Sebastian Vettel (primeiro), Heikki Kovalainen (segundo) e Robert Kubica (terceiro) subiram para receber a premiação. A média de idade deles era de 23 anos e 350 dias apenas.

Abaixo **Eles não parecem muito jovens?:** Sebastian Vettel marcou sua primeira vitória e pódio em Monza 2008. *No pé da pág.* **De outro século:** Os 50 anos não diminuíram e velocidade de Louis Chiron, pois ele terminou em terceiro lugar a prova de Mônaco 1950.

DE OUTRO SÉCULO

Luigi Fagioli e Louis Chiron foram os únicos cinquentões que subiram ao pódio. Chiron tinha 50 anos e 289 dias quando terminou em terceiro com o Maserati em sua terra natal, Mônaco, em 1950. Os dois pilotos nasceram no século 19.

LARGADAS

›› MUDANDO, MUDANDO

Jo Bonnier e Johnny Claes dividem o recorde de pilotar por mais equipes diferentes numa só temporada: foram quatro. Claes pilotou para Gordini, Ecurie Belge, HWM e Vickomtesse de Walckiers em 1952. Bonnier, além de sua própria equipe, pela Giorgio Scarlatti, Scuderia Centro Sud e BRM em 1958.

›› JÁ ESTIVE AQUI ANTES

Sete vezes campeão mundial, Michael Schumacher liderou nada menos do que 141 provas por no mínimo uma volta; o que é muito mais do que qualquer outro piloto. Ayrton Senna, o próximo nessa lista, tem 86 provas lideradas, duas a mais do que o arquirrival e ex-companheiro de equipe, Alain Prost.

Acima **O mote errado:** Jacques Villeneuve teve uma péssima temporada na equipe BAR/1999. *Abaixo* **Os centenários da F1:** Rubens Barrichello passa pela La Source, o cotovelo de Spa, em 2010, durante seu grande prêmio número 300.

›› O MOTE ERRADO

A BAR se equivocou quando lançou o mote "A tradição da excelência". Primeiro porque não tinha tradição. E segundo porque seu piloto principal, Jacques Villeneuve, abandonou 11 provas na temporada de estreia, em 1999, marcando um recorde que mostra qualquer coisa menos excelência.

›› UM BOM COMEÇO

Dois pilotos, Tiago Monteiro e Heikki Kovalainen, dividem o recorde de maior número de corridas completadas em seu primeiro ano na F1: 16 provas. Monteiro fez isso com a Jordan em 2005, e Kovalainen repetiu o feito dois anos depois, competindo pela equipe Renault.

CENTENÁRIOS DA F1

O primeiro piloto a chegar aos 100 grandes prêmios foi Jack Brabham, pilotando pela própria equipe, em 1968 na Holanda. O primeiro a superar a barreira dos 200 GPs foi Riccardo Patrese (Williams), na Inglaterra, em 1990. Na Bélgica, em 2010, o brasileiro Rubens Barrichello (Williams) tornou-se o primeiro a chegar aos 300 GPs.

ATÉ O FINAL

Nick Heidfeld detém o recorde de 33 provas terminadas consecutivamente, inclusive todos os 18 GPs de 2008. Mas seu recorde de 18 provas terminadas num único ano foi igualado pelo português Tiago Monteiro, que marcou esse feito na temporada pela Jordan em 2005, quando só não terminou o GP do Brasil, o 17º das 19 provas daquele ano.

DO COMEÇO AO FIM

Nick Heidfeld é considerado um piloto mediano no grid, pois costuma largar no meio do pelotão, nem muito na frente, nem muito atrás. Mas ele tem um recorde anormal: do GP da China de 2007 até o GP de Cingapura de 2009, Heidfeld terminou as 33 provas disputadas. Seu recorde foi interrompido quando seu BMW Sauber foi atingido pelo compatriota Adrian Sutil, o que o obrigou a abandonar a corrida.

ESPORTE NACIONAL

Os pilotos britânicos têm a maior presença em grandes prêmios. No total, 143 pilotos conseguiram se classificar e largar em um GP. A pátria mais prestigiosa a seguir nesse quesito é a Itália, com 84 pilotos, seguida da França, com 67, e dos Estados Unidos, com 47 pilotos na F1.

MUITOS E POUCOS

Em 1952, um inimaginável total de 75 pilotos participou das sete provas da temporada. No entanto, no ano de 2008, apenas 22 pilotos disputaram todas as 18 provas da temporada.

OS PRIMEIROS EM LARGADAS

Os britânicos têm 3.393 grandes prêmios desde o início de tudo em Silverstone, em 1950. Os italianos vêm em segundo lugar, com 2.884 largadas em GPs válidos para o mundial.

36 NAÇÕES ATÉ HOJE

Até o fim do campeonato mundial de 2010, pilotos de 36 nações haviam tomado parte de corridas de F1 desde sua criação em 1950. Nas 61 temporadas, pilotos de todos os continentes estiveram presentes em grandes prêmios, ficando de fora apenas a Antártida.

PÓDIO, SIM; VITÓRIA, NÃO

Mesmo tendo 174 largadas na F1 ao longo de suas 11 temporadas entre 2000 e 2010, o alemão Nick Heidfeld ainda não venceu nenhuma corrida. Em 2009, ele conquistou mais um segundo lugar, dessa vez no GP da Malásia, elevando seu número de pódios para 12. Com isso, igualou o recorde de pódios sem vitórias que era do sueco Stefan Johansson entre 1985 e 1989.

Acima **Até o final:** Tiago Monteiro, no ano de estreia: 3º lugar memorável em Indy. *Abaixo* **Pódio, sim; vitória, não:** Nick Heidfeld tem o recorde de terminar 33 provas até Cingapura 2009 *No pé da pág.* **Os 10 pilotos com maior número de GPs:** Barrichello superou o recorde de Patrese em 2008.

OS 10 PILOTOS COM MAIOR NÚMERO DE GPS

#	Piloto	GPs
1	Rubens Barrichello	306
2	Michael Schumacher	269
3	Riccardo Patrese	256
4	David Coulthard	247
5	Jarno Trulli	238
6	Giancarlo Fisichella	231
7	Gerhard Berger	210
8	Andrea de Cesaris	208
9	Nelson Piquet	204
10	Jean Alesi	201

38   FÓRMULA 1

▶▶ PERTO, MAS NEM TANTO

Gabriele Tarquini tem o recorde de inscrições em GPs e participações conseguidas. Ele esteve presente 40 vezes e não conseguiu a classificação. Foi o preço que pagou por pilotar para equipes não competitivas como Coloni e AGS no fim dos anos 1980, quando 39 carros batalhavam pelas 26 posições no grid. Até uma pré-classificação era feita para decidir quem participaria do treino classificatório. Com sorte, ele conseguiu esse feito em 38 ocasiões.

▶▶ O MELHOR ÍNDICE DE VITÓRIAS

Juan Manuel Fangio venceu 24 das suas 51 largadas, com um índice de 0,471. O segundo da lista é Alberto Ascari, que tem 0,419 depois de vencer 13 de suas 31 participações na F1. Michael Schumacher tem 91 conquistadas ao longo de seus 268 grandes prêmios, índice de 0,338. Jim Clark está em quarto e certamente estaria mais à frente, mas seu Lotus frequentemente tinha problemas mecânicos, que o impediam de terminar muitas corridas.

Esquerda **Abandonar a pista!:** Ivan Capelli, com sua Leyton House, se retira em grande estilo em Mônaco 1990. *Abaixo* **Como não fazer:** Andrea de Cesaris e sua Brabham abandonaram todos os 16 grandes prêmios de 1987.

▶▶ ABANDONAR A PISTA!

Um início de carreira promissor se transformou em pesadelo para Ivan Capelli ao abandonar o GP da Itália em 1990. Ele e seu Leyton House abandonariam os 15 grandes prêmios seguintes, a maior sequência de abandonos da história da F1.

▶▶ NÃO FOI POR FALTA DE TENTATIVA

O piloto italiano Andrea de Cesaris tem o maior número de GPs sem conseguir uma vitória. Sua carreira na F1 começou em 1980, na Alfa Romeo, e foi até 1994, na Sauber. Ainda assim não venceu nenhuma vez. Seus melhores resultados foram no ano de 1983: dois segundos lugares com o Alfa Romeo 183T.

▶▶ BANDEIRA QUADRICULADA, QUE É ISSO?

Das suas 208 largadas, Andrea de Cesaris não terminou 137. É verdade que ele enfrentou inúmeros problemas mecânicos no início dos anos 1980, mas também foi responsável por inúmeras batidas. O compatriota Riccardo Patrese também não terminou 130 provas das suas 256 largadas, mas pelo menos levou para casa 6 vitórias.

▶▶ BEM QUE ELE TENTOU...

Claudio Langes raramente deu um sorriso na sua temporada na F1, em 1990. E tinha toda a razão para sentir-se desamparado. O italiano veio da F3000 para a equipe EuroBrun Racing. Mas o carro não era lá essas coisas, e ele falhou em todas as 14 tentativas de passar pela pré-classificação. Sua carreira terminou naquele ano mesmo.

▶▶ ANO-NOVO, EQUIPE NOVA

Chris Amon é apontado como o melhor piloto sem vitórias na F1. Uma análise de sua carreira mostra que ele não largou o sonho, competindo por 12 equipes: Reg Parnell, Ian Raby, Cooper, Amon, Ferrari, March, Matra, Tecno, Tyrrell, BRM, Ensign e Wolf. No total, pilotou para 13 fabricantes. Andrea de Cesaris, Stefan Johansson, Stirling Moss e Maurice Trintignant correram por 10.

COMO NÃO FAZER

Andrea de Cesaris abandonou todos os 16 grandes prêmios de 1987 quando competiu pela Brabham, um recorde para o hall da vergonha da F1. Nesse caminho contam o terceiro lugar perdido em Mônaco, quando seu carro parou por falta de gasolina na volta final, e o oitavo lugar de Adelaide, quando rodou a quatro voltas do fim.

A VOLTA MAIS ARRISCADA

O esforço para preparar um carro para treinar e largar o mais na frente possível pode se transformar num pesadelo na primeira volta, pois os carros ficam muito próximos. Veja o caso do GP da Itália de 1978, um exemplo de desperdício: dez carros eliminados antes da primeira chicana. Foi nesse GP que o astro da Lotus Ronnie Peterson morreu.

TENTAR, TENTAR

Enquanto Nick Heidfeld tem o recorde de maior número de largadas sem vitória (174), a Arrows tem o recorde por equipe. Fundada por Jackie Oliver em 1978, a equipe participou de 383 grandes prêmios sem conquistar uma única vitória. A Arrows ficou sem recursos e abandonou a F1 faltando cinco provas para terminar a temporada de 2002.

AS 10 EQUIPES COM MAIS LARGADAS

#	Equipe	Largadas
1	Ferrari	812
2	McLaren	685
3	Williams	604
4	Lotus	509
5	Toro Rosso (ex-Minardi)	430
6	Tyrrell	418
7	Prost (ex-Ligier)	409
8	Brabham	394
9	Arrows	383
10	Force India (ex- Jordan e Midland Spyker)	339

MICHAEL AMA A FERRARI

Michael Schumacher transformou a Ferrari de novo numa equipe de respeito a partir de 1996, quando foi contratado pelo então executivo-chefe Jean Todt. O sucesso deles foi o mais longo da história da F1, durando 201 provas até Schumacher se aposentar no fim de 2006. E seriam seis a mais não fosse o acidente em Silverstone 1999, no GP britânico. David Coulthard é o segundo nessa lista, com 150 provas pela equipe inglesa McLaren.

Abaixo **Michael ama a Ferrari:** Jean Todt (esquerda) e Michael Schumacher recolocaram a Ferrari no topo. *No pé da pág.* **É assim que se faz!:** Jody Scheckter deu a Wolf um início dos sonhos ao vencer na Argentina 1977.

É ASSIM QUE SE FAZ!

Jody Scheckter foi convencido pelo industrial canadense Walter Wolf a juntar-se à equipe Wolf em 1977. A mudança deu certo logo de cara, pois Scheckter venceu a prova de abertura na Argentina e ainda venceria duas outras ao longo do ano; nenhuma outra equipe teve um início tão impactante (lembrando que a Brawn adquiriu a Honda em 2009, portanto não começou do zero).

OUTROS RECORDES

DIAS NEGROS DA HISTÓRIA

A morte era um fato comum no início da F1, já que a segurança dos pilotos era pouco em 1950. Seis pilotos morreram entre 1957 e 1958, cinco deles em outras corridas e um testando um F1 em 1957. Em 1958, Luigi Musso faleceu no GP da França, Peter Collins na Alemanha e Stuart Lewis-Evans das queimaduras sofridas no Marrocos. Mais outros três pilotos morreram em corridas fora da F1.

Acima **Dias negros da história:** Stuart Lewis-Evans sofreu queimaduras fatais em 1958 no Marrocos. *Abaixo* **Não precisa ser homem:** Lella Lombardi foi a única mulher a pontuar na história da F1.

OS 10 PILOTOS COM MAIS VOLTAS NA LIDERANÇA

#	Piloto	Voltas
1	Michael Schumacher	5.108
2	Ayrton Senna	2.931
3	Alain Prost	2.683
4	Nigel Mansell	2.058
5	Jim Clark	1.940
6	Jackie Stewart	1.918
7	Nelson Piquet	1.633
8	Niki Lauda	1.590
9	Mika Hakkinen	1.490
10	Damon Hill	1.363

ANO COSMOPOLITA

Os anos 1970 foram a década com mais pilotos de diferentes nações competindo na F1. Foram 18 países representados em 1978: África do Sul, Alemanha, Argentina, Austrália, Áustria, Brasil, Canadá, Espanha, Estados Unidos, Finlândia, França, Grã-Bretanha, Holanda, Irlanda, Itália, México, Suécia e Suíça.

FORA QUANDO INTERESSA

Nem Jean Behra nem Chris Amon venceram corridas, mas lideraram sete delas. Nick Heidfeld também tem o mesmo histórico, mas a situação é mais explicável porque no século 21 as provas estão mais temperadas com paradas no box e estratégias diferentes, o que quer dizer que um piloto pode ter seu momento de glória antes de fazer sua parada de reabastecimento ou troca de pneus.

DIA TRISTE NO MÉXICO

Ricardo Rodriguez era o cara que colocaria o México no mapa da F1. Ele começou a correr muito cedo de moto, com apenas 14 anos. Rodriguez era muito rápido e a Ferrari deu uma chance para ele em 1961, renovando seu contrato para 1962. No entanto, ele morreu numa prova extraoficial no México, em 1º de novembro de 1962, aos 20 anos. Ele foi o piloto mais jovem a falecer num carro da F1.

TROCANDO POSIÇÕES

Nos tempos anteriores às trocas de pneus e ao reabastecimento, quando um piloto liderava uma prova, ele realmente liderava a corrida, e não estava na frente só por alguns minutos, até sua próxima parada. Sob essa perspectiva, o GP da Itália de 1971 tem o recorde de líderes: 8! Foram eles: Clay Regazzoni, Ronnie Peterson, Jackie Stewart, François Cevert, Mike Hailwood, Jo Siffert, Chris Amon e o vencedor Peter Gethin.

NÃO PRECISA SER HOMEM

Apenas cinco mulheres se inscreveram no mundial de pilotos e somente Lella Lombardi e Maria-Teresa de Filippis qualificaram-se para a largada. Giovanna Amati, Divina Galica e Desire Wilson fracassaram em suas tentativas. Lella ainda marcou pontos ao terminar na sexta colocação com seu March, em 1975, na Espanha em Montjuich. A corrida foi interrompida na volta 29 em razão de um grave acidente.

OLHA QUEM MANDA

A campanha para o título mundial de Michael Schumacher em 2004 foi dominadora, porque ele bateu seu rival mais próximo por 34 pontos, o companheiro de equipe, Rubens Barrichello. Ele liderou nada menos do que 16 das 18 provas daquele ano, totalizando 683 voltas na dianteira de uma corrida. Isso equivale a um porcentual de aproveitamento de 61% do total de voltas do campeonato todo.

OS 10 PILOTOS COM MAIS KM LIDERADOS

1	Michael Schumacher	25.122
2	Ayrton Senna	13.427
3	Alain Prost	12.471
4	Jim Clark	10.108
5	Nigel Mansell	9.501
6	Juan Manuel Fangio	9.314
7	Jackie Stewart	9.159
8	Nelson Piquet	7.755
9	Mika Hakkinen	7.200
10	Niki Lauda	7.057

MUDANDO E MUDANDO

A maior troca de liderança aconteceu numa das muitas provas disputadas em Monza, quando os pilotos aproveitavam o vácuo nas retas e mergulhavam para ultrapassar nas freadas. O recorde não é da prova de 1971, que teve 25, mas da prova de 1965 quando a liderança mudou de mãos 41 vezes.

SEM AMOR DE IRMÃO

Poucos irmãos competiram juntos na F1. Tivemos os Fittipaldis, os Scheckters, os Villeneuves e os menos conhecidos Whiteheads. É claro que os Schumachers são os mais conhecidos, pois Michael venceu 91 provas e Ralf, 6. Michael nunca deu mole para Ralf na pista; pelo contrário, foi acusado pelo irmão mais jovem de "tentar matá-lo" ao jogá-lo para o muro.

Acima **Sem amor de irmão:** Existia um claro desentendimento fraternal entre Michael e Ralf Schumacher. *Abaixo* **Mudando e mudando:** As longas retas de Monza oferecem muita chance para o vácuo, o que ajudou no recorde de 41 mudanças de líder em 1965. Na foto, John Surtees lidera com sua Ferrari.

POUCAS BANDEIRAS

O menor número de pilotos de nacionalidades diferentes competindo foi em 1954, 1966, 1999 e 2008: dez países. Isso é menos surpreendente hoje, pois os pilotos tendem a permanecer mais tempo na mesma equipe.

UMA LONGA CAMINHADA

O primeiro título de Fernando Alonso, em 2005, veio depois de 19 provas, com uma distância de 5.747 km. Alonso e sua Renault cobriram 5.299 km do total. Em 2010, após também 19 provas – 5.761 km –, Alonso superou seu recorde, marcando 5.702 km com sua Ferrari. Seriam mais, não fosse o acidente na Bélgica.

ROSTO CONHECIDO

Do começo dos anos 1990 até metade dos anos 2000, o pódio ficava estranho se um certo rosto não estivesse lá: Michael Schumacher. Quando não ganhava, Schumacher estava em segundo ou terceiro lugar. Ele fez 154 aparições no pódio nas suas 250 largadas nesse período. Ele esteve no pódio em todas as provas de 2002, registrando um recorde de 19 pódios consecutivos, que começou em Indianápolis, no ano de 2001.

FAMÍLIA QUE CORRE UNIDA

São muitos os parentes que competem na F1. Irmãos e pais e filhos competiram, como Graham e Damon Hill, única dupla de pai e filho que se tornou campeã na categoria. Outros campeões, como Mario Andretti, Jack Brabham, Nelson Piquet e Keke Rosberg, tiveram filhos competindo na F1, assim como o vencedor Gilles Villeneuve. Mas também foram muitos os tios e sobrinhos e, ainda, os cunhados competindo por lá!

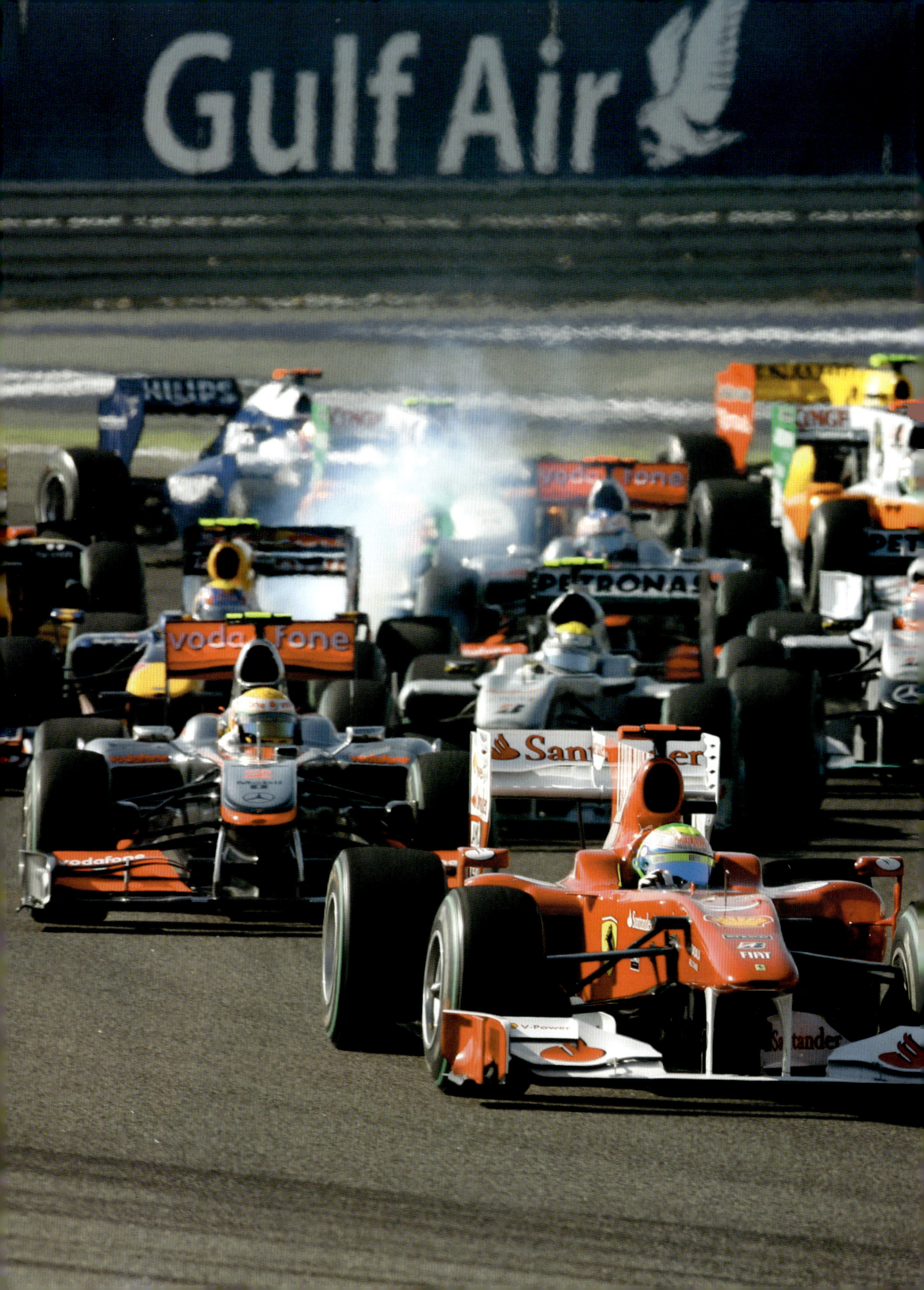
Gulf Air
vodafone
PETRONAS
vodafone
Santander

CONSTRUTORES

Alfa Romeo, Maserati, Vanwall, Cooper, BRM, Lotus, Tyrrell, Brabham, Benetton e Honda todos estiveram na F1 e depois sumiram. McLaren, Williams e Red Bull Racing ainda estão competindo. Entretanto, ainda que a paisagem da Fórmula 1 mude sempre, a Ferrari continua a vencer grandes prêmios e ganhar apoio irrestrito. É a única equipe que está na categoria desde a criação da Fórmula 1.

Nota: Os dados da Renault contemplam o tempo em que esteve com a Benetton, mais a aparição com seu próprio time entre 1977 e 1985 e inclui ainda os dados da Toleman; os dados da Red Bull somam-se aos da Stewart e Jaguar; os da Force India incluem Jordan e Midland Spyker; Scuderia Toro Rosso, a equipe Minardi; e finalmente a Brawn soma com BAR e Honda Racing.

Abaixo Atrás dos cavalos rampantes: Fernando Alonso passa Felipe Massa na primeira volta do GP do Bahrein, abertura do mundial de 2010. Ele venceu a prova, fazendo com o brasileiro mais uma dobradinha da Ferrari.

VITÓRIAS POR EQUIPE

›› TÍTULOS E MAIS TÍTULOS

A equipe com mais títulos mundiais é a Ferrari. Ela tem 16 conquistas, contra 9 da Williams e 8 da McLaren. A Ferrari poderia ter mais dois, mas como o campeonato de construtores só teve início em 1958, as temporadas de domínio da equipe em 1952 e 1953 não contam.

›› AS 11 PRIMEIRAS

A McLaren tem o recorde de mais vitórias consecutivas, com 11 provas vencidas no início de 1988. Ayrton Senna e Alain Prost dominaram, mas foram derrotados onde mais interessava à Ferrari: Monza. Nesse ano foi Gerhard Berger quem venceu o GP da Itália. A McLaren ainda venceria as quatro últimas provas daquele ano fanstástico para a equipe.

›› ASCENSÃO E QUEDA

A Ferrari é a primeira na lista das maiores vencedoras, graças também à sua longevidade. Mas não é a melhor se olharmos cada uma das seis décadas do mundial de F1. É o caso dos anos 1960, quando a Lotus liderou as inovações tecnológicas e venceu 36 vezes. A Ferrari foi a segunda, com apenas 13, uma à frente da Brabham e da BRM.

Abaixo **As 11 primeiras:** Ayrton Senna venceu o GP da Bélgica 1988, a 11ª vitória consecutiva da McLaren. *No pé da pág.* **Coisa rara:** Nino Farina (10) lidera o companheiro de Alfa Romeo, Juan Manuel Fangio (18), no GP da Itália 1950, na corrida que venceu e em que se tornou campeão mundial.

›› DÉCADA POR DÉCADA

Se olharmos as vitórias por equipe em cada uma das seis décadas da F1, veremos que os anos 1950 pertenceram à Ferrari, com 29 vitórias. Nos anos 1960, a Lotus fez 36; nos 1970, a Ferrari marcou 37; nos 1980, a McLaren chegou a 56; nos 1990, a Williams ganhou 61 e nos anos 2000, a Ferrari venceu nada menos do que 85 vezes. Grande parte foram vitórias de Michael Schumacher.

›› VANTAGEM EM CASA

A Ferrari venceu mais vezes o GP em casa: 17 vitórias em Monza, começando com Ascari, em 1951, e fechando com Alonso, em 2010. A Ferrari também venceu mais vezes em San Marino, uma espécie de segundo GP italiano: oito vezes.

COISA RARA

Só duas equipes obtiveram 100% das vitórias numa só temporada. A Alfa Romeo foi a primeira: venceu as seis provas do primeiro campeonato do mundo, em 1950. Dois anos depois, a Ferrari igualou o recorde da rival, que abandonou as pistas no fim de 1951, vencendo as sete provas. A equipe que mais se aproximou disso foi a McLaren com 15 das 16 provas em 1988.

CONSTRUTORES

VITÓRIAS POR TEMPORADA

Nº de vitórias	Equipe	Ano
15	Ferrari	2002
=	Ferrari	2004
=	McLaren	1988
12	McLaren	1984
=	Williams	1996
11	Benetton	1995
10	Ferrari	2000
=	McLaren	2005
=	McLaren	1989
=	Williams	1992
=	Williams	1993

AS 10 EQUIPES MAIS VITORIOSAS DA FÓRMULA 1

1	Ferrari	215
2	**McLaren**	169
3	Williams	113
4	Lotus	79
5	Brabham	35
=	Renault	35
7	Benetton	27
8	Tyrrell	23
9	BRM	17
10	Cooper	16

›› FOME DE VITÓRIA

Walter Wolf patrocinou a Williams em 1976, mas queria sua própria equipe e montou uma para o ano seguinte. E que começo! Em 1977, ele venceu a prova de estreia na Argentina. Depois que James Hunt e John Watson erraram, Jody Scheckter deu à equipe o recorde de ser a única na história da F1 a vencer na estreia.

›› ALEGRIA PELAS SEIS

É discutível se a Brawn GP pode ser vista como estreante em 2009, já que era a continuação da equipe Honda que fechou as portas em 2008. Mesmo sendo um novo nome para uma mesma equipe, as seis vitórias são um recorde para uma equipe com novos donos.

›› VENCENDO POR SEU PAÍS

Analisando pela nacionalidade da equipe ou por sua base de operações, não se pode negar que a Grã-Bretanha é o centro da F1. A maioria das equipes tem sede estabelecida nos torno de Londres, nos condados de Cambridgeshire e Surrey, ainda que o dono não seja britânico e nem mesmo resida ali. Assim, as equipes baseadas nessa região conquistaram nada menos que 557 dos 839 grandes prêmios, contando as provas realizadas até o fim do ano de 2010. A Itália vem em segundo, mas muito atrás, com 235. A França é a terceira colocada com suas equipes tendo registrado 24 vitórias ao longo de sua participação na F1.

›› ACREDITAR SEMPRE

A Scuderia Toro Rosso tem o recorde de maior número de GPs antes de vencer. Iniciou sua atividade em 1985 como Minardi e nunca esteve nos pontos regularmente, nem conseguiu que seus pilotos subissem ao pódio. Mudou de dono em 2007 e uma injeção de recursos em seus cofres parece ter mudado seu destino. O jovem voador alemão Sebastian Vettel fez o resto ao vencer na pista molhada de Monza, no GP da Itália em 2008, a primeira e única vitória em 372 largadas.

›› NÃO VALEU

Como o título de construtores só começou a valer em 1958, a Alfa Romeo é a marca com maior número de vitórias sem o merecido título. A equipe dominou os anos 1950 e 1951 vencendo dez provas. A Mercedes-Benz venceu nove vezes até 1955, e a Maserati também, mas até 1957. Nenhuma delas, porém, teve reconhecimento. Após a instituição do título de construtores, a Ligier, entre 1976 e 1996, também venceu nove vezes, três em 1979, sua melhor temporada, quando ficou em terceiro lugar na tabela.

No alto **Vitórias por temporada:** Riccardo Patrese lidera Nigel Mansell no Brasil em 1992, quando a Williams venceu dez provas. *Acima* **As 10 equipes mais vitoriosas da F1:** Lewis Hamilton deu à McLaren a vitória de número 164 em Cingapura, em 2009. *Abaixo* **O favorito dos *Tifosi*:** Michael Schumacher celebrou muito com a Ferrari, incluindo em 2003, seu sexto título mundial.

O FAVORITO DOS TIFOSI

Michael Schumacher era admirado, mas não amado, pela torcida da Ferrari, os *Tifosi*, ao chegar à equipe, em 1996. Quando começou a vencer regularmente, eles o adotaram de vez. Ele é de longe o piloto de maior sucesso que a Ferrari já teve, com 72 vitórias. Depois dele vem Niki Lauda com 15, e Alberto Ascari que venceu 13 provas pela equipe.

POLES POR EQUIPE

PARA OS TIFOSI
É quase uma obrigação para a Ferrari conquistar a pole para o GP da Itália, como em 19 ocasiões e até em temporadas em que as coisas não estavam muito bem. Depois da glória das poles pela Ferrari em Monza, três equipes dividem o recorde de poles num mesmo circuito: Ferrari em Nürburgring; McLaren em Hockenheim e Mônaco; e Williams em Silverstone.

SUBINDO NA TABELA
A série de poles da Red Bull Racing em 2010 foi uma das melhores de todos os tempos, com dez delas marcadas por Sebastian Vettel e cinco por Mark Webber. Isso não somente incluiu a equipe baseada em Milton Keynes entre as dez mais na tabela de pole positions, como a colocou na sétima posição, desbancando a Benetton.

DE NOVO EM FORMA
Quando Nico Hulkenberg marcou a pole em pista úmida para o GP do Brasil de 2010, em Interlagos, o estreante alemão deu à Williams a primeira pole em cinco anos e meio. Outro alemão, Nick Heidfeld, havia registrado a última pole position da equipe britânica nos treinos classificatórios para o GP da Europa em Nürburgring em 2005.

QUASE PERFEITO
O recorde de poles num mesmo ano é dividido entre McLaren, Williams e Red Bull. McLaren marcou 15 poles em 16 corridas em 1988 e 1989, cortesia de Ayrton Senna e Alain Prost. A Williams fez em 1992 (Mansell, 14 e Patrese, 1) e 1993 (Prost 13, D. Hill 2). A Red Bull fez 15 das 19 possíveis em 2010, com Vettel (10) e Webber (5).

O MELHOR ANO DA McLAREN
A McLaren tinha tudo em 1988: o MP4/4 era supremo; seu motor Honda, muito forte; e tinha Alain Prost e Ayrton Senna, os dois melhores pilotos. Entre eles, Prost e Senna ficaram com todas as Poles menos uma, quando Gerhard Berger tomou a marca no GP britânico. O recorde da McLaren foi de 15 poles em 16 grandes prêmios, com Senna marcando 13 delas. A equipe repetiu o feito em 1989 e a Williams o igualou em 1992 e 1993.

DE ZERO A CEM
Algumas equipes venceram pela primeira vez antes de marcar a primeira pole position, incluindo a debutante Alfa Romeo, em 1950, Mercedes, em 1954, e Wolf, em 1977, além de outras como Cooper, Honda, Matra, McLaren e Porsche. BRM, Ferrari, Lotus, Toro Rosso, Vanwall e Williams conseguiram marcar sua primeira pole e vencer a primeira corrida no mesmo fim de semana.

Abaixo O melhor ano da McLaren: Ayrton Senna alinha na pole com Alain Prost em segundo, em 1988, depois de a McLaren ter dominado o treino classificatório mais uma vez.
Página ao lado Finalmente...: Alan Jones deu à Shadow sua única vitória em GPs, em Osterreichring, em 1977.

O DESEMPATE

Quando Lewis Hamilton marcou a pole position e venceu o GP do Canadá, em 2010, ele pôs a McLaren à frente da Ferrari na tabela da dobradinha pole position/vitórias. Foi a 37ª da McLaren, enquanto a Lotus mantém a terceira colocação nesse quesito. Muito disso graças aos esforços de Ayrton Senna, em 1986, quando seu carro, apesar de frágil, era muito veloz.

TRIPLO INCRÍVEL

Fazer a pole e depois vencer é uma bela marca, mas fica ainda melhor ao se somar a volta mais rápida. A Ferrari fez nada menos que 82 vezes, com uma grande ajuda de Michael Schumacher. A Williams vem a seguir com 50, batendo a McLaren por uma. A Lotus é a quarta com 26 e a Renault está em quinto com 11.

Acima **Quanto mais, melhor:** Brawn (Austrália) e Force India (Bélgica) marcaram sua primeira pole position em 2009.

FINALMENTE...

O maior número de poles feitas por uma equipe antes da primeira vitória foi de apenas três. A Shadow fez a marca em 1975 com Jean-Pierre Jarier (2) e Tom Pryce. No entanto, a primeira e única vitória da equipe aconteceu dois anos depois, quando Alan Jones venceu na Áustria, numa pista traiçoeira, vindo da 14ª posição no grid.

AS 10 MAIS EM POLES

1	Ferrari	205
2	McLaren	146
3	Williams	125
4	Lotus	107
5	Renault	51
6	Brabham	39
7	Red Bull Racing	21
8	Benetton	16
9	Tyrrell	14
10	Alfa Romeo	12

QUANTO MAIS, MELHOR

O recorde de pole positions marcadas por equipes diferentes no mesmo ano é de seis. O número crescente de etapas acirrou essa competição nos anos recentes, ao contrário do que ocorreu nos anos 1950, quando eram realizadas cerca de sete provas por ano, fora o fato de existirem poucas equipes competitivas na época. O primeiro recorde importante foi em 1972, igualado em 1976, 1981, 1985, 2005 e 2009. Em 2009, as equipes Brawn GP e Red Bull Racing marcaram o maior número de poles, superando as concorrentes McLaren, Force India, Renault e Toyota.

MELHORES VOLTAS

VELOCIDADE E RESULTADO

A Ferrari tem 16 melhores voltas em Mônaco, o maior número. Mas provavelmente trocaria com a McLaren, que está na ponta da tabela de vitórias com 15 conquistas nas estreitas ruas do principado. Os pilotos da McLaren pareciam concentrados em dar o resultado que qualquer chefe sonharia, especialmente na frente dos amigos e patrocinadores bem instalados em seus iates na marina.

FERRARI NA FRENTE

A Ferrari compete na F1 desde o ano da criação do campeonato mundial, em 1950, e tem sido competitiva em grande parte deles. Por isso não é novidade a equipe italiana registrar ou igualar a melhor volta em 50 dos 68 circuitos usados até o fim de 2010. A McLaren é a concorrente mais próxima, marcando ou igualando a melhor volta em 46 circuitos do campeonato mundial.

QUASE IGUAL

Ser pole position está mais para a vitória do que para estabelecer a melhor volta, mas a correlação entre elas não deve ser ignorada. As equipes britânicas, ou ali estabelecidas, têm 542 poles até 2010, e marcaram 538 melhores voltas no mesmo período. A Itália vem a seguir nessa tabela, com suas equipes marcando 254, seguida das equipes francesas, com 31.

PROSPERIDADE BRITÂNICA

As equipes italianas entraram na F1 dominando tudo, com a Alfa Romeo, Ferrari ou Maserati marcando a melhor volta nos primeiros 30 grandes prêmios. Mas esse não é mais um recorde dos italianos: foi finalmente superado entre 1991 e 1995, quando as equipes britânicas Williams, McLaren, Benetton e Jordan registraram as melhores voltas por inacreditáveis 62 corridas consecutivas.

QUEM É MAIS RÁPIDO?

Desde a década de 1960, a maioria das equipes de F1 é britânica ou tem base na Grã-Bretanha. Assim, não surpreende que a sua soma de 519 voltas mais rápidas supere a marca da Itália (em grande parte da Ferrari) e de outros países. Os italianos registraram 253 melhores voltas, distribuídas entre Ferrari, Alfa Romeo, Maserati e Lancia.

FERRARI VOANDO

Michael Schumacher esteve inigualável em 2004, marcando 10 melhores voltas em 18 etapas. Mas seu companheiro número 2 da equipe Ferrari, Rubens Barrichello, também fez bonito com seu F2004, ajudando a equipe a marcar 14 no total da temporada. A marca é uma a mais que a dupla Felipe Massa (3) e Kimi Räikkönen (10) fez em 2008.

Direita **Quem é mais rápido?:** Jenson Button celebra a vitória, em 2009, na Malásia, pela Brawn quando também fez a melhor volta. *Abaixo* **Dias de glória para a Renault:** René Arnoux marca a melhor volta para a Renault em Dijon-Prenois, e Jean-Pierre Jabouille conquista a primeira vitória para a equipe no mesmo fim de semana.

DIAS DE GLÓRIA PARA A RENAULT

A Renault sofreu ao chegar na F1 em 1977. Tinha o primeiro motor turbo da categoria, mas se potência não era problema, a durabilidade era. Entretanto, em dois anos, os carros amarelos e pretos estavam voando; Jean-Pierre Jabouille venceu pela primeira vez em Dijon-Prenois e René Arnoux marcou a melhor volta. A Renault marcaria novamente a melhor volta em 1981.

CONSTRUTORES 49

AS 10 MAIS EM MELHORES VOLTAS

1	Ferrari	223
2	McLaren	143
3	Williams	130
4	Lotus	71
5	Brabham	40
6	Benetton	35
7	Renault	29
8	Tyrrell	20
9	BRM	15
=	Maserati	15

UM ANO DE VARIEDADE

Em 1975 o campeonato mundial da F1 teve a maior variedade de equipes que marcaram as melhores voltas em GPs: 14. Foram oito equipes a registrar esse feito: Ferrari, com seis, McLaren, com duas, e Brabham, Hesketh, March, Parnelli, Shadow e Tyrrell fizeram uma vez cada.

Abaixo **América favorita:** Graham Hill somou mais uma melhor volta à coleção da Lotus nos EUA em 1967. *No pé da pág.* **Corridas vermelhas:** Rubens Barrichello controlou o GP da Itália em 2004, além de marcar a melhor volta para a Ferrari em Monza.

O MELHOR DO DIA

Alguns times tiveram pilotos *experts* em classificação – como Ayrton Senna, que fez 65 poles em suas 161 largadas –, mas nem sempre o carro permitiu que essa vantagem se transformasse em vitória. Ao longo dos 61 anos da F1, a Ferrari tem a melhor relação entre vencer e ainda marcar a melhor volta da prova, tendo feito isso 52 vezes. A equipe McLaren vem a seguir, com 35, deixando a Williams em terceiro lugar, com 22 registros.

AMÉRICA FAVORITA

Com a necessidade de vender seus carros esporte tanto quanto seus carros de corrida, o chefe da Lotus, Colin Chapman, ficava inebriado ao ver seus F1 vencerem na América do Norte. A equipe tem ou igualou o recorde em Detroit, Riverside e, o mais importante, em Watkins Glen (Nova York).

CORRIDAS VERMELHAS

Uma vasta potência tem sido uma constante para os motores Ferrari ao longo dos anos e isso fica evidente ao olharmos as estatísticas de um determinado circuito. Eles lideram a tabela com 18 marcas em Monza, onde as longas retas demandam motores muito potentes.

PONTOS POR EQUIPE

MELHORANDO O RANKING

A mudança na pontuação do campeonato mundial de 2010 – atribuindo pontos até a décima colocação e 25 pontos para a primeira, em vez dos dez de antes – resultou num novo recorde estabelecido pela equipe Red Bull Racing no caminho de Sebastian Vettel rumo ao título, seguido pelo companheiro Mark Webber: 498 pontos. Uma média de 26,21 pontos marcados em cada um dos 19 grandes prêmios disputados naquele ano.

AS DOBRADINHAS

As equipes de maior sucesso na F1 nem sempre permaneceram no topo, mas todas tiveram seus momentos, quando juntaram o melhor chassis, o melhor pneu, o melhor motor e os melhores pilotos; então a dobradinha parece fluir. A McLaren exemplificou isso com Ayrton Senna e Alain Prost que dominaram em 1988, registrando dez dobradinhas no ano. Senna liderou sete delas.

PONTUANDO O TEMPO TODO

Algumas equipes marcaram pontos em todos os GPs de uma temporada. Era mais fácil nos anos 1950, com menos equipes e menos provas. Duas delas realizaram esse feito recentemente: a Brawn GP, que marcou pontos em todas as 17 provas da temporada de 2009 – a única da equipe com esse nome – e a McLaren, que pontuou em todas as provas de 2010.

NO MÁXIMO DOS PONTOS

A melhor maneira de uma equipe subir seu ranking de pontos é, obviamente, fazer uma dobradinha. A Ferrari é a primeira nessa conta, com 76 dobradinhas desde a Itália em 1951. A McLaren vem logo a seguir com 44, mas levou 17 anos para repetir o ato depois de Denny Hulme e Bruce McLaren conquistarem esse feito para a equipe em 1968, no Canadá.

AS 10 EQUIPES COM + PONTOS

1	Ferrari	4.473,5
2	McLaren	3.816,5
3	Williams	2.675
4	Lotus	1.352
5	Renault	1.309
6	Benetton	877,5
7	Brabham	854
8	Red Bull (ex-Stewart)	842,5
9	Mercedes (ex-BAR Honda-Brawn)	710
10	Tyrrell	617

AOS MILHARES

As equipes britânicas, ou com sede na Grã-Bretanha, têm juntas um total de 13.263,5 pontos até 2009. As equipes italianas estão em segundo com 4.264,5 pontos, seguidas pelas equipes francesas com 777, enquanto a suíça BMW Sauber e a BMW acumularam 503 pontos entre elas.

Acima **Pontuando todo o tempo:** A Brawn GP teve um início inesquecível em 2009, com Jenson Button (visto vencendo no Bahrein) ou Rubens Barrichello marcando em todas as etapas. *Abaixo* **No fim deu tudo certo:** O chefe da Benetton Flavio Briatore e Michael Schumacher tinham motivos para sorrir em 1995.

NO FIM DEU TUDO CERTO

A Benetton foi a equipe que mais marcou pontos antes de ser campeã, em 1995. Durante esse tempo marcou 663,5 pontos em 15 temporadas, desde que foi criada como Toleman, em 1981. Ironicamente, em 2002, a equipe virou Renault, quando foi encampada pelo fabricante francês, que iniciou sua busca pelo campeonato mundial em 1977.

PONTUANDO EM CASA

Não somente por sua velocidade e longevidade, a equipe Ferrari tem mais pontos em casa do que as outras equipes. Desde 1958, o primeiro ano do título de construtores, até 2009, a Ferrari marcou 314 pontos no GP da Itália em Monza. A história da Ferrari na segunda corrida italiana, em San Marino, disputada entre 1981 e 2006, não é tão boa, embora ela tenha conseguido oito vitórias naquela pista.

CONSTRUTORES

OLHANDO DE CIMA

A Ferrari tem o recorde de estar entre os três primeiros consecutivamente, com grande crédito para Michael Schumacher, resultado dos incríveis 53 pódios consecutivos entre o GP da Malásia, em 1999, e o GP final de 2002, no Japão. A equipe continuou pontuando em 2003, mas apenas por duas corridas, pois em Interlagos houve um desastre: a Ferrari saiu de mãos vazias quando seus pilotos Michael Schumacher (que bateu) e Rubens Barrichello (sem combustível) abandonaram a prova. Na prova seguinte eles fizeram primeiro e terceiro para a equipe italiana.

PERTO DA PERFEIÇÃO

O sistema de pontos mudou quatro vezes no campeonato mundial de construtores, desde 1950*, e, mesmo levando isso em conta, a Alfa Romeo tem o melhor aproveitamento de pontos entre todas as equipes. Seus pilotos fizeram dobradinhas em todas as provas disputadas, menos duas. Isso resulta em 90,47%. Mais recentemente, em 1988, a McLaren registrou o segundo melhor porcentual com 82,91%; em terceiro está a Ferrari com os dados de 2002 (81,25%) e 2004 (80,86%).

Entre 1950 e 1957 os pontos valiam apenas para os pilotos, mas foram somados para efeito de comparação.

POUCA RECOMPENSA

Não se pode criticar a Minardi por seus esforços e deve-se atribuir a falta de performance à falta de recursos. A equipe fez 38 pontos em 340 largadas, um retorno de 0,112 pontos por corrida. Mesmo assim, impressiona se comparada à dupla Zakspeed, que acumulou apenas 2 pontos em 53 largadas (0,0377), e à Osella, 5 pontos em 132 (0,0379). Não é preciso dizer que nenhuma delas chegou ao pódio.

AS 10 EQUIPES COM MAIS DOBRADINHAS

1	Ferrari	78
2	McLaren	47
3	Williams	32
4	Brabham	8
=	Tyrrell	8
6	Lotus	7
=	Red Bull Racing	7
8	BRM	5
=	Mercedes	5
10	Alfa Romeo	4
=	Brawn	4

Abaixo **Sobrou para quase todo mundo:** A Lola – aqui com Philippe Alliot, em Mônaco – foi uma das 16 equipes que marcaram pontos em 1989.
No pé da pág. **Olhando de cima:** Em Sepang 1999, a equipe Ferrari iniciou sua incrível série de pódios que duraria até 2002.

SOBROU PARA QUASE TODO MUNDO

Em 1989, 16 equipes pontuaram no mundial de construtores, a maior quantidade de todos os tempos. Esse número fica mais impressionante se lembrarmos que só os seis primeiros pilotos marcavam pontos. A partir de 2003 eram oito a marcar.
Foram elas, pela ordem: McLaren, Williams, Ferrari, Benetton, Tyrrell, Lotus, Arrows, Dallara, Brabham, Onyx, Minardi, March, Rial, Ligier, AGS e Lola. Apenas Coloni, EuroBrun, Osella e Zakspeed não pontuaram.

TÍTULOS POR EQUIPE

A FORÇA DA FERRARI

A Ferrari começou em 1950 e reforçou sua série de sucessos depois de 2000 com Michael Schumacher à frente. Assim, a equipe tem mais títulos do que qualquer outra: a bagatela de 16 conquistas, contra 9 da Williams e 8 da McLaren. Se o campeonato de construtores valesse antes de 1958, a equipe teria 20 títulos.

NÃO É FÁCIL, NÃO

As equipes britânicas, ou com sede na Grã-Bretanha, têm 557 vitórias contra as 235 da Itália. De fato, a *expertise* em F1 está centralizada em apenas seis países vencedores de GPs: Renault, Ligier e Matra colocam a França em terceiro com 33 conquistas, enquanto a Mercedes tem 10 para a Alemanha. No final da tabela estão a Holanda (onde a equipe Honda manteve sede entre 1964 e 1966), com uma vitória, e a Suíça, onde está localizada a BMW Sauber.

QUEDA DA FERRARI

Não há dúvida de que uma das piores defesas de título foi realizada pela Vanwall, no ano seguinte ao de sua conquista em 1958. Isso aconteceu em razão da doença de seu dono, Tony Vandervell. Mas considerando as equipes ainda fortes no ano seguinte, a Ferrari tem a pior marca com oito pontos em 1980. Sem mudança de pilotos, o campeão de 1979 Jody Scheckter e o vice Gilles Villeneuve, a culpa só pode recair sobre o carro.

COROAÇÃO PARA PAÍSES

As equipes britânicas, ou com sede na Grã-Bretanha, detêm o maior número de títulos, com 37, muitos deles devidos à Williams e McLaren. A Itália tem 16. A França, onde as corridas tiveram início, em 1894, e onde aconteceu o primeiro GP em 1906, tem três títulos (um da Matra e dois da Renault), mas suas conquistas são discutíveis, pois as equipes estavam fora da Grã-Bretanha.

DURMA COM UM BARULHO DESSES

A Ferrari teve sua temporada mais forte quando Michael Schumacher liderou a equipe em 2004. Ele e Rubens Barrichello marcaram 143 pontos a mais na tabela dos construtores do que a BAR Honda de Jenson Button e Takuma Sato. A McLaren, de Ayrton Senna e Alain Prost, marcou a segunda maior margem da história, quando chegou a 15 vitórias em 16 possíveis em 1988, o que resultou numa diferença de 134 pontos à frente da segunda colocada, a equipe Ferrari.

APENAS ISSO

A equipe que venceu o campeonato de construtores com menos vitórias foi a Ferrari, com apenas três triunfos em cada uma de suas conquistas, em 1964 e 1982. O mais recente desses dois títulos foi conquistado naquele que podemos dizer foi o mais extraordinário dos títulos de pilotos. O finlandês Keke Rosberg, com um Williams, foi coroado com apenas uma vitória obtida no 14º grande prêmio dos 16 disputados naquele ano.

SINAL DE EXCELÊNCIA

Conquistar o título dos construtores antes do término do campeonato mundial é uma demonstração da força de uma equipe, e 11 equipes conseguiram esse feito, desde o começo desse campeonato em 1958. São estas as equipes: Benetton, Brabham (2), Brawn, Cooper (2), Ferrari (9), Lotus (5), McLaren (4), Red Bull Racing, Tyrrell, Vanwall e Williams (8).

Esquerda **Margem enganosa:** Lorenzo Bandini celebra a vitória na Áustria 1964, ajudando a Ferrari a ser campeã. *Direita* **Sinal de excelência:** A Tyrrell, com Jackie Stewart e François Cevert fazendo dobradinha na Alemanha, ficou com o título antecipado em 1973.

MARGEM ENGANOSA

A vantagem mais estreita na disputa do título de construtores foi de três pontos, em 1964, quando a Ferrari venceu a BRM, graças a John Surtees e Lorenzo Bandini que superaram os britânicos Graham Hill e o americano Richie Ginther. Entretanto, como essa temporada teve apenas dez provas, a conquista da Ferrari sobre a McLaren em 1999 por quatro pontos, depois de 16 grandes prêmios, é estatisticamente menor.

CONSTRUTORES

CHEGA A 14ª EQUIPE

Demonstrando como o grupo está mesclado, três equipes conquistaram seus primeiros títulos de construtores depois de 2005. Primeiro foi a Renault (formada a partir da antiga Benetton), feito que repetiu no ano seguinte (2006). Depois, em 2009, foi a vez da Brawn GP (ex-BAR e Honda Racing). Mais recentemente, em 2010, a Red Bull Racing (formada a partir da Stewart Grand Prix, depois Jaguar Racing) foi a 14ª equipe a ser coroada com esse título.

EM CASA, NÃO

Apesar de o GP italiano ser disputado mais para o final do calendário da F1, em nenhuma vez os *tifosi* puderam ver a equipe Ferrari arrebatar o título em casa, mesmo nos anos de domínio de Michael Schumacher. O mais perto disso, aconteceu duas vezes, 2002 e 2004, quando a equipe conquistou o título antes de Monza, no Grande Prêmio da Hungria.

ECONOMIA DE ESCALA

As equipes que venciam o título de construtores nos primeiros anos têm o recorde de menor corridas disputadas antes de serem campeãs. A primeira campeã, Vanwall, tinha feito apenas 27 largadas até o título de 1958, mas foi desbancada pela Cooper em 1959, que venceu a coroa com apenas 25 provas na sua conta.

TÍTULOS DE CONSTRUTORES

#	Equipe	Títulos
1	Ferrari	16
2	Williams	9
3	McLaren	8
4	Lotus	7
5	Brabham	2
=	Cooper	2
=	Renault	2
8	Benetton	1
=	Brawn GP	1
=	BRM	1
=	Matra	1
=	Red Bull Racing	1
=	Tyrrell	1
=	Vanwall	1

Acima **Em casa, não:** M. Schumacher deu à Ferrari a vitória em casa (Monza 2000), mas não o título de construtores. *Abaixo* **Chega a 14ª equipe:** Webber à frente de Vettel em Mônaco 2010, ajudando a Red Bull a ser campeã. *No pé da pág.* **Economia de escala:** A vitória de Jack Brabham em Mônaco ajudou a Cooper a ser campeã com apenas 25 largadas.

PARTICIPAÇÕES

LARGUEI, VOU ATÉ O FIM

Em apenas três dos 820 grandes prêmios, entre 1950 e 2009, todos os carros terminaram a prova. Na Holanda, em 1961, todos os 15 pilotos viram a quadriculada. Depois, em 2005, nos Estados Unidos, apesar de serem apenas seis carros, pois 14 se retiraram antes do início da prova, sob protestos. Mais tarde, ainda em 2005, os 20 participantes de Monza terminaram a prova, mostrando grande melhora na durabilidade dos carros.

▶▶ SEU NOME, SUA MARCA

Vencer é bom demais e alguns pilotos se viram vencendo com um carro levando o seu nome. Quem obteve maior sucesso foi Jack Brabham, vencedor de sete GPs em 1966 além de abocanhar os títulos de pilotos e construtores. Seu companheiro de equipe, Bruce McLaren, fundou a sua escuderia, mas ela só teve sucesso após sua morte em 1970.

▶▶ POR QUE MUDAR?

Michael Schumacher devolveu à Ferrari a condição de vencedora. Ele fez 72 de suas 91 vitórias e 5 dos seus 7 títulos pela equipe italiana de Maranello, antes de se aposentar depois de 162 GPs com os carros vermelhos. David Coulthard fez 150 pela McLaren e está em segundo lugar na estatística de permanência numa mesma equipe.

Acima **Seu nome, sua marca:** Bruce McLaren fundou sua própria equipe, mas morreu antes de ver o sucesso chegar. *Abaixo* **Larguei, vou até o fim:** Todos os carros que largaram no GP da Holanda em 1961 terminaram a corrida, com Wolfgang von Trips (3) vencendo o companheiro de Ferrari, Phil Hill.

▶▶ UM ANO IMPORTA

Muitos dos postulantes a uma vaga na F1 falharam antes mesmo de chegar ao grid de largada. Algumas escuderias faliram ou encerraram suas atividades logo no primeiro ano. Outras equipes mudaram de nome para atender a um determinado patrocinador que permitiu sua continuidade naquela categoria. No total, foram mais de 200 equipes que não conseguiram sequer chegar ao segundo ano na F1, seja qual for a razão.

EQUIPES COM MAIS KM NA LIDERANÇA

1	Ferrari	69.006
2	McLaren	47.193
3	Williams	34.790
4	Lotus	26.167
5	Tyrrell	6.735

CONSTRUTORES

EQUIPES COM MAIS VOLTAS LIDERADAS

1	Ferrari	13.247
2	McLaren	9.966
3	Williams	7.497
4	Lotus	5.498
5	Brabham	2.717

▶▶ PONTOS, SIM; PRÊMIOS, NÃO

A equipe Arrows não existe mais. Assim, pelo menos o recorde de 382 GPs disputados sem vitórias não aumenta. Mas eles estiveram perto duas vezes: Riccardo Patrese liderou até 15 voltas do fim do GP sul-africano, em 1978, quando o motor quebrou; Damon Hill liderou o GP da Hungria em 1997 até duas voltas do final, quando foi ultrapassado por Jacques Villeneuve e ficou na segunda colocação.

▶▶ QUAL DOS DOIS É ELE?

O GP de Mônaco de 1996 já era bastante confuso por causa das batidas e da chuva. Mas ficou pior ainda para aqueles que não escutaram as explicações sobre dois capacetes de Michael Schumacher na prova: um na Ferrari, outro na McLaren. O capacete de David Coulthard estava embaçando muito na chuva e ele pegou um dos modelos reservas de Michael Schumacher.

▶▶ PRIMEIRO TEM QUE CHEGAR

O GP de Mônaco de 1996 foi daqueles... Os dois Minardis saíram da prova na primeira chicane. Michael Schumacher bateu ainda no meio da volta, e Rubens Barrichello rodou antes de completar a primeira volta. No final, Olivier Panis conquistou sua primeira e única vitória com uma Ligier. Na bandeirada final havia só quatro carros. Não houve nenhuma outra prova tão destrutiva como essa.

▶▶ VOCÊ É QUEM MESMO?

Os fãs gostam que suas equipes tenham uma clara identidade. A Jordan parecia atender a esse quesito até 1991. Jovem e audaciosa, quando os recursos acabaram, mudou de nome, mudou de dono. Virou Midland F1, depois Spyker, até ser a atual Force India. A Minardi era chamada de "outro time italiano" até ser comprada pela Toro Rosso em 2007.

▶▶ MANTENDO A COTA

Qual a equipe de maior sucesso se dividirmos o número de vitórias pela quantidade de largadas? Nem a Ferrari (0,265), nem a McLaren (0,246): a Mercedes! Sim, quando competiu na F1, entre 1954 e 1955, teve um índice de 0,75 – 9 vitórias em 12 largadas. Mas se adicionarmos 2010, esse número cai para 0,290. Se a Alfa Romeo não tivesse voltado entre 1979 e 1985, seu domínio de 1950 a 1951 a deixaria com 0,769, contra os atuais 0,091 (10 vitórias em 110 largadas).

Acima **Pontos, sim; prêmios, não:** Damon Hill liderou muitas voltas do GP da Hungria de 1997 menos a mais importante: a última. *Direita* **Mantendo a cota:** O título da Alfa Romeo em 1951 tinha os pilotos Juan Manuel Fangio, Giuseppe Farina, Felice Bonetto e Toulo de Graffenried. *Direita* **Sempre juntos:** David Coulthard e Mika Hakkinen, no pódio em Melbourne 1998, correram juntos 99 vezes pela McLaren.

▶▶ SEMPRE JUNTOS

David Coulthard e Mika Hakkinen correram na mesma equipe mais que qualquer outra dupla da F1. Foram 99 grandes prêmios. Eles fizeram seis temporadas consecutivas pela equipe McLaren, entre 1996 e 2001, antes de Mika Hakkinen tirar um ano sabático, que viria a ser o fim da sua carreira no meio de 2002.

CHEFES DE EQUIPE

POR TRÁS DOS ÓCULOS

Enzo Ferrari entrou para esse esporte levado pelo desejo de competir. Em 1930, ele participava da equipe de competições da Alfa Romeo, mas se desligou em 1939. Enzo iniciou, então, sua própria equipe depois da Segunda Guerra Mundial. Sua primeira vitória aconteceu no GP de Grã-Bretanha, em 1951, e a lenda cresceu daí para frente. Enzo era muito cético com tudo que envolvia sua equipe. Ele permaneceu enigmático e no final da vida não assistia mais aos grandes prêmios nas pistas, mas no seu escritório em Maranello.

VISUAL IMPECÁVEL

Alfred Neubauer era o homem por trás do sucesso da Mercedes na metade dos anos 1950. Ele começou como piloto da equipe em 1923, mas abandonou as corridas ao ver seu companheiro de equipe morrer nas pistas em 1924. Virou então chefe de equipe e comandou os "Flechas de Prata" no fim dos anos 1920 e 1930. Corpulento, sempre com terno e gravata e normalmente com uma expressão séria, ele ainda comandava a Mercedes quando convenceu a fábrica a retornar às pistas em 1954, e venceu dois campeonatos consecutivos!

UM GÊNIO INCANSÁVEL

Colin Chapman provavelmente influenciou a F1 mais do que qualquer outro dirigente, por causa de sua busca incansável pela evolução tecnológica. Em 1962 sua equipe, a Lotus, foi a primeira a usar chassi monobloco, e Jim Clark começou a vencer. Ele descobriu o efeito solo em 1978, o que permitiu a Mario Andretti fazer o mesmo. Depois, tentou introduzir o chassi duplo, mas o modelo foi proibido, deixando-o furioso. Ele morreu de ataque cardíaco em 1988, levando consigo as memórias do homem de preto jogando seu boné para o ar quando seus pilotos venciam um GP.

DE VENDEDOR A CHEFE DE EQUIPE

Ken Tyrrell era financiado pelos negócios de madeira da família e, ao encerrar a carreira, foi chefiar a equipe Cooper Formula Jr., em 1960, avançando com Jackie Stewart para a F2 em 1965. Eles mudaram para o chassi Matra quando Ken foi para a F1, em 1968, formando a Matra-Ford para Stewart competir. Acabaram por vencer corridas e o primeiro título mundial em 1969. O primeiro carro Tyrrell surgiu em 1970 e Stewart foi campeão em 1971 e 1973, mas em seguida a equipe ficou sem recursos com a saída da Elf, comprada pela BAR, em 1998. Ken morreu de câncer em 2001.

MOTOR PARA MINI

Depois da Segunda Guerra Mundial, o pai de John Cooper, Charles, se interessou por corridas e começou a construir pequenos chassis movidos por motores de motos. Stirling Moss levou a Cooper à sua primeira vitória, em 1958, e Jack Brabham conquistou dois títulos para a marca até a Lotus começar a vencer. John herdou a equipe em 1964, mas depois de se machucar num acidente de carro, vendeu a fábrica e foi preparar Mini Cooper para competições. John faleceu em 2000.

No alto **Visual impecável:** Alfred Neubauer acompanha o progresso de Moss e Fangio durante o GP britânico, em 1955. *Acima* **Por trás dos óculos:** Enzo Ferrari supervisiona o trabalho de um mecânico da Ferrari no GP da Itália em 1966. *Direita* **Motor para Mini:** Jack Brabham e John Cooper formaram uma grande parceria.

UM HOMEM DETERMINADO

O primeiro amor de Guy Ligier era o rúgbi, mas ele estava determinado ao sucesso e construiu um império com empresa de construção. A boa situação financeira o levou a competir de moto, depois de carros esporte, antes de virar piloto de F1, em 1966. Seu melhor resultado foi um sexto lugar na Alemanha, em 1967. Parou de pilotar e construiu carros esporte para, depois, entrar na F1, em 1976. A equipe venceu nove vezes, antes de ser vendida em 1992.

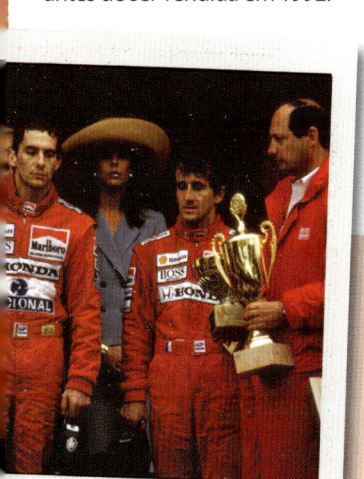

CAPITÃO AMÉRICA

Roger Penske começou a competir na universidade e disputou o GP dos Estados Unidos de 1961 a 1962, terminando em oitavo lugar na primeira tentativa. Sua habilidade para negócios era evidente, pois construiu uma cadeia de revendedoras que é hoje a segunda maior dos Estados Unidos. Ele levou Mark Donohue ao sucesso na TransAm, em 1968, antes de mudar para monopostos, os IndyCars. Esteve na F1 entre 1974 e 1977 e venceu uma prova com John Watson, na Áustria, em 1976.

O MONTADOR FRANCÊS

Gerard Larrousse ficou famoso nos ralis, mudou para carros de corrida em 1966 e escreveu seu nome na história ao terminar em segundo nas 24 Horas de Le Mans em 1969. Ele seguiu em frente e venceu com a Matra em 1973 e 1974. Montou uma equipe de F2, e Jean-Pierre Jabouille foi campeão em 1976. Então, Gerard virou chefe da Renault ao entrar na F1 em 1977. Depois que a equipe saiu da F1, em 1985, montou sua equipe em 1987, com chassi Lola. O melhor resultado foi um terceiro lugar em 1990. A equipe fechou em 1994.

UM CÉREBRO TÁTICO E TÉCNICO

Ross Brawn se juntou à equipe March. Depois, foi para a Williams onde aprendeu aerodinâmica. Passou por Beatrice e Arrows, desenhou carros esporte para a Jaguar e voltou para a F1 com a Benetton. Ross começou a trabalhar com Michael Schumacher, quando então melhorou suas habilidades táticas e técnicas. Os dois foram para a Ferrari, conquistaram cinco títulos, e Brawn tirou um ano sabático. Voltou para a Honda, que virou Brawn GP em 2009. A equipe venceu o mundial de pilotos e construtores de 2009 antes de ser comprada pela Mercedes em 2010.

Esquerda **O homem da McLaren:** Ron Dennis olha mais orgulhoso do que feliz para Senna e Prost na dobradinha da equipe em Mônaco 1989. *Abaixo* **Um cérebro tático e técnico:** Ross Brawn abraça Jenson Button depois que ele venceu a prova de estreia na Austrália em 2009.

O HOMEM DA MCLAREN

Ron Dennis começou como mecânico da Cooper. Foi para a Brabham em 1968, antes de fundar uma equipe, a Rondel, com Neil Trundle em 1972. Tiveram sucesso na F2 e construíram um F1 que teve que ser vendido quando o patrocinador abandonou a equipe. De volta à F2, Ron ganhou experiência e, com o apoio da Marlboro, voltou à F1, em 1981, assumindo a McLaren. Atento aos detalhes, ele a tornou a segunda mais bem-sucedida equipe da F1. Em 2009, saiu do comando da equipe da F1 para ficar à frente dos negócios da McLaren Group.

58 FÓRMULA 1

UM GRANDE URSO DE PELÚCIA

Lord Hesketh fez muito barulho ao aparecer na F1 com um carro totalmente branco pintado com duas listras patrióticas, vermelha e azul, além de um ursinho pintado no bico do carro. Nenhum patrocínio a vista. "O Grande Homem", como James Hunt o chamava, bancava tudo com sua considerável herança. Eles correram no March em 1974, mas logo construíram seu próprio carro e Hunt venceu o GP da Zandvoort em 1975. Depois, Hesketh vendeu tudo e entrou na política.

MOVIDO PELO PATRIOTISMO

Primeiro piloto na F3, Frank Williams nunca teve recursos para ir além e passou a cuidar dos carros de outros pilotos. Primeiro, para Piers Courage, em 1969 e 1970, até Courage falecer na Holanda. Alguns anos lutando e Frank chegou à F1, sempre com pouco dinheiro. Em 1977, fundou a Williams Grand Prix Engineering com Patrick Head e se tornou a terceira mais bem-sucedida equipe da F1, com nove títulos de construtores. Frank ficou paralítico em 1986.

DE PILOTO A PRESIDENTE

Max Mosley passou a vida sendo chamado de filho do político fascista Sir Oswald Mosley, o que o impediu de ter qualquer sonho com a política. Então, Max virou piloto e chegou à F2 antes de ser um dos fundadores da March em 1969. Saiu da equipe em 1977, passando a trabalhar com Bernie Ecclestone na administração da F1. Ajudou as outras equipes a formarem a Associação dos Construtores da F1 (Foca). Foi eleito presidente da Federação Internacional do Automóvel (FIA), em 1986, onde permaneceu por muitos anos, até ser substituído pelo francês Jean Todt, depois da eleição realizada em 2009.

Acima **Movido pelo patriotismo:** Frank Williams e Patrick Head acompanham o GP da Grã-Bretanha em 1980. *Abaixo* **Um grande urso de pelúcia:** Correr era sempre divertido para Lord Hesketh (o primeiro da esquerda para a direita) ao lado de Hunt.

CONSTRUTORES

▶▶ EMPRESÁRIO QUER SUCESSO

Sir Alfred Owen herdou um império depois que o pai morreu. Apesar de ter somente 21 anos, expandiu os negócios pelo mundo. Desapontado pelas tentativas infrutíferas da BRM na F1, comprou a equipe em 1952, rebatizando-a de Owen Racing Organisation. Depois de um ano fraco, em 1961 ele mandou um recado: ou a equipe vencia em 1962 ou ele a fecharia. A ameaça surtiu efeito e eles foram campeões de pilotos e construtores. No entanto, ele preferiu se retirar, deixando a equipe para a irmã e colocando o cunhado, Louis Stanley, para comandá-la.

▶▶ MÉTODOS DUVIDOSOS

Flavio Briatore não gostava de corridas, mas como diretor da multinacional Benetton acabou convidado a assistir um GP. Foi chamado para ser diretor da equipe em 1988, convidando Tom Walkinshaw para ajudá-lo. Contratar Michael Schumacher foi a chave do sucesso para a equipe – 1994 (pilotos) e 1995 (pilotos e construtores). Depois se envolveu com os fornecedores dos motores da Renault, para conduzir a equipe Renault na F1 em seguida. Foi julgado e banido do esporte quando esteve envolvido no escândalo que ficou conhecido como "Singaporegate" – que acabou alterando o transcorrer normal da prova local em 2008.

▶▶ PROFISSIONAL EXEMPLAR

Bernie Ecclestone iniciou sua carreira vendendo motos. Envolvido num clube local de corridas, Bernie estava sempre ocupado fora das pistas, multiplicando seu império. Trouxe a Connaught para a F1 em 1958 e tentou ele mesmo classificar um carro em Mônaco. Como não conseguiu, seguiu como administrador. Depois da morte de Jochen Rindt, em 1970, comprou a Brabham em 1972 para vendê-la em 1987. Mas foi como um dos principais acionistas dos direitos da F1 que ele ganhou muito mais notoriedade e muita saúde financeira.

▶▶ BUSCANDO UM IDEAL

Eddie Jordan correu de carro, chegando à F2, mas acabou por fundar a própria equipe, a Eddie Jordan Racing, passando a disputar o campeonato britânico de F3 nos anos 1980. Subiu para a F3000 e levou o francês Jean Alesi ao título em 1989. Entretanto, a F1 sempre foi o sonho desse irlandês e a equipe Jordan fez um bom trabalho na estreia, em 1991. Eddie, que fez muitos acordos para manter a equipe, venceu uma prova em 1998 e vendeu a equipe em 2005. Agora é comentarista de TV.

▶▶ PROFISSIONAL MODELO

Jackie Stewart fez mais do que conquistar 27 vitórias e 3 títulos mundiais. Ele fez muita pressão por maior segurança para os pilotos e seus esforços podem ter salvado muitas vidas. Ele sempre foi um profissional de alto nível e, depois de ser comentarista de TV nos Estados Unidos, retornou à F1 como dono de equipe em 1997. A Stewart GP venceu uma prova em 1999, foi vendida para a Ford, que a renomeou como Jaguar. Acabou vendida para a Red Bull.

▶▶ A CARA DA FERRARI

O aristocrata Luca di Montezemolo foi piloto de rali, mas desistiu da carreira para ser empresário, como era esperado de um membro da família Agnelli. A empresa de sua família, a Fiat, comprou a Ferrari em 1969 e ele passou a ser o braço direito de Enzo Ferrari em 1973. Já em 1974, ele chefiava a equipe de F1 da Ferrari, chegando rapidamente ao título em 1975. Em 1977, chefiava o grupo todo da Fiat. Chefiou a comissão da Copa do Mundo da Fifa em 1990, voltando para a Ferrari em 1991. Recentemente, ele se tornou o chefão da Administração das equipes da Fórmula 1 (FOTA).

Esquerda **Empresário quer sucesso:** Tony Vandervell (Vanwall) e Alfred Owen (BRM) observam seus carros. *Direita* **O pequeno Napoleão da Ferrari:** Jean Todt usou toda a sua energia e perspicácia para levar a Ferrari a um longo sucesso.

O PEQUENO NAPOLEÃO DA FERRARI

Jean Todt foi um copiloto de sucesso nos anos 1970, antes de virar chefe de equipe em 1982, ao ser chamado pela Peugeot Talbot Sport. Vitórias e títulos se seguiam para Ari Vatanen, antes de a Peugeot pensar em sucesso, que chegou em 1992. Depois que a Peugeot decidiu ficar fora da F1, Todt se juntou à Ferrari em 1993 dando maior tranquilidade e planejamento para a equipe. A equipe venceu seu primeiro título de construtores com ele em 1999 e, junto com Michael Schumacher, conquistou muitos títulos entre 2000 e 2004. Todt acabou sendo presidente da FIA em 2009, substituindo Max Mosley.

FABRICANTES DE PNEUS

FEITO PARA DURAR

A Goodyear foi a fábrica de pneus que ficou mais tempo na F1. De 1959, quando começa sua história, até sua saída em 1998, disputou 500 grandes prêmios. A Bridgestone ultrapassou a Michelin (215 GPs) em 2009, para ser a segunda com 244 até o fim de 2010. A Pirelli esteve com a F1 até 1991, depois de 200 provas.

O RECORDE DA GOODYEAR

O fornecedor de pneus de maior sucesso da F1, a Goodyear, não fazia ideia do que aconteceria em 1965, quando assinou um acordo com a Honda e o piloto Richie Ginther conquistou a vitória no GP do México. Ninguém poderia imaginar que esse famoso fabricante de pneus norte-americano viria a se tornar o mais importante fornecedor da F1, chegando a conquistar 367 vitórias.

SEM MUITA EXIGÊNCIA

Os pneus usados na F1 mudaram de muitas maneiras desde 1950. A principal delas foi a introdução do modelo slick em 1971, quando tanto a Firestone quanto a Goodyear buscavam mais aderência para os carros. Permaneceram assim até 1998 quando a F1 votou a reintrodução de pneus com sulcos. Até que para a temporada de 2009 o pneu slick foi novamente permitido na categoria.

MAIS UM BOM ANO

Os carros equipados com pneus Goodyear venceram mais do que o dobro que seus concorrentes. A Goodyear venceu 24 títulos entre 1966 e 1997, mais que o dobro que a Bridgestone, que venceu dez campeonatos mundiais em sua passagem pela F1.

Acima **O recorde da Goodyear:** Richie Ginther e Honda colocaram a Goodyear na trilha de sucesso na F1, brilhando no México em 1965. *Abaixo* **Feito para durar:** A Bridgestone passou a Michelin em 2009, como a segunda mais bem-sucedida.

FABRICANTES COM MAIS POLE POSITIONS

1	Goodyear	358
2	Bridgestone	168
3	Michelin	111
4	Dunlop	76
5	Firestone	49
6	Pirelli	46
7	Englebert	12
8	Continental	8

POR FAVOR, MAIS UM JOGO DE PNEUS

O recorde de paradas para troca de pneus num só GP foi de 75, pelos 22 carros do GP da Europa de 2007. Com as condições mudando volta a volta, era uma loteria saber qual pneu usar. Fernando Alonso, da McLaren, chutou melhor que seus rivais fazendo quatro paradas "apenas", contra as seis dos oponentes, e venceu a prova.

QUEM PARTICIPA GANHA

Por uma margem escandalosa, a Goodyear tem mais pontos que seus concorrentes, contabilizando 9.474,5 ao encerrar sua participação na F1 no GP do Japão em 1998, duas provas depois da última vitória na categoria, em Monza. Nessa marca, 19 pontos por GP estão computados em alguns anos. Não se pode esquecer que o sistema atual, de 25-18-15-12-10-8-6-4-2-1, permitiria que seus números fossem bem maiores, pois durante muitas temporadas apenas os seis primeiros colocados marcavam pontos no mundial da F1.

Acima **Quem participa ganha:** A área reservada para o fornecedor de pneus, a Goodyear. *No alto* **Por favor, mais um jogo de pneus:** Fernando Alonso manteve sua equipe ocupada no GP da Europa em 2007.

FÓRMULA FARSA

Em 2005, no GP dos Estados Unidos em Indianápolis, aconteceu a maior farsa da história da F1. Depois que uma falha no pneu na Toyota de Ralf Schumacher causou sua batida na curva 13, a única curva inclinada da F1, a Michelin declarou que não poderia garantir a segurança dos modelos entregues para as equipes BAR, McLaren, Red Bull, Renault, Sauber e Williams. Assim, os 14 carros equipados com Michelin pararam nos boxes após a volta de apresentação, deixando para os seis carros Bridgestone a disputa da prova.

BURACO NEGRO

O maior número de fabricantes de pneus a participar do mesmo campeonato na F1 foi de seis, em 1958, quando a Avon, Continental, Dunlop, Englebert, Firestone e Pirelli disputaram a fama. A Dunlop venceu mais vezes.

EXISTE UM PADRÃO

Se você procurar nos livros de recordes, achará sempre a mesma ordem para largadas, poles, vitórias e melhores voltas e o nome será Goodyear. Depois virão a Bridgestone e a Michelin. A Pirelli é a quarta em largadas, e a Dunlop é a quarta em vitórias, poles e melhores voltas, enquanto a Firestone derruba a Pirelli para sexto em poles e melhores voltas.

MUDANÇA DA GUARDA

Fornecedores de pneus da F1 vão e vêm ao longo das temporadas. A Bridgestone encerrou sua participação em 2010 e a Pirelli voltou à F1 depois de 20 anos afastada. Como é a única fornecedora de pneus deste ano, os italianos garantem vencer as 20 provas, o que levará sua marca dos atuais 44 grandes prêmios para 64, mas permanecerão na quinta posição no total de vitórias obtidas.

FABRICANTES COM MAIS VITÓRIAS

1	Goodyear	368
2	Bridgestone	175
3	Michelin	102
4	Dunlop	83
5	Pirelli	44
6	Firestone	38
7	Continental	10
8	Englebert	8

MOTORES

OITO EM LINHA OU EM V?
No começo da F1 em 1950, a Alfa Romeo predominante era empurrada por um motor de 8 cilindros em linha com compressor; seus rivais usavam 4 ou 6 cilindros. Mais tarde, com a introdução do motor em V, este passou a dominar chegando a 314 vitórias. Mais recentemente tivemos os motores V10, que marcaram 240 sucessos.

VAI, VAI QUE VAI!
Acredite ou não, um F1 não é o carro mais veloz em aceleração partindo do zero. Isso porque as rodas oferecem muito mais resistência ao ar do que os carros esporte protótipos cobertos e com motores mais largos e potentes. Entretanto, um F1 chega a atingir 160 km/h em 4 segundos e mantém a mesma aceleração até atingir sua velocidade máxima, para lá dos 320 km/h.

MAIS QUE UM DISTINTIVO
Alguns carros de passeio carregam o distintivo "turbo" na carroceria, mas não têm uma perfomance muito diferente por isso. Não é o caso da F1, a partir da entrada da Renault no fim dos anos 1970. Mais e mais potência era produzida por esses motores de 1,5 litro, equivalente aos 3,0 litros dos motores aspirados; o que acabou por dar aos turbos uma enorme vantagem e eles passaram a ganhar corrida após corrida.

MUITOS CAVALOS
A regulamentação técnica da F1 vem mudando desde sua criação. Os motores mais modernos não são os mais potentes de sua história. Essa honra fica para a era turbo, com sua estrondosa potência nas voltas dos treinos classificatórios. Os motores BMW turbo usados pela Benetton em 1986 tinham uma potência bruta estimada em 1.400 cv contra uma potência máxima para os motores aspirados na ordem de 900 cv.

Acima **Oito em linha ou em V?:** Os carros da Alfa Romeo precisavam de bicos bem compridos em 1950 para acomodar seu motor de 8 cilindros em linha.
Abaixo **Rotações campeãs:** Ralf Schumacher, da Williams, apreciava as 19.200 rpm de seu motor BMW de 2003.

OS 10 MAIS EM NÚMERO DE LARGADAS

1	Ferrari	812
2	Ford	587
3	Renault	461
4	Honda	340
5	Mercedes	301
6	BMW	269
7	Alfa Romeo	222
8	BRM	189
9	Mugen Honda	147
10	Hart	128

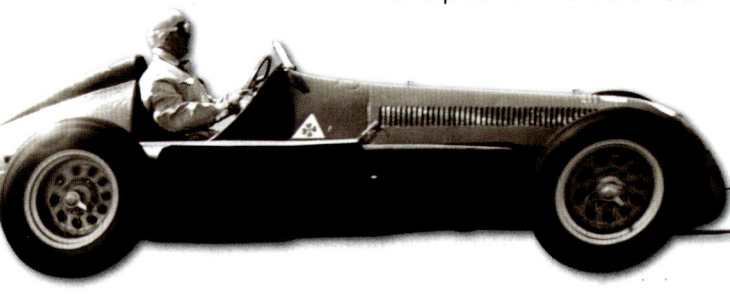

PARE AGORA!
A capacidade de aceleração de um F1 é excepcional, mas sua capacidade de frenagem é ainda mais fantástica. Não dá para comparar com um carro de rua, mas imagine viajar a 320 km por hora com uma curva se aproximando. Um F1 pode baixar para 80 km/h em 3 segundos, equivalente a cerca de 100 metros.

ROTAÇÕES CAMPEÃS
A BMW levou a rotação por minuto do motor para um novo patamar em 2003. Seu V10-P83 batia 19.200 rpm, empurrando mais de 900 cv nos Williams de Juan Pablo Montoya e Ralf Schumacher. Dois anos depois, os motores foram diminuídos de 3,0 litros para 2,4 para baixar a performance em nome da segurança.

CONSTRUTORES

FERRARI NA FRENTE

O motor Ferrari tem mais vitórias, 215, mais pole positions, 205, mais melhores voltas, 223, e mais pontos, 4.473,5. Tudo isso até o fim da temporada de 2010.

NO RITMO DA MUDANÇA

Como não existe um campo mais vasto para a pesquisa técnológica do que a F1, não é surpresa que os motores tenham evoluído muito ao longo do tempo. As modificações mais visíveis foram feitas no carro, mas os motores também sofreram grandes alterações (veja abaixo).

1950 Motores aspirados até 4.500 cm^3 ou 1.500 cm^3 para motores com compressor.
1952 Redução dos aspirados para 2.000 cm^3 ou 500 cm^3 comprimidos tipo F2.
1954 Cilindrada aumentada para 2.500 cm^3 ou 750 cm^3 com compressor.
1958 Obrigatório o uso de gasolina comercial.
1961 Compressores banidos e cilindrada limitada a 1.500 cm^3.
1966 Cilindrada até 3.000 cm^3.
1972 Limite de 12 cilindros.
1987 O motor pode ir até 3.500 cm^3.
1989 Fim dos motores turbo.
1995 Capacidade limitada a 3.000 cm^3.
2006 Motores limitados a V8 e 2.400 cm^3.

OS 10 MAIS EM NÚMERO DE VITÓRIAS

1	Ferrari	215
2	Ford	176
3	Renault	130
4	Mercedes	80
5	Honda	72
6	Coventry Climax	40
7	Porsche	26
8	BMW	20
9	BRM	18
10	Alfa Romeo	12

Abaixo **O som do motor norte-americano:** A Ferrari de Luigi Musso leva o V8 ao primeiro triunfo em 1956.
No pé da pág. **Ferrari para pilotos de ponta:** Kimi Räikkönen foi o último campeão mundial a utilizar um motor da Ferrari, em 2007, quando bateu a dupla Alonso-Hamilton.

FERRARI PARA PILOTOS DE PONTA

Os motores Ferrari levaram mais pilotos ao título do que os outros – 15 no total, entre Alberto Ascari, em 1952, e Kimi Räikkönen, em 2007. A Ford vem a seguir com 13, de 1968 a 1994, sendo que os primeiros 12 (até 1982) ganharam com o motor de maior sucesso na F1: Ford Cosworth DFV.

O SOM DO MOTOR NORTE-AMERICANO

Os motores V8 são os preferidos dos norte-americanos e equipam seus Fords e Chevrolets. No entanto, o primeiro V8 vencedor na F1 estava no Lancia Ferrari de Luigi Musso, em 1956, na Argentina. Por isso, a Ford Motor Company pôs seu nome no motor Cosworth DFV, o maior vencedor da F1.

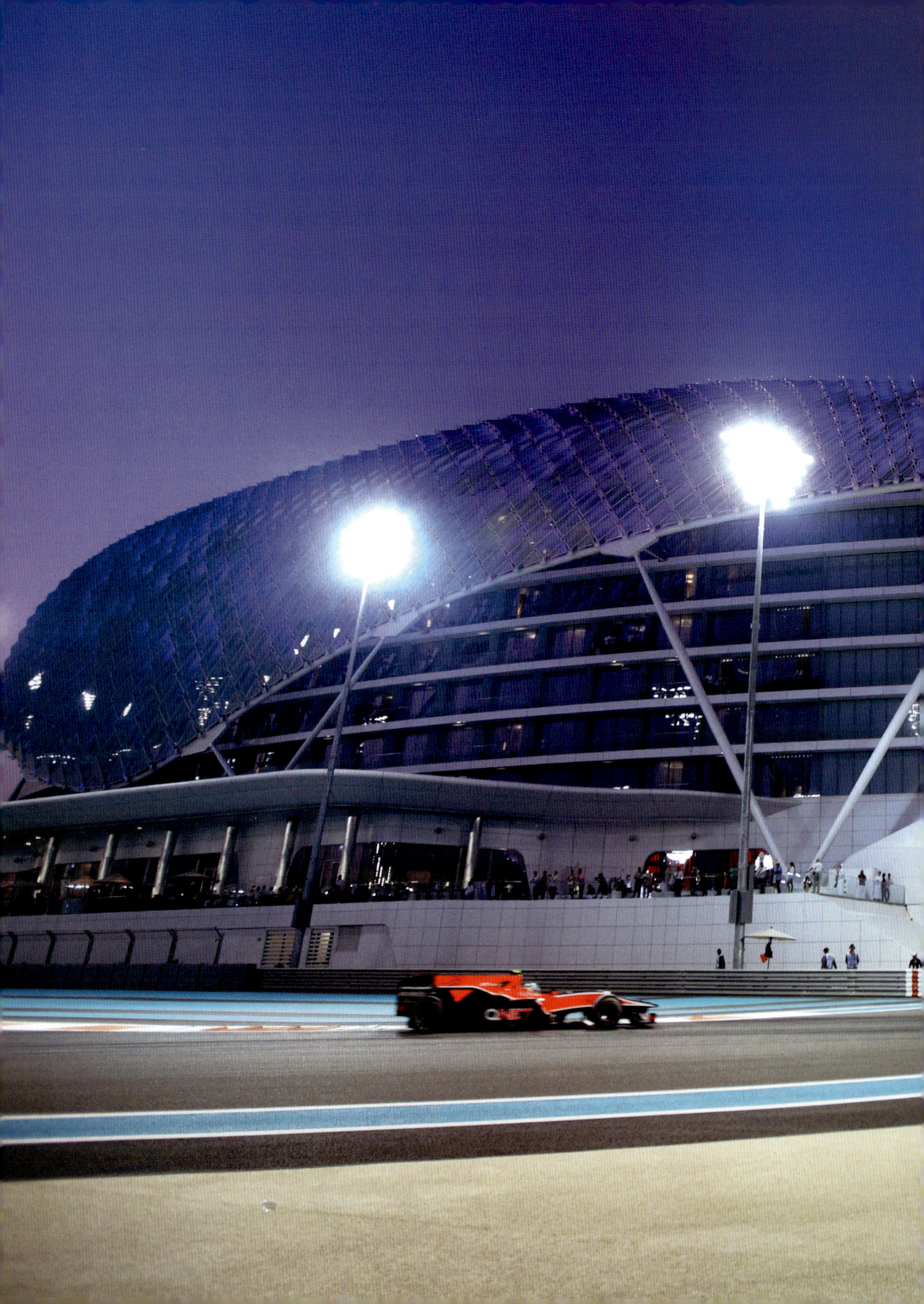

CIRCUITOS

O nome dos melhores circuitos deslizam livremente por nossa língua: Mônaco, Monza, Spa-Francorchamps, Silverstone e Suzuka. São templos da alta velocidade, com curvas difíceis se transformando em desafio para os pilotos. Muitos foram modificados em nome da segurança, mas conservaram a alma que os mantém à frente dos novos circuitos, com suas instalações brilhantes, que ainda têm muito o que crescer.

Abaixo **O novo mundo:** Lucas di Grassi, de dentro de seu Virgin VR-01, teve pouco tempo para olhar a arquitetura da pista de Yas Marina, em 2010.

EXTENSÃO

CORTE CRUEL

Nürburgring já foi muito usado em toda sua extensão de 22,8 km através da Floresta Eifel, sendo o segundo circuito mais longo até hoje no Campeonato Mundial. Mas, mesmo que o circuito até hoje sedie o GP da Alemanha em anos alternados, a parte do Anel Norte deixou de ser usada pela F1 depois de 1976, e, quando voltou, em 1985, sua extensão era de apenas 4,5 km, ficando o setor da floresta para corridas locais.

VOLTAS E MAIS VOLTAS

O maior número de voltas de um grande prêmio era feito em Watkins Glen, nos Estados Unidos, entre 1963 e 1965: 110 voltas. Isso equivale a uma distância de 415,93 km. Em 1966, a prova foi encurtada para 399,84 km.

NÃO FOI UM BOM COMEÇO

A pista de Mônaco sediava provas de automobilismo desde 1929, mas a sua estreia no mundial de F1, em 1950, quase foi um fracasso total, quando Farina perdeu o controle do carro na Tabac, provocando um engavetamento de nove carros. Os restos se espalharam por todos os lados da pista. De alguma forma, Juan Manuel Fangio conseguiu escapar da confusão e partiu para sua primeira vitória com o Alfa Romeo.

QUANDO VAI ACABAR?

As corridas de 1957 tinham um limite de 3 horas, mas algumas duravam mais do que isso. Foi o caso do GP alemão de 1954 na pista de 22,8 km de Nürburgring, que acabou se tornando o recorde de grande prêmio mais longo da história da F1. Juan Manuel Fangio levou 3h45min45,8seg para fechar as 22 voltas, abrindo uma vantagem de 1 min e 36,5 seg sobre o segundo colocado.

RESTARAM APENAS 4

Parece inadmissível, mas dois grandes prêmios, desde 1950, terminaram com apenas quatro carros. Não precisa dizer que foi em Mônaco. A primeira vez foi em 1966, quando Jackie Stewart venceu pela BRM, embora dois carros não tenham se classificado por estarem muito atrasados. Trinta anos depois, Olivier Panis venceu uma prova do tipo chove não chove, na qual grande parte dos carros acabou batendo no guard-rail.

A PIOR APROXIMAÇÃO

O britânico Derek Daly será sempre lembrado por sua terrivelmente infeliz aproximação da primeira curva de Mônaco, a Sainte Dévote,

Acima **Corte cruel:** O pelotão do meio passa pela curva Shell em Nürburgring 1996; ao fundo vê-se o Dunlop Kehre. *Abaixo* **Mônaco:** O circuito foi desenhado entre as estreitas ruas do principado; aqui, vista da ponte que leva a Portier.

OS CIRCUITOS MAIS CURTOS

1	Mônaco	3.144 km
2	Zeltweg (Áustria)	3.198 km
3	Long Beach (EUA)	3.250 km
4	Dijon-Prenois (França)	3.288 km
5	Jarama (Espanha)	3.311 km

MÔNACO

Sediou o GP da F1: 1950; 1955, até hoje
Nº de grandes prêmios: 57
Extensão: De 3,179 km para os atuais 3,338 km
Melhor volta classificatória: 1min13,826seg, Mark Webber (Red Bull), 2010
Melhor volta em corrida: 1min14,439seg, Michael Schumacher (Ferrari), 2004
Piloto com mais vitórias: Ayrton Senna, 6 vezes: 1987, 1989, 1990, 1991, 1992 e 1993

em 1980. Seu Tyrrell voou por cima do Alfa Romeo de Bruno Giacomelli na freada, aterrissando sobre o companheiro de equipe Jean-Pierre Jarier. Por sorte, ninguém se machucou.

ACABOU ANTES DE COMEÇAR

Uma chuva torrencial desabou sobre as ruas de Adelaide, interrompendo o Grande Prêmio da Austrália, em 1991. A corrida tinha apenas começado; pouco mais de 24 minutos haviam se passado e 14 voltas haviam sido completadas. O pole position Ayrton Senna, da equipe McLaren, foi o vencedor da prova.

⟩⟩ O SENHOR VAI MUITO LONGE?

Fora as 500 Milhas de Indianápolis que faziam parte da F1 entre 1950 e 1960, a corrida mais longa da história foi o GP francês, em 1951, com 77 voltas. Não foi por menos que o Alfa Romeo de Juan Manuel Fangio acabou por ter problemas. Ele pulou para o outro Alfa, de Luigi Fagioli, para vencer. Fangio levou 3h22min11seg para ver a quadriculada.

⟩⟩ INDO, INDO, INDO...

Quase todos os fãs da F1 acreditam que a pista de Nürburgring Nordschleife foi a mais longa utilizada pela F1, com seus mais de 22 km. No entanto, a mais longa foi a pista de Pescara, na costa adriática da Itália, sede do GP italiano em 1957. Seus 25,57 km por volta levavam os pilotos por entre muitas subidas de montanha e vilarejos até fazer a volta pela costa marítima. O britânico Stirling Moss superou o argentino Juan Manuel Fangio por 3 minutos.

AS PISTAS MAIS EXTENSAS

1	Pescara (Itália)	25,57 km
2	Nürburgring (Alemanha)	22,89 km
3	Spa-Francorchamps (Bélgica)	14,11 km
4	Monza (Itália)	9.998 km
5	Sebring (EUA)	8.366 km

⟩⟩ QUASE UM FLASH

Por causa de sua alta velocidade média, a prova em Monza é sempre a mais curta do calendário, em termos de duração. Os grandes prêmios de hoje duram cerca de 1h40min, mas os pilotos sabem que, em Monza, se não houver acidente que leve o carro de segurança para a pista por algum tempo, eles completarão o dever de domingo em cerca de 1h15min.

Acima **As pistas mais extensas:** Masten Gregory leva seu Maserati pela pista de Pescara em 1957. *Abaixo* **Acabou antes de começar:** Ayrton Senna cega seus seguidores (Berger e Piquet) com o spray de água em Adelaide 1991, prova interrompida por causa da chuva.

SEDES

SUPERELEVADAS DE SUCESSO

Correr em pistas com curvas superelevadas é domínio da fórmula Indy ou da Nascar, mas a F1 já teve circuitos com esse tipo de curva. Elas existiam em Monza, na Itália (um anel utilizado entre 1955 e 1961), Avus, na Alemanha, em Interlagos, no Brasil (a curva 1 do traçado antigo, até 1979), na Cidade do México (a curva Peraltada) e em Indianápolis (o circuito completo, integrante do mundial entre 1950 e 1960, e depois parte do circuito oval, entre 2000 e 2007).

Acima **Inclinadas de sucesso:** Pilotos passam pela superelevação da pista de Avus, com Tony Brooks à frente em seu Ferrari, em 1959. *Abaixo* **Como não terminar a 1ª volta:** Carros se desmancham por todos os lados em Silverstone 1973, depois que Jody Scheckter roda no fim da 1ª volta. O carro à frente do acidente é o de Emerson Fittipaldi.

ITÁLIA À FRENTE

Como resultado por estar situada entre os países que participaram do primeiro campeonato mundial de F1, em 1950, e por ter recebido por algumas décadas dois grandes prêmios por ano (Monza e San Marino), a Itália detém o maior número de provas disputadas da história. Ela chegou ao grande prêmio número 88 em 2010, seguida da Alemanha em segundo com 71 (também favorecida por sediar o GP europeu por muitos anos), da Grã-Bretanha com 64 e da França com 59 corridas.

FAÇAM SUAS APOSTAS

Dois ex-circuitos da F1 tinham ligação com apostas de corridas de cavalos – Aintree e Adelaide. Os circuitos de Las Vegas, Montreal e Mônaco passam por cassinos.

COMO NÃO TERMINAR A 1ª VOLTA

Jody Scheckter queria impressionar ao fazer sua quarta prova pela McLaren em 1973, na pista de Silverstone. Largando na sexta posição, estava em quarto lugar quando perdeu o controle na entrada da curva Woodcote, indo para a grama e voltando bem na frente do pelotão atrás dele, causando um grande acidente. Apenas 19 dos 28 carros iniciais puderam largar 90 minutos mais tarde.

EM TODO O GLOBO

O campeonato mundial está mais mundial do que nunca. Antigamente quase todas as provas aconteciam na Europa. Nos primeiros anos, aliás, eram somente na Europa. Recentemente, com a entrada da Coreia do Sul, da Índia e da Rússia (esta a partir de 2014), a Europa passou a ser exceção e não mais a regra.

ALGUÉM VAI TERMINAR?
Uma chuva torrencial atingiu o circuito de Silverstone em 1975 e os carros aquaplanavam e batiam nas curvas Stowe e Club, levando ao encerramento da prova. O líder era Emerson Fittipaldi, que, pilotando seu McLaren, foi o único a passar pelas curvas sem bater. José Carlos Pace e Jody Scheckter, que estavam em segundo e em terceiro lugar, foram se juntar aos dez carros batidos acidentados na prova.

A DIFERENÇA É A ÁGUA
Bater no tortuoso circuito de ruas de Mônaco é uma grande possibilidade. Entretanto, bater perto do porto traz um risco adicional, como mostra Alberto Ascari em 1955. Ele bateu violentamente por ali, caiu na água, mas emergiu ileso do acidente. Sua sorte, porém, não foi a mesma quatro dias depois, quando capotou em Monza testando um carro esporte e morreu em seguida.

MUDANÇA DE PISTA
Muitos circuitos desapareceram com a expansão urbana. Riverside, na Califórnia – sede de GPs nos anos 1960 –, é local de residências. Parte do entorno de Kyalami (na África do Sul) hoje é propriedade de uma indústria, enquanto o circuito de Zandvoort, na Holanda, faz parte de um conjunto de chalés, construído ao longo da praia que fica por ali.

EUROPA LIDERA A ESTATÍSTICA
A Europa lidera a estatística de sedes de GPs. As pistas são as seguintes: A1-Ring, Aintree, Anderstorp, Avus, Brands Hatch, Bremgarten, Catalunha, Clermont-Ferrand, Dijon-Prenois, Donington Park, Estoril, Hockenheim, Hungaroring, Imola, Jarama, Jerez, Le Mans Bugatti, Magny-Cours, Mônaco, Monsanto, Montjuich Park, Monza, Nivelles, Nürburgring, Österreichring, Paul Ricard, Pedralbes, Pescara, Porto, Reims, Rouen-les Essarts, Silverstone, Spa-Francorchamps, Valência, Zandvoort, Zeltweg e Zolder.

NÚMERO DE CIRCUITOS DA F1 POR CONTINENTE
1	Europa	37
2	América do Norte	13
3	Ásia	10
4	África	3
=	América do Sul	3
6	Austrália	2

DIVERSÃO CONCENTRADA
Suzuka é o único circuito construído dentro de um parque. O circuito Bugatti de Le Mans tem uma famosa roda-gigante, mas ele foi usado uma única vez, em 1967. O circuito de Yas Marina, em Abu Dabi, que estreou em 2009, tem o Ferrari World Park ao lado do complexo da velocidade.

LUGAR QUENTE
Três circuitos da F1 têm conexões vulcânicas: Fuji Speedway, no Japão, está ao lado do monte Fuji; o circuito francês de Clermont-Ferrand está bem no centro de uma área vulcânica; e o circuito da Cidade do México também, aliás, como a capital do México inteira.

Acima **Em todo o globo:** O circuito internacional da Coreia do Sul, em Yeongam, hospedou seu primeiro GP em 2010. *Abaixo* **Silverstone:** Torcedores britânicos comparecem em peso ao GP de 2008 para ver Lewis Hamilton vencer.

SILVERSTONE
Sediou o GP da F1: 1950-54, 1956, 1958, 1960, 1963, 1965, 1967, 1969, 1971, 1973, 1975, 1977, 1979, 1981, 1983, 1985, 1987 até hoje
Nº de grandes prêmios: 44
Extensão da volta: De 4,611 km para 5,139 km
Melhor volta classificatória: 1min29,615seg, Sebastian Vettel (Red Bull), 2010
Melhor volta em corrida: 1min30,874seg, Fernando Alonso (Ferrari), 2010
Piloto com mais vitórias: Alain Prost, 5 vezes: 1983, 1985, 1989, 1990 e 1993

RECORDES DE VOLTA

RUBENS VOA DE VERMELHO

Inevitavelmente a volta de classificação produz a volta mais veloz, pois é feita com pneus macios e pouquíssimo combustível nos carros. A mais rápida de todas foi feita pelo brasileiro Rubens Barrichello ao marcar a pole em Monza, em 2004, na frente dos *Tifosi*. Ele fez 1min20,089seg, voando a uma incrível média de 260,339 km/h.

MAIS E MAIS VELOZ

Monza e Spa-Francorchamps eram as pistas mais velozes, com média acima de 240 km/h. Então, foram colocadas chicanes para diminuir a velocidade. Mas os carros iam ficando cada vez mais velozes, como em 2003, em Monza, quando Michael Schumacher venceu com uma média de 247,5 km/h. A volta mais veloz em Spa data de 1970, quando Pedro Rodriguez deslizou sua BRM para a vitória com média de 241,25 km/h.

MONZA, A MAIS VELOZ

A casa do GP da Itália, Monza, detém o recorde de volta mais veloz: 257,29 km/h, em 2004. A seguir: Silverstone, Spa-Francorchamps, Österreichring, Hockenheim, Avus, Suzuka, A1-Ring, Reims e Melbourne. De todos eles, Monza, Suzuka e Melbourne mantêm um traçado parecido com aquele em que os recordes foram marcados.

VAMOS, VAMOS

Nem todos os circuitos produzem velocidades que são o dobro do que se faz numa estrada normalmente. As ruas estreitas de Mônaco limitam muito a velocidade dos carros, assim como outros circuitos de rua, principalmente os localizados nos Estados Unidos. Entretanto, a mais lenta das voltas mais rápidas já registradas num grande prêmio foi de Juan Manuel Fangio em Mônaco em 1950, com a média de 103,11 km/h. A pista de rua de Detroit (EUA) tem a segunda pior marca da história.

DESASTRE DOBRADO

O GP da Bélgica de 1960, em Spa-Francorchamps, já havia começado muito mal. Stirling Moss quebrara as pernas nos treinos e Mike Taylor ficara bastante machucado num acidente. Mas o pior ainda estava por vir: Chris Bristow se acidentaria e morreria quando batalhava com Willy Mairesse na curva Burnenville. E cinco voltas depois Alan Stacey seria atingido no rosto por um pássaro e viria a falecer em consequência do acidente que sofrera por causa disso.

Abaixo **Vamos, vamos:** A pista estreita de Mônaco diminui a velocidade dos pilotos, como demonstrou Juan Manuel Fangio em 1950. *No pé da pág.* **Rubens voa de vermelho:** Barrichello manteve o pé no fundo ao deslizar em Monza para marcar a volta recorde a 260,339 km/h.

MEDALHA POR BRAVURA

Gilles Villeneuve ficou famoso por rodar em todos os treinos, desde o seu primeiro na F1 em Silverstone, em 1977. Era seu jeito de achar o limite, sempre buscando o máximo possível. Numa dessas vezes, ele deu um show de mestre na pista molhada nos treinos livres para o GP dos Estados Unidos, ao andar dez segundos mais rápido do que todos os outros. Era apenas um treino e não valia para nada, mas certamente ele deixou sua marca inesquecível.

MUROS IMPORTAM

Os circuitos de ruas são quase todos cercados por muros, curvas estreitas e barreiras. Contudo, o circuito de Valência, que sedia o GP da Europa desde 2008, quebrou esse modelo, com um traçado mais aberto e uma reta bem apreciável. Isso resultou numa velocidade média na ordem de 197,64 km/h, marcada pela Toyota de Timo Glock em 2009.

QUASE SÓ RETAS

O circuito de Avus, em Berlim, tem um desenho incrivelmente simples – uma sequência de subida e descida, ida e volta, com uma curva na parte sul, mais parecendo uma ferradura. Na parte norte tem uma longa curva superelevada. E isso é tudo. O resultado é uma velocidade bem elevada. Em 1959, Tony Brooks venceu com a Ferrari virando na média de 230,637 km/h.

PROCURANDO VELOCIDADE

Quando Silverstone foi redesenhado em 2010 como parte de sua modernização, os boatos davam como certo que sua velocidade média impressionaria. Todavia, essas manchetes foram esquecidas, pois a parte chamada de Arena diminuiu muito a média horária. De fato, Fernando Alonso fez a volta mais veloz com 233,322 km/h, abaixo dos 235,00 km/h que Michael Schumacher havia feito em 2004.

EM NOVO TERRITÓRIO

Os recordes de voltas oficiais são marcados durante a prova, mas são superados quase sempre pelas voltas classificatórias, feitas com pneus novos e pouquíssimo combustível. Durante 19 anos, a volta mais rápida da história foi de Keke Rosberg (Williams Honda), em Silverstone em 1985, a 258,92 km/h. Rubens Barrichello, com um Ferrari, bateu essa marca por apenas 1,6 km/h em Monza, em 2004.

Acima **Em novo território:** Keke Rosberg levou a Williams para outro nível em 1985, em Silverstone, ao virar uma média de 258,92 km/h. *Abaixo* **Spa-Francorchamps:** Kimi Räikkönen se diverte na Eau Rouge até a Raidillon em Spa 2009.

OS 10 CIRCUITOS COM MÉDIAS MAIS ALTAS

	Circuito	Média km/h
1	Monza	257,29 km/h
2	Silverstone	246,26 km/h
3	Spa-Francorchamps	244,65 km/h
4	Österreichring	242,17 km/h
5	Hockenheim	242,17 km/h
6	Avus	239,95 km/h
7	Suzuka	228,32 km/h
8	A1-Ring	227,84 km/h
9	Reims	227,55 km/h
10	Melbourne	226,88 km/h

SPA-FRANCORCHAMPS

Sediou o GP da F1: 1950-56, 1958, 1960-68, 1970, 1983, 1985-2002, 2004 até hoje
Nº de grandes prêmios: 43
Extensão da volta: De 14,577 km para 7,002 km atuais
Melhor volta classificatória: 1min45,778seg, Mark Webber (Red Bull)2010
Melhor volta em corrida: 1min47,263seg, Sebastian Vettel (Red Bull), 2009
Piloto com mais vitórias: Michael Schumacher, 6 vezes: 1992, 1995, 1996, 1997, 2001 e 2002

VITÓRIAS

LAR DOCE LAR
Se um piloto quiser estabelecer um recorde de vitórias por seu país num grande prêmio, é claro que o melhor é fazê-lo em casa. É o caso dos britânicos, que têm 21 vitórias em casa, iniciadas em 1955 por Stirling Moss, no circuito de Aintree com um Mercedes. Recentemente, Lewis Hamilton acrescentou mais uma, em 2008, com pista molhada em Silverstone.

QUASE TODAS, MAS...
As equipes britânicas venceram mais corridas em qualquer pista do mundo do que as outras. Existem apenas duas sedes onde não são os britânicos os maiores vencedores: Suíça, onde a Ferrari venceu três das cinco provas; e a Coreia do Sul, onde a equipe italiana venceu em 2010.

Abaixo **Nürburgring:** Rubens Barrichello à frente de Lewis Hamilton na entrada da curva 1, em 2009. *Direita* **A magia da Ferrari em Monza:** Os *Tifosi* celebram a dobradinha da Ferrari em Monza 2004.

UMA RELAÇÃO ESPECIAL
Os pilotos britânicos adoram cruzar o Atlântico para disputar o GP dos Estados Unidos. E não é só porque falam a mesma língua ou pelo cheque polpudo da vitória, é também porque fazem muito sucesso por lá. Foram nove vitórias consecutivas desde 1960, quando Stirling Moss venceu, até a vitória de Jackie Stewart em 1968.

RUA ESTREITA À FRENTE
As equipes britânicas fazem sucesso em Mônaco desde os anos 1950, passando pelos anos 1960, até os anos 1970. Com certeza houve trabalho extra para os mecânicos com as raspadas nos guard-rails e as alterações na caixa de câmbio, mas pelos menos seus pilotos voltaram para os boxes com 16 vitórias consecutivas: de Rob Walker (Maurice Trintignant, com Cooper em 1958) a Lotus (Ronnie Peterson em 1974).

E LÁ VÃO CINCO
A Ferrari e a McLaren têm cada uma cinco vitórias numa mesma pista. A equipe britânica fez isso primeiro, vencendo em Spa-Francorchamps, na Bélgica, de 1987 até 1991, com Alain Prost (1) e Ayrton Senna (4). A Ferrari fez sua sequência em Suzuka, entre 2000 e 2004, quando Michael Schumacher venceu quatro vezes e Rubens Barrichello uma vez em 2003.

A MAGIA DA FERRARI EM MONZA
O GP da Itália é um dos mais antigos e aquele que a Ferrari mais deseja vencer diante de sua torcida – os *Tifosi*. A equipe, com seus carros vermelhos ostentando o famoso emblema do cavalinho rampante, já triunfou em Monza 18 vezes, da vitória de Alberto Ascari, em 1951, à de Fernando Alonso, em 2010.

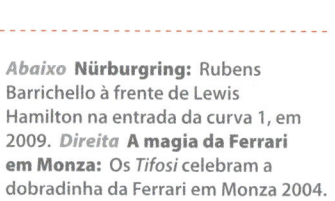

UM CINCO DOS GRANDES
Ayrton Senna desvendou o desafiador circuito de rua de Monte Carlo como nenhum outro piloto da história da F1. Ele venceu pela McLaren de 1989 a 1993. Em 1987 também venceu pilotando um Lotus. E seriam sete consecutivas não fosse o acidente em 1988. Ele liderava na volta 66, quando bateu seu McLaren. Jim Clark (2), Juan Manuel Fangio e Michael Schumacher (2) também venceram um determinado grande prêmio quatro vezes seguidas.

NÜRBURGRING
Sediou o GP da F1: 1951-1958, 1960-69, 1971-76, 1984, 1985, 1995-2007 e 2009
Nº de grandes prêmios: 38
Extensão: De 22,79 km para 5,147 km
Melhor volta classificatória: 1min28,351seg, Michael Schumacher (Ferrari), 2004
Melhor volta em corrida: 1min29,468seg, Michael Schumacher (Ferrari), 2004
Piloto com mais vitórias: Michael Schumacher, 5 vezes: 1995, 2000, 2001, 2004 e 2006

CIRCUITOS

AS 10 EQUIPES COM MAIS VITÓRIAS NO MESMO CIRCUITO

1	18	Ferrari	Monza
2	15	McLaren	Mônaco
3	14	Ferrari	Nürburgring
4	12	Ferrari	Silverstone
=	12	Ferrari	Spa-Francorchamps
=	12	McLaren	Silverstone
7	10	Ferrari	Hockenheim
=	10	Ferrari	Montreal
9	9	McLaren	Hungaroring
=	9	Williams	Hockenheim

≫ DIFICULDADES EXTRAS

A primeira vitória de Jackie Stewart em Nürburgring (1968) aconteceu sob chuva torrencial e neblina, sendo lembrada como uma das piores de todos os tempos. Ele venceu a prova não somente superando por quatro minutos a Graham Hill como ainda com uma contusão no pulso!

Acima **O lugar mais perigoso:** Niki Lauda teve sorte de sobreviver ao acidente em Nürburgring 1976. *Direita* **Todas as fronteiras:** Michael Schumacher celebra a vitória na Espanha 1992. *Abaixo* **Jogando dados:** A vitória de Ayrton Senna em Mônaco 1987 foi seguida por mais cinco com a McLaren.

O LUGAR MAIS PERIGOSO

O Anel Norte de Nürburgring é conhecido por ter tirado mais vidas de pilotos da F1 do que as outras pistas: Onofre Marimon, nos treinos, em 1954; Erwin Bauer, em carro esporte, em 1958; Peter Collins, GP de 1958; Carel Godin de Beaufort, nos treinos, em 1964; John Taylor, em 1966; Georges Berger, em uma corrida longa em 1967, e Gerhard Mitter, nos treinos de 1969. Niki Lauda quase morreu na corrida de 1976.

≫ TODAS AS FRONTEIRAS

Michael Schumacher provou sua versatilidade ao vencer em 22 circuitos. São eles, por ordem de conquista: Spa-Francorchamps, Estoril, Interlagos, TI Circuit, Ímola, Mônaco, Montreal, Magny-Cours, Hungaroring, Jerez, Barcelona, Hockenheim, Nürburgring, Suzuka, Monza, Buenos Aires, Silverstone, Melbourne, Indianápolis, Sepang, A1-Ring e Bahrein.

JOGANDO DADOS

Mônaco é conhecido tanto por seu cassino quanto pelo grande prêmio em curvas fechadas e muretas coladas à pista. É preciso mais do que sorte para vencer lá. Assim, a McLaren deve ter achado a fórmula mágica, pois foram seis vitórias consecutivas: Alain Prost, em 1988, e Ayrton Senna de 1989 a 1993.

74 FÓRMULA 1

GPs REALIZADOS

FÃS SEM PROTEÇÃO
Muitas vezes, os espectadores da F1 reclamam por ficar longe da ação, mas existe uma boa razão para isso: segurança. Em 1961 a proteção era muito pequena, sequer havia grade de segurança. Se houvesse, provavelmente fãs não teriam morrido em razão do acidente envolvendo Jim Clark e o aristocrata alemão Wolfgang von Trips. A Ferrari de Trips voou para cima dos espectadores na arquibancada matando 14 torcedores e o piloto alemão.

MUITO OCUPADOS
O mundial de F1 de 2005 estabeleceu um novo recorde, com 19 provas disputadas. Contudo, o mundial de 2010 igualou essa marca, mas o campeonato ficou mais longo em três semanas, começando no Bahrein em 14 de março até o final em Abu Dabi em 14 de novembro. Tudo isso contando a interrupção por causa do verão europeu, que é bem-vindo para que os mecânicos das equipes possam ganhar o merecido descanso.

CADA VEZ MAIS
O número de grandes prêmios da temporada da F1 vem aumentando ano a ano, em 2010 foi estabelecido o novo recorde de 19 provas disputadas. Em 2011, serão nada menos que 20 provas no calendário do mundial da F1. A média de provas por década tem sido: 7,4 nos anos 1950; subiu para 9,9 nos anos 1960; 14,4 na década de 1970; 15,6 nos 1980; 16,2 em 1990; e 17,4 nos anos 2000.

ABERTURA DA TEMPORADA
O circuito de Buenos Aires, na Argentina, sediou 15 vezes a abertura do campeonato mundial da F1, o recorde de provas de abertura. A Austrália já abriu a temporada em Melbourne 13 vezes, enquanto o circuito de Kyalami na África do Sul sediou o início do mundial oito vezes não consecutivas.

PROVAS POR FORA
O campeonato mundial tinha seis provas em 1950, mas eram disputadas 16 provas não válidas pelo certame, nas quais praticamente todos os pilotos corriam, na verdade, por bons prêmios. Juan Manuel Fangio venceu quatro dessas provas naquele ano.

VARIEDADE À VONTADE
O GP de Long Beach, nas ruas da Califórnia, foi usado oito vezes como segundo GP dos Estados Unidos. Sua superfície escorregadia e ondulada é uma daquelas em que nenhum piloto conquistou a pole mais de uma vez. De Clay Regazzoni, em 1976, até Patrick Tambay, em 1983, ambos de Ferrari.

OS 10 CIRCUITOS MAIS UTILIZADOS

1	Monza	60
2	Mônaco	57
3	Silverstone	44
4	Spa-Francorchamps	43
5	Nürburgring	38
6	Hockenheim	32
7	Montreal	31
8	Zandvoort	30
9	Interlagos	28
10	Ímola	26

Acima **Muito ocupados** Sebastian Vettle precisou de 19 provas até conquistar seu título mundial. *Abaixo* **Conta dobrada:** Michael Schumacher é recebido pelos fãs em 2006, no circuito de San Marino.

CONTA DOBRADA
A Itália é o país que sediou mais grandes prêmios desde sua criação em 1950. Superou a Grã-Bretanha, Mônaco e a Bélgica, todos sedes desde 1950 e que ainda serão em 2011. A razão é que todos os anos entre 1981 e 2006 também houve provas sob o título de GP de San Marino. Até o fim de 2010, a Itália sediou 87 grandes prêmios, 16 à frente da Alemanha, que, por sua vez, sediou o GP da Europa 12 vezes e Luxemburgo por 2 vezes, chegando ao total de 71 provas.

UM ACIDENTE COM TRÁGICAS CONSEQUÊNCIAS

O sueco Ronnie Peterson era um piloto admirado no mundo todo por causa do seu estilo espetacular. Infelizmente, não sobreviveu à batida na largada do GP da Itália, em 1978, que envolveu dez carros. Vittorio Brambilla apenas desmaiou, e Peterson foi levado ao hospital com as pernas fraturadas. Ele acabou morrendo durante a noite.

DEPOIS, CAMA

Países lutam para sediar a última prova do mundial por causa da possibilidade de o título ser decidido ali. O Brasil sediou as últimas, mas os Estados Unidos superam a Austrália por 12 a 11. As pistas norte-americanas foram: Sebring, Riverside, Watkins Glen e Las Vegas, enquanto todas as provas de encerramento ocorridas na Austrália foram disputadas na pista de rua de Adelaide.

Abaixo **Monza:** Construída num parque ao lado de Milão, Monza já faz parte da mobília da F1. *No pé da página* **Um acidente com trágicas consequências:** O que sobrou da largada de Monza 1978, com a Lotus de Ronnie Peterson (6) à esquerda.

MONZA
Sediou o GP da F1: 1950-79, 1981 até hoje
Nº de grandes prêmios: 60
Extensão: De 9,998 km para 5,792 km
Melhor volta classificatória: 1min20,089seg, Rubens Barrichello (Ferrari), 2004
Melhor volta na corrida: 1min21,046seg, Rubens Barrichello (Ferrari), 2004
Piloto com mais vitórias: Michael Schumacher, 5 vezes: 1996, 1998, 2000, 2003 e 2006

RÁPIDOS E LENTOS

LIMITE DO CIRCUITO

David Coulthard mostrou-se um *expert* ao fazer voar carros com pouca pressão aerodinâmica na McLaren. Isso pode ser provado pelo recorde de velocidade em Monza ao atingir 361,7 km/h em 1999. Ele superou outra marca que era dele mesmo, em Hockenheim, em 1998, quando o circuito ainda cruzava a longa floresta antes de ser moficado: 356 km/h.

LEVANDO AO EXTREMO

A Honda decidiu mostrar o que um F1 poderia fazer se tivesse a oportunidade de acelerar sem os limites de um circuito normal. Em 2006, levou o piloto Alan van der Merwe e o modelo RA106 para a pista de sal de Bonneville. O radar parou em 397,27 km/h na tentativa matinal, mas não conseguiu chegar aos 399,8 km/h que era a meta definida.

SURPRESA, SURPRESA!

Basta uma olhada no sinuoso e estreito circuito de Mônaco e logo se imagina que a velocidade média seja baixa. Ali, o primeiro grande prêmio, vencido por Juan Manuel Fangio e seu Alfa Romeo, teve uma média horária de apenas 98,7 km/h. Depois disso foram feitas muitas modificações no traçado ao longo dos anos, mas a média registrada pelo espanhol Fernando Alonso com o McLaren ao vencer ali em 2007 não passou de 155,51 km/h.

Abaixo **Pare na luz vermelha:** Sébastien Buemi foi pego a 314,43 km/h em Valência 2010. *No pé da pág.* **Limite do circuito:** Com as asas na posição quase zero em seu McLaren, David Coulthard voou em Monza 1999.

PARE NA LUZ VERMELHA

A maior velocidade registrada num circuito de rua foi marcada em 2010 na pista de Valência. O piloto suíço Sébastien Buemi viajou a 314,43 km/h na grande reta antes da curva 12, empurrado pelo motor Ferrari de seu Toro Rosso.

CIRCUITOS

AINDA À ESPERA

Tendo crescido com sua família ao lado de Interlagos, Rubens Barrichello sempre sonhou em subir ao degrau mais alto do pódio no GP de casa. Mas parece que ele tem um carma, pois, até 2009, seu melhor resultado ali foi um terceiro lugar, mesmo tendo liderado a prova nos anos de 1999, 2000, 2002, 2003, 2004 e 2009.

AS 10 MAIORES VELOCIDADES DE 2010

#	Circuito	Velocidade
1	Monza	346,65 km/h
2	Montreal	324,63 km/h
3	Istambul	321,33 km/h
4	Yas Marina	320,03 km/h
5	Hockenheim	319,43 km/h
6	Xangai	317,93 km/h
7	Bahrein	314,73 km/h
8	Valência	314,43 km/h
9	Interlagos	313,93 km/h
10	Barcelona	312,13 km/h

MAIS RÁPIDO NA CHUVA

A média horária na pista de Mônaco era tão baixa nos primeiros anos, nunca acima dos 112 km/h, que isso significa que a velocidade média da vitória obtida por Ayrton Senna em Adelaide, em 1991, no GP da Austrália foi mais alta, ainda que essa prova tenha sido interrompida por causa da chuva torrencial que causou a batida de 14 carros.

SCHUMI GOSTA

Interlagos é um circuito onde acontecem muitos acidentes. Talvez por isso nenhum piloto tenha vencido muitas vezes ali. Ayrton Senna venceu duas vezes e Michael Schumacher, escapando dos acidentes na primeira curva, venceu em 1994, 1995, 2000 e 2002.

PARA OS FÃS

Interlagos tem orgulho de ser bom para suas estrelas da F1, pois Emerson Fittipaldi e José Carlos Pace venceram lá nos anos 1970, na primeira série de provas realizadas ali, deixando os fervorosos fãs felizes ao voltarem para casa. Ayrton Senna e Felipe Massa também venceram ali, após o grande prêmio ser retomado do Rio de Janeiro (do circuito de Jacarepaguá) em 1990. No entanto, o piloto Rubens Barrichello ainda busca a primeira vitória em casa, no bairro onde passou a infância.

Acima **Ainda à espera:** Rubens Barrichello já fez de tudo, mas ainda não venceu em casa, mesmo saindo na pole em 2009. *Abaixo* **Interlagos:** Há fluidez no traçado, mas algumas curvas estreitas levam a acidentes. *Direita* **Mostrem os números:** O espetacular circuito de Yas Marina, em Abu Dabi, permite velocidades acima de 320 km/h nas retas. Aqui, em 2009, Lewis Hamilton à frente de Sebastian Vettel.

MOSTREM OS NÚMEROS

Os chefes do petróleo árabe adoram a performance dos carros da F1, mas não conseguiram fazê-los aparecer muito sob os flashes no Bahrein, onde as arquibancadas ficaram vazias. Talvez com isso em mente, foi construída a pista de Abu Dabi, Yas Marina, com uma reta que leva a mais de 320 km/h. Isso deve fazer o público desligar a TV e se deslocar para o autódromo para assistir a prova ao vivo.

INTERLAGOS

Sediou o GP de F1: 1973-77, 1979-80, 1990 até hoje
Nº de grandes prêmios: 28
Extensão: De 7,960 km para 4,307 km
Melhor volta classificatória: 1min10,646seg, Rubens Barrichello (Ferrari), 2004
Melhor volta em prova: 1min11,374seg, Juan Pablo Montoya (Williams), 2004
Piloto com mais vitórias: Michael Schumacher, 4 vezes: 1994, 1995, 2000 e 2002

PARTE 2
NASCAR SPRINT CUP

Com nada menos do que 36 corridas por ano e 43 carros em cada uma delas, a categoria topo da Nascar, a Sprint Cup, é gigantesca. É quase incompreensível para os analistas de TV, com uma audiência fantástica, e ainda é capaz de atrair um público fabuloso para as pistas. Como esporte, é muito grande; como negócio, é maior ainda. É como uma avalanche que avança mais e mais, cruzando praticamente todos os estados norte-americanos.

Que comece a batalha: Um público gigantesco lota o Daytona International Speedway para o início da temporada de 2008 da Nascar, com a disputa das duas baterias do Gatorade Duel.

A série principal da Nascar, chamada de Grand National Championship, foi racionalizada em 1972, diminuindo de 47 para 30 eventos anuais. Recebeu também um novo nome – Winston Cup – para identificar seu novo patrocinador. Desde então, ficou conhecida como a era moderna da Nascar e sua história tem esse divisor de águas: o patrocinador do evento como um todo. Desde 2004, a categoria principal passou a ser chamada de Sprint Cup Series.

- **1949 STRICTLY STOCK CHAMPIONSHIP • 1950 GRAND NATIONAL CHAMPIONSHIP**
- **1972 WINSTON CUP • 2004 NEXTEL CUP SERIES • 2008 SPRINT CUP SERIES**

work™
NASCAR
Sprint
CUP SERIES
CHAMPION
2010
CHASE FOR THE SPRINT CUP
2010
LOWE'S
QUAKER STATE
DELPHI
GOODYEAR
TOP CHOICE
Johnson
ESPN

PILOTOS

Embora nos eventos da Sprint Cup Series não se faça tanta diferenciação entre o vencedor e o segundo colocado, alguns poucos pilotos surgem da massa e viram estrelas. Jimmie Johnson é a bola da vez e se junta a nomes como Richard Petty, David Pearson, Bobby Allison, Darrell Waltrip, Dale Earnhardt e Jeff Gordon no palco dos maiores pilotos de todos os tempos da série.

Insuperável: Jimmie Johnson é o piloto com o toque de Midas na Nascar Sprint Cup Series, como se vê na sua comemoração pelo 5º título consecutivo obtido em 2010.

CAMPEÕES

VITÓRIA DOS OPRIMIDOS

Alan Kulwicki, apelidado de Príncipe Polonês, furou a lógica ao vencer em 1992 o título da Winston Cup. Pilotando seu Ford "Underbird" (em vez de Thunderbird, trocadilho com *underdog*, oprimido em inglês), ele superou Bill Elliott, embora tivesse duas vitórias contra cinco. Era o segundo nortista a vencer desde 1950. A "volta polonesa da vitória" era sua marca registrada, quando pilotava no sentido horário, o contrário ao usado normalmente. Dessa forma, ele ficava mais perto do público para curtir os aplausos. Kulwicki morreu num acidente aéreo em 1993.

MOTORISTA DE ÔNIBUS

Buck Baker foi o primeiro bicampeão da Nascar, feito conquistado em 1957. Ele estava entre os pioneiros da categoria em 1948, quando deixou seu ônibus na garagem para preparar seu carro. Buck provou que era melhor quando pilotava sem passageiros em 1952, ao vencer pela primeira vez. Ele somaria mais 45 vitórias ao longo da carreira. Um fato interessante em sua trajetória foi o título de 1956, quando dirigiu um Ford, um Chrysler e um Chevrolet. Em 1957, seu segundo título veio a bordo de um Chevrolet.

O 13 DA SORTE

Jeff Gordon igualou o recorde de 1975 de Richard Petty, que era de 13 vitórias numa mesma temporada, feito registrado em 1998 em sua campanha para o título pela Hendrick Motorsports com o Chevrolet Monte Carlo. Darrell Waltrip venceu 12 vezes em seu Junior Johnson Buick Regal no caminho de seus títulos de 1981 e 1982.

DONO DA DÉCADA

Lee Petty superou Buck Baker nos anos 1950, David Pearson venceu mais títulos que Richard Petty (filho de Lee) nos anos 1960, mas Richard foi o rei dos anos 1970, à frente de Cale Yarborough. Nos anos 1980 Darrell Waltrip e Dale Earnhardt venceram três títulos cada, mas Earnhardt continuou a vencer nos anos 1990. A história mostra que seis pilotos venceram o título nos anos 2000, até que Jimmie Johnson tomasse conta dos campeonatos a partir do ano de 2006.

Acima **Motorista de ônibus:** Buck Baker segura Billy Myers e Paul Goldsmith em 1956. *Abaixo* **Vitória dos oprimidos:** Alan Kulwicki (7) duela com Bill Elliott pelo título de 1992, em Rockingham, ambos em um Ford Thunderbird.

O PRIMEIRO TRICAMPEÃO

Cale Yarborough superou o arquirrival Richard Petty em 1978 quando se tornou o primeiro tricampeão da Winston Cup. Pilotando para Junior Johnson entre 1975 e 1977, usou um Chevrolet nos dois primeiros anos e pilotou um Oldsmobile Cutlass em 1977, quando marcou 386 pontos a mais do que Petty, em nove vitórias contra as cinco marcadas pelo adversário.

PRESSÃO PSICOLÓGICA

Dale Earnhardt, da Carolina do Norte, não era conhecido como "O Intimidador" por acaso. Seu estilo agressivo lhe rendeu 76 vitórias e 7 títulos, mas poucos amigos dentro das pistas. Muitos dos fãs o amavam e sempre buscavam seu Chevrolet preto pelo circuito, enquanto ele caçava seus rivais. Ele ainda era competitivo quando morreu num acidente na última volta da prova de Daytona 500, no ano de 2001.

DE BAIXO PARA CIMA

Até hoje apenas Bobby Labonte conquistou um título da série principal da Nascar depois de ser campeão na série de acesso. Ele foi campeão da Nationwide (ou Busch Series como era conhecida) em 1991 e conquistou seu título na série principal nove anos depois pela Joe Gibbs Racing Pontiac Grand Prix.

FAVORITO DOS FÃS

Nunca houve um piloto mais amado pelos fãs do que o modesto Bill Elliott. Ele venceu a Winston Cup apenas uma vez, quando correu pela Melling Racing Ford Thunderbird, em 1988, mas foi votado como o piloto mais popular da Nascar 16 vezes, entre 1984 e 2002. Em 2005, o governador da Geórgia declarou 8 de outubro o dia de Bill Elliott!

PONTOS VALEM MAIS

David Pearson fez de tudo, mas não venceu o campeonato de 1973 com seu Wood Brothers Mercury Montego e suas 11 vitórias. Entretanto, mostrando que a consistência pode vencer a rapidez, Benny Parsons foi coroado como campeão da Grand National com apenas uma vitória com seu LG DeWitt Chevrolet. Mais recentemente, Terry Labonte venceu duas em 1996 e levou o título contra as dez vitórias de Jeff Gordon. Matt Kenseth venceu uma em 2003 e, ainda assim, superou Ryan Newman, qua havia vencido oito provas.

CINCO SEGUIDAS

Jimmie Johnson sabe como controlar a situação, como demonstram suas conquistas de títulos, de 2006 a 2010. Na quinta conquista, em 2010, ele só apareceu na liderança de pontos na última prova da fase final (Chase), em Homestead. Seu companheiro de equipe, Jeff Gordon, tem interesse no carro de Jimmie porque é seu coproprietário, juntamente com Rick Hendrick, dono da equipe.

Acima **Cinco seguidas:** Jimmie Johnson comemora o quinto título consecutivo.
Abaixo **Mais títulos:** Dale Earnhardt ainda está na ponta da tabela de títulos consecutivos, ao lado de Richard Petty.

GORDON CALA OS CRÍTICOS

Jeff Gordon estava no topo na metade dos anos 1990, depois da conquista do título da Winston Cup 1995, com a Hendrick Motorsports, e outros dois consecutivos em 1997 e 1998. Em 2001, o californiano residente em Indiana respondeu aos críticos que diziam que não venceria sem seu ex-chefe de equipe Ray Evernham, quando venceu seis vezes – incluindo o Brickyard 400 em casa – para superar a Tony Stewart e conquistar seu quarto título. Com isso subiu para a terceira colocação na tabela de títulos, atrás dos sete vezes campeões Dale Earnhardt e Richard Petty.

MAIS TÍTULOS

1	Dale Earnhardt	7
=	Richard Petty	7
3	Jimmie Johnson	5
4	Jeff Gordon	4
5	David Pearson	3
=	Lee Petty	3
=	Darrell Waltrip	3
=	Cale Yarborough	3
9	Buck Baker	2
=	Tim Flock	2
=	Ned Jarrett	2
=	Terry Labonte	2
=	Tony Stewart	2
=	Herb Thomas	2
=	Joe Weatherly	2
16	Bobby Allison	1
=	Kurt Busch	1
=	Red Byron	1
=	Bill Elliott	1
=	Bobby Isaac	1
=	Dale Jarrett	1
=	Matt Kenseth	1
=	Alan Kulwicki	1
=	Bobby Labonte	1
=	Benny Parsons	1
=	Bill Rexford	1
=	Rusty Wallace	1
=	Rex White	1

VICE-CAMPEÕES

SINTA PENA DO MARTIN

Ele é bom o suficiente para já ter sido campeão, mas Mark Martin nunca levou o título para casa. Na verdade, foi vice cinco vezes. A primeira delas foi em 1990, atrás de Dale Earnhardt; depois 1994, 1998, 2002 e mais recentemente atrás de Jimmie Johnson em 2009.

DEPOIS DE SUA EXCELÊNCIA...

Para reforçar sua incrível série de sucessos, Richard Petty não tem somente o recorde de sete títulos, mas também o recorde de vice-campeão. Ele conquistou seis vices, um a mais do que Bobby Allison (piloto de ponta dos anos 1980) e Mark Martin.

O SANDUÍCHE DOS TÍTULOS

Buck Baker foi manchete quando venceu pela primeira vez o título da Nascar Grand National, em 1956. E foi capaz de repetir o feito em 1957. Entretanto, ele já havia estado perto do título em 1955, quando foi vice de Tim Flock. Em 1958, completou o sanduíche ao ser vice de novo, dessa vez de Lee Petty. Depois de sua aposentadoria, ele passou a dirigir uma escola de pilotos para a Nascar, na North Carolina Speedway – atualmente conhecida como Rockingham Speedway em Atlanta –, e também passou a paixão pelas corridas para o filho, Buddy, que viria a vencer 19 provas na categoria.

Acima **Sinta pena do Martin:** Mark Martin foi vice-campeão em 1990 e 2009, mas nunca chegou ao título. *Abaixo* **Os maiores vice-campeões:** Darrell Waltrip foi três vezes campeão, em 1981 (foto), 1982 e 1985, e outras três vezes vice-campeão.

O QUE VALE É MARCAR PONTO

Dave Marcis não era dos pilotos mais premiados. De fato, ele só venceu cinco provas. Ainda assim, foi vice-campeão em 1975, tendo vencido apenas uma prova naquele ano. Pilotando um Driving Nord Krauskopf's K&K Dodge Charger, ele não venceu até a 24ª rodada das 30 provas, a Old Dominion 500, em Martinsville. Mas a constância com que se classificou entre os cinco primeiros colocados – 16 vezes – lhe permitiu conquistar o segundo lugar no geral, embora muito longe do líder Richard Petty, com 722 pontos a menos do que o campeão.

RÁPIDO NO GATILHO

O rápido no gatilho, Darrell Waltrip, natural de Nashville, era um desses que muitos fãs odeiam e os promotores adoram. Ele estava sempre pronto para fazer algum comentário sarcástico. Assim como levou três títulos da Winston Cup, foi segundo em 1979, apenas 11 pontos atrás de Richard Petty. Uma prova de sua competitividade é que liderou o maior número de voltas entre os anos de 1981 e 1984.

MAIS VITÓRIAS SEM TÍTULO

Rusty Wallace, campeão da Winston Cup em 1989, foi vice em 1980, mas não correu uma temporada inteira até 1984. Foi vice de Bill Elliott em 1988, perdendo por 24 pontos, e foi vice também em 1993, quando venceu 10 das 30 provas com seu Raymond Beadle Pontiac Grand Prix particular, quatro vezes mais do que venceu o campeão daquele ano, Dale Earnhardt.

QUEM PRECISA VENCER?

James Hylton era uma espécie de mágico, pois foi vice-campeão em três oportunidades, em 1966, 1967 e 1971, mesmo sem ter vencido nenhuma prova. Era excepcionalmente constante, tendo, entre 1966 e 1967, terminado entre os cinco primeiros 46 das 87 provas. Em 1966, David Pearson não estava longe em pontos, mas vencera 15 vezes. Em 1967, Richard Petty venceu 27, contra nenhuma de James. Em 1970, venceu uma vez, mas seu vice de 1971 veio sem vitória. Ele voltaria a vencer no último ano de sua carreira, em 1972.

OS MAIORES VICE-CAMPEÕES

1	Richard Petty	6
2	Bobby Allison	5
=	Mark Martin	5
4	Dale Earnhardt	3
=	Bill Elliott	3
=	James Hylton	3
=	Lee Petty	3
=	**Darrell Waltrip**	3
=	Cale Yarborough	3
10	Buck Baker	2
=	Jeff Gordon	2
=	Jimmie Johnson	2
=	Herb Thomas	2
=	Rusty Wallace	2
15	Greg Biffle	1
=	Carl Edwards	1
=	Tim Flock	1
=	Harry Gant	1
=	Denny Hamlin	1
=	Dick Hutcherson	1
=	Bobby Isaac	1
=	Dale Jarrett	1
=	Ned Jarrett	1
=	Matt Kenseth	1
=	Bobby Labonte	1
=	Dave Marcis	1
=	Cotton Owens	1
=	Marvin Panch	1
=	Fireball Roberts	1
=	Ricky Rudd	1
=	Tony Stewart	1
=	Rex White	1

PERSEGUINDO O SUCESSO

Bobby Allison foi campeão em 1983, mas experimentou o que é ser vice nada menos do que cinco vezes. Foi vice em 1970 atrás de Bobby Isaac, em 1972 para Richard Petty, em 1978 atrás de Cale Yarborough e, finalmente, em 1981 e 1982 perdeu para Darrell Waltrip, antes de inverter as posições pela primeira vez no ano seguinte em seu DiGard Racing Buick Regal.

O "CHASE" MANTÉM A DISPUTA

As vantagens do sistema de "Chase" ficaram claras na quinta conquista de Jimmie Johnson em 2010. A diferença para Denny Hamlin (oito vitórias contra seis de Jimmie) foi de 39 pontos, enquanto Kevin Harvick ficou dois pontos atrás, em terceiro. Isso provou o valor de igualar os pontos dos dez finalistas dez provas antes do final do torneio.

O MELHOR DO RESTO

Junior Johnson foi apelidado de "último herói americano" e era exatamente isso aos olhos dos fãs da Nascar. Ele era um sulista que ganhava dinheiro em corridas noturnas ilegais, nas estradas de Wilkes County, na Carolina do Norte. Era também um dos melhores nos circuitos ovais, conquistando um indesejado recorde de 50 vitórias sem conquistar nenhum título. Pior: ele nunca chegou nem ao vice-campeonato. Suas duas melhores colocações nos campeonatos da Nascar foram conquistadas em 1955 e em 1961: quinto lugar!

Acima **Perseguindo o sucesso:** Bobby Allison esteve perto do sucesso em 1970, mas esperou até 1983 para conseguir. *Abaixo* **Tão perto e tão longe:** Jimmie Johnson esteve oito pontos perto do título de 2004, mas conquistaria cinco depois disso.

TÃO PERTO E TÃO LONGE

Agora que ele tem cinco títulos consecutivos na Sprint Cup, Jimmie Johnson pode nem se lembrar, mas perdeu a disputa de 2004 pela menor margem da história: oito pontos. Pilotando seu Hendrick Motorsports Chevrolet, ele venceu oito provas, enquanto o piloto campeão da Ford, Kurt Busch, venceu apenas três provas.

VITÓRIAS

▶▶ PRIMEIRO DOS PRIMEIROS

O primeiro vencedor da lista da Nascar é Robert "Red" Byron, engenheiro de voo da Boeing ferido na Segunda Guerra Mundial. Ele foi o primeiro na prova inaugural da Nascar, disputada em Daytona Beach, em 1948, com seu Modified Ford 1939, de propriedade de Raymond Parks. Ele ainda venceria mais dez vezes no ano e seria campeão da categoria em 1949.

▶▶ QUESTÃO DE OCASIÃO

Richard Petty marcou sua vitória número 199 em Dover Downs, em 1984. E onde seria melhor para conquistar a vitória 200 do que as 400 Milhas de Daytona, no Dia da Independência? Petty estava na frente de Cale Yarborough a três voltas do final, quando Doug Heveron bateu. Sabendo que viria a bandeira amarela, ele só manteve seu Pontiac à frente do Chevrolet do concorrente para vencer mais uma vez.

▶▶ O ESPINHO DE PETTY

David Pearson está em segundo na lista dos maiores vencedores da categoria topo da Nascar e era quem Richard Petty, sete vezes campeão, mais respeitava. Petty dizia que perder para Pearson não machucava tanto quanto perder para os outros. A primeira das 105 vitórias de Pearson foi na Charlotte Motor Speedway, em sua segunda temporada, em 1961; ele continuou a vencer até 1980, em Darlington, 11 anos depois de ganhar o último de seus três títulos.

Esquerda **Primeiro dos primeiros:** O 1º campeão da Nascar, Robert "Red" Byron (à direita), posa com seu mecânico em 1949. *Abaixo* **Impacto instantâneo:** Tony Stewart marcou três vitórias em sua temporada de estreia na Nascar, em 1999.

IMPACTO INSTANTÂNEO

De todos os estreantes do ano da Nascar, Tony Stewart causou o maior impacto em 1999. O campeão de 1997 da Indy terminou em oitavo lugar na prova de estreia em Daytona. Depois, conquistou uma vitória apertada na 25ª rodada, com o Joe Gibbs Racing Pontiac Grand Prix, em Richmond, e mais duas, Phoenix e Homestead, até o fim do ano.

TINHA QUE SER GORDON

O recorde de maior número de vitórias num ano, feito em 1975 por Richard Petty, foi igualado por Jeff Gordon em 1998. Gordon venceu a segunda prova na Carolina do Norte Speedway, em Rockingham, com seu Hendrick Motorsports Chevrolet Monte Carlo. Depois, repetiu o feito mais 12 vezes até Atlanta, o último ato na conquista do terceiro dos quatro títulos que tem.

DE DAYTONA ATÉ DAYTONA

Bobby Allison estreou no Grand National em Daytona, em 1961. Ele só conseguiria a primeira vitória em cinco anos, o que sugeria que ele era lento no aprendizado. Todavia, ele seria o terceiro maior vencedor da categoria, marcando sua vitória número 84, no 22º ano de sua carreira, em Daytona, em 1998.

VENCENDO AO MENOS UMA

Tony Stewart é o piloto da era moderna que mantém pelo menos uma vitória por ano. No fim de 2009 ele chegou aos 12 anos vencendo pelo menos uma prova desde 1999. Kurt Busch é o segundo na lista daqueles em atividade, nove anos, mas o recorde é de 18 anos consecutivos, do multicampeão Richard Petty, entre 1960 e 1977.

MAIS DO QUE APERTADO

O final da temporada de 1992 da Winston Cup foi muito apertado porque seis pilotos foram para Atlanta com chances. Davey Allison liderava com 30 pontos à frente de Alan Kulwicki; Bill Elliott, Harry Gant, Kyle Petty e Mark Martin vinham a seguir. Petty e Martin abandonaram com problemas no motor, Gant estava lento e Allison foi tirado da prova quando Ernie Irvan rodou na sua frente. No final, Elliott venceu, mas Kulwicki levou o título por pontos: 15. Sua vantagem final foi aumentada pelo bônus (5) por liderar mais voltas do que o vencedor, Elliot.

COM PERFEIÇÃO

A menor diferença de vitória na categoria principal da Nascar foi de 0,002 segundo. Foi registrado por Ricky Craven ao bater Kurt Busch pela vitória em Darlington Raceway, na Carolina Dodge Dealers 400, em 2003. Craven colocou o bico de seu PPI Motorsports Pontiac Grand Prix à frente do Roush Racing Ford Taurus de Busch pela primeira e única vez na prova exatamente na bandeirada final.

AOS TRANCOS NO FINAL...

Richard Petty e David Pearson, os maiores vencedores na Nascar, tiveram uma batalha famosa em Daytona 500 1976. Eles trocaram de posição duas vezes na volta final e, ao entrarem na última curva, os dois foram para o muro. O Dodge de Petty continuou a rodar até parar bem perto da linha de chegada com motor apagado; isso deu a Pearson a chance de dar a partida em seu Mercury, sair da parte interna e cruzar a linha para vencer.

UMA QUASE ESCAPOU

Dale Earnhardt venceu quase todas. Ele tinha sete títulos conquistados, mas ainda faltava uma vitória na carreira – a mais importante –, as 500 milhas de Daytona. Finalmente, em 1998, iniciando sua temporada número 20, ele espantou esse fantasma. E fez com estilo: liderou o último quarto inteiro da prova com seu Richard Childress Racing Chevrolet Monte Carlo.

UMA VITÓRIA EMOCIONAL

Apenas cinco meses depois do acidente fatal de Dale Earnhardt na volta final em 2001 nas 500 Milhas de Daytona, seu filho, Dale Jr., venceu a Winston Cup Series na Flórida Superspeedway, com seu companheiro de equipe Michael Waltrip comboiando o carro para garantir sua conquista na prova Pepsi 400.

GOLPE DE MESTRE

David Pearson atendia pelo apelido de "raposa de prata" e mostrou suas habilidades ao enfrentar o arquirrival Richard Petty. No final da prova de Daytona, em 1974, Petty estava colado nele, pronto para dar o golpe final, quando de repente Pearson diminuiu a velocidade e colocou seu carro fora da pista. Petty pensou que Pearson havia quebrado, mas, na verdade, o piloto deixara Petty passar para que ele pudesse atacar o adversário na última parte da volta. Ele atacou e venceu. Depois, disse que fizera com Petty o que este teria feito com ele!

OS MAIORES VENCEDORES

#	Piloto	Vitórias
1	**Richard Petty**	200
2	David Pearson	105
3	Bobby Allison	84
=	Darrell Waltrip	84
5	Cale Yarborough	83
6	Jeff Gordon	82
7	Dale Earnhardt	76
8	Rusty Wallace	55
9	Lee Petty	54
10	Jimmie Johnson	53
11	Ned Jarrett	50
=	Junior Johnson	50
13	Herb Thomas	48
14	Buck Baker	46
15	Bill Elliott	44

No alto **Tinha que ser Gordon:** Jeff Gordon comemora o recorde de 13 vitórias num só ano, igualando Richard Petty em Atlanta 1998. *Direita* **Os maiores vencedores:** Com suas vitórias em 18 temporadas consecutivas, não é surpresa que Richard Petty detenha o recorde de 200 vitórias na Nascar.

JÚNIOR SÓ NO NOME

Entre os 19 pilotos que venceram três provas consecutivas está Junior Johnson, um personagem divertido que venceu provas em Colúmbia, Bradford e Reading, em 1958, com um Ford Fairlane de Paul Spaulding. Foi inesquecível porque ele estivera preso por 11 meses por venda ilegal de bebidas. Ele era um mestre do vácuo – correr colado ao carro da frente para ganhar um reboque e ultrapassá-lo depois – e venceu 50 provas na categoria.

Acima **Junior só no nome:** Junior Johnson posa com seu Ford Fairlane em Colúmbia 1958 antes de partir para a vitória. *Abaixo* **Você não é daqui:** Mario Andretti continuava sua americanização ao vencer as 500 milhas de Daytona em 1967.

ATÉ O ÚLTIMO INSTANTE

Uma das belezas da Sprint Cup Series é o jeito como os carros correm colados uns aos outros e o fato de os pilotos saberem que a última volta é a mais importante para se liderar. A vitória mais recente em que o piloto não havia liderado nenhuma volta até a quadriculada aconteceu em Michigan, em 2009, quando Mark Martin, pilotando pela Hendrick Motorsports Chevrolet, superou Greg Biffle com seu Rousch Fenway Racing Ford.

TRÊS DE UMA VEZ SÓ

Vencer uma corrida na Nascar não é fácil. Vencer três em seguida é mais difícil ainda. Não é surpresa que somente 19 pilotos tenham conseguido esse feito. Herb Thomas foi o primeiro piloto a realizar essa marca, em 1951, enquanto o pentacampeão Jimmie Johnson é o nome mais recente a conquistar três provas em seguida, fato registrado em 2007. Richard Petty conseguiu realizar essa façanha nada menos do que nove vezes em sua carreira vitoriosa na série norte-americana.

QUATRO EM SEGUIDA

Vez por outra um piloto consegue um desempenho espetacular. Isto aconteceu com Bill Elliott em 1992, quando finalizou o campeonato na 27ª colocação, depois de vencer quatro provas consecutivas, incluindo a abertura – 500 Milhas de Daytona com seu Ford Thunderbird. E ele é um dos dez pilotos da história da Nascar a atingir essa marca. Os outros são: Billy Wade (1964), David Pearson (1966 e 1968), Cale Yarborough (1976), Darrell Waltrip (1981), Dale Earnhardt (1987), Harry Gant (1991), Mark Martin (1993), Jeff Gordon (1998) e Jimmie Johnson (2007).

TEMPORADA COM MAIS VENCEDORES

Em quatro temporadas, 19 pilotos venceram uma ou mais provas do campeonato. A primeira vez foi em 1956, depois em 1958 e 1961; recentemente aconteceu em 2001. Os vencedores em 2001 foram, por ordem: Michael Waltrip, Steve Park, Jeff Gordon, Kevin Harvick, Dale Jarrett, Elliott Sadler, Bobby Hamilton, Rusty Wallace, Tony Stewart, Jeff Burton, Ricky Rudd, Bobby Labonte, Sterling Marlin, Ward Burton, Dale Earnhardt Jr., Ricky Craven, Joe Nemechek, Bill Elliott e Robby Gordon.

TUDO EM FAMÍLIA

A família Petty pode reivindicar o título de família mais vitoriosa da Nascar. Eles têm nada menos do que 262 corridas, a começar com Richard Petty – que tem a parte do leão com suas 200. Seu pai, Lee, venceu 54 e o filho Kyle venceu oito vezes.

IRMÃO SEGUE IRMÃO

Os irmãos de maior sucesso na Sprint Cup Series são os irmãos Busch. Kyle venceu em Las Vegas na terceira etapa da Sprint Cup na temporada de 2009 com seu Joe Gibbs Racing Toyota Camry; em seguida, Kurt levou seu Penske Racing Dodge Charger à vitória em Atlanta, seguido de três vitórias consecutivas do irmão mais novo Kyle, a última delas na pista de Bristol. Os irmãos Flock, Bob e Fonty, venceram quatro corridas consecutivas na temporada de 1952.

VOCÊ NÃO É DAQUI

Poucos estrangeiros venceram na Nascar. O colombiano Juan Pablo Montoya foi o mais recente, em 2007. Todavia, o primeiro a conseguir esse feito foi Mario Andretti, nascido na Itália e naturalizado norte-americano. Em 1967, ele venceu as 500 Milhas de Daytona, pilotando um Holman-Moody Ford Fairlane.

MAIS VITÓRIAS EM UMA TEMPORADA NA ERA MODERNA

1	Richard Petty (1975)	13
=	Jeff Gordon (1998)	13
3	Darrell Waltrip (1981)	12
=	Darrell Waltrip (1982)	12
5	David Pearson (1973)	11
=	Bill Elliott (1985)	11
=	Dale Earnhardt (1987)	11
8	Bobby Allison (1972)	10
=	Richard Petty (1974)	10
=	Cale Yarborough (1974)	10
=	David Pearson (1976)	10
=	Rusty Wallace (1993)	10
=	Jeff Gordon (1996)	10
=	Jeff Gordon (1997)	10
=	Jimmie Johnson (2007)	10

DÚZIA DE 13

Na era moderna, o recorde de vitórias numa só temporada está dividido entre Richard Petty e Jeff Gordon. Petty venceu 13 dos 30 eventos de 1975 com seu Petty Enterprises Dodge Charger. Gordon fez 13 de 33, em 1998, pela Hendrick Motorsports Chevrolet Monte Carlo.

INÍCIO VENCEDOR

Cinco pilotos abriram temporadas com duas vitórias. Foram eles: Marvin Panch (1957), Bob Welborn (1959), David Pearson (1976), Jeff Gordon (1997) e, mais recentemente, Matt Kenseth. Kenseth venceu em Daytona e na California Speedway com seu Roush Fenway Racing Ford Fusion para iniciar com estilo sua temporada de 2009. Mas até o fim do certame, não venceu mais nenhuma das 34 corridas seguintes e caiu para a 14ª posição na tabela de pontos.

POUCO PARA OS OUTROS

Tim Flock venceu dois títulos, em 1952 e 1955, mas o segundo é que foi espetacular. Ele correu as 45 provas num Carl Kiekhaefer Chrysler 300 e obteve nada menos do que 18 vitórias – que lhe renderam 40% de aproveitamento. Seu recorde permaneceu até o campeonato épico de Richard Petty em 1967. "O Rei" (apelido de Petty) venceu 27 das 49 provas, com 55,1%.

Acima **Início vencedor:** Matt Kenseth abriu sua campanha de 2009 com duas vitórias (cinco pilotos conseguiram esse feito). *Abaixo* **10 seguidas:** Richard Petty e seu Plymouth 43 estavam imbatíveis em 1967, quando venceram dez provas consecutivas.

LEE PETTY PEGA DE VOLTA

O primeiro photo finish causou controvérsia. Em 1959, os fiscais da prova consideraram que Johnny Beauchamp havia vencido sua primeira 500 Milhas de Daytona por uma fração de segundo sobre Lee Petty, depois de avançar na última curva com o Ford Thunderbird. Petty protestou e três dias depois, após analisarem as fotografias da chegada, a vitória do Oldsmobile 88 de Petty foi declarada.

10 SEGUIDAS

As dez vitórias seguidas de Richard Petty, em 1967, provavelmente nunca serão superadas. No ano em que conquistou o segundo título, ele iniciou a série com seu Petty Enterprises Plymouth Belvedere em Winston-Salem e foi vencendo em Colúmbia, Savannah, Darlington, Hickory, Richmond, Beltsville, Hillsboro e Martinsville até fechar a jornada, em North Wilkesboro. Em 1971, Richard Petty, com Bobby Allison, repetiu o feito, dessa vez com cinco vitórias.

PONTOS

CONTADO AOS MILHARES
Na F1, a vitória vale 25 pontos, pouco se comparado com a Nascar, em que a vitória vale 185, e depois vai diminuindo até o último colocado. A contagem é assim: 185, 170, 165, 160, 155, 150, diminuindo 4 pontos até a 11ª posição, e 3 pontos até o final. Existe ainda 5 pontos de bônus por liderar uma volta, mais 5 pontos para mais voltas na liderança. Assim, com 36 corridas numa temporada, o campeão fecha a campanha com algo em torno de 6.000 pontos.

PONTOS EM ABUNDÂNCIA
Jimmie Johnson só chegou ao topo da Nascar em 2001, quando disputou três provas. Desde então, vem acumulando pontos e mais pontos. No final da campanha de 2009, quando conquistou o quarto título, ele já tinha 49.180 pontos com uma média considerável de 169 pontos por corrida, quando o máximo é de 195. Ele também recebeu a modesta quantia de US$ 52.220.894 em premiações.

JOHNSON NA PRÓPRIA MIRA
O império de Jimmie Johnson teve início em meados dos anos 2000. Apesar de sempre ter se superado, em 2007 ele alcançou uma marca inigualável e registrou o recorde de maior número de pontos da história da Nascar Sprint Cup. Jimmie marcou 6.723 pontos nas dez vitórias que obteve com seu carro Hendrick Motorsport Chevrolet.

PERIGOS DA COMPETIÇÃO
Alan Kulwicki venceu por apenas dez pontos seu primeiro e único título da Winston Cup, em 1992. A competição foi tanta que o total de 4.078 pontos foi o menor da história da Nascar, quando os seis pilotos que lutaram pelo campeonato tiraram pontos uns dos outros até a última rodada.

Acima **Perigos da competição:** Alan Kulwicki sobreviveu à batalha furiosa em 1992 e venceu a Winston Cup por dez pontos. *Abaixo* **Clube dos 5.000:** Cale Yarborough venceu a edição de 1977 das 500 Milhas de Daytona e chegou a 5.000 pontos no ano.

CLUBE DOS 5.000
Cale Yarborough estabeleceu um novo marco ao ser o primeiro piloto a igualar a barreira dos 5.000 pontos na temporada de 1975. Marcou exatamente 5.000 pontos para a equipe de Junior Johnson depois de vencer nove vezes com seu Chevrolet. Ele superou a Richard Petty no campeonato por saudáveis 386 pontos.

LADEIRA ACIMA

Tornou-se possível ultrapassar a barreira dos 6.000 pontos na temporada de 2004, depois da introdução do "Chase for the Cup". O primeiro piloto a chegar a essa marca foi Kurt Busch, que encerrou o ano como campeão com 6.506 pontos.

MAIS PONTOS NO ANO

1	Jimmie Johnson (2007)	6.723
2	Jimmie Johnson (2008)	6.684
3	**Jimmie Johnson (2009)**	6.652
4	Jeff Gordon (2007)	6.646
5	Jimmie Johnson (2010)	6.622
6	Carl Edwards (2008)	6.615
7	Denny Hamlin (2010)	6.583
8	Kevin Harvick (2010)	6.581
9	Tony Stewart (2005)	6.533
10	Mark Martin (2009)	6.511
11	Kurt Busch (2004)	6.506
12	Greg Biffle (2005)	6.498
=	Carl Edwards (2005)	6.498
=	Jimmie Johnson (2004)	6.498
15	Jeff Gordon (2004)	6.490

CAMPEÃO POR UM BIGODE

A diferença entre o primeiro e o terceiro é de dez pontos e, depois de 36 provas da Sprint Cup em 2004, Kurt Busch levou a taça por menos. Sua vantagem sobre Jimmie Johnson foi de oito pontos apenas. Ele venceu três provas contra oito conquistas de Johnson e liderou 746 voltas contra 1.312 voltas de Jimmie.

JUNTANDO BÔNUS

Os bônus estão ali para serem colecionados – cinco por liderar, mais cinco por liderar mais voltas. Em 2001, Jeff Gordon adicionou 180 pontos de bônus aos pontos normais para seu quarto título pela Hendrick Motorsports Chevrolet. E ele teria vencido Tony Stewart mesmo sem eles, pois sua margem no campeonato foi de 349 pontos no total.

UM NOVO SISTEMA

O sistema de "Chase for the Cup" foi introduzido em 2004 e funciona até hoje. A dez corridas do final, os 12 primeiros da tabela são emparelhados na pontuação (com bônus de dez pontos por vitória até aquele momento), antes de iniciarem a disputa final. Em 2004, cinco foram com vitórias para a fase final. Jimmie Johnson havia vencido quatro das últimas cinco provas, mas Kurt Busch liderava por 18 pontos. Um furo de pneu quase arruinou as chances de Kurt, mas a bandeira amarela permitiu que voltasse a tempo de ser o quinto colocado. Isso foi o suficiente para que fosse campeão por oito pontos, a menor margem da história.

MAIS PONTOS

O sistema de pontos era diferente nos anos 1960 e o número de provas variava a cada ano. Em 1964 houve 61 provas, por exemplo. A maior quantidade de pontos numa temporada foi registrada por Richard Petty com 27 vitórias em 1967 e nada menos do que 42.472 pontos nas 49 corridas daquela temporada!

Acima, à esquerda **Ladeira acima:** Kurt Busch foi o primeiro piloto a marcar 6.000 pontos. *Acima, à direita* **Mais pontos no ano:** Jimmie Johnson está nos três primeiros lugares da tabela. *Abaixo* **Caçando prêmios:** Ao vencer em Daytona, Atlanta, Darlington e Talladega em 1985, Bill Elliott saiu do apelido de "Incrível Bill de Dawsonville" para o "Bill de 1 mihão de dólares".

CAÇANDO PRÊMIOS

Bill Elliott foi um dos mais populares pilotos da história e levou essa popularidade ao extremo em 1985. Ele realizou uma série de vitórias nas pistas mais velozes da Nascar – Daytona, Atlanta, Darlington e Talladega – com seu Coors Ford Thunderbird. E levou a premiação especial de US$ 1 milhão oferecida pelo patrocinador Winston para o piloto que vencesse essas provas. "O incrível Bill de Dawsonville" passou então a ser chamado de "Bill de 1 milhão de dólares".

POLE POSITIONS

MESTRE NAS POLES

O piloto expoente e mais bem-sucedido na era moderna nos treinos é Jeff Gordon, que registrou por 69 vezes o menor tempo nas duas voltas válidas para classificar nos ovais (uma nas pistas não ovais). Richard Petty lidera o quadro no geral com 126 poles na carreira.

FLOCK MARCA RECORDE

Tim Flock era o mais jovem dos irmãos Flock, depois de Bob e Fonty. Todos souberam levar para as pistas a experiência obtida nas estradas. Em 1955, Tim marcou uma sequência incrível de pole positions com seu Kiekhaefer Chrysler 300, fazendo o primeiro tempo nos treinos em 19 das 45 etapas. Quem sabe ele imaginava estar sendo perseguido pela polícia, como fora muitas vezes em sua vida. Seu recorde só foi quebrado em 1969.

Acima **Os 10 maiores em poles na era moderna:** Jeff Gordon era um novato em 1993, mas já tem hoje 68 poles conquistadas. *Abaixo* **O ano voador de Yarborough:** Cale Yarborough (à direita, com Dale Earnhardt à esquerda) marcou 14 pole positions em 1980.

OS 10 MAIORES EM POLE NA ERA MODERNA

1	Jeff Gordon	69
2	Darrell Waltrip	59
3	David Pearson	55
4	Bill Elliott	54
5	Cale Yarborough	51
6	Mark Martin	49
7	Ryan Newman	46
8	Geoff Bodine	37
9	Bobby Allison	36
=	Rusty Wallace	36

O REI MANTÉM A MAJESTADE

Parecia que a idade não afetava Richard Petty. Ele ainda era veloz o suficiente aos 42 anos para marcar sua 142ª pole position, em 1979, na pista de Bristol, Tennessee, "a meia milha mais rápida do mundo". Ele ainda correu por mais 13 anos, sempre apoiado em sua incrível motivação para o sucesso nas pistas.

ENTÃO VEIO ISAAC

Em 1969, Bobby Isaac fez uma temporada extraordinária, quando bateu o recorde de 19 poles que Tim Flock havia registrado em 1955. Isaac marcou 20 com seu K&K Dodge Charger. A marca foi de 20 poles entre as 36 etapas. Ele teve o melhor momento em 1970, quando marcou menos poles, mas foi campeão com 11 vitórias no bolso. Infelizmente, teve um ataque cardíaco fatal aos 45 anos, em 1977.

RÁPIDO AOS 50

A carreira de Bobby Allison foi longa, com 25 anos de pista. Ele ainda era veloz no 24º ano de carreira aos 49 anos de idade, em Rockingham, em 1987, pilotando seu Miller Buick. No ano seguinte, liderou a dobradinha da família nas 500 Milhas de Daytona, com o filho Davey em segundo lugar. Logo depois, ele sofreu um acidente sério em Pocono, que lhe causou ferimentos que o obrigaram a abandonar as pistas.

O ANO VOADOR DE YARBOROUGH

Cale Yarborough ainda tem orgulho de ter marcado mais pole positions numa mesma temporada na era moderna. Em 1980, ele colocou seu Junior Johnson Chevrolet Monte Carlo na pole 14 vezes em 31 etapas. Perto dessa marca estão estes pilotos com 11: Darrell Waltrip (1981), Bill Elliott (1985) e Ryan Newman (2003).

VICKERS, UM HOMEM COM UM CAMINHO

Um dos pilotos com a melhor performance nos treinos foi Brian Vickers, que marcou 6 poles em 2009. Ele determinou o ritmo nas seguintes pistas: California Speedway, Richmond, Michigan (2), Sears Point e Chicagoland, com seu Red Bull Toyota Camry. Contudo, Mark Martin, mais adiante na temporada, superou Vickers ao marcar 8 poles nas provas finais.

›› DIVIDINDO AS POLES

Em 2010, a Sprint Cup teve o recorde de 19 pilotos na pole position ao longo das 36 etapas. Kasey Kahne e Jamie McMurray marcaram quatro, seguidos por Carl Edwards, Jimmie Johnson e Juan Pablo Montoya com três, Kurt Busch, Kyle Busch, Denny Hamlin, Kevin Harvick e Tony Stewart com duas. Outros nove pilotos marcaram uma pole.

Acima **Vickers, um homem com um caminho:** Brian Vickers segura o troféu da pole em Chicagoland 2009. *Abaixo* **Lembre quem é o chefe:** David Pearson não era somente um corredor, mas muito rápido na classificação. Aqui ele visita os boxes dos Wood Brothers com Mercury.

LEMBRE QUEM É O CHEFE

David Pearson, com três títulos em seu nome, corria de vez em quando em meados de 1970, mas a "raposa de prata" ainda era competitiva, marcando mais poles do que os rivais em 1975 e 1976, com sete e oito respectivamente. Como não participou de todas as provas, não ficou com o maior número de poles, mas marcou sua presença com estilo.

DURAÇÃO DA CARREIRA

POR CONTA PRÓPRIA E MOTIVADO

Dave Marcis era um piloto à moda antiga. No final de 1978, depois de dez anos correndo pela equipe Osterlund Racing, fundou sua própria equipe. Debutou em 1968 e continuou correndo, mesmo tendo feito apenas cinco vitórias em 883 largadas nos 35 anos de carreira. A última foi em 2002, nas 500 Milhas de Daytona, na véspera de seu aniversário de 60 anos.

DE PAI PARA FILHO, PARA NETO

Ser sucessor de um avô de grande sucesso e de um pai que foi uma lenda não deve ter sido fácil para Kyle Petty, mas ele investiu 30 anos para honrar esse legado. Quando parou de correr em 2008, havia conseguido somar oito vitórias para a família.

Acima **Por conta própria e motivado:** Dave Marcis e o troféu em homenagem à sua aposentadoria, em 2002. *Abaixo* **Nunca desista:** JD McDuffie (à esquerda) recebe um troféu de Ned Jarrett por sua longa carreira (sem vitórias).

SENHOR CONSTÂNCIA

Depois de competir em algumas provas em 1975 e 1976, Ricky Rudd firmou-se na Nascar em 1977 e, fora as temporadas de 1978 e 1980, manteve a máxima de vencer uma ou duas vezes por ano, até o início do século 21, quando as vitórias acabaram. Ele recebeu mais de US$ 40 milhões até sua aposentadoria em 2007.

SEMPRE ATUAL

Darrell Waltrip chegou à Nascar em 1972, venceu pela primeira vez em 1975 e acabou conquistando três títulos. No final da temporada de 2000, decidiu se aposentar pendurando o capacete aos 53 anos, depois de uma longa carreira. Ficou 29 temporadas no topo, venceu 85 corridas e foi campeão em 1981, 1982 e 1985. Atualmente é Bill Elliott quem tem a carreira mais longa.

POR AMOR ÀS CORRIDAS

"O incrível Bill de Dawsonville", um dos apelidos de Bill Elliott, é daqueles que não quer parar de correr. Sua inscrição na Sprint Cup 2011 será sua 36ª temporada na Nascar, uma a mais do que o recorde anterior, estabelecido por Dave Marcis e Richard Petty.

MAIS ANOS COMPETINDO

1	Bill Elliott	36
2	Dave Marcis	35
=	Richard Petty	35
4	Buddy Baker	33
=	Terry Labonte	33
6	Ricky Rudd	32
7	Cale Yarborough	31
8	AJ Foyt	30
=	James Hylton	30
=	Kyle Petty	30
11	Mark Martin	29
=	Darrell Waltrip	29
13	Dale Earnhardt	27
=	Elmo Langley	27
=	JD McDuffie	27
=	David Pearson	27

NUNCA DESISTA

JD McDuffie, que correu entre 1975 e 1991, tem um recorde que ele gostaria que fosse de outro piloto: mais largadas sem vitórias. Ele fez 653 provas sem vencer. Buddy Arrington – que competiu entre 1964-88 – tentou 563 vezes sem sucesso, e Neil Castles chegou a 501 provas no seco. Dos pilotos atuais, Dave Blaney tem 333 largadas desde que chegou à Nascar, em 1992, atrás de Kenny Wallace (344), que abandonou em 2008.

VIVENDO ATRAVÉS DA HISTÓRIA

A carreira de Elmo Langley prolongou-se de 1954 a 1981. Ao longo desses 27 anos, as mudanças acontecidas devem ter sido extraordinárias. Desde correr nos ovais de terra batida e receber prêmios de 450 dólares até a última prova, quando completou apenas seis voltas antes de ter de abandonar por problemas mecânicos, na pista de Dover Downs, na temporada de 1981.

TRÊS DÉCADAS E ALGO MAIS

James Hylton teve uma longa, mas não muito bem-sucedida carreira, já que venceu apenas duas provas nos 30 anos de Nascar entre 1964 e 1993. Inacreditavelmente o fogo pela competição ainda estava aceso aos 70 anos quando se classificou para as 500 Milhas de Daytona em 2007; aos 72 anos de idade, em 2009, tentou novamente, mas frustrou-se; não fosse isso, chegaria aos 46 de competição.

ADIANDO A APOSENTADORIA

O fato de os dois títulos de Terry Labonte terem 12 anos de intervalo – 1984 e 1996 – mostra que ele foi um piloto longevo e vencedor entre 1978 e 2011. Entretanto, como está difícil parar definitivamente, como Bill Elliott, passou a competir algumas vezes desde 2005. Igualou Buddy Baker com suas 33 temporadas até 2010 e ainda estará na ativa em algumas provas em 2011.

Acima **Adiando a aposentadoria:** Terry Labonte iniciou a carreira em 1978 e correrá em 2011. *Abaixo* **Três décadas e algo mais:** James Hylton tentou se classificar em Daytona 2009, aos 72 anos. *No pé da página* **Texano duro:** AJ Foyt preparando-se para as 500 Milhas de Daytona.

JÁ FAZ PARTE DA MOBÍLIA

Richard Petty competiu na Nascar por tantos anos que parecia fazer parte da mobília da categoria. Ele correu por 35 anos, entre 1958 e 1992. De forma marcante, venceu no mínimo uma prova entre os anos de 1960 e 1977, registrando 18 anos seguidos de sucesso nas pistas norte-americanas.

TEXANO DURO

AJ Foyt pilotou no topo da Nascar por quase 30 anos, entre 1964 e 1994, embora tenha participado de apenas 128 corridas nesse tempo, pois sempre se concentrou na IndyCar e em algumas provas de esporte protótipos. Contudo, suas vitórias em todas as categorias e tipos de carro mostram seu estilo ousado e combativo.

MAIS JOVEM E MAIS VELHO

AINDA EM FORMA

Mark Martin completou 50 anos antes de iniciar a temporada 2009 da Sprint Cup, mas ainda é uma ameaça aos adversários. Ele fez sete poles e marcou cinco vitórias com seu Hendrick Motorsport Chevrolet Impala e foi vice do companheiro de Hendrick Motorsport, Jimmie Johnson. Uma das habilidades de um esportista é saber a hora de parar. Óbviamente, Martin não tem com o que se preocupar, se considerarmos seu desempenho de 2010.

TEMPO DOS MAIS VELHOS

Bobby Allison tornou-se o campeão mais velho em 1983 com 45 anos. Percorreu uma longa trajetória, uma vez que fez sua estreia 22 anos antes. Ele competiu até 1988, quando os ferimentos do acidente em Pocono forçaram sua aposentadoria.

JUVENTUDE BATE EXPERIÊNCIA

O mais jovem campeão da Nascar foi Bill Rexford, que tinha 23 anos em 1950 ao vencer apenas uma das 19 provas da Grand National Series, em Canfield, com seu Oldsmobile 88. Ele superou Curtis Turner, também piloto da Oldsmobile, apesar de Turner ter vencido nada menos do que quatro provas na temporada.

Acima **Ainda em forma:** Mark Martin parece melhor com a idade e fechou 2009 como vice aos 50 anos. *Abaixo* **Os jovens estão chegando:** Joey Logano celebra a vitória em NHIS 2009 com 19 anos e 35 dias.

OS JOVENS ESTÃO CHEGANDO

A Nascar tem passado por uma diminuição gradual da média de idade, mas ainda existem pilotos na faixa dos 40 vencendo. No outro lado da escala, está Joey Logano, que se tornou o mais jovem vencedor da história da Sprint Cup, ao levar seu Joe Gibbs Racing Toyota à vitória no New Hampshire International Speedway, em 2009, 35 dias depois de seu 19º aniversário. Ele bateu em mais de um ano o recorde anterior de Kyle Busch, feito quatro anos antes.

AINDA PRONTO PARA DESAFIOS

O vencedor mais velho do topo da Nascar foi "O Bonitão Harry" Gant, que tinha 52 anos e 218 dias na bandeirada da Champion Spark Plug 400, em Michigan Speedway, com seu Skoal Bandit Oldsmobile Cutlass, em 1992.

O PRIMEIRO DOS JOVENS

Donald Thomas era muito novo quando venceu sua primeira prova: 20 anos e 129 dias em 1952 (Lakewood/Atlanta). Entretanto, seria a única vitória do irmão mais jovem do campeão da Grand National (1951 e 1953), Herb Thomas. Dizem os arquivos que Donald chegou a ceder seu carro a Herb, quando este enfrentou problemas.

RÁPIDO NO CARRO E NO SKATE

Em 1993, Morgan Shepherd provou que não estava passando do tempo, 23 anos depois de estrear vencendo a Motorcraft 500, em Atlanta, com seu Wood Brothers Ford Thunderbird. Com isso, se tornou o segundo mais velho vencedor com 51 anos e 150 dias. Ele competiu até os 64 anos. Não contente somente com a velocidade dos carros, tinha outro hobby – patinar.

CARAS NOVAS E INEXPERIENTES

Kyle Busch teve um reinado curto como mais jovem vencedor da Nascar. Ele venceu pela primeira vez a California Speedway, em 2005, aos 20 anos e 125 dias, quatro dias mais jovem do que a marca que Donald Thomas registrara 53 anos antes. Seu recorde foi batido quatro anos depois, por alguém um ano mais jovem: Joey Logano.

Acima **Caras novas e inexperientes:** Kyle Busch quebrou um recorde de 53 anos em 2005. *No alto* **Ainda pronto para desafios:** Harry Gant, em 1992, tinha 50 anos, mas ainda ganhava corridas. *Abaixo* **10 vencedores mais velhos:** Morgan Shepherd, vencedor aos 51 anos.

10 VENCEDORES MAIS VELHOS

1	Harry Gant	52 anos 218 dias
2	**Morgan Shepherd**	51 anos 150 dias
3	Mark Martin	50 anos 193 dias
4	Bobby Allison	50 anos 63 dias
5	Dale Earnhardt	49 anos 169 dias
6	Dale Jarrett	48 anos 76 dias
7	Bill Elliott	48 anos 34 dias
8	Rusty Wallace	47 anos 248 dias
9	Geoff Bodine	47 anos 115 dias
10	Richard Petty	47 anos 2 dias

O POLE MAIS VELHO

Harry Gant pode ser considerado um cinquentão prodígio, pois marcou 8 das suas 18 poles após ter completado 50 anos de idade. Mas, ainda assim, causou sensação quando marcou sua última pole no Bristol Motor Speedway com seu Leo Jackson Chevrolet Lumina, em 1994, pois já havia completado 54 anos.

LARGADAS

›› EXCELÊNCIA CONTROLADA

O máximo da constância e velocidade foi atingido por Dale Jarrett em 1999 com seu Robert Yates Racing Ford Taurus. Ele esteve 29 vezes entre os 10 primeiros colocados. E isso considerando as 34 provas do ano; assim, é lógico que ele conquistou o título daquela temporada.

›› QUANDO MIL NÃO SÃO MAIS SUFICIENTES

Já faz muito tempo que Richard Petty foi vencedor de corridas – a última vez foi em 1984 –, mas faz muito mais tempo ainda que marcou sua primeira vitória. Isso aconteceu em 1960 no Southern State Fairgrounds. Ele continuou a competir anos e anos, até chegar às 1.184 largadas quando então abandonou as pistas definitivamente no fim de 1992.

Acima **Excelência controlada:** Dale Jarrett (88) lidera o grupo no Texas Motor Speedway 1999. *Abaixo* **Arte de somar pontos:** Jeff Gordon foi o modelo de excelência em 1998. Aqui, a caminho da vitória no Bristol Motor Speedway.

›› CHAMEM-NO DE "IRONMAN"

Ricky Rudd competiu muitos anos consecutivos, sempre de forma aguerrida. Chegou às 788 provas na categoria principal da Nascar, no final da temporada de 2005. Retornou dois anos depois, mas não conseguiu aumentar suas 23 vitórias no final de 2007. No total, sua carreira chegou a 906 corridas, disputadas ao longo de seus 32 anos de experiência em pistas de corrida.

ARTE DE SOMAR PONTOS

Largar e chegar é a máxima da Nascar. Acontecem mais de 30 provas no ano, e não terminar uma pode custar muito caro. Uma temporada inteira pode ser desastrosa se um piloto não terminar algumas vezes entre os cinco primeiros, o que é fácil, pois são 43 concorrentes. Jeff Gordon, todavia, registrou um ano magistral em 1998, quando conseguiu marcar nada menos do que 26 colocações entre os cinco primeiros nas suas 33 largadas.

PETTY 1, 2 E 3

Assim como Richard Petty sucedeu o pai, Lee, nas corridas, seu filho, Kyle Petty, o sucedeu. Entre eles são 2.457 corridas na principal categoria da Nascar (Lee, 427; Richard, 1.184; e Kyle, 846). Infelizmente Adam, filho de Kyle, morreu no começo da carreira na Winston Cup em maio de 2000, na pista de New Hampshire International Speedway, dois meses antes de seu 20º aniversário.

FILHO SUPERA PAI

Buck Baker foi um pai difícil de superar. Seu filho Buddy não chegou às 46 vitórias do pai, ficando nas 19. Entretanto, Buddy superou o pai em número de provas disputadas. Está em 12º lugar no geral, com 700 largadas contra as 682 provas disputadas por Buck.

Esquerda **Petty 1, 2 e 3:** Lee, Kyle e Richard Petty em 1980, na estreia de Kyle. *Abaixo, à esquerda* **Os Allisons amam correr:** Bobby (esquerda) e Donnie Allison em 1976. *Abaixo, à direita* **Pilotos com mais largadas** Ricky Rudd acena para a multidão em 2005.

QUANDO A EXPERIÊNCIA CONTA MUITO

Cale Yarborough fez temporadas extraodinárias nos seus 31 anos de carreira. E ele fez apenas 560 largadas, pois selecionava as provas em que iria competir. Apesar disso, em 1977, ele foi campeão com uma média de 4,5 chegadas! Três anos depois, sua posição média de largadas foi de 3,1! Esses dois recordes ainda permanecem intactos na fase atual da Nascar. Nada como usar a experiência.

CELEBRAÇÃO GRISALHÃ

Quando Terry Labonte apareceu para a First Union 400 em North Wilkesboro em 1996, o seu Hendrick Motorsport Chevrolet não estava nas cores vermelha, amarela, branca e azul da Kellogg's, mas cinza. Era para marcar sua conquista, pois estava igualando o recorde de 513 largadas consecutivas de Richard Petty. E ele aproveitou bem: venceu a prova e, um ano depois, seu segundo título na categoria Winston Cup.

PERSEGUINDO O SONHO

Ken Schrader avançou dos Midgets para os Sprint Cars e para a IndyCars, mas preferiu a Nascar a partir de 1984. Ele está em 9º com mais largadas (732), a última em 2008. Apesar desses números ele marcou apenas cinco vitórias, a mais recente delas em 1991. Mas ficou famoso pela vitória cruzando a linha de chegada capotando na Pepsi Firecracker 400 em Daytona.

PILOTOS COM MAIS LARGADAS

#	Piloto	Largadas
1	Richard Petty	1.184
2	**Ricky Rudd**	906
3	Dave Marcis	883
4	Terry Labonte	870
5	Kyle Petty	846
6	Bill Elliott*	821
7	Darrell Waltrip	809
8	Mark Martin*	784
9	Ken Schrader	732
10	Bobby Allison	718
11	Rusty Wallace	706
12	Buddy Baker	700
13	Buck Baker	682
14	Dale Earnhardt	677
15	Dale Jarrett	668

* Ainda competindo

OS ALLISONS AMAM CORRER

Bobby Allison está em décimo na lista dos maiores pilotos, com 718 provas. Se somarmos as provas de seu irmão Donnie (242) e de seu filho Davey (191), teremos 1.151 largadas para a família. Davey morreu em Talladega, em 1991, num acidente de helicóptero, e o outro filho de Bob, Cliff, faleceu num acidente na segunda divisão da Nascar, em 1992.

OUTROS RECORDES

SUCESSO AMPLO

Mario Andretti, Dan Gurney e Juan Pablo Montoya dividem um recorde incomum. Venceram na Nascar, na F1 e na IndyCar. Gurney foi o primeiro a conquistar esse trio ao levar seu Eagle para a vitória em Riverside, em 1967. Andretti registrou sua marca ao vencer o GP de 1971 na África do Sul pela Ferrari e Montoya completou sua trinca na Nascar na Cidade do México, em 2007. Gurney ainda venceu as 24 horas de Le Mans em 1967 – apenas para constar.

O QUE VALE É O PORCENTUAL

Herb Thomas tem a melhor porcentagem de aproveitamento para pilotos que disputaram 100 provas ou mais. Ele fez 228 largadas desde 1950 na Carolina do Norte e venceu 48 vezes, incluindo 1954 e 1955 nas 500 Milhas de Daytona, fechando a média de 21,053%. Venceu os títulos de 1951 e 1953 e o último foi seu melhor, quando colecionou 12 vitórias em 37 largadas no seu Fabulous Hudson Hornet. O contemporâneo Tim Flock tem 20,856% de média.

OS 10 MELHORES EM VITÓRIAS DE PONTA A PONTA*

1. **Herb Thomas** — 21,053%
2. Tim Flock — 20,856%
3. David Pearson — 18,293%
4. Richard Petty — 16,892%
5. Fred Lorenzen — 16,456%
6. Fireball Roberts — 16,019%
7. Junior Johnson — 15,794%
8. Jimmie Johnson — 16,208%
9. Cale Yarborough — 14,821%
10. Jeff Gordon — 13,312%

* Mínimo 100 largadas por piloto

PRIMEIRA IMPRESSÃO

Provando que ninguém precisa ter experiência para atingir a glória, Johnny Rutherford, vindo da IndyCar, venceu na sua estreia na Grand National Series com seu Chevrolet Impala preparado por Smokey Yunick numa prova classificatória de 100 milhas em Daytona, em 1963. Outros pilotos venceram na estreia: Jim Roper e Jack White (1949), Harold Kite e Leon Sales (1950) e Marvin Burke (1951).

MAIS RÁPIDO ATÉ A 50ª

Jeff Gordon impressionou muito mais do que qualquer outro piloto na Nascar Winston Cup. Não apenas por ter sido campeão em seu terceiro ano, mas por ter atingido as 50 vitórias mais rápido do que qualquer outro piloto, com apenas 232 largadas. Ele é o segundo ao atingir 40 vitórias, atrás de Herb Thomas, que fechou a 40ª vitória em sua corrida de número 151.

SEMPRE A CAROLINA DO NORTE

Em cada prova da Nascar, desde sua criação até 2007, tivemos a vitória de um piloto da Carolina do Norte. Muito se deve à família Petty, de 1949 a 1977. Mas o reinado foi interrompido em 2007 quando nem Dale Earnhardt Jr. Dale Jarrett, Kyle Petty, Scott Riggs ou Brian Vickers, todos oriundos de lá, venceu. Na última prova – a Ford 400 em Homestead, Flórida –, o mais bem colocado foi Jarrett, que terminou em 17º.

BATALHA MAIS FAMOSA

Não é um recorde, mas uma marca. As 500 Milhas de Daytona, tradicional abertura da temporada, foi em 1979 a primeira prova da Nascar a ser transmitida pela TV. Cale Yarborough vinha no vácuo de Bobbie Allison quando os dois se acidentaram na curva 3. Richard Petty tomou a frente e venceu, mas a TV ficou na dupla Yarborough e Allison, pois os dois se enrolaram numa briga, e o irmão de Allison, Donnie, foi em seu auxílio. Depois disso, a popularidade da categoria explodiu para números astronômicos.

Acima **O que vale é o porcentual:** Herb Thomas (esquerda) cumprimenta Marshall Teague depois de ser batido em Daytona 1952. *Abaixo* **Longe dos muros:** Herman Beam parece manso, mas ele sabia bem como ficar longe dos muros.

LONGE DOS MUROS

Comentava-se que Herman Beam parecia mais um químico do que piloto. Ele realmente parecia manso, tinha o apelido de "tartaruga" – e era muito diferente dos rivais caubóis (Beam nasceu em Johnson City, Tennessee). Entretanto, Beam riu por último com suas 84 provas consecutivas sem abandonar, entre 1961 e 1963, conseguindo ficar longe dos adversários e, principalmente, dos muros.

PILOTOS 101

›› QUATRO VEZES FLOCK

O recorde de irmãos competindo numa mesma prova é de quatro. Aconteceu somente uma vez na Nascar, então chamada de Strictly Stock Series, em 1949, na segunda prova em Daytona Beach. Eram os irmãos Flock: Bob, Fonty, Tim e Ethel, a irmã caçula. Tim terminou em segundo, atrás de Red Byron, Ethel em 11º, enquanto Bob e Fonty enfrentaram problemas com o motor. Esse resultado provou que Ethel era mesmo parte da família.

›› APELIDO, O QUE É MESMO?

Dale Earnhardt sempre foi um piloto duro e suas travessuras nas pistas foram muitas, como a que fez em 1986, a caminho de seu segundo título na Winston Cup. Sua atitude fez algumas pessoas torcerem o nariz em Richmond. Ultrapassado por Darrell Waltrip faltando três voltas, ele colou no concorrente e o empurrou para fora da pista, mas acabou batendo junto e tirou Joe Ruttmann e Geoff Bodine que vinham em terceiro e quarto. Daí para frente, ficou conhecido como "O Intimidador".

›› MORRER NA PRAIA

O recorde de mais voltas lideradas numa temporada é de Bobby Allison. Em 1972 liderou 4.343 voltas com seu Junior Johnson Chevrolet Monte Carlo na Winston Cup. Nem assim conseguiu superar Richard Petty, que foi campeão naquele ano, tendo liderado apenas 2.093 voltas na temporada inteira.

›› VOLTA APÓS VOLTA

Bobby Hamilton venceu quatro corridas, mas não venceu a Winston Cup. Entretanto, ele fez uma temporada excepcional em 2001, quando marcou o recorde de voltas lideradas numa temporada – 10.750 – nas 36 largadas com seu Andy Petree Racing Chevrolet. Naquele ano ele venceu apenas uma vez, em Talladega, e terminou seis vezes entre os dez. Ficou na 18ª colocação geral nos pontos.

›› POR MAIS DE 20.000

Richard Petty tem o recorde de voltas lideradas na Nascar, com 52.194 voltas. Cale Yarborough tem 31.676 e Bobby Allison 27.539. Dos pilotos em atividade, Jeff Gordon é o mais bem colocado, sétimo no geral com 21.807 até 2010.

›› CHEIO DA GRANA

As pistas de Nascar parecem ter sido asfaltadas com ouro para Jimmie Johnson. De fato, como os prêmios têm subido a cada temporada, ele já recebeu mais dinheiro do que o multicampeão Richard Petty recebeu em sua vitoriosa carreira. Jimmie tem o recorde de premiação recebida num único ano, em 2006, quando embolsou "apenas" US$ 7.764.405!

›› VENCENDO POR MILHAS

Ned Jarrett tem o recorde de maior distância em vitórias na história da Nascar. Ele venceu a prova Southern 500 em Darlington Raceway em 1965, com seu Ford Fairlane 14 voltas (19,25 milhas) à frente de Buck Baker e seu Plymouth. Apelidado de "Gentleman Ned", venceu 13 provas no ano para garantir seu segundo título na Grand National.

Abaixo **Volta após volta:** Bobby Hamilton percorreu muitas voltas em 2001, mas não o suficiente para brilhar.
No pé da pág. **Largando e chegando:** Bobby Labonte fez sua melhor temporada em 1999, quando foi vice-campeão na Winston Cup com seu Pontiac.

LARGANDO E CHEGANDO

Bobby Labonte conhece bem o que é competir em ovais, pois esteve no topo ao longo de 20 anos, desde sua estreia em 1982. Foi vice de Dale Jarrett em 1999, largou na pole 20 vezes, venceu 17 corridas, liderou 151 corridas e 3.413 voltas. E ainda é o segundo no número de voltas completadas, com 138.504, atrás de Jeff Gordon, com 141.254.

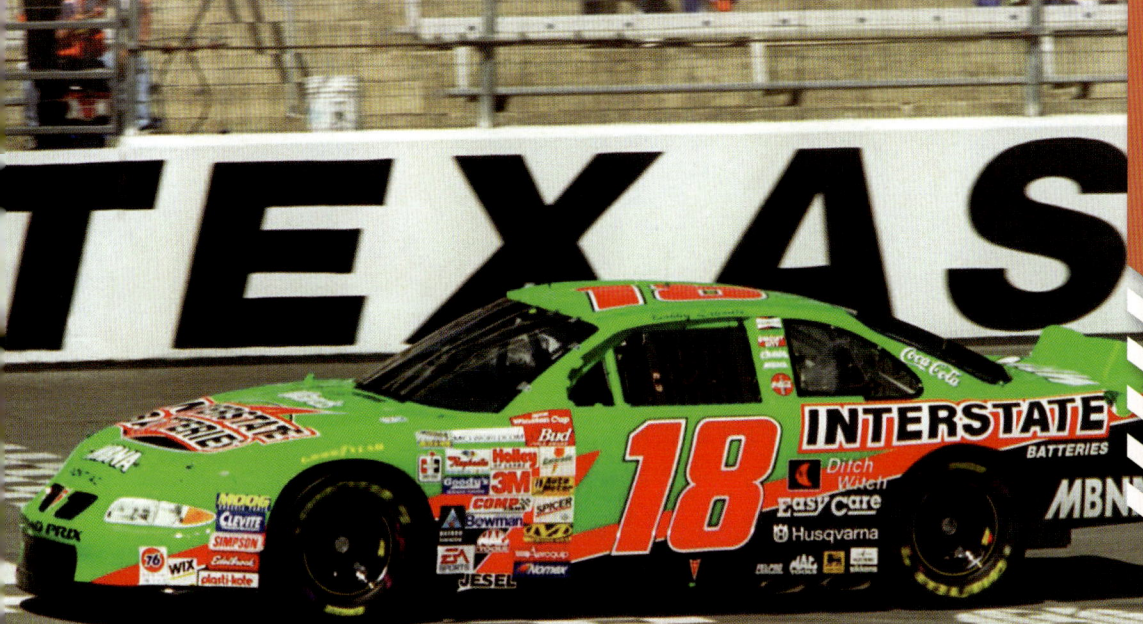

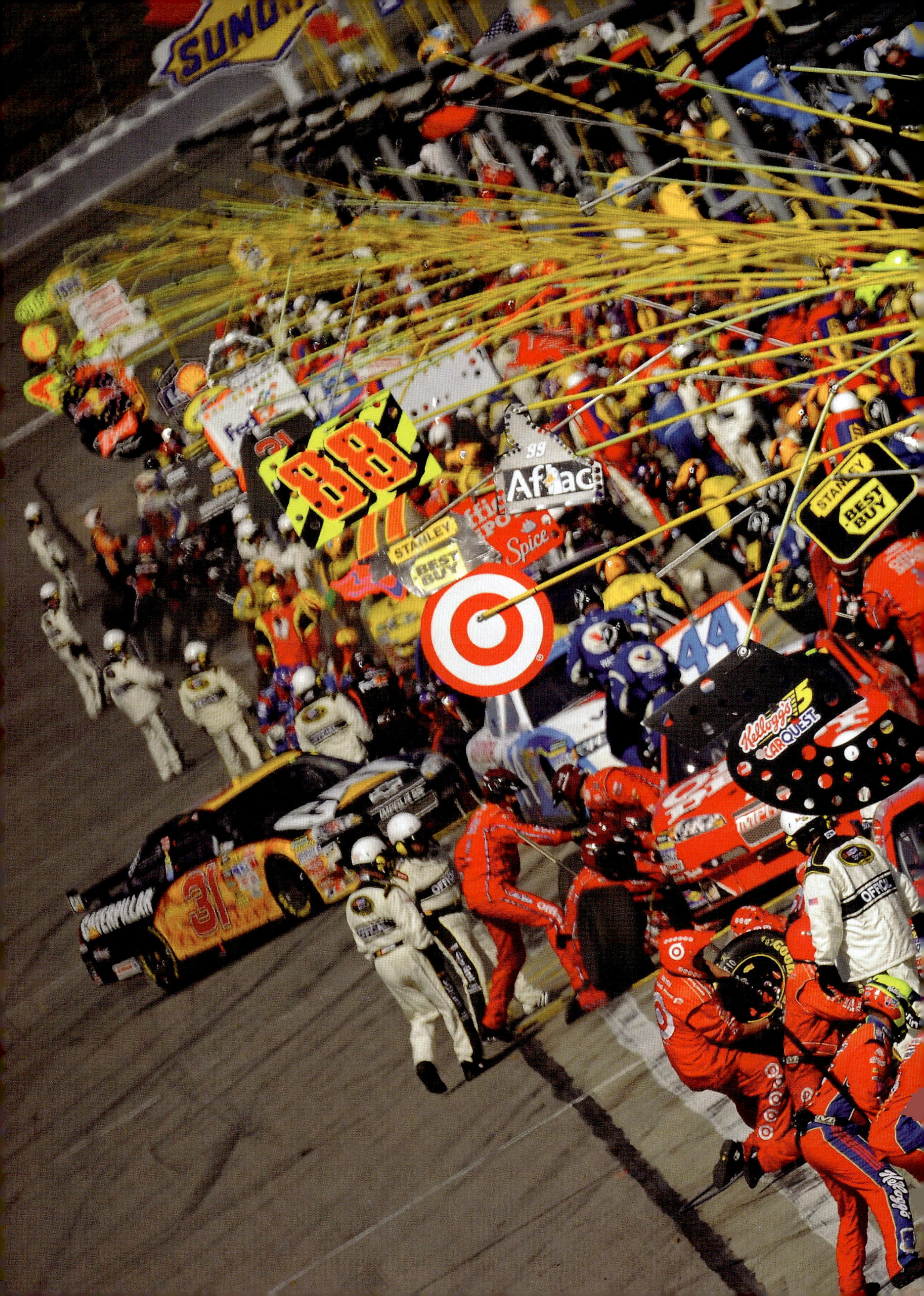

88
Aflac
STANLEY
BEST BUY
Spice
44
Kellogg's
CARQUEST
31

EQUIPES

Neste tipo de esporte, a assistência dos fabricantes sempre foi um segredo muito bem guardado. As equipes são dirigidas por indivíduos, pilotos que aposentaram seus capacetes e viraram donos de equipes, ou por apaixonados pelo esporte que montam um time em busca da glória. Nos dias de hoje, todas as equipes são verdadeiros negócios multimilionários.

Uma colmeia em atividade: A ação no pit-lane é como uma colmeia em atividade. Na foto, o Quest Chevrolet de Mark é o primeiro na saída do pit.

VITÓRIAS POR EQUIPE

›› RICHARD E DALE

Richard Childress Racing é uma equipe ligada intrinsicamente a um piloto: Dale Earnhardt. Juntos, venceram seis títulos e 62 corridas. Depois da morte de Dale na abertura da temporada de 2001, a equipe venceu mais 25 corridas além das duas que Ricky Rudd marcou em 1983. Eles ainda competem, mas as vitórias não fluem mais como antigamente.

Acima **Uma equipe muito forte:** Jack Roush levou Matt Kenseth ao título em 2003. *Abaixo* **Hendrick continua a vencer:** Mark Martin celebra com seu Chevrolet a vitória pela Hendrick Motorsports em NHIS 2009.

›› UMA EQUIPE MUITO FORTE

Jack Roush dirige uma equipe determinada de carros Ford, que nasceu em 1988 a partir de seu comércio de motores de corrida. Tornou-se uma grande equipe. Sua temporada de 2010 na Sprint Cup não foi boa, com seu melhor piloto fechando na quarta colocação. Mas registra em sua história 120 vitórias e um bicampeonato: Matt Kenseth (2003) e Kurt Busch (2004).

›› MEMORÁVEIS PETTYS

Pai e filho, Lee e Richard Petty somaram dez títulos da categoria principal da Nascar entre 1954 e 1979, marcando 260 vitórias para a equipe da família. O filho de Richard, Kyle, somou mais oito, aumentando para 268 os sucessos da equipe Petty Enterprises. Em 2009, o time se juntou a Gillett Evernham Motorsports e passou a ostentar o nome de Richard Petty Motorsports.

HENDRICK CONTINUA A VENCER

Hendrick Motorsports é uma equipe de ponta desde que assumiu o controle de Richard Childress Racing em 1995, quando Jeff Gordon ganhou seu primeiro título. E continua a ser uma equipe vencedora com Gordon, o atual campeão Jimmie Johnson, Mark Martin e Dale Earnhardt Jr. Seus carros venceram pelo menos uma prova desde 1986. A Penske Racing tem uma marca cinco anos menor, pois seus carros vencem há 20 anos consecutivos.

AS 10 MAIORES EQUIPES EM NÚMERO DE VITÓRIAS

#	Equipe	Vitórias
1	Petty Enterprises	268
2	Hendrick Motorsports	194
3	Junior Johnson & Associates	132
4	Roush Fenway Racing	120
5	Wood Brothers Racing	96
6	Richard Childress Racing	94
7	Holman-Moody	92
8	Joe Gibbs Racing	88
9	Penske Racing	66
10	Bud Moore Engineering	63

Acima **As 10 maiores equipes:** Richard Petty celebra, depois que Bobby Hamilton venceu em Phoenix 1996. *Esquerda* **Os irmãos Wood:** A equipe dos irmãos Wood em 1965. *Abaixo* **Ele conhece:** Junior Johnson (direita) conversa com Darrell Waltrip em 1983.

OS IRMÃOS WOOD

A equipe Wood Brothers Racing realmente é parte integrante da essência da Nascar, pois está lá desde 1950. Iniciada por cinco irmãos da Virgínia, Glen, Leonard, Delano, Clay e Ray Lee, a equipe tinha pilotos como Curtis Turner, Fireball Roberts, Tiny Lund e Fred Lorenzen, que marcaram 96 vitórias. Mesmo com esse histórico, os Wood Brothers Racing nunca venceram um campeonato. Sua maior fama foi inventar o pit-stop na década de 1960 e, por causa disso, foram chamados para as 500 Milhas de Indianápolis, quando ajudaram Jim Clark a vencer a prova de 1965.

TESTAR ANTES DE ASSUMIR

A equipe Penske Racing está em nono lugar em vitórias, com 66 no fim de 2010. Estreou na Nascar em 1972, mas só participou constantemente em 1976, quando Bobby Allison ficou na quarta colocação, sem vencer. A Penske tinha foco na IndyCar e voltou para a Nascar em 1991, depois de 11 anos afastada. Contratou Rusty Wallace e começou a vencer. Kurt Busch é o mais recente vencedor pela equipe, em 2010, com seu Penske Dodge Charger.

CORRENDO E FABRICANDO

Formada por John Holman e dirigida por Ralph Moody em 1957, a equipe Holman-Moody esteve no topo nos anos 1960, quando construiu seus carros e venceu 48 das 55 provas de 1965. Eles foram campeões da Grand National com David Pearson e seu Ford Torino Talladega em 1968 e 1969. Correndo com Ford entre 1950 e 1970, levaram para casa 92 vitórias, mas seu maior negócio era construir carros para as outras equipes.

FUTEBOL AMERICANO NAS PISTAS

Joe Gibbs, ex-técnico do time de futebol americano Washington Redskins, formou sua equipe Nascar em 1991. No início só ele corria; depois vieram outros. Desde então a equipe conquistou três títulos de pilotos e 88 vitórias. Todos os seus pilotos – Kyle Busch, Denny Hamlin e Joey Logano – venceram com um Toyota Camry em 2010.

BUD COMEÇOU FORTE

A Bud Moore Engineering teve altos e baixos, mas está em décimo na lista dos maiores vencedores – 63 – e ainda tem dois títulos em seu crédito. Foram conquistados em 1962 e 1963, ambos com Joe Weatherly pilotando. Ele ainda deu à equipe a primeira vitória em 1961, quando venceu uma corrida classificatória. Mas a equipe não decolou e Brett Bodine venceu a última prova por eles em 1993 antes de a equipe ser vendida.

ELE CONHECE

Junior Johnson corria com seu próprio carro em seu último ano de competição em 1965, marcando 13 vitórias. Ele então passou a preparar carros para outros pilotos, que adicionaram 119 vitórias e seis títulos antes de a equipe ser vendida em 1995. Seu melhor período foi entre 1976 e 1978, quando Cale Yarborough levantou três títulos. Darrell Waltrip levou mais dois em 1981 e 1982, antes do último deles, em 1985.

NASCAR SPRINT CUP

MOVIDO POR EARNHARDT

A Richard Childress Racing tem um recorde singular – é a única equipe a participar de todas as provas da chamada era moderna, iniciada em 1972. Sua melhor temporada desde então aconteceu em 1987, quando Dale Earnhardt venceu 11 das 29 provas do ano e assegurou seu segundo título com a equipe de Richard.

OS TÍTULOS DA JGR

Bobby Labonte teve seu melhor ano em 2000 quando levou seu Joe Gibbs Racing Pontiac Grand Prix a quatro vitórias e ao título daquele ano. Tony Stewart somou mais dois títulos em 2002 e 2005. Bobby Labonte acabou sendo substituído por JJ Yeley para a temporada de 2006.

ABORDAGEM DIFERENTE

Mais conhecido por seu sucesso na IndyCar, a Roger Penske tem uma presença forte na Nascar, mas nunca levou um piloto ao título. Em 1972, fez um início diferente quando colocou Mark Donohue pilotando um improvável AMC Matador. A equipe conseguiu vencer regularmente somente quando adotou carros de fabricantes maiores, a partir dos anos 1990.

FABRICANTES COM MAIS TÍTULOS

1	Chevrolet	30*
2	Ford	15*
3	Oldsmobile	4
4	Hudson	3
5	Buick	2
=	Chrysler	2
=	Dodge	2
=	Plymouth	2
=	Pontiac	2
10	Mercury	1

* Inclui títulos divididos

Acima **Os títulos da JGR:** A equipe de Joe Gibbs trabalha no carro de Bobby Labonte, um Pontiac, em 2000. *Abaixo* **Movido por Earnhardt:** Dale Earnhardt em seu 1º título na Richard Childress Racing, em 1986.

EQUIPES

ENTRAR, VENCER E SAIR
Carl Kiekhaefer foi do tipo "única aparição". Veio para a Nascar por causa do amor à publicidade dos motores de popa Mercury muito mais do que pelo amor às corridas. Contudo, sua vinda deu certo e Tim Flock venceu 18 corridas e o título de 1955, enquanto Buck Baker liderou uma equipe de cinco carros em 1956. Em seguida, Kiekhaefer largou as competições e sumiu.

FABRICANTES COM MAIS TÍTULOS NA ERA MODERNA

1	Chevrolet	26*
2	Ford	7*
3	Buick	2
4	Dodge	1
=	Mercury	1
=	Oldsmobile	1

* Inclui títulos divididos

DALE: MISSÃO CUMPRIDA
A equipe Robert Yates Racing obteve o título de pilotos da Nascar em 1999, com Dale Jarrett, mas há 21 anos ela se mantinha no topo da Nascar. Tudo começou em 1989, com as 15 vitórias que Davey Allison conquistou antes de morrer, em 1993. Ernie Irvan ganhou duas provas para a equipe, mas foi Jarrett quem mais venceu para a equipe, com 29 vitórias.

DOIS EM UM
O magnata vendedor de máquinas Raymond Parks foi o homem de maior sucesso quando a Nascar foi formada, em 1948. Seus carros venceram as cinco provas disputadas em Daytona Beach Road Course nos anos anteriores. Seu piloto, Red Byron, venceu o título da Strictly Stock em 1949, enquanto Fonty Flock conquistou o título da Modified para a equipe no mesmo ano.

Acima **Dale: missão cumprida:** Dale Jarrett deu à Robert Yates Racing seu único título em 1999. *No alto* **Entrar, vencer e sair:** A equipe Kiekhaefer em Daytona Beach 1956. *Abaixo* **Começando muito bem:** Bud Moore e Joe Weatherly celebram a vitória em Charlotte 1961.

COMEÇANDO MUITO BEM
Os dois primeiros anos da Bud Moore Engineering na categoria principal da Nascar, 1961 e 1962, foram os melhores. Com Joe Weatherly ao volante do Pontiac Catalina e, depois, de um Mercury na metade de 1962, venceu nove corridas em cada ano e o título de 1962. Foi campeão novamente em 1963, mas dessa vez com três vitórias.

GRAVATA BORBOLETA BRILHANTE
O fabricante com mais títulos conquistados na Nascar, desde a sua fundação em 1949, é a Chevrolet. Ela tem 30 (um dividido com a Ford). A marca da General Motors conquistou sua primeira vitória em 1958 e a última delas em 2010, graças aos esforços da Hendrick Motorsports e mais especificamente ao principal piloto da equipe, Jimmie Johnson.

O MELHOR DE TODOS
A Ford venceu o título de fabricantes 14 vezes, mais um dividido com a Chevrolet em 1985. Mas poucas vezes o oval azul dominou com folga. Na verdade, seus melhores anos foram entre 1963 e 1965, seguidos de dois anos, 1968–69 e depois, 2003–04. Em comparação com a maior rival, a melhor campanha da Chevrolet é de nove títulos consecutivos, entre 1983 e 1991. A Ford foi vice-campeã 21 vezes.

ESQUECIDA NO TEMPO
A fabricante dos carros da marca Hudson teve uma presença bastante significativa no início da Nascar, quando venceu três títulos consecutivos, nos anos de 1952, 1953 e 1954. Todavia, seu nome deixou de existir em 1957, depois que a marca se juntou à Nash, empresa pertencente à American Motors Company.

POLES POR EQUIPE

QUANDO 24 VIRA 69

Jeff Gordon permanece como o piloto de maior sucesso entre os pilotos da Hendrick Motorsport de muitas formas. Uma delas é seu recorde incontestado de 69 poles. Tudo começou quando pôs o Chevrolet Monte Carlo nº 24 na pole em Charlotte, antes do término da temporada de 1993. Seu melhor ano em poles foi 1998, com 13 marcas.

RAPOSA PRATA VOADORA

A equipe Wood Brothers Racing marcou 118 poles na sua longa carreira, e Cale Yaborough usou o carro nº 21 (Ford Fairlane) para marcar sua primeira pole num superspeedway em Atlanta 500, em 1967, onde fez uma corrida arrasadora. Entretanto, foi quando David Pearson se juntou à equipe, em 1972, que o número de poles aumentou. Até 1979, somaram-se 51 pole positions.

ISAAC DÁ 20 PARA A K&K

Montada por Nord Krauskopf para promover sua companhia de seguros, a equipe K&K correu com Dodges com marcante sucesso em 1966 e 1977, levantando 68 poles e 43 vitórias. Bobby Isaac deu ao time seu melhor ano em 1969, quando fez 20 poles no ano no seu Dodge Daytona com aerofólio. No ano seguinte, tornou-se campeão.

IMPORTANTES PARA OS MOODY

David Pearson era um piloto espetacular nos treinos classificatórios com seu Holman-Moody Racing. Em 1968, marcou 12 pole positions e em 1969 marcou 14, com seu Ford Torino Talladega. Sem surpresas, foram anos em que se tornou campeão. Fred Lorenzen também foi importante para a equipe, somando 30 poles entre os anos 1961 e 1966.

FAÇA COMO EU FAÇO

Junior Johnson, que fez 13 poles em 1965, emprestava toda sua experiência para a equipe quando seus pilotos saíam para a classificação. Seus carros marcaram escorchantes 115 pole positions entre 1965 e 1995, notavelmente com Cale Yarborough no fim dos anos 1970 e Darrell Waltrip no começo dos anos 1980. A dúzia de Waltrip aconteceu em 1981 e novamente em 1982.

O REI ESTÁ NO TRONO DE NOVO

Petty Enterprises registrou o recorde de 157 poles até o final de 2010, mas a glória da equipe veio quando Richard Petty recebeu o apelido de "O Rei". Tudo aconteceu de meados dos anos 1960 até meados dos anos 1970, quando ele fez 126 poles, 18 em 1967.

No alto, à esquerda **Faça como eu faço:** Darrell Waltrip marcou 12 poles para Junior Johnson em 1981. *No alto, à direita* **Isaac dá 20 para a K&K:** Bobby Isaac entra no seu K&K Dodge antes da pole em Daytona 1972. *Abaixo* **Pole para a mais importante:** Schrader (25) fez a pole em Daytona 1989, mas perdeu a corrida para Darrell Waltrip (17).

POLE PARA A MAIS IMPORTANTE

A Hendrick Motorsports tem uma longa história de recordes, mas um de seus pilotos, Ken Schrader, conseguiu a façanha de ser o pole na prova mais importante da temporada, a 500 Milhas de Daytona, três anos seguidos, começando em 1988. Mas não chegou à vitória em nenhuma delas.

PENSKE CAÇA POLES

A Penske Racing colecionou 86 poles desde a sua estreia em 1972. Rusty Wallace marcou 27 para a equipe até 2002, e Ryan Newman conseguiu aumentar o total para 43 poles ao final de 2009, incluindo as 11 em 36 corridas disputadas em 2003, sozinho com seu Dodge Intrepid.

AS 10 EQUIPES COM MAIS POLE POSITIONS

1	Hendrick Motorsports	173
2	Petty Enterprises	157
3	Wood Brothers Racing	118
4	Junior Johnson & Associates	115
5	Penske Racing	86
6	Holman-Moody	85
7	K&K Insurance	68
=	Roush Fenway Racing	68
9	Joe Gibbs Racing	51
10	Yates Racing	49

AS POLES DE MELLING AGITARAM 1985

O magnata das ferramentas Harry Melling se juntou a Bill Elliott em 1982. Crescendo juntos, no ano de 1985, tiveram uma campanha gloriosa com 11 poles e 11 vitórias nas 28 provas do ano, com seu Ford Thunderbird. As poles nos superspeedways esmagaram os recordes anteriores de velocidade.

ABRAM ALAS PARA O CAMPEÃO

A Nascar demonstra um merecido respeito pelos seus ex-campeões. Existe uma regra chamada de *champion's provisional*, que estipula que o último lugar no grid fica reservado para qualquer campeão que tenha falhado ao tentar a classificação. Se dois campeões falharem no treino, o mais recente dos dois receberá a vaga para a largada.

CHEVY QUASE ABSOLUTA

A Chevrolet tem sido a fabricante líder da Nascar desde 1980 e isso fica mais evidente quando olhamos as pole positions. A Chevy marcou sete poles consecutivas de 1999 até 2007. Se não fossem as poles de Denny Hamlin (Toyota) e Greg Biffle (Ford) na California Speedway em 2008/2009, a Chevrolet teria feito 13 pole positions em seguida.

Acima **Chevy quase absoluta:** Mark Martin levou seu Chevrolet da Hendrick Motorsports à pole em Indianápolis 2009. *Abaixo* **As poles de Melling agitaram 1985:** Bill Elliott foi o rei da classificação para a Mellingem em 1985, mas Darrell Waltrip marcou mais pontos na temporada.

PREMIAÇÕES

O HOMEM QUE FEZ TUDO ACONTECER

O fundador da Nascar, Bill France, foi o homem que fez tudo acontecer em 1948 ao colocar os carros juntos para competir por uma premiação. Ele também criou um sistema de pontos que preservasse os campeões, por causa do marketing envolvido. E criou um fundo de assistência para apoiar os pilotos feridos em acidentes.

Acima **O homem que fez tudo acontecer:** O fundador da Nascar, Bill France (centro) num coquetel em 1958. *Abaixo* **Os três primeiros:** Rick Hendrick cercado por Dale Earnhardt Jr. Jimmie Johnson, Jeff Gordon e Mark Martin em Daytona 2009.

PONTUAÇÃO DOS CARROS

O sistema de pontos para carros e pilotos é similar, com 185 pontos para os vencedores. Mas a equipe pode ganhar pontos até para os carros que não se classificaram, isto é, para aqueles que ficaram de 44º para trás nos treinos. São três pontos de diferença entre os colocados, com 31 pontos para o 44º, diminuindo três daí para baixo. A premiação varia de corrida para corrida, mas geralmente é de US$ 4 milhões até US$ 6 milhões, quando existe um patrocinador principal para a prova.

DE UM LADO PARA OUTRO

A equipe Bud Moore Engineering não tinha recursos para correr toda a temporada de 1963, mas Joe Weatherly estava tão focado em ser bicampeão que alugou carros para correr as provas das quais a equipe não participou. Ele usou oito equipes com Chrysler, Plymouth, Dodge e Mercury em vez do habitual Pontiac e ganhou US$ 74.623,76 que pagaria o custo de um carro por um ano. Ao contrário, a equipe Wood Brothers Racing contou com seis pilotos no ano para ser campeã das equipes.

UMA VEZ NA LIDERANÇA

Richard Childress Racing e Dale Earnhardt marcavam pontos e mais pontos na escalada de Dale entre 1986 e 1994, enquanto ele colecionava títulos. Sua temporada mais lucrativa foi em 2000, quando ganhou US$ 5 milhões, mas a premiação continuou a subir. Depois da morte de Dale, na abertura da temporada de 2001, a premiação da equipe vem caindo e hoje ela está em terceiro lugar, atrás das equipes de Hendrick e Roush.

O SHOW DE BOBBY E TONY

A Joe Gibbs Racing, fundada pelo ex-técnico da equipe da NFL Washington Redskins, construiu sua glória basicamente em cima de dois pilotos: Bobby Labonte e Tony Stewart. Os dois juntos venceram títulos e somaram para a equipe da Carolina do Norte a quantia de US$ 89.070.821 até que os novos pilotos da equipe chegaram: Kyle Busch e Denny Hamlin.

GRAÇAS A RUSTY

Quando a equipe Penske Racing decidiu levar a Cup Series da Nascar a sério em 1990, Rusty Wallace foi o piloto que pôs a equipe no mapa. Suas 36 vitórias em 11 anos encheram o cofre da equipe com dinheiro e pontos. Mas, fora o ano especial de Ryan Newman em 2003, quando venceu oito provas, a equipe não vinha ganhando muito, o que fez a equipe de Roger Penske cair para a quinta colocação na classificação da premiação acumulada.

OS TRÊS PRIMEIROS

Competindo com quatro carros, a equipe Hendrick Motorsports tem uma vantagem sobre as equipes de um ou dois carros, mas no fundo são seus pilotos que fazem a diferença. Em 2009 Jimmie Johnson, Mark Martin, Jeff Gordon e Dale Earnhardt Jr. finalizaram o ano em primeiro, segundo, terceiro e 25º. A equipe está no topo da lista dos vencedores há 20 anos e lidera a premiação com US$ 349 milhões.

⏵⏵⏵ PERDENDO O PIQUE

A Robert Yates Racing não é mais a mesma dos tempos de Davey Allison, nos anos 1990 quando tudo dava certo, assim como na época do sucessor, Dale Jarrett. Depois que Jarrett saiu, no fim de 2006, a equipe caiu várias posições, ficando fora das seis primeiras equipes em premiações.

⏵⏵⏵ BILL PAGA A CONTA

Bill Elliott foi o primeiro piloto a encher o cofrinho de Ray Evernham, desde que esse talentoso engenheiro deixou a Hendrick Motorsports e fundou a própria equipe em 2000. Evernham viu o piloto Kasey Kahne colocar o time na nona colocação pelas boas temporadas entre os anos de 2004 e 2007.

⏵⏵⏵ ROUSH ATRÁS DE HENDRICK

A Roush Racing está em segundo lugar do total de premiações por suas ótimas temporadas no início do século 21. Entretanto, a campanha de 2005 foi estranha. O piloto Kurt Busch foi demitido faltando duas provas para o final, por ter sido multado por direção perigosa numa autoestrada, e foi substituído por Kenny Wallace.

TENTATIVA FRUSTRADA DA SABCO

A equipe de Felix Sabates fez parceria com Chip Ganassi em 2001 quando o primeiro resolveu sair da IndyCar. Eles formaram a Sabco/Chip Ganassi Racing e lideraram por 25 semanas a temporada de 2002 com Sterling Marlin, até que ele sofreu uma contusão no pescoço no Kansas e ficou fora o resto do ano. Eles caíram para 18º, mas ainda receberam a quantia de US$ 4.228.889 pelas colocações feitas naquele ano.

AS 10 MAIORES EM PREMIAÇÃO RECEBIDA (US$)

1	Hendrick Motorsports	$349.802.858
2	**Roush Racing**	$339.906.666
3	Richard Childress Racing	$223.399.863
4	Joe Gibbs Racing	$204.297.386
5	Penske Racing	$146.934.210
6	Dale Earnhardt Inc.	$137.362.371
7	Robert Yates Racing	$127.267.241
8	Petty Enterprises	$95.504.450
9	Evernham Motorsports	$71.441.190
10	Wood Brothers Racing	$52.247.737

Acima **As 10 maiores em premiação recebida:** Kurt Busch arrecadou boa grana em 2005, mas foi despedido. *Abaixo* **Tentativa frustrada da Sabco:** Sterling Marlin liderou por um tempo a temporada de 2002, mas uma lesão o tirou do título.

OUTROS RECORDES

CHAMANDO ATENÇÃO

Carl Kiekhaefer era presença certa na Nascar nos anos 1950. Tendo feito fortuna com sua companhia de motores de popa Mercury, levou um carro para competir em 1955 e venceu logo de cara. Sem medo de perder a fortuna, montou um transporte especial para levar seus carros para as corridas. Algumas vezes, chegou a participar com seis carros. Decidiu sair do esporte no fim de 1956.

OS GRANDES NOMES

Dezoito fabricantes participaram de corridas na Nascar. Isso inclui os três maiores: General Motors, Ford e Chrysler e suas coligadas. Alfa Romeo, Aston Martin, MG e Porsche também fizeram algumas participações nos anos 1950 e 1960. A Chevrolet da GM e a Dodge da Chrysler entraram com oito modelos, desde o Chevrolet Bel Air 1955 até o Impala SS 2010 e dos Dodge Coronet 1953 até o Charger R/T 2008. A Ford vem a seguir com seis modelos.

NÃO HÁ FUMAÇA SEM FOGO

Henry Yunick, apelidado de "Smokey", é o segundo maior vencedor da Nascar com 57 vitórias. Isso aconteceu no início da história da Nascar. Sempre vestido de branco com um chapéu de caubói, Yunick cuidou de Herb Thomas nos títulos em 1951 e 1953 e ainda ajudou outros pilotos, como Marvin Panch, Fireball Roberts e Bobby Isaac, em muitas das vitórias que eles conseguiram em suas carreiras na Nascar.

OS 10 MAIORES VENCEDORES COMO CHEFES DE EQUIPE

#	Nome	Vitórias
1	Dale Inman	198
2	**Smokey Yunick**	57
3	Tim Brewer	53
4	Chad Knaus	51
5	Ray Evernham	49
6	Kirk Shelmerdine	46
7	Jeff Hammond	43
8	Greg Zipadelli	34
9	Todd Parrott	29
10	Jimmy Fennig	27

Acima **Os 10 maiores vencedores como chefe de equipe:** a atenção de Smokey Yunick aos detalhes garantiu sucesso a ele e a seus pilotos nos anos 1950 e 1960.

Abaixo **Chamando atenção:** Tim Flock correu por Carl Kiekhaefer na primeira metade da temporada de 1956, antes de deixar a equipe.

MESTRE BREWER

Tim Brewer está em terceiro lugar na lista dos chefes de equipe mais vencedores, com 53 vitórias. Ele esteve com Junior Johnson em 1970 e 1980, aplicando seus conhecimentos posteriormente na Richard Childress Racing. Ajudou Cale Yarborough e Darrell Waltrip a serem campeões em 1978 e 1981, antes de se juntar à Morgan-McClure Motorsports. Tim é analista do esporte na ESPN.

AINDA FAZENDO HISTÓRIA

Chad "O Mágico" Knaus é o chefe de equipe mais bem-sucedido ainda em atividade, com seu piloto Jimmie Johnson somando vitórias para a Hendrick Motorsports Chevrolet Impala e os títulos entre 2006 e 2010. Nesse caminho, Chad marcou o recorde de ser o primeiro chefe de equipe a conquistar quatro títulos consecutivos na Nascar.

OS TRUQUES DE YUNICK

O mais manhoso dos chefes de equipe foi o tecnicamente astuto Smokey Yunick. Foi ele quem exigiu carros mais seguros, depois que seu piloto Fireball Roberts bateu em Charlotte, em 1964, e morreu em razão das queimaduras. Mas sua especialidade era achar vantagens nos carros: modificou o teto e as janelas do carro de Curtis Turner (Chevrolet Chevelle/66); depois levantou a traseira e colocou um tubo mais largo para conseguir adicionar 5 galões a mais de gasolina. Abandonou as pistas em 1970.

O CARA NO COMANDO

Dale Inman detém o recorde de mais títulos e vitórias como chefe de equipe na Nascar. Ele conquistou o título principal da categoria Nascar oito vezes. Foi na Petty Enterprises que desfilou sua competência por três décadas, sendo o braço direito de Richard Petty nos sete títulos que "O Rei" conquistou, antes de chefiar Terry Labonte na sua campanha para o título pela Billy Hagan em 1984. Seu currículo mostra "apenas" 198 vitórias!

AS 16 DE KIEKHAEFER

A equipe de Carl Kiekhaefer marcou em 1956 um recorde difícil de ser batido: 16 vitórias seguidas. Ele chefiou Buck Baker e seu Chrysler 300 em Atlanta, seguido de Herb Thomas em Merced. A trajetória terminou em West Memphis Speedway quando Ralph Moody venceu com seu Paulo Engineering Ford.

4 SEGUIDAS PARA KIRK

O chefe de equipe Kirk Shelmerdine teve anos de glória com Dale Earnhardt, vencendo em 1986, 1987, 1990 e 1991, quando "O Intimidador" corria pela Richard Childress Racing. Ele tinha apenas 28 anos quando Earnhardt ganhou o primeiro – um recorde. Tem sua própria equipe desde 2002 e participa da Sprint Cup Series quando tem recursos para tanto.

A PROVA A SER VENCIDA

A corrida que todo piloto e chefe de equipe querem vencer é a prova de abertura da temporada, as 500 Milhas de Daytona. Quando se fala dessa prova, Dale Inman é o cara. Ele ajudou Richard Petty, que venceu cinco vezes. Em seguida vem Leonard Wood, que arrematou quatro Daytonas: Tiny Lund, Cale Yarborough, AJ Foyt e David Pearson foram os felizardos pilotos a conquistarem a mais famosa prova da Nascar.

Acima **Ainda fazendo história:** O chefe de equipe Chad Knauss da Hendrick conquistou 4 títulos com Jimmie Johnson. *Abaixo* **Mantendo os fãs em pé:** Jeff Gordon tem longa experiência em esquemas diferentes de pintura. Aqui com um ChromaLusion em Charlotte 1998.

MANTENDO OS FÃS EM PÉ

A categoria da Nascar é uma das mais dramáticas em esquemas de pinturas em carros de competição. Os fãs ficam com a sensação de nunca saber exatamente qual o esquema que seu piloto usará. Alguns usam esquemas especiais em ocasiões especiais, como Jeff Gordon e seu DuPont Chevrolet, o mestre nisso. Em 1998, na prova de Charlotte, foi usada uma pintura chamada de ChromaLusion, que mudava de cores dependendo do ângulo e da quantidade de luz.

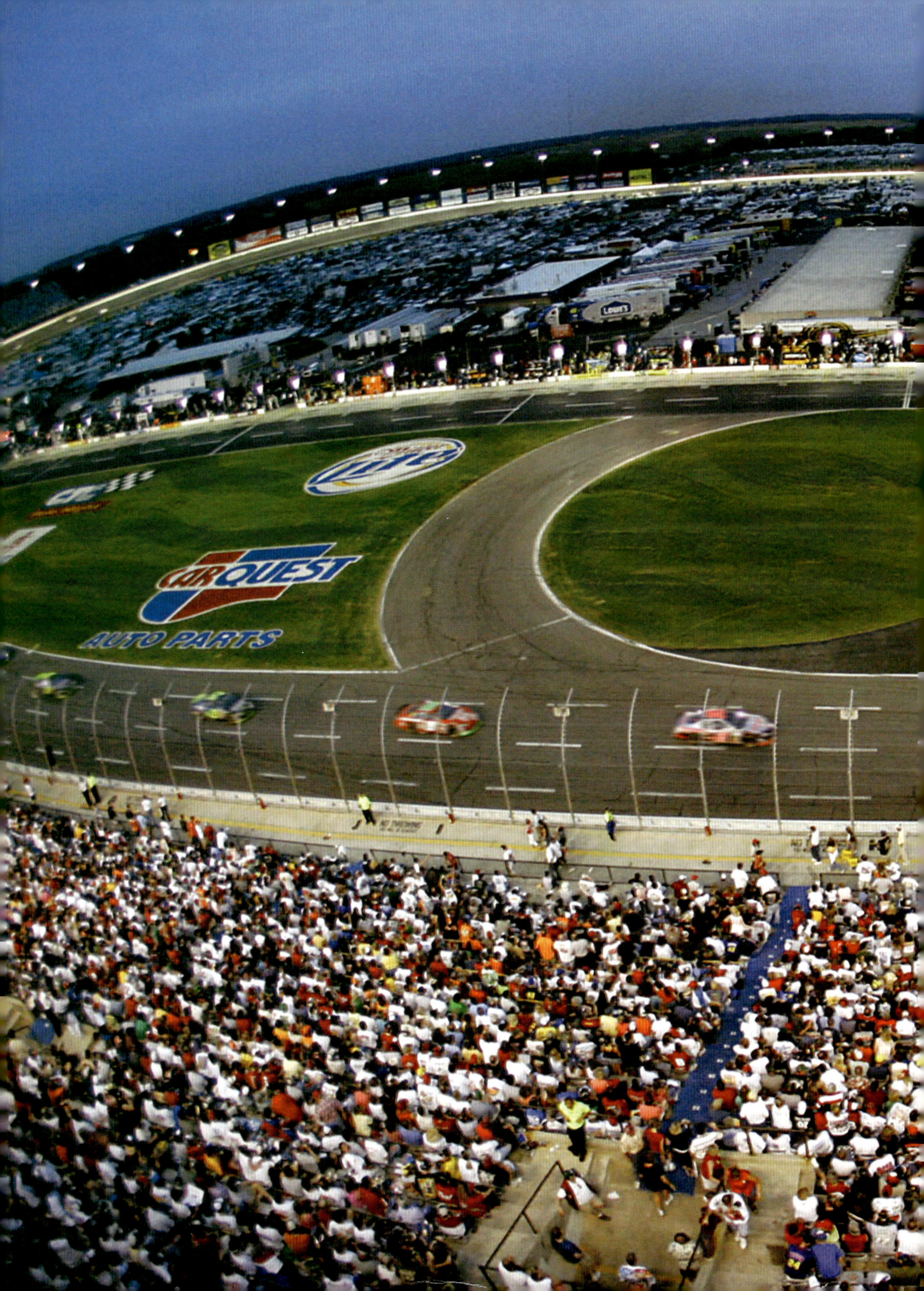
CARQUEST
AUTO PARTS

CIRCUITOS

Quem pensa que as pistas da Nascar são todas iguais por serem ovais precisa pensar um pouco mais. Uma rápida olhada nas superspeedways de Daytona ou Talladega é suficiente para ver que elas não têm nada a ver com as pistas de meia milha de Bristol e Martinsville. A Nascar corre ainda em Sears Point e Watkins Glen. Elas têm curvas para a direita e para esquerda, além de subidas e descidas. Então, existe uma ampla variedade de pistas na Nascar também.

Mexendo com a multidão: Os fãs aguardam ansiosos durante a bandeira amarela no Lowe's Motor Speedway em Charlotte 2005.

EXTENSÃO

›› LAR ESPIRITUAL DA INDY

Foi um momento muito especial quando os carros da Nascar entraram na pista de Indianápolis pela primeira vez em 1994. O piloto local, Jeff Gordon, venceu a prova Brickyard 400 (nome que homenageia a antiga pavimentação de tijolos) no circuito quadrioval de 4 quilômetros com seu Hendrick Motorsports Chevrolet.

›› NEM DOIS IGUAIS

Os 22 circuitos usados na Sprint Cup em 2009 não são iguais. O circuito de rua de Sears Point e Watkins Glen são obviamente diferentes dos 20 ovais, que por sua vez podem ser divididos em: ovais verdadeiros – Bristol, Dover e Martinsville; triovais – Daytona, Kansas City e Pocono; quadrivais – Atlanta, Charlotte, Homestead, Indianapolis, New Hampshire International Speedway e Texas Speedway; com formato desigual – Darlington; e ovais em formato de D – California Speedway, Chicagoland, Las Vegas, Michigan, Phoenix, Richmond e Talladega.

›› NÃO PODERIA SER MAIS DIFERENTE

Com seus 6,5 quilômetros de extensão, a pista de Road America em Elkhart Lake no Wisconsin era muito estranha para os pilotos tradicionais da Nascar, com suas curvas para a direita e a esquerda, de alta e baixa velocidade. A Grand National esteve por lá em 1956, com Tim Flock levando as glórias para a equipe de Carl Kiekhaefer com seu Mercury Monterey.

›› A LONGA VOLTA EM LONG ISLAND

A Nascar visitou o circuito de Bridgehampton em Long Island, Nova York, em 1958, 1963, 1964 e 1966. Os 4,5 quilômetros do circuito de rua eram no sentido horário e muito desafiadores, com curvas de alta velocidade sobre suas dunas. Jack Smith venceu a primeira prova lá com Chevrolet em 1958. O local virou clube de golfe.

Esquerda **Lar espiritual da Indy:** A Nascar tem sido grande sucesso desde que começou a correr lá, em 1994.
Abaixo **Pequena, mas sem graça:** A Bristol Motor Speedway oferece 100% de visão aos espectadores.

PEQUENA, MAS SEM GRAÇA

Bristol é conhecida como o "Vale do Trovão" e se autodenomina "a meia milha mais veloz do mundo". Na verdade tem um pouco mais do que isso, 0,533 milha, ou 857 m. Mas o que não se discute é que sua arquibancada ao longo de todo o circuito dá aos espectadores uma visão completa de toda a pista.

CLIPE DE PAPEL

Limpa e arrumada, com suas quatro curvas iguais, a pista de Martinsville Speedway tem apenas 846 metros e é a mais curta da Sprint Cup. Apelidada de "Clipe de Papel", tem apenas 12 graus de superelevação nas curvas, o que faz sua velocidade ser baixa. Em sua prova anual, os carros dão 500 voltas por lá!

NADA IGUAL

A pista de Pocono Raceway, na Pensilvânia, é triangular e cheia de manhas, pois cada uma das suas três curvas tem superelevação e ângulo diferentes. Assim, fica bem difícil para os engenheiros acharem um bom acerto para este trioval de 4 quilômetros, chamado de "The Tricky Triangle" (Triângulo Manhoso).

A MAIOR CORRIDA DOS EUA

Daytona International Speedway é a pista mais longa da Sprint Cup Series. Seus 4 quilômetros recebem o evento mais popular da Flórida e propiciam velocidades altíssimas por causa das superelevações de 31 graus nas curvas. Quando o circuito foi construído, no final de 1950, essa superelevação era o máximo que o asfalto segurava sem desmanchar.

ESTAMOS NA PISTA?

No caso de Islip Speedway, usada pela Grand National Series entre 1964 e 1971, a resposta é "sim", pois o circuito de Nova York tinha apenas 321 metros de extensão fazendo os 10 circuitos de quarto de milha (402 m) usados em Bowman Gray Stadium, Buffalo Civic Stadium, Dixie Speedway, Gamecock Speedway, Heidelberg Raceway, Huntsville Speedway, McCormick Field, Norwood Arena, Starkey Speedway e Tar Heel Speedway parecerem longos.

RAZÕES PARA SER TEMIDA

Talladega Superspeedway no Alabama, também conhecida como "The Big One", é a mais longa da Sprint com 4,28 quilômetros. Sua extensão, inclinação e velocidade sempre são uma preocupação para os pilotos. Em 1969, na estreia, houve um boicote dos pilotos, o que permitiu ao piloto remanescente Richard Brickhouse vencer pela primeira e única vez. Mas, desde então, está firme no calendário da Nascar.

CIRCUITO MISTO DA GEÓRGIA

Nos anos 1960, a Nascar usou dois circuitos bem diferentes no Augusta International Raceway. Um deles era um oval de 804 metros; o outro, um misto usado apenas na segunda etapa da temporada de 1964. O piloto Fireball Roberts foi o vencedor. Estranhamente, Roberts e outros cinco pilotos que estavam entre os sete primeiros nessa prova faleceram antes do início da temporada seguinte.

AS MAIS LONGAS

1	Daytona Beach Course*	6,71 km
2	Road America*	6,5 km
3	Augusta*	4,82 km
4	Bridgehampton*	4,5 km
5	Talladega	4,28 km
6	Riverside*	4,23 km
7	**Daytona**	4 km
=	Indianápolis	4 km
=	Ontário*	4 km
=	Pocono	4 km
=	Willow Springs*	4 km
12	Watkins Glen	3,94 km
13	Califórnia	3,21 km
=	Linden	3,21 km
=	Michigan	3,21 km
=	Montgomery*	3,21 km
=	Texas*	3,21 km

* Não são mais usadas.

Acima **Clipe de papel:** Martinsville não parece um clipe? *No alto* **Razões para ser temida:** Tony Stewart à frente de Kurt Busch em Talladega em 2007. *Abaixo* **As mais longas:** Daytona é uma das pistas mais longas com seus 4 km.

SEDES

COM VISTA DO QUARTO

O Charlotte Motor Speedway, conhecido como Lowe's, tem o apelido de "The Beast of the South East" (a Besta do Sudeste) por causa das dificuldades da pista. Provavelmente por causa de um torcedor que atirou uma garrafa no caminho de Junior Johnson em 1963, que lhe custou a vitória a duas voltas do final. Na superelevação da curva 1 foram construídos 52 apartamentos em meados de 1980 para que alguns fãs pudessem assistir às corridas de dentro de casa!

MONSTRO NO NOME E NA NATUREZA

Dover International Speedway tem provavelmente o apelido mais chamativo da Nascar: "The Monster Mile" (a Milha Monstro), com suas curvas superelevadas a 24 graus e saídas de curva estreitas que são muito desafiadoras. Acidentes múltiplos sempre acontecem por ali. O rei Richard Petty foi o primeiro vencedor por lá em 1969, numa das raríssimas vezes em que pilotou um Ford Torino Talladega e não o usual Dodge.

NA PRAIA

A pista de Daytona International Speedway é completamente diferente da utilizada em 1959, que era apenas uma área cercada na praia. E na verdade nem era tão ondulada porque foi ali que Malcolm Campbell tentou bater o recorde de velocidade em terra em 1935. Muito tempo antes da formação da Nascar, a primeira corrida disputada em Daytona foi em 1936, com os pilotos subindo pela areia e voltando pela estrada de mão dupla.

PERTO DE CASA

A pista de Charlotte Motor Speedway é a casa de muitas das equipes da Nascar, pois suas sedes ficam estabelecidas ao redor da cidade da Carolina do Norte. Essas equipes gozam do benefício de ser parte de um centro de especialistas no ramo, não somente de técnicos formados na área como também de fornecedores de material de alta qualidade para o esporte motorizado.

NÃO É MAIS SULISTA

A Nascar sempre esteve ligada ao sul dos Estados Unidos, mas a pista de Watkins Glen no norte do estado de Nova York tem seu papel na categoria desde 1986. É uma pista com curvas em subidas e descidas, contrariamente aos ovais e superspeedways, e seu estilo diferente fez bem ao campeonato da Sprint Cup Series.

NO EXTREMO SUL DO SUL

A pista de Homestead-Miami Speedway é a mais sulista de todas as pistas da Nascar. Este circuito quadrioval da Flórida foi construído para a IndyCar por Ralph Sanchez em 1995, mas o público não compareceu e ele passou a receber a Indy Racing League. O local tem recebido os eventos da Nascar desde 1999 e Tony Stewart foi o vencedor da primeira prova lá com seu Joe Gibbs Racing Pontiac Grand Prix.

No alto, à esquerda **Com vista do quarto:** Apartamentos executivos dão vista para a pista de Charlotte.
Acima **No extremo sul do Sul:** Jimmie Johnson lidera o pelotão em Homestead-Miami Speedway em 2009.

AS PROVAS MAIS VELOZES

	Pista	Ano	Piloto/Carro	Média km/h
1	Talladega	1997	Mark Martin/Ford	303,06
2	Talladega	1988	Bill Elliott/Ford	299,74
3	Talladega	2001	Bobby Hamilton/Chevrolet	296,17
4	Talladega	2002	Dale Earnhardt Jr./Chevrolet	295,52
5	Talladega	1995	Mark Martin/Ford	287,85
6	Daytona	1980	Buddy Baker/Oldsmobile	285,76
7	Talladega	1992	Ernie Irvan/Chevrolet	283,68
8	Daytona	1987	Bill Elliott/Ford	283,60
9	Talladega	1978	Lennie Pond/Oldsmobile	281,15
10	Talladega	1990	Dale Earnhardt/Chevrolet	280,65
11	Michigan	1999	Dale Jarrett/Ford	279,96
12	Daytona	1980	Bobby Allison/Mercury	279,12
13	Michigan	2001	Sterling Marlin/Dodge	279,12
14	Talladega	1995	Sterling Marlin/Chevrolet	278,66
15	Talladega	1984	Cale Yarborough/Chevrolet	278,35
16	Daytona	1979	Neil Bonnett/Mercury	278,18
17	Daytona	1998	Dale Earnhardt/Chevrolet	277,89
18	Daytona	1985	Bill Elliott/Ford	277,17
19	Daytona	1984	Richard Petty/Pontiac	275,86
20	Talladega	1987	Bill Elliott/Ford	275,61

EM DIREÇÃO À SEGURANÇA

Houve muita preocupação com o aumento da velocidade após acontecerem quatro mortes em nove meses na Nascar. A última foi a de Dale Earnhardt, que bateu na última volta das 500 Milhas de Daytona, em 2001. Esse fato levou a categoria a melhorar sua segurança. Os pilotos têm de usar o HANS (suporte para a cabeça e pescoço) e outras medidas foram adotadas em 2007. As pistas ovais foram modificadas também, com seus muros adotando o sistema SAFER (redutor de impacto), chamado no Brasil de "muro macio".

ONTÁRIO NÃO CANADENSE

A pista de Ontario Motor Speedway estava situada na Califórnia, no leste de Los Angeles, e não no estado do Canadá que tem esse nome. Esse oval de 4 quilômetros recebeu a Nascar entre 1971 e 1980, sob o nome de Los Angeles Times 500. O circuito recebeu até uma prova extracampeonato da F1, o GP de Questor em 1971. Em 1980 os tratores chegaram para demolir a pista e construir um conjunto habitacional.

50 ANOS DE DIVERSÃO

O North Wilkesboro Speedway, na Carolina do Norte, abriu suas portas em 1947, sediando provas entre 1949 e 1996 (era pista de terra até 1957). Sediou duas provas por ano: a Holly Farms 400 e a First Union 400. Esse pequeno oval foi fechado, reabrindo as portas recentemente, no ano de 2010.

CORRENDO NO DESERTO

Não é difícil perceber por que o Phoenix International Raceway é muito diferente dos outros locais da Nascar. Não é por ficar no lado oeste dos Estados Unidos, mas por ficar no meio do deserto. Esta corrida no Arizona, iniciada em 1988, realiza-se no final do calendário (é normalmente a penúltima). O piloto da Ford Alan Kulwicki foi o primeiro vencedor por lá.

Esquerda **Correndo no deserto:** Fãs assistem do "Rattlesnake Hill" em Phoenix, ao lado do cacto característico. *Abaixo* **Cruzando o continente:** O pace car lidera o pelotão em Sears Point, California 2009, com Kurt Busch à frente.

CRUZANDO O CONTINENTE

Embora a maioria dos circuitos esteja no lado leste dos Estados Unidos, cinco corridas são realizadas na Costa Oeste. Sears Point, ou Infineon Raceway como é conhecida, está a nordeste de São Francisco e é um circuito normal, não um oval, o que é ainda mais diferente. Também não é uma viagem curta para os integrantes da Nascar, pois está a 3.700 quilômetros do quartel-general das equipes, que fica em Charlotte.

RECORDES DE VOLTA

›› O MAIS VELOZ DE TODOS

Talladega tem o recorde de pista mais rápida, com Bill Elliott em seu Coors Ford Thunderbird girando na pista do Alabama a 342,41 km/h, em 1987, nos treinos de classificação. Isso foi antes de a categoria adotar o restritor no carburador que limita a velocidade dos carros. Daytona é a seguinte, tembém com Elliott registrando o recorde em 1987 com 338,47 km/h.

›› NO TEXAS, PENSE GRANDE

O dono do circuito Bruton Smith queria uma pista capaz de produzir altas velocidades quando construiu a Texas Motor Speedway perto de Fort Worth. Os texanos são conhecidos por pensar grande. Ele conseguiu, desde a abertura em 1997; depois, Terry Labonte melhorou o recorde da pista para 309,15 km/h, em 2000, com seu Hendrick Motorsports Chevrolet.

AS 10 VOLTAS MAIS RÁPIDAS NOS CIRCUITOS ATUAIS*

	Pista	Ano	Piloto	Média km/h
1	Talladega	1987	Bill Elliott	342,41
2	Daytona	1987	Bill Elliott	338,47
3	Atlanta	1997	Geoff Bodine	317,74
4	Texas	2010	Elliot Sadler	314,39
5	Michigan	2005	Ryan Newman	312,52
6	Charlotte	2010	Jeff Gordon	308,19
7	Chicagoland	2005	Jimmie Johnson	302,73
8	Fontana	2002	Ryan Newman	301,58
9	Indianápolis	2004	Casey Mears	299,74
10	Homestead	2003	Jamie McMurray	291,40

*Nos treinos classificatórios.

›› MAIOR MÉDIA EM CORRIDAS

Mark Martin e seu Roush Racing Ford Thunderbird provaram ser uma boa combinação quando venceram em 1997, a Winston 500 no Talladega Superspeedway. Isto porque ela foi a vitória com a maior média horária da história da Nascar: 303,06 km/h. Ele bateu a média de Bill Elliott com seus 299,74 km/h feitos anos antes (1988), no mesmo local.

›› VELOCIDADE PURA

A fama do Daytona International Speedway é mundial e para os fãs ela é pura velocidade. Mesmo pensamento de Bill Elliott que virou lá a 338,48 km/h nos treinos em 1987. Mas os fãs mais velhos pensam no estiloso Plymouth Superbird, usado por Pete Hamilton para vencer em 1970, que tinha o nariz rebaixado e um aerofólio bem alto atrás.

›› O OURO DE GEOFF

A pista de Atlanta Motor Speedway com sua superelevação pronunciada propicia a terceira maior média das pistas da Nascar atualmente. Geoff Bodine fez a média de 317,74 km/h com seu Ford Thunderbird de sua própria equipe, durante os treinos classificatórios para a prova disputada em 1987.

Acima **As 10 voltas mais rápidas:** Bill Elliott, que bateu todos os recordes de velocidade em 1987, posa com a taça pela pole em Talladega. *Direita* **Triangular e manhosa:** Se a pista de Pocono Raceway já é complicada no seco, imagine o que os pilotos pensaram ao ver o céu cinzento em 2007.

TRIANGULAR E MANHOSA

O trioval Pocono Raceway, na Pensilvânia, é uma pista cheia de manhas, pois cada curva tem uma superelevação de 14 graus na curva 1; 8 graus na curva 2 e 6 graus na curva 3. Se a inclinação fosse uniformizada nos 14 graus, a média horária do circuito seria bem maior do que os seus 277,37 km/h.

CIRCUITOS **121**

Direita **Altas velocidades:** Jimmie Johnson e Tony Stewart à frente do bolo em Michigan 2009. *Abaixo* **Jeito do Oeste:** A visão noturna espetacular na California Speedway em 2008.

JEITO DO OESTE

A pista da Califórnia, conhecida como Fontana, é uma pista prodígio em velocidade. Lá o brasileiro Gil de Ferran fez 388,45 km/h nos treinos da Indy em 2000, que é recorde mundial. E se sua superelevação não fosse tão pequena, as velocidades seriam ainda maiores. Mas ainda assim a Nascar girou lá à média de 301,57 km/h.

⟫ ALTAS VELOCIDADES

O circuito de Michigan International Speedway é o quarto mais veloz da Sprint Cup, atrás de Talladega, Daytona e Atlanta. Suas velocidades são mantidas pela superelevação de 18 graus em torno de seus 3,21 quilômetros. Ryan Newman se classificou com 312,52 km/h em Michigan, mas a maior média em corrida é de 279,97 km/h feita em 1999, quando Dale Jarrett venceu com um Robert Yates Racing Ford Taurus.

⟫ NEM TODO OVAL É RÁPIDO

Quando se pensa num oval da Nascar, se pensa em superelevação e velocidade. Mas não é o caso de Martinsville, o único oval com média abaixo dos 160 km/h. A pista de meia milha de extensão (846 metros) tem a média de 156,10 km/h como a melhor de sua história, feita por Denny Hamlin/ Toyota em 2010. Na corrida, a média mais alta foi de Jeff Gordon com 132,29 km/h em 1996.

⟫ A MAIS LENTA DE TODAS

A pista de Sears Point – Infineon Raceway – no norte da California é a mais lenta da Sprint Cup. A maior velocidade na classificação foi de 151,73 km/h feita por Jeff Gordon da Hendrick Motorsports Chevrolet Monte Carlo em 2004.

⟫ DE FURACÃO A TROVÃO

A pista de Homestead-Miami Speedway foi pensada para ajudar o condado de Dade a se recuperar do devastador furacão Andrew de 1992; foi crescendo até ser uma pista habitual no calendário da Sprint Cup. Jamie McMurray provou o quanto se pode ser veloz por lá, ao rodar com a média de 291,22 km/h nos treinos classificatórios em 2003 com seu Sabco/Chip Ganassi Dodge, marcando a pole position para a prova.

NÚMERO DE PROVAS

DAYTONA EM DOBRO

A passagem por Daytona International Speedway está na rota da Nascar desde sua fundação em 1959, quando assumiu o lugar de Daytona Beach Course, e tem duas provas por ano. As 500 Milhas de Daytona é a abertura tradicional do certame e a segunda realiza-se o mais próximo possível do Dia da Independência, comemorado em 4 de julho. A pista já sediou 127 provas da Nascar.

OS PRAZERES DE PETTY

O circuito de Richmond está no calendário desde 1953, quando Lee Petty venceu a Richmond 200 num Dodge Coronet. Desde então sediou 106 provas, a terceira maior sede de todas. O filho de Lee, Richard Petty, mostrou como a família gostava do local ao vencer em Richmond as sete provas realizadas ali entre 1970 e 1973.

VITÓRIA DA VIRGÍNIA

Martinsville Speedway na Virgínia está em segundo lugar como sede da Nascar, com 124 provas até 2009. E, como Daytona, está no calendário desde 1949; porém ao contrário desta, é exatamente a mesma pista em que o campeão Red Byron venceu em 1949 com um Oldsmobile. O piloto da Joe Gibbs/Toyota Denny Hamlin foi o vencedor da segunda prova realizada por lá no ano de 2009.

NÚMERO DE PROVAS SEDIADAS

1	Daytona	127
2	Martinsville	124
3	Richmond	109
4	Darlington	107
5	Charlotte	103
=	Atlanta	103
7	Bristol	100
8	North Wilkesboro	93
9	Michigan	83
=	Talladega	83

Esquerda **Os prazeres de Petty:** Richmond International Raceway está na rota da Nascar desde 1953. *Abaixo* **Daytona em dobro:** É assim que a temporada começa, com o céu decorando Daytona ao anunciar o fim do inverno.

LEVADOS PELA TERRA

Langhorne Speedway na Pensilvânia era um circuito maldito, com seu traçado curvo de 1 milha em terra batida. Talvez, como resultado disso, tenha levado tantas vidas: Frank Arford, Jimmy Bryan, Larry Mann, Bobby Marvin, John McVitty, Mike Nazaruk e Joe Russo encontraram a morte ali. Esse traiçoeiro circuito fez parte de 17 provas da Nascar, entre 1949 e 1957.

IGNORE A REPUTAÇÃO

O apelido da pista de Darlington "The Lady in Black" (dama de Preto) dá ênfase ao fato de ser uma espécie de viúva negra – os pilotos sabem que precisam colar no muro na curva 4 para andar rápido. Nada disso impediu que Darrell Waltrip e Richard Petty arriscassem tudo em 1979, na última volta da Rebel 500, quando trocaram quatro vezes de posição. Waltrip venceu com seu DiGard Chevrolet ao tomar a ponta por dentro na curva 3. Darlington já promoveu 107 provas.

A CASA DE CASA

O promotor Bruton Smith de Charlotte, apareceu pela primeira vez na Nascar em 1960, quando Joe Lee Johnson venceu a World 600 num Chevrolet. Daí em diante, a pista faz parte do calendário da Nascar. Jamie McMurray venceu a última prova realizada ali, a 104ª da categoria principal da Nascar.

FIREBALL VENCE COM SMOKEY

Fireball Roberts foi o primeiro vencedor em Atlanta 1960, com seu Smokey Yunick Pontiac Catalina. Kurt Busch (Dodge) e Tony Stewart (Toyota) venceram as duas provas realizadas em 2010 no circuito de Hampton, ao lado da capital da Geórgia, um ano depois de sediar sua centésima prova nº 100 na Nascar.

CHEGANDO AO CENTENÁRIO

Bristol Motor Speedway chegou a 100 corridas desde que passou a ter duas por ano, em 1961. Jack Smith foi o primeiro vencedor neste oval de meia milha, a bordo de um Pontiac Catalina que dividiu com Johnny Allen. Cale Yarborough era vencedor frequente no Tennessee, mas foi Darrell Waltrip o seu maior vencedor, ao conquistar nada menos do que sete vitórias consecutivas neste pequeno oval, entre 1981 e 1984.

DOVER E MAIS DOVER

O Dover International Speedway, em Delaware, está em 11º na lista das mais utilizadas pela Nascar. São 82 corridas desde a primeira delas com vitória de Richard Petty com Ford Torino Talladega, em 1969, até a vitória do piloto da Chevrolet Jimmie Johnson em 2010.

ALGUMA COISA DIFERENTE

O circuito de Riverside International Raceway, que fica no deserto de San Bernardino, era uma das pistas mistas da Nascar, com seus tradicionais "S" em subida. Usado normalmente antes das 500 milhas de Daytona até 1982, foi sede de 48 provas e palco de um acidente na última volta com AJ Foyt em 1965. O ex-F1 Dan Gurney foi o maior vencedor por lá, com cinco vitórias. A última visita da Nascar ali foi em 1988. Depois disso o local foi fechado para abrir espaço para a construção de mais um shopping center.

RICOS E GRANDES

O Indianapolis Motor Speedway, a joia da IndyCar, finalmente se rendeu à Nascar em 1994, com a prova Brickyard 400, e já veio com um recorde de US$ 3,2 milhões de premiação para os pilotos. O residente de Indiana, o piloto Jeff Gordon, levou grande parte desse valor com seu Hendrick Motorsports Chevrolet. A pista sediou apenas 17 provas até o final de 2010, mas já está totalmente integrada ao calendário da Nascar, como uma das principais provas do ano.

No alto, a esquerda **Levados pela terra:** Com o coração na boca, os pilotos começam a prova em Langhorne 1951. *No alto, à direita* **Dover e mais Dover:** A pista de Dover já sediou 80 provas da Nascar desde 1969.

OUTROS RECORDES

›› SUPERANDO A BARREIRA DAS 200 MILHAS

A primeira volta classificatória acima das 200mph – 320 km/h – ocorreu em Talladega, em 1982 feita por Benny Parsons. Pilotando um Ranier Racing Pontiac Grand Prix, ele girou a 322,08 km/h para a pole da prova Winston 500. Mas isso não o levou à vitória, pois Darrell Waltrip num Junior Johnson Buick Regal passou o Parsons na última volta. Waltrip fez a média de 251,96 km/h.

›› NASCAR NA TIGELA

A mais acentuada das superelevações usadas na Nascar está no circuito de Bristol Motor Speedway. Com seu ângulo de 36 graus, fica parecendo mais uma tigela do que uma pista. Sua volta de 857 metros) também é diferente porque é pavimentada com concreto e tem dois boxes: um de cada lado do circuito, pois os carros não caberiam de um lado somente. Correr lá é descrito como pilotar um jato num ginásio.

›› DE LEVE, MAS COM LUZ

Existiam corridas noturnas nos ovais curtos há anos, mas Charlotte foi o primeiro circuito longo – 1,5 milha – a instalar iluminação e, assim, a Winston Cup ganhou uma corrida com um ar diferente, extracampeonato em 1992. Dale Earnhardt liderava Kyle Petty e Davey Allison na volta final, quando Petty rodou na saída da 3 e voltou, mas foi alcançado por Allison na última curva e se bateram na linha de chegada. Com o impacto, Allison foi parar no muro e no hospital, mas ficou bem.

›› QUEM ESTÁ LIDERANDO?

O recorde de mudanças na liderança é de 75 trocas, feitas em 1984, na prova de Talladega; lembrando que somente se conta o líder quando a volta termina. Assim, se fossem contadas todas as trocas de liderança no meio da volta, o recorde seria muito maior. Na prova mencionada, era o piloto Cale Yarborough a bordo do Harry Ranier da Chevrolet quem estava na liderança quando realmente importava, ou seja, na linha de chegada, incluindo a volta final.

›› EXPERT NA PISTA

Existem pelo menos dez pilotos que venceram numa determinada pista quatro vezes seguidas. Mas nenhum deles conseguiu o feito como Richard Petty, O Rei, que marcou esse fato em quatro circuitos: Nashville 400 (1964-67); Old Dominion 500 em Martinsville (1967-70); Gwyn Staley 400 em North Wilkesboro (1970-75); e Capitol City 500 em Richmond (1970-74).

CAPACIDADE DO CIRCUITO

1	Indianápolis	315.000
2	Texas	191.122
3	Daytona	168.000
4	Bristol	160.000
5	Talladega	143.231
6	Las Vegas	142.000
7	Charlotte	140.000
=	Dover	140.000
9	Michigan	137.243
10	Atlanta	124.000
11	Fontana	122.000
12	Richmond	112.029
13	Sears Point	102.000
14	New Hampshire	91.000
15	Kansas	81.687

AMOR PELAS PISTAS NÃO OVAIS

Jeff Gordon reina supremo entre os pilotos da Nascar nas pistas normais, não ovais. Ele tem nove vitórias nesse tipo de circuito, contra sete do contemporâneo Tony Stewart. Gordon venceu nas pistas de Sears Point e Watkins Glen, demonstrando que a maestria nesse tipo de pista é muito diferente da requerida nos ovais ou superspeedways. Ele ainda tem sete poles nesses mesmos circuitos.

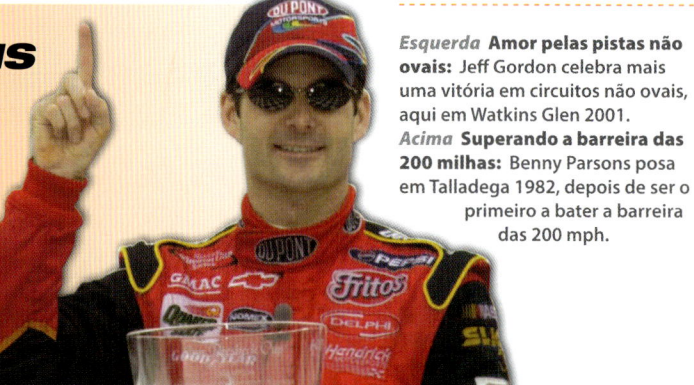

Esquerda **Amor pelas pistas não ovais:** Jeff Gordon celebra mais uma vitória em circuitos não ovais, aqui em Watkins Glen 2001.
Acima **Superando a barreira das 200 milhas:** Benny Parsons posa em Talladega 1982, depois de ser o primeiro a bater a barreira das 200 mph.

CIRCUITOS **125**

Direita **A Califórnia de ouro para Gurney:** Dan Gurney e Riverside, uma mistura boa – ele venceu sete vezes ali (5 Nascar e 2 Indy) *Abaixo* **Lugar para começar:** A primeira vitória de David Reutimann veio em Charlotte 2009. *No pé da pág.* **Popularidade comprovada:** Os fãs da Nascar tomaram Indianápolis como se fosse sua casa.

POPULARIDADE COMPROVADA

O maior público num evento top da Nascar foi de 314.980 pessoas no Indianapolis Motor Speedway, em 1995. Era a segunda visita da Winston Cup à pista famosa por suas 500 milhas da Indy, equivalente da Nascar Brickyard 400. Dale Earnhardt premiou os fãs com sua vitória.

LUGAR PARA COMEÇAR

A pista de Charlotte Motor Speedway é um ótimo lugar para um piloto começar a vencer (a maioria das equipes tem sede ali). Foram eles: David Pearson/1961, Jeff Gordon/1994, Bobby Labonte/1995, Matt Kenseth/2000, Casey Mears/2007 e David Reutimann/2009.

FALTAM QUATRO

O atual dominador da Nascar Sprint Cup, Jimmie Johnson, não é tão perfeito quanto possa parecer. Ele ainda não tinha vencido em quatro circuitos até o final de 2010: Chicagoland, Homestead-Miami, Michigan e Watkins Glen.

ESPAÇO PARA MUITOS

O Indianapolis Motor Speedway é o lugar que pode acomodar mais público durante toda a temporada da Nascar. As arquibancadas entre as curvas 1 e 2, 3 e 4, mais a reta dos boxes podem receber mais de 250 mil pessoas!

A CALIFÓRNIA DE OURO PARA GURNEY

O piloto de F1 Dan Gurney era um especialista em circuitos mistos: Riverside, na Califórnia. Quando chegava a Riverside, sua história era só sorrisos, pois ele venceu ali quatro corridas da Nascar entre 1963 e 1966, novamente em 1968 – sempre pilotando Fords, além de ter levado para casa mais duas vitórias de IndyCar em 1967 e 1968.

PARTE 3
RALI

O Campeonato Mundial de Rali é a melhor forma de teste no automobilismo, com seus competidores enfrentando todo o tipo de piso que se possa imaginar, da grama à neve, gelo, lama, areia e, ocasionalmente, asfalto; os carros são levados ao limite de precipícios e saltos sempre em altíssima velocidade. O desafio é para pilotos e máquinas; muitas vezes os carros chegam lentamente ao final de uma prova especial ao baterem em pedras ou ao aterrissarem mal depois de um salto.

Red Bull lhe dá asas: o sete vezes campeão mundial de rali Sébastien Loeb voa com seu Citroën C4 WRC para a vitória no Rali de México em 2010.

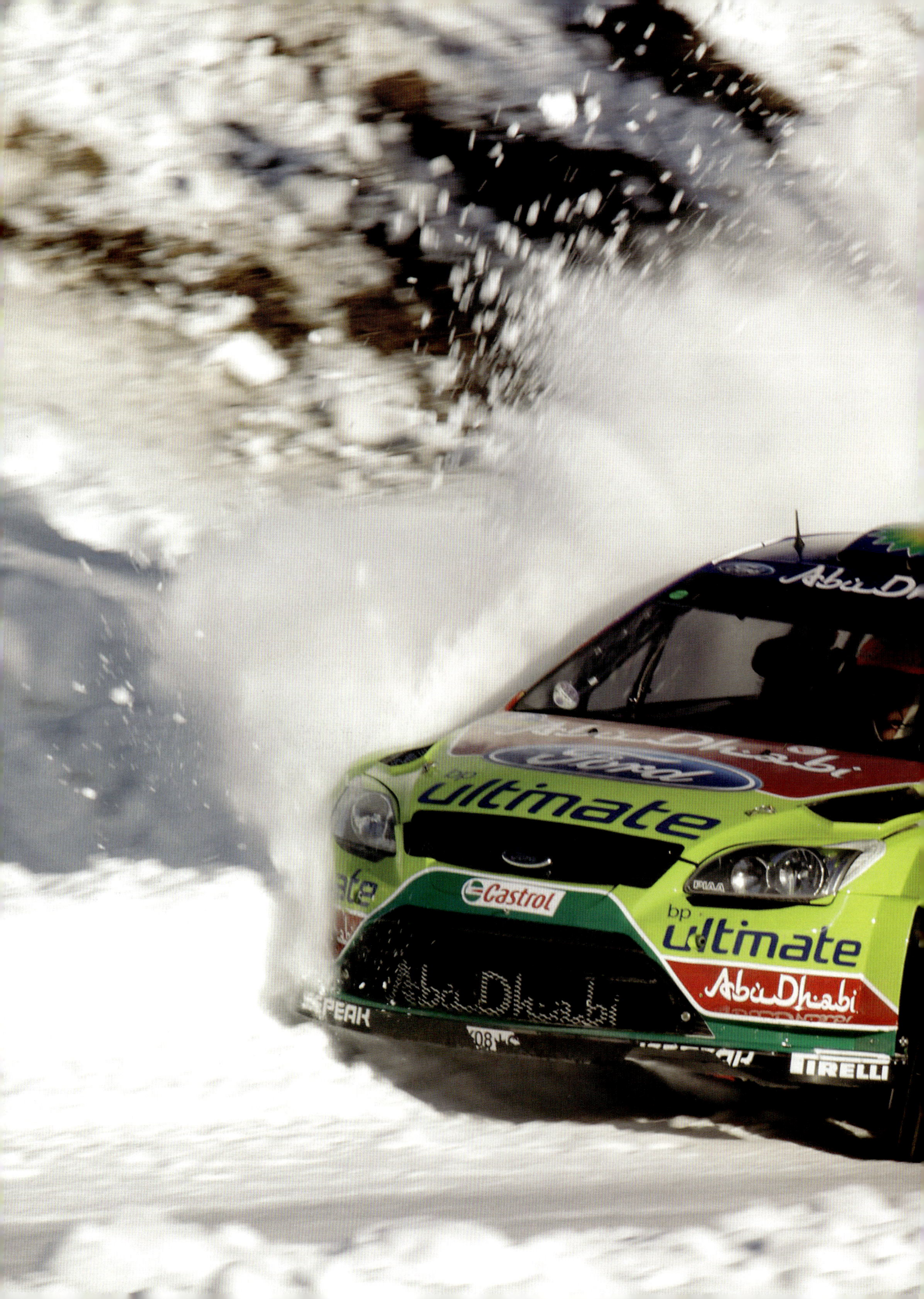
ultimate
Castrol
bp
ultimate
AbuDhabi
PIRELLI

CAMPEONATO MUNDIAL DE RALI

Pilotos de rali são heróis, pois levam seus carros especiais ao limite inimaginável, como super-homens que não se preocupam com a velocidade e nem um pouco com a própria segurança. Imagens de Sandro Munari com o Lancia Stratos, Ari Vatanen em seu Ford Escort, Stig Blomqvist no Audi Quattro, Colin McRae com Subaru ou Sébastien Loeb no Citroën, todos cabem muito bem nesta descrição.

Pássaro na neve: Mikko Hirvonen levanta neve com seu Ford Focus RS na abertura do mundial de 2010, quando venceu o Rali da Suécia.

CAMPEÕES

INICIANDO UMA TENDÊNCIA

O WRC é disputado desde 1973, mas o título de pilotos somente foi introduzido em 1979. O primeiro campeão foi o sueco Björn Waldegård, que venceu com um Ford na Grécia e no Canadá e foi segundo em outros quatro eventos para vencer Hannu Mikkola na batalha por pontos.

ROCK & ROHRL

O talento de Walter Rohrl era indiscutível, mas ele foi coroado como campeão apenas duas vezes, apesar de suas 14 vitórias. Esse alemão alto iniciou a carreira no WRC com um Opel, mas começou a vencer com um Fiat 131 Abarth, levantando o título de 1980. Seu segundo veio com um Opel em 1982; depois se mudou para a Lancia e em seguida para a Audi.

O PRIMEIRO A TER QUATRO

Juha Kankkunen mostrou todo seu talento quando chegou ao WRC e já foi campeão no primeiro ano completo, em 1986, com Peugeot. Repetiu o feito em 1987, dessa feita com um Lancia e acrescentou outro em 1991, antes de levar mais um troféu para casa por uma terceira fábrica, dessa vez a Toyota, em 1993.

MÄKINEN TAMBÉM VENCE

Juha Kankkunen venceu títulos consecutivos em 1986 e 1987. Ele foi igualado por Miki Biasion em 1988 e 1989. Mas foi Tommi Mäkinen que elevou o nível da disputa ao conquistar o título de campeão quatro vezes consecutivas entre 1996 e 1999. Ele venceu com um Mitsubishi, derrotando em 1997 Colin McRae por um ponto e, no ano seguinte, Carlos Sainz por dois pontos apenas.

Acima **Rock & Rohrl:** Walter Rohrl conquistou seu segundo título com um Opel em 1982. *Abaixo* **Iniciando uma tendência:** O primeiro título de pilotos do WRC foi para Björn Waldegård em 1979; aqui visto em Monte Carlo.

CAMPEONATO MUNDIAL DE RALI

GRANDES FEITOS
Colin McRae era um piloto que aparentava não ter medo, assumindo riscos que alguns de seus rivais nem pensavam em assumir. Ele saltava mais, voava mais longe e batia de um jeito mais espetacular que os outros. Mas desde que venceu a primeira vez em 1993, as suas vitórias fluíram melhor e em 1995 se tornou o primeiro britânico campeão da WRC, com vitórias na Nova Zelândia e na Grã-Bretanha pela Subaru. Infelizmente, ele morreu em um acidente de helicóptero, em 2007.

UM ITALIANO NUM ITALIANO
Miki Biasion começou a competir em motocross, mas seu amigo e futuro copiloto Tiziano Siviero o convenceu a passar para o rali. A Lancia em particular deve ter se deliciado com essa decisão, porque ele substituiu Juha Kankkunen e manteve o nível, vencendo os títulos de 1988 e 1989, permitindo à Lancia usar a publicidade de ter um italiano vencendo com um carro italiano.

ALÉM DOS REGISTROS
Carlos Sainz se envolveu nas corridas muito mais do que os livros mostram. Ele tem 26 vitórias em seu nome, mas deveria ter conquistado mais do que os dois títulos registrados. Ele venceu pela Toyota, em 1990, foi vice-campeão por pouco de Juha Kankkunen em 1991, e campeão pela segunda vez com a Toyota em 1992; depois, foi vice-campeão mais três vezes. Sua pior derrota foi em 1998, quando ficou a dois pontos de Tommi Mäkinen, depois que o motor de seu Toyota quebrou a menos de 500 metros da linha de chegada.

UMA CARREIRA EM 2 FASES
Pensar em Marcus Grönholm é pensar no Peugeot 206 de rali. Ele foi campeão com a marca em 2000 e 2002, marcando nove vitórias e dois campeonatos em três anos. Em 2006, se mudou para a Ford e, se não fossem alguns acidentes, poderia ter batido Sébastien Loeb em 2007, antes de abandonar as pistas.

PENSAR INTERESSA
Richard Burns passou a carreira inteira sendo comparado ao compatriota estrela Colin McRae. Burns era inglês, McRae era escocês; Burns era suave, McRae impetuoso. Entretanto, os dois foram campeões. Burns marcou seu único título em 2001, ao vencer na Nova Zelândia, mas foi segundo em quatro eventos com seu Subaru Impreza de fábrica, mostrando como sabia controlar as provas de forma efetiva.

DO JEITO QUE DAVA
Ari Vatanen e o ex-piloto da Ferrari de F1 Gilles Villeneuve, davam um trabalho gostoso aos diretores de TV. Seus estilos eram tão espetaculares que seus espíritos nunca serão esquecidos. Eles também deixaram o esporte com algo a fazer; Villeneuve, infelizmente, num acidente fatal. Vatanen fez boas temporadas com a Ford, sendo campeão em 1981. Ele redescobriu a vitória com a Peugeot em 1984, mas nunca mais foi campeão, apesar de ter feito o recorde de cinco vitórias consecutivas.

PILOTOS COM MAIS TÍTULOS

1	Sébastien Loeb	7
2	**Juha Kankkunen**	4
=	Tommi Mäkinen	4
4	Miki Biasion	2
=	Marcus Grönholm	2
=	Walter Rohrl	2
=	Carlos Sainz	2
8	Didier Auriol	1
=	Stig Blomqvist	1
=	Richard Burns	1
=	Colin McRae	1
=	Hannu Mikkola	1
=	Timo Salonen	1
=	Petter Solberg	1
=	Ari Vatanen	1
=	Björn Waldegård	1

No alto **Grandes feitos:** Colin McRae mostra sua exuberância ao vencer o título de 1995 pela Subaru.
Acima, à direita **Pilotos com mais títulos:** Juha Kankkunen acelera seu Lancia Delta HF 4WD para o segundo título em 1987.
Direita **Sete em seguida:** Sébastien Loeb celebra o sexto título após vencer Mikko Hirvonen em 2009.

SETE EM SEGUIDA
Sébastien Loeb quase foi vencido em 2009, mas segurou o ataque do Ford de Mikko Hirvonen para vencer por um ponto. Esse não foi somente um título da WRC, mas o sexto de sete títulos que ele conquistou consecutivamente. O astro da Citroën está à frente dos outros de 2004 a 2010, podendo ser comparado ao início da década de Michael Schumacher.

VITÓRIAS

SEMPRE BOM

Hannu Mikkola provou sua velocidade e adaptabilidade marcando suas três primeiras vitórias no WRC com três fabricantes diferentes. A primeira, em 1974 no Rali dos Mil Lagos, foi vencida com um Ford Escort RS1600; na segunda, em 1975, no Rali do Marrocos, ele pilotou um Peugeot 504 e a terceira, ainda em 1975, novamente no Rali dos Mil Lagos, com um Toyota Corolla. Ele somente venceria de novo em 1978, no Lombard RAC, com um Ford, só que o modelo Escort RS Mk2.

BRIO FINLANDÊS

Markku Alén era finlandês de nascimento, mas tinha um temperamento do Mediterrâneo. Talvez por isso se encaixasse tão bem na Fiat e na Lancia, onde pilotou por 16 anos. Ele registrou 20 vitórias no WRC, começando em 1975 no Rali de Portugal com um Fiat 124 Abarth e fechando em 1998 com o triunfo no Rali da Grã-Bretanha, neste último pilotando uma Lancia Delta Integrale.

MIL LAGOS, 100 MIL FÃS

Encaixou bem o fato de o único título do finlandês Ari Vatanen, obtido em 1981, incluir uma vitória na prova disputada em sua terra natal, o Rali dos Mil Lagos. Ele e seu copiloto, David Richards, levaram o Ford Escort RS1800 nas cores da Rothmans à vitória num rápido rali estilo verão, uma fração abaixo de 1 minuto à frente do compatriota de Vatenen, Markku Alén, que pilotava um Fiat 131 Abarth.

SOBREVIVER E VENCER

Miki de nome, mas não um Mickey Mouse por natureza, Biasion era um piloto que reagia muito bem a fortes pressões. Seu empregador de longo tempo, a Lancia, tinha todas as razões para agradecer-lhe, pois ele venceu os dois títulos de 1988 e 1989 e ainda conquistou em cada um deles quatro vitórias consecutivas para a marca italiana.

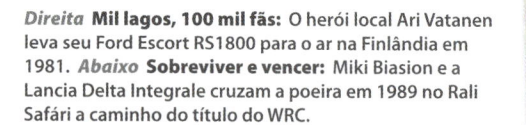

Direita **Mil lagos, 100 mil fãs:** O herói local Ari Vatanen leva seu Ford Escort RS1800 para o ar na Finlândia em 1981. *Abaixo* **Sobreviver e vencer:** Miki Biasion e a Lancia Delta Integrale cruzam a poeira em 1989 no Rali Safári a caminho do título do WRC.

CAMPEONATO MUNDIAL DE RALI

OS 10 PILOTOS COM MAIS VITÓRIAS NO WRC

1	Sébastien Loeb	62
2	Marcus Grönholm	30
3	Carlos Sainz	26
4	Colin McRae	25
5	Tommi Mäkinen	24
6	Juha Kankkunen	23
7	Markku Alén	20
=	Didier Auriol	20
9	Hannu Mikkola	18
10	Miki Biasion	17

BRILHANDO EM CASA

Didier Auriol certamente achava uma força extra ao competir em casa. Como francês, o rali mais importante deve ser a Volta da Córsega. Ele venceu essa prova nada menos do que seis vezes entre 1988 – com um Ford Sierra RS Cosworth – e 1995 – com um Toyota Celia GT-Four. Para completar, venceu o Rali de Monte Carlo três vezes, lembrando que esse rali é praticamente sediado na França.

VEJA E VENÇA

Ninguém deve ter contado ao piloto Juha Kankkunen que o Rali Safári era um dos mais difíceis do mundial, pois ele chegou lá em 1985 e foi logo vencendo. Ele pilotou um Toyota Celica Twin Cam Turbo tendo como copiloto Fred Gallagher. Eles venceram o experiente Björn Waldegård, companheiro de equipe, por 34 minutos.

TÃO PERTO QUANTO POSSÍVEL

Os pilotos ficam separados por frações de segundo em estágios especiais, mas foi quase inacreditável o que aconteceu na Nova Zelândia em 2007. Marcus Grönholm venceu Sébastien Loeb por um piscar de olhos, mas no tempo total do rali. A diferença entre o Ford Focus RS WRC e o Citroën C4 WRC foi de apenas 0,3 segundo. O recorde anterior era de 2,1 segundos, quando Colin McRae superou Carlos Sainz em Portugal, em 1998.

DO ESCORT PARA O QUATTRO

Muitos fãs de rali pensam no Ford Escort quando pensam em Hannu Mikkola, pois ele venceu cinco vezes com o modelo nos anos 1970. Mas seu único título veio em 1983, pilotando um potente Audi Quattro A1. Sua última vitória foi em 1987, quando triunfou no Rali Safári com um Audi 200 Quattro de quatro portas.

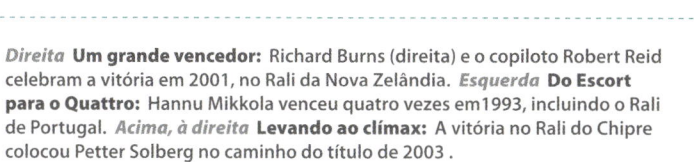

LEVANDO AO CLIMAX

Petter Solberg nasceu para se entreter, seja pilotando seu carro de competição, seja nos campeonatos de dança norueguese. Ele desenvolveu seu Subaru em 2003 como aproveitou sua primeira vitória na última etapa de 2002. Ele começou devagar o ano com a pintura 555 no Impreza, vencendo no meio da temporada, no Chipre, e fechando o ano com o título nas mãos. Venceu a última etapa disputada na Grã-Bretanha, quando conseguiu superar o francês Sébastien Loeb. No ano, ficou à frente por um ponto.

BARGANHA NA ESPANHA

Carlos Sainz tem o terceiro maior número de vitórias no WRC, com 26 conquistas. Tudo começou durante sua caminhada para o primeiro título mundial em 1990, quando venceu o Rali da Acrópolis, na Grécia, com um Toyota. Foi campeão novamente em 1992, e um resultado que muito agradou foi a vitória na Espanha, no Rali da Catalunha. Voltou a vencer ali três anos depois, quando já pilotava para a Subaru.

UM GRANDE VENCEDOR

Richard Burns fez sua história no ranking do WRC e marcou seu primeiro triunfo em 1998, pela Mitsubishi. Todavia, sua imagem está associada à Subaru, por quem se sagrou campeão em 2001 e, mais tarde, à Peugeot, na qual encerrou a carreira. Ele poderia ter sido campeão novamente em 2003, mas uma doença o impediu de disputar as finais e ele veio a falecer dois anos depois, vítima de um tumor no cérebro.

Direita **Um grande vencedor:** Richard Burns (direita) e o copiloto Robert Reid celebram a vitória em 2001, no Rali da Nova Zelândia. *Esquerda* **Do Escort para o Quattro:** Hannu Mikkola venceu quatro vezes em 1993, incluindo o Rali de Portugal. *Acima, à direita* **Levando ao clímax:** A vitória no Rali do Chipre colocou Petter Solberg no caminho do título de 2003.

PONTOS

NOVO SISTEMA, MAIS PONTOS

Todos os recordes de pontos marcados foram destruídos em 2010 pela alteração de pontos, agora mais generosos. Com 25 para o primeiro colocado e 18, 15, 12, 10, 8, 6, 4, 2 e 1 do segundo até o décimo, Sébastien Loeb registrou a marca de 276 pontos na temporada, depois de arrebatar o título com vitória em 8 das 13 etapas.

O MELHOR VICE-CAMPEÃO

Por causa da nova pontuação de 2010, o vice-campeão Jari-Matti Latvala teve a segunda maior pontuação da história no mesmo ano. O finlandês da Ford venceu na Nova Zelândia e na Finlândia a caminho dos seus 171 pontos. O veterano norueguês Petter Solberg ficou dois pontos atrás, apesar de não ter vencido nenhuma prova.

UM SUECO, UM FINLANDÊS

A introdução de um sistema de pontuação muito mais generoso fez com que muitos dos antigos recordistas ficassem fora da lista dos dez maiores pontuadores da história do rali. De fato, Petter Solberg passou Marcus Gronholm e Stig Blomqvist. Com mais alguns pontos em 2011, o piloto norueguês também superará Colin McRae e Hannu Mikkola.

O FIM DA BONANÇA

Em 1987 a FIA alterou o esquema de pontuação do WRC. O vencedor não levaria mais 20 pontos, cortados pela metade, e os oito primeiros colocados receberiam pontos. Assim: 10 para o primeiro colocado, 8 para o segundo, 6 para o terceiro, seguidos de 5, 4, 3, 2 e 1. A adoção dessa nova sistemática de pontuação fez com que os escores ao final da temporada não chegassem mais ao três dígitos.

NÃO PRECISA VENCER POR MUITO

A menor margem de campeão na história do WRC é de apenas um ponto, que aconteceu em três oportunidades. Foi a margem com que Björn Waldegård bateu Hannu Mikkola ao vencê-lo na Costa do Marfim em 1979. Foi essa também a diferença que levou Sébastien Loeb a vencer Marcus Grönholm na batalha de 2006 e a mesma margem com que Loeb perdeu para Petter Solberg três anos antes.

Direita **Não precisa vencer por muito:** Björn Waldegård bateu Hannu Mikkola em 1979 por um ponto. *Abaixo* **Mais pontos numa temporada:** Juha Kankkunen lava seu Lancia Delta Integrale no caminho do rali RAC, 1991. *Acima* **Novo sistema, mais pontos:** Jari-Matti Latvala pilota o Ford Focus RS WRC09 na Nova Zelândia, 2010.

MAIS PONTOS NUMA TEMPORADA

Até a nova pontuação ser instituída, o recorde de pontos marcados por um piloto numa só temporada era de 150, feitos por Juha Kankkunen em 1991. Naquele ano, Juha venceu os ralis: Safári, Acrópolis, Mil Lagos, Austrália e Grã-Bretanha com seu Lancia Delta Integrale 16V. Foi o terceiro dos seus quatro títulos conquistados no WRC.

PASSANDO A RÉGUA

O faro de Sébastien Loeb para vencer o mundial de rali não é novidade, como demonstram seus campeonatos de 2004 a 2010. Mas o que chama a atenção é sua habilidade para encerrar a disputa por uma pequena margem, o que reforça sua grandeza. Sua vantagem média em 2006, 2007 e 2009 foi de dois pontos; em outras palavras, a vantagem de Loeb foi menor do que diferença entre o primeiro e o segundo colocado num único rali do campeonato.

OS 10 PILOTOS COM MAIS PONTOS NO WRC

1	Carlos Sainz	1.242
2	Juha Kankkunen	1.136
3	Sébastien Loeb	1.059
4	**Markku Alén**	840
5	Miki Biasion	768
6	Didier Auriol	747
7	Hannu Mikkola	655
8	Colin McRae	626
9	Petter Solberg	618
10	Marcus Grönholm	615

Esquerda **Os 10 pilotos com mais pontos no WRC:** Markku Alén corta uma curva com um Fiat 131 Abarth na sua vitória no Rali dos Mil Lagos em 1979. *Abaixo* **Rei Carlos:** O recordista de pontos do WRC Carlos Sainz segue para sua última vitória no WRC, com um Citroën Xsara, na Argentina, 2004.

ROHRL BEM À FRENTE

A maior margem entre o campeão e o vice-campeão aconteceu em 1980, quando o piloto da Fiat Walter Rohrl venceu o piloto da Ford Hannu Mikkola por uma diferença de 54 pontos. Cinco anos depois, Timo Salonen, o piloto da Peugeot, venceu o Audi de Stig Blomqvist por 52 pontos.

DIFÍCIL DE SUPERAR

A vitória de Marcus Grönholm, com 40 pontos de vantagem sobre o vice Petter Solberg em 2002, foi impressionante. A diferença entre o primeiro e o segundo colocado era de 10 pontos apenas. A maior margem foi feita por Loeb durante seu excepcional campeonato de 2005, quando abriu 56 pontos sobre Solberg e Grönholm.

AFETADO POR QUEBRAS

Colin McRae está em oitavo na lista dos maiores pontuadores do WRC. Entretanto, se ele não tivesse se esforçado tanto para vencer, talvez o resultado fosse outro. Entre 1999 e 2000, as constantes quebras do Ford Focus afetaram sua pontuação. Somente em 1999, ele se retirou das oito provas finais do certame.

REI CARLOS

Carlos Sainz foi apelidado de Rei Carlos, pela realeza de sua pilotagem e forma dominadora com que vencia. Sua pontuação não foi superada até hoje: 1.242 pontos marcados no WRC entre 1987 e 2005, 106 a mais do que Juha Kankkunen durante sua carreira de 24 anos. Sébastien Loeb está em terceiro, tendo ultrapassado a marca de Markku Alén em 2010.

CARREIRA

NUNCA DIMINUA

Alguns pilotos têm carreiras longas, construídas pelo desejo da vitória, que pode nunca acontecer. Outros continuam a competir, mas seu melhor momento já passou. Markku Alén era incansável até 1993, quando ainda foi capaz de chegar em segundo no Safári. Ele ainda participou de um rali em 2001, quando disputou o Rali dos Mil Lagos e conseguiu terminar na 16ª colocação em sua última prova.

DE 51º PARA 1º

Kenneth Eriksson espalhou suas 23 vitórias no WRC ao longo de sua carreira, que começou em 1980 no Rali da Suécia. Pilotando um antigo Saab 96, ele terminou em 51º. No entanto, isso não o fez desistir, pois retornou em 1986 com um VW e venceu seu primeiro evento em 1987. Ele ainda venceria para a Mitsubishi em 1991 e 1995 e para a Subaru em 1997.

CARREIRA EXTENSA

Pentti Airikkala fez uma longa carreira no WRC, atingindo 31 anos como Stig Blomqvist, mas sua carreira internacional havia começado dois anos antes, em 1973. Contudo, há uma diferença grande entre eles, pois a carreira de Pentti no WRC teve um hiato de 13 anos entre 1990 e sua única aparição, no Rali da Grã-Bretanha, em 2003.

A PACIÊNCIA DE SAINZ

Carlos Sainz merecia mais do que dois títulos do WRC pela excelência demonstrada ao longo da carreira. Ele ainda tem alguns recordes, apesar de muitos deles terem sido destruídos por Sébastian Loeb. Mas um deles ainda persiste: o maior número de provas, com 196. Juha Kankkunen vem em segundo com 161, Didier Auriol com 152, Marcus Grönholm com 151 e Petter Solberg com 149.

DE 1973 ATÉ 2003

Uma marca do WRC é a longevidade de muitos de seus pilotos. Stig Blomqvist divide o recorde de mais anos no rali com Pentti Airikkala, ambos com 31 anos de atividade, com uma carreira praticamente contínua. Ele começou a competir na WRC em 1973 e permaneceu até 2003 – ficando fora apenas no ano de 1990. A carreira de Stig é ainda mais impressionante se pensarmos que ele fez seu primeiro rali internacional nos idos de 1967.

INTERVALO NA CARREIRA

Um grande número de pilotos que vieram a ser bons no WRC ganhou experiência inicial correndo em casa, para depois sair atrás de recursos para competir numa temporada inteira, o que muitas vezes pode levar anos para acontecer. O maior intervalo numa carreira de um piloto de ponta foi de Achim Warmbold, que levou 14 anos entre sua penúltima participação no WRC, em 1986 no Rali de Monte Carlo, e a última, no Rali da Grã-Bretanha em 2000, quando competiu ao lado do filho Anthony.

No alto **A paciência de Sainz:** Carlos Sainz disputou 196 corridas no WRC entre 1987 e 2005. *Acima* **De 51º para 1º:** Kenneth Eriksson venceu o Rali da Austrália em 1995 com esse Mitsubishi Lancer Evo 3. *Abaixo* **A rainha do rali:** Michèle Mouton foi a primeira mulher a vencer um rali do WRC, em San Remo 1981.

A RAINHA DO RALI

Michèle Mouton – a única mulher a vencer uma prova do WRC – mostrou que não era fogo de palha. Depois de aparecer em eventos locais – Monte Carlo e a Volta da Córsega – nos anos 1970, ela passou a disputar regularmente com um Audi em 1981 e marcou sua primeira vitória no Rali de San Remo. Ela acrescentou mais três em 1992: Portugal, Grécia e Brasil. Sua carreira durou 13 anos.

CAMPEONATO MUNDIAL DE RALI 137

OS GRANDES TAMBÉM ABANDONAM

Hannu Mikkola participou de muitos ralis – 123 –, mas também abandonou muitos mais do que gostaria. Durante a carreira ele abandonou 61 vezes, muitas das quais no início com a Mazda, entre 1988 e 1991. Se não tivesse abandonado tantas vezes em 1980 – já na Ford –, poderia ter feito frente ao campeão Walter Rohrl, com seu Fiat.

SEMPRE COMO A NOIVA

Manfred Stohl está em décimo com o maior número de largadas no WRC, com 126. Mas é o único da lista que venceu apenas uma vez. Esse piloto particular da Áustria já havia se classificado seis vezes como segundo colocado até o Rali do Chipre em 2005. Ele ainda foi terceiro colocado no mesmo ano no Rali da Austrália. Depois, conseguiu três terceiros lugares seguidos em 2006 no México, Austrália e Nova Zelândia e encerrou a temporada com mais um segundo lugar, dessa vez no Rali da Grã-Bretanha, para finalizar o ano como o quarto colocado na tabela de pontos.

PARA EKLUND, SÓ SERVE SAAB

Per Eklund começou no rali no final dos anos 1960, estreando a bordo de um Saab. Ele venceu seu único evento a bordo da marca em 1976, no Rali da Suécia. Eklund encerrou a carreira também pilotando um Saab 900 Turbo, no Rali da Grã-Bretanha em 1997. Dois anos depois, ele venceu o título de Rali-Cross da FIA pilotando um Saab, é claro.

Abaixo, à direita **Pilotos com mais anos no WRC:** Pentti Airikkala fez carreira de 31 anos; aqui vencendo em 1989 o rali RAC. *Abaixo* **Os grandes também abandonam:** O Rali de Portugal de 1984 foi um dos quais Hannu Mikkola chegou ao final: venceu um com Audi Quattro A2.

PILOTOS COM MAIS ANOS NO WRC

1	**Pentti Airikkala**	31*
=	Stig Blomqvist	31*
3	Ari Vatanen	30*
4	Markku Alén	29*
=	Timo Salonen	29*
6	Achim Warmbold	28*
7	Per Eklund	25*
8	Jean-Claude Andruet	23*
=	Kenneth Eriksson	23
=	Mats Jonsson	23*
=	Juha Kankkunen	23*
=	Jean Ragnotti	23*
13	Didier Auriol	22
14	Hannu Mikkola	21*
=	Jorge Recalde	21*

*Não contínuos

OUTROS RECORDES

VOANDO NA FINLÂNDIA

O Rali dos Mil Lagos na Finlândia é conhecido por exigir dos pilotos um balanço entre rapidez e riscos. Isso fica demonstrado pela vitória de Jari-Matti Latvala quando sua média horária em 2010 bateu o recorde de velocidade da história do WRC. Ele levou seu Ford Focus WRC a uma média de 122,87 km/h e superou o recorde anterior, pertencente a Marcus Gronholm, feito em 2005, que era de 122,83 km/h.

MAIS RÁPIDO DE UM PONTO A OUTRO

O corredor com o maior número de vitórias em estágio na carreira é Markku Alén, com 793. Carlos Sainz tem 756 e Juha Kankkunen 700. Aproximando-se deles e já à frente de Kankkunen, está o sete vezes campeão Sébastien Loeb, que teve, até o final de 2010, 743 estágios, contados a partir de 1978.

SAINZ, DEPOIS LOEB

Carlos Sainz pode ter vencido apenas dois títulos contra os sete de Sébastien Loeb, mas ele subiu ao pódio em mais ocasiões. O espanhol tem 97 pódios, três a mais do que o francês Loeb, que tem uma carreira mais curta, porém mais vitoriosa. O quatro vezes campeão Juha Kankkunen esteve entre os três primeiros 75 vezes, enquanto o compatriota Marcus Grönholm subiu 61 vezes ao pódio.

QUANDO A JUVENTUDE VEM PRIMEIRO

Jari-Matti Latvala tinha todas as razões para estar feliz ao vencer o rali da Suécia para a Ford em 2008. Era sua primeira vitória e ele passava a ser o piloto mais jovem a vencer um rali WRC, com apenas 22 anos e 313 dias. Ele tirou o recorde do compatriota finlandês Henri Toivonen, que tinha 24 anos e 86 dias quando venceu o Rali da Grã-Bretanha em 1980.

Esquerda **Mais rápido de um ponto a outro:** Markku Alén viveu bons momentos com seu Lancia em meados dos anos 1980, marcando o recorde de vitórias em estágios. *Abaixo* **Quando a juventude vem primeiro:** Jari-Matti Latvala celebra sua vitória em 2008 na Suécia. *No pé da pág.* **Voando na Finlândia** Marcus Grönholm salta com seu Peugeot 307 WRC em 2005 no Rali dos Mil Lagos fazendo o recorde de velocidade.

PILOTOS COM MAIS VITÓRIAS SEGUIDAS

1	**Sébastien Loeb**	6 (2 x)
2	Sébastien Loeb	5 (2 x)
3	Mikko Hirvonen	4
=	Timo Salonen	4
5	Didier Auriol	3
=	Miki Biasion	3
=	Stig Blomqvist	3
=	Marcus Grönholm	3
=	Sébastien Loeb	3 (2 x)
=	Tommi Mäkinen	3 (2 x)
=	Colin McRae	3 (2 x)
=	Petter Solberg	3

LAGOS, ÁRVORES E CAMPEÕES

A Finlândia lidera a lista quando se trata de campeões do WRC. Quem sabe é por causa de seus milhares de quilômetros de estradas de terra, onde qualquer um pode praticar um "rali", mas os recordes estão registrados para serem vistos. Sua população espalhada produziu seis campeões: Marcus Grönholm, Juha Kankkunen, Tommi Mäkinen, Hannu Mikkola, Timo Salonen e Ari Vatanen. Eles venceram 13 títulos do WRC. França, Grã-Bretanha e Suécia vêm a seguir com dois campeões cada uma.

ESSES FINLANDESES VOADORES

Finlândia, França e Suécia estão no topo da lista do WRC por vencedores de etapas por nação. A Finlândia tinha 160 vitórias em seu nome no final da temporada de 2010, com Sébastien Loeb reforçando a França com 131 marcas. A Suécia vem muito atrás com 43, mas sete acima da Grã-Bretanha.

APENAS PARA ALGUMAS NAÇÕES

A lista de nações que conseguiram vitórias no mundial de rali continua magra, com apenas 16 países em seu registro. A Escandinávia e o norte da Europa dominam o esporte. Argentina, Bélgica, Canadá, Japão e Portugal venceram um cada, enquanto a Áustria venceu dois.

ACHANDO O CAMINHO

O recorde de mais vitórias sucessivas é de Sébastien Loeb, o multicampeão francês. Ele venceu seis ralis em 2005: Nova Zelândia, Itália, Chipre, Turquia, Grécia e Argentina para a Citroën. O piloto da Peugeot, Marcus Grönholm, o deixou na segunda colocação na prova seguinte, na Finlândia.

PRIMEIRA TRIPLETA

Vencer ralis consecutivos era um problema para os pilotos do WRC até os anos 1980; até mesmo vencer duas provas consecutivas era difícil. Stig Blomqvist foi o primeiro a vencer três ralis consecutivos: Grécia, Nova Zelândia e Argentina com seu Audi Quattro A2 em 1984.

QUATRO E CRESCENDO

Um ano depois de ser marcado o primeiro trio de vitórias consecutivas, Timo Salonen se tornou o primeiro a vencer quatro ralis do WRC em sequência. Ele fez a mesma série de vitórias que Blomqvist em 1984, mas adicionou o Mil Lagos, em sua terra natal, com seu Peugeot 205 Turbo 16, para fechar as quatro conquistas recordes para a época.

USANDO A EXPERIÊNCIA

Björn Waldegård, o primeiro campeão do WRC, tem o recorde de ser o mais velho vencedor de ralis do mundial. Aconteceu no Rali Safári, no Quênia, em 1990, quando venceu com um Toyota Celica GT-4 tendo Fred Gallagher como copiloto. Ele tinha 46 anos e 155 dias, um ano e meio mais velho do que Hannu Mikkola, detentor do recorde anterior no mesmo evento três anos antes.

Acima **Pilotos com mais vitórias consecutivas:** Sébastien Loeb (direita) e o copiloto Daniel Elena celebram, na Argentina 2009, a segunda das seis vitórias consecutivas. *Esquerda* **Usando a experiência:** O "velho" Björn Waldegård chegou a sua última vitória no Quênia 1990, com 46 anos e 155 dias.

RECORDES POR FABRICANTE

A PRIMEIRA COM ONZE

A temporada de maior sucesso até hoje, desde a criação do WRC em 1973, foi feita pela Citroën em 2005, com a campanha de 11 vitórias em 16 etapas com seu Xsara. Foram elas: Monte Carlo, Nova Zelândia, Itália, Chipre, Turquia, Grécia, Argentina, Alemanha, França, Espanha e Austrália. O francês Sébastien Loeb venceu as dez primeiras para levar o mundial de pilotos, enquanto o companheiro e compatriota François Duval venceu a última prova dos 11 triunfos.

LANCIA MILHAS À FRENTE

Em se tratando de ganhar títulos, a Lancia lidera a tabela com 10 coroas no WRC, iniciadas em 1973. A Citroën ultrapassou a fabricante também francesa Peugeot em 2010 com seu sexto título, enquanto Fiat, Ford, Subaru e Toyota têm três cada uma. Audi tem dois, Mitsubishi, Renault-Alpine e Talbot têm um cada.

O DOMÍNIO DA FORD NO MUNDIAL

Alguns fabricantes estão associados a corridas, outros ao rali e outros aos dois. A Ford definitivamente está nesse último grupo, desde que seu modelo Escort fez suas conquistas nos anos 1970. O Escort, agora no modelo RS Cosworth, fez sua parte nos anos 1990 e deixou o caminho livre para o novo modelo Focus RS em 2000. A marca do oval azul venceu também as 24 Horas de Le Mans, seus motores conquistaram o mundial de F1, além das 500 milhas de Indianápolis. Tudo isso demonstra a influência da marca no mundo das competições.

O CARRO DA FRENTE É UM TOYOTA

A Toyota deve seu sucesso no WRC não somente ao enorme orçamento, mas também ao trabalho do ex-piloto Ove Andersson. Andersson montou uma base na Europa, onde a Toyota preparou seu 4 x 4 Celica Turbo para Carlos Sainz, Juha Kankkunen e Didier Auriol vencerem os títulos de pilotos de 1992 até 1994. A marca japonesa levantou o campeonato de fabricantes em 1993 e repetiu em 1994.

Acima O carro da frente é um Toyota: Juha Kankkunen pôs a Toyota no mapa da WRC com cinco vitórias em 1993. *Abaixo* A primeira com onze: Sébastien Loeb acelera seu Citroën para uma das suas dez vitórias em 2005.

EVOLUÇÃO COM GLÓRIA

Para saber qual modelo de carro venceu o maior número de provas do WRC, é preciso saber suas evoluções. Como exemplo disso temos o Lancia Delta, que divide o recorde de 46 vitórias com o Subaru Impreza. As vitórias do modelo Delta, que venceu entre 1987 e 1992, podem ser divididas em: 11 para o Delta HF 4WD, 14 para o HF Integrale, 13 para o HF Integrale 16V e 8 para o Super Delta HF Integrale.

QUANDO CARROS ERAM FOGUETES

O grupo B existiu entre 1983 e 1986 e era onde os carros do WRC tinham preparação muito especial. Tinham carrocerias leves e mais de 400 cv. E foi exatamente nessa época que a Audi projetou o modelo Quattro, especificamente o Quattro Sport S1 de 1985, citado como o carro mais potente da história dos ralis, com seu motor produzindo 550 cv.

VELOCIDADE E VENDAS

A Subaru era conhecida por fabricar carros 4 x 4 e picapes. Daí eles decidiram entrar no rali e esse seria o maior exemplo de transformação de imagem de uma companhia. Depois de conseguirem bom desempenho com o Legacy, lançaram o Impreza que levou os títulos dos construtores de 1995, 1996 e 1997, além de muitas vitórias até o ano de 2005. Muitos dos Subarus vendidos comercialmente têm o mesmo visual daqueles do rali.

PODE ENTRAR ATRÁS

A grande maioria do carros vencedores no WRC é composta por modelos de duas portas, mas muitos modelos de quatro portas também fizeram sucesso por ali. Foram eles: Audi 200 Quattro; Violet 160J e Violet GT da Datsun; todos os modelos da Mitsubishi, do Colt Lancer e Galant VR-4 até toda a série do modelo Lancer Evolution; Peugeot 504, além dos modelos Legacy e a Impreza do fabricante Subaru.

VITÓRIA DO PESO-PESADO

A Mercedes-Benz tem apenas duas vitórias no rali: ambas na Costa do Marfim em 1979 e 1980. A primeira delas foi um marcante 1-2-3-4, capitaneado por Hannu Mikkola com o modelo 450 SLCs. Todavia, esse resultado se deve também ao fato de que muitas equipes consideravam a organização desse rali muito fraca e ficaram fora do evento. Isso permitiu ao pesado, mas resistente, estradeiro se tornar um vencedor.

GRANDE PARA PEQUENO

A primeira entrada da Peugeot no WRC foi feita com o 504; ele servia bem às provas africanas. Não eram os carros mais rápidos, mas levaram duas vitórias em 1975, com Ove Andersson vencendo o Rali Safári, enquanto Jean-Pierre Nicolas levantou o Rali do Marrocos.

FABRICANTES COM MAIS VITÓRIAS NO WRC

1	Ford	76
2	Lancia	73
3	Citroën	70
4	Peugeot	48
5	Subaru	47
6	Toyota	43
7	Mitsubishi	34
8	Audi	24
9	Fiat	21
10	Datsun/Nissan	9
11	Opel	6
=	Renault	6
=	Renault-Alpine	6
14	Saab	4
15	Mazda	3
16	BMW	2
=	Mercedes-Benz	2
=	Porsche	2
=	Talbot	2
20	VW	1

No alto **Evolução com glória:** Andrea Aghini levou a Lancia Delta para sua última vitória em 1992, em San Remo. *Acima, à esquerda* **Fabricantes com mais vitórias no WRC:** Mikko Hirvonen ajudou a Ford a igualar a Lancia em número de vitórias no WRC em 2009.

SEDES

SUECO CHEIRA A SUCESSO

Disputado no início da temporada, imediatamente após o Rali de Monte Carlo, o Rali da Suécia significa neve, muita neve. Isso é parte da variedade de pisos do WRC, que tem pistas de cascalho, asfalto, areia e terra. Os pilotos da casa venceram as primeiras as sete provas realizadas na Suécia válidas pelo WRC: Stig Blomqvist venceu em 1973, 1977 e 1979; Björn Waldegård em 1975 e 1978; Per Eklund em 1976 e Anders Kullang levou a prova em 1980.

Acima **Países que mais sediaram provas no WRC:** Grã-Bretanha está na lista com 38; aqui Marcus Grönholm negociando uma curva em 2001. *Abaixo, à esquerda* **Sueco cheira a sucesso:** Stig Blomqvist escorrega com seu Saab para a vitória na Suécia em 1977. *No pé da pág.* **Depois de Juha:** Juha Kankkunen marcou sua 3ª vitória na Austrália em 1991.

PAÍSES QUE MAIS SEDIARAM PROVAS NO WRC

1	**Grã-Bretanha**	38
2	Finlândia	37
=	França	37
4	Grécia	35
=	Itália	35
6	Monte Carlo	34
=	Suécia	34
8	Portugal	31
9	Nova Zelândia	30
10	Quênia	29
11	Argentina	28
12	Espanha	20
13	Austrália	18
14	Costa do Marfim	15
15	Chipre	8

DEPOIS DE JUHA

Qualquer australiano que venha a pensar que para vencer o rali do país o piloto tem que se chamar Juha estará perdoado. O piloto Juha Kankkunen venceu quatro das cinco primeiras edições do rali que foram realizadas na Austrália.

FINLANDESES SABEM

A Escandinavia é a terra do sol da meia-noite no alto verão, quando a Finlândia sedia o Rali dos Mil Lagos. É um rali épico, em alta velocidade através dos intermináveis cascalhos passando por lagos e florestas. Os finlandeses andam nos limites extremos, mostrando como conhecem bem esses trajetos. Os locais venceram de 1973 até 1988: Tommi Mäkinen, Hannu Mikkola, Markku Alén, Kyösti Hämäläinen, Ari Vatanen e Timo Salonen.

ESPALHANDO A MENSAGEM

Trinta e um países em seis continentes sediaram provas do WRC. A Grã-Bretanha lidera a lista com 38 eventos, seguida por Finlândia e França (inclui a Volta da Córsega) com 37, Grécia (Acrópolis) e Itália (San Remo até 2003 e Sardenha daí em diante) tem 35, enquanto Monte Carlo teve 34 edições.

GIRANDO NOVAMENTE

O rali mais importante da França, a Volta da Córsega, acontece na ilha desde 1956. Seu traçado é muito rápido, todo asfaltado, mas recomenda-se aos pilotos não olhar para os precipícios, que são muitos. Os franceses têm um bom retrospecto e talvez a vitória de Jean Ragnotti, em 1982, com um Renault 5 Maxi Turbo, represente bem as tortuosas linhas desse trajeto.

UMA VEZ SÓ, IMAGINE

Ao longo dos anos a FIA vem fazendo experimentos com o mundial de rali. Novos locais foram testados e muitos países entraram no calendário e depois foram retirados. No final de 2010, com a Jordânia sediando uma segunda prova, apenas dois países sediaram provas uma única vez no WRC. A Áustria (usada na primeira temporada do WRC, em 1973) e a China (1999). A Polônia escapou dessa lista por ter recebido uma segunda prova além daquela que sediou no primeiro mundial, nos idos de 1973.

CAMPEONATO MUNDIAL DE RALI 143

›› MUDOU DE NOME, NÃO DE IDENTIDADE

Os ralis podem assumir a identidade de um evento de longa duração, como aconteceu com o Rali da Grã-Bretanha. Ele era conhecido como RAC Rally de 1933 até 1998 e ainda é chamado assim, apesar de ter adotado oficialmente o nome de Rali da Grã-Bretanha em 1998. Acontece normalmente no final de temporada e não é nada fácil de ser vencido, em função das condições climáticas. Hannu Mikkola e Petter Solberg são os maiores vencedores, com quatro cada um.

›› POR JORGE!

O Rali da Argentina é duro. A superfície lembra aquela de Acrópolis, na Grécia, mas uma vantagem é ser disputado no inverno, assim o sol não afeta os pilotos durante o trajeto. O rali sempre atrai uma grande quantidade de fãs em volta de Córdoba. O piloto argentino Jorge Recalde virou herói nacional quando venceu o rali com um Lancia Delta Integrale em 1988.

›› UM TIPO ESPECÍFICO DE TERRA

O Rali Safári é um evento à parte dos outros na Europa. Os pilotos locais conhecem a área como ninguém e o jeito como deslizam pela superfície única é fabuloso. Shekhar Mehta deu mostras disso ao vencer seguidamente entre 1973 e 1982. O compatriota Kenyan Joginder Singh venceu duas vezes nos anos 1970, enquanto Ian Duncan levou a melhor em 1994.

›› ÓTIMA VISTA, MAS SEM PARADA

Um dos mais espetaculares cenários do WRC é o da Nova Zelândia. Todavia, os pilotos têm pouco tempo para desfrutar, pois estão sempre muito ocupados mantendo o carro na trilha de terra, tortuosa e ondulada. O espanhol Carlos Sainz e o escocês Colin McRae venceram o evento três vezes seguidas: de 1990 a 1992 e de 1993 a 1995, respectivamente.

›› OS ESTADOS UNIDOS FICAM DE FORA

Os Estados Unidos são uma terra magnífica para os ralis, mas eles ainda não fizeram sua história no WRC. O campeonato passou por lá duas vezes nos meados de 1970 e três vezes em 1980. Seu pior momento foi em 1974, quando um chefe de polícia local morreu quando perseguia o piloto italiano Sandro Munari e seu Lancia Stratos, por terem passado em alta velocidade por seu vilarejo.

Acima **Um tipo específico de terra:** Ian Duncan usou seu conhecimento sobre o Quênia para vencer em 1994 o Rali Safári com um Toyota. *Abaixo* **Helas hellas:** Didier Auriol venceu calor, poeira, atoleiros e pedras em 1992, no Rali da Acrópolis com sua Lancia Delta HF Integrale.

HELAS HELLAS

Passando por calor, poeira, atoleiros e pedras, as quebras são comuns no Rali da Acrópolis, evento anual na Grécia. O rali é conhecido como o quebrador de carros e, por isso, ninguém dominou claramente essa etapa. A Ford aparece como a melhor por ter vencido entre 2000 e 2003, as três primeiras tendo como piloto Colin McRae.

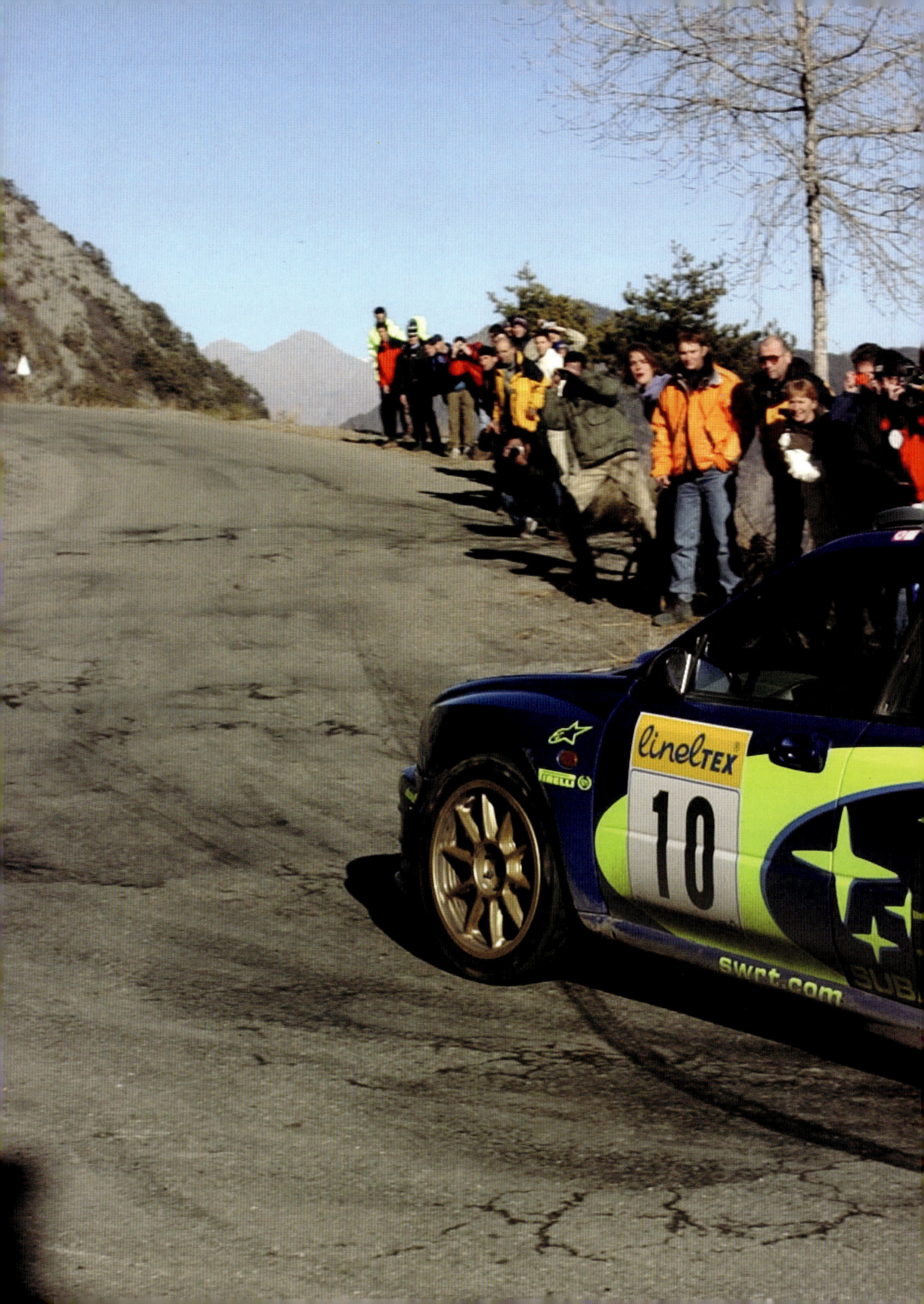
lineltex
10
swrt.com

RALI DE MONTE CARLO

Assim como o GP de Mônaco é um evento especial para a Fórmula 1, o Rali de Monte Carlo permanece como a joia da coroa no Campeonato Mundial de Rali. Os carros não cruzam mais fronteiras de pequenas cidades europeias como nos anos 1960, mas a mágica ainda está lá. Principalmente se estiver nevando em torno de Col du Turini e seus precipícios.

O rei do principado: Tommi Mäkinen a caminho de sua quarta e última vitória em Monte Carlo 2002.

RECORDES POR PILOTO

RÁPIDOS DEMAIS

A temporada de 1986 deveria ter sido o ápice do Grupo B. Henri Toivonen, a bordo do Lancia Delta S4, venceu o Rali de Monte Carlo à frente de Timo Salonen por mais de 4 minutos. Entretanto, quatro etapas depois, o finlandês faleceu, junto com seu copiloto Sergio Cresto, num acidente na Volta da Córsega. Este foi o gatilho para o fim do Grupo B, considerado muito veloz para ser segura aos pilotos e espectadores.

PERFORMANCE DE CAMPEÃO

A vitória mais recente de Sébastien Loeb no Rali de Monte Carlo – sua quinta conquista por lá – foi em 2008 pilotando seu Citroën C4. Ele venceu por 2,5 minutos Mikko Hirvonen e seu Ford Focus. Isso provou a todos que esse ex-ginasta estava no topo de sua forma e a caminho do quinto título no WRC.

AQUELA QUE CONTA MAIS

Se for para vencer apenas uma vez no WRC, que seja no lugar mais famoso de todos. Pois foi exatamente isso que fez Piero Liatti. Ele teve seu grande dia no Rali de Monte Carlo, em 1997, para a Subaru, o que reforçou seu talento em pilotar no asfalto. Detalhe: parte do asfalto estava coberta de neve!

O OUTRO STRATOS VENCEDOR

O piloto três vezes vencedor de Monte Carlo, Sandro Munari, não foi o único a vencer esse rali com Lancia Stratos. Bernard Darniche fez o mesmo em 1979, embora de maneira menos glamourosa, com o Lancia Stratos pintado nas cores da França, pela equipe Chardonnet. Ele venceu novamente com esse carro em 1981, na Volta da Córsega.

O MOMENTO CERTO

Bruno Saby tem uma longa carreira em ralis, mas curta no WRC. Apesar disso, ele venceu dois eventos, um deles em sua terra natal, Monte Carlo, já que os franceses assim o consideram. Seu "Monte" veio em 1988 a bordo de um Lancia Delta HF 4WD, justamente quando os pilotos principais abandonaram.

ROHRL LIDERA GRUPO DE AUDIS

Os Audi Quattro A2 foram os grandes do grupo B em 1984, em seu segundo ano. Walter Rohrl fez história no Rali de Monte Carlo, liderando uma trinca da Audi à frente dos companheiros Stig Blomqvist e Hannu Mikkola. Foi sua quarta vitória no rali e terceira consecutiva na temporada.

PILOTOS COM MAIS VITÓRIAS EM MONTE CARLO

1	Sébastien Loeb	5
2	Tommi Mäkinen	4
=	Walter Rohrl	4
4	Didier Auriol	3
=	Sandro Munari	3
=	Carlos Sainz	3
7	Miki Biasion	2
8	Jean-Claude Andruet	1
=	Bernard Darniche	1
=	François Delecour	1
=	Marcus Grönholm	1
=	Piero Liatti	1
=	Jean-Pierre Nicolas	1
=	Jean Ragnotti	1
=	Bruno Saby	1
=	Henri Toivonen	1
=	Ari Vatanen	1

No alto, à esquerda **Rápidos demais:** Os carros do grupo B como esse Lancia Delta S4 de 450 cv eram considerados potentes demais. *No alto, à direita* **Pilotos com mais vitórias em Monte Carlo:** Sébastien Loeb leva a melhor em 2008, a quinta em Monte Carlo. *Esquerda* **Rohrl lidera grupo de Audis:** Rohrl foi um assíduo vencedor em Monte Carlo incluindo 1984 com esse Audi Quattro A2.

RALI DE MONTE CARLO 147

Direita **Mesmo resultado:** Didier Auriol mostrou que era a estrela, não o carro, ao vencer em Monte Carlo em 1993. *Abaixo* **Um homem, um carro, um lugar:** Sandro Munari aponta seu Lancia Stratos para os Alpes em sua terceira vitória em Monte Carlo (1977).

UM HOMEM, UM CARRO, UM LUGAR

Os fãs de rali dos anos 1970 associam um carro e seu piloto a Monte Carlo: Sandro Munari e Lancia Stratos com sua pintura branca, verde e vermelha. Eles venceram esse rali em 1975, 1976 e 1977. O piloto italiano era especialmente espetacular montanha acima, quando atravessava o modelo por entre as curvas, sempre empurrado pelo motor Dino V6.

MESMO RESULTADO

O francês Didier Auriol venceu em Monte Carlo por três ocasiões. Ele pilotou pela Lancia em 1990 e 1992. Mas em 1993, depois que a Lancia saiu das competições, andou de Toyota Celica Turbo 4WD. Foi um evento muito apertado, já que ele superou o compatriota François Delecour em seu Ford Escort RS Cosworth por apenas 15 segundos, num evento que teve surpreendentemente pouca neve.

PAROU EM GRÖNHOLM

Marcus Grönholm foi o piloto que quebrou a sequência de vitórias de Sébastien Loeb em Monte Carlo. Talvez devêssemos dizer interrompeu. O finlandês levou o troféu em 2006 ao conduzir seu Ford Focus RS para a vitória com cerca de 1 minuto de vantagem sobre o multicampeão Loeb.

MONTANHA MÁGICA

Os pilotos franceses venceram o Rali de Monte Carlo nada menos do que 14 vezes desde sua criação em 1973: Jean-Claude Andruet (1973), Jean-Pierre Nicolas (1978), Bernard Darniche (1979), Jean Ragnotti (1981), Bruno Saby (1988), Didier Auriol (1990, 1992 e 1993), François Delecour (1994) e Sébastien Loeb (2003, 2004, 2005, 2007 e 2008). Essa lista supera em muito o sucesso dos pilotos franceses em outros eventos do WRC.

NO FIO DA NAVALHA

O Rali de Monte Carlo não era terreno frutífero para o estilo de Ari Vatanen, que gostava de usar os limites da estrada e mais um pouco. Como raramente existe mais um pouco na passagem alpina, rocha de um lado e banco de neve do outro, ele abandonou muitas vezes por ali. Mas venceu uma, em 1985, quando levou seu Peugeot 205 T16 para uma vitória surpreendente sobre o Audi de Walter Rohrl.

RECORDES POR FABRICANTE

⟫ PREPARAÇÃO ZERO

O modelo longa-vida 911, ícone da Porsche e associado ao sucesso nas pistas para carros esporte, foi usado por Jean-Pierre Nicolas em sua vitória no Rali de Monte Carlo, em 1978. Usando a potência do modelo, superou o Renault 5 Alpine de Jean Ragnotti, montanha acima, apesar de ter feito apenas esse rali com esse carro, sem muita preparação.

⟫ SUA "EXCELANCIA"

A Lancia é o fabricante de maior sucesso no Rali de Monte Carlo desde 1973, com 11 vitórias. Entre essas, Sandro Munari virou sinônimo da marca nos anos 1970, quando venceu três consecutivas com Stratos. A mais espetacular foi em 1986, com Henri Toivonen deslizando seu Delta S4 do Grupo B para uma conquista inquestionável.

⟫ FIM DE LONGA ESPERA

A Citroën experimentou a glória em Monte Carlo antes do WRC com Pauli Toivonen em 1966. Mas o fabricante francês teve que esperar até 2003 para estourar o champanhe no principado, quando Sébastien Loeb liderou o trio da marca, com Carlos Sainz e Colin McRae a seguir, completando a trinca. Citroën e Loeb repetiriam a vitória nos anos de 2004, 2005, 2007 e 2008.

Esquerda Preparação zero: Jean-Pierre Nicolas e seu Porsche 911 não pareciam à vontade na neve, mas venceram em 1978. **Abaixo Alpine na passagem por Alpine:** O Alpine-Renault A110 era "o carro" em 1973 e Jean-Claude Andruet o levou para a vitória em Monte Carlo.

ALPINE NA PASSAGEM PELOS ALPES

A primeira vez que o Rali de Monte Carlo fez parte do WRC foi em 1973. Ele foi vencido por Jean-Claude Andruet com um pequeno Alpine A110 empurrado por um motor Renault. De fato, o A110 preencheu os seis primeiros lugares, menos o quarto, do Ford Escort RS1600 de Hannu Mikkola.

RALI DE MONTE CARLO 149

40 ANOS NA ESTRADA

A Ford lutou anos para vencer em Monte Carlo depois da primeira vitória em 1953, quando Maurice Gatsonides triunfou com um modelo Zephyr. A sorte só mudou em 1994, quando François Delecour superou o Toyota Celica Turbo 4WD do campeão Juha Kankkunen com seu Escort RS Cosworth, com rabo de pato.

MONTE CARLO PARA A MITSUBISHI

A Mitsubishi e Tommi Mäkinen desfrutaram uma incrível sequência entre 1996 e 1999, vencendo os títulos do WRC. Mas as vitórias seguidas de Mäkinen em Monte Carlo estão acima de tudo, ao levar as aberturas dos WRC entre 1999 e 2001 com o modelo Mitsubishi Evo 6. O piloto ainda venceu na abertura de 2002, mas desta feita com um Subaru.

DANDO A "IMPREZÃO"

A Subaru marcou três vitórias em Monte Carlo, começando com Carlos Sainz, em 1995, quando o espanhol levou seu carro azul e amarelo modelo Impreza 555 à frente do expert local François Delecour e seu Ford. As outras vitórias vieram em 1997 e 2002 com o italiano Piero Liatti e o finlandês Tommi Mäkinen, respectivamente.

TOYOTA VOLTA PARA MAIS

Uma vitória em Monte Carlo nem sempre significa que mais sucessos virão, mas Carlos Sainz venceu com a marca em 1998, abrindo a temporada e fazendo um ano forte com o fabricante japonês. Restabeleceu-se no WRC com o modelo Corolla, depois de anos de sucesso das diversas versões do Celica coupé.

ROHRL, O "CARA DE MONTE"

Walter Rohrl venceu o Rali de Monte Carlo em quatro das cinco provas entre 1980 e 1984, sempre com carros diferentes. Deu à Fiat e à Opel suas únicas vitórias por lá com um Abarth 131 (1980) e com o Opel Ascona 400 (1982). As outras duas vitórias foram a bordo de um Lancia e um Audi.

UM 5 SELVAGEM

O sucesso em casa vale muito mais do que uma vitória em qualquer outro lugar para um fabricante de motores. E a Renault ficou extasiada quando Jean Ragnotti venceu em 1981, pilotando o pequeno 5 Turbo equipado com um motor potente. A vitória anterior acontecera antes do WRC em 1958, quando Guy Monraisse triunfou com o Dauphine.

FABRICANTES COM MAIS VITÓRIAS EM MONTE CARLO

1	Lancia	11
2	Citroën	5
3	Mitsubishi	3
=	Subaru	3
=	Toyota	3
6	Ford	2
7	Alpine-Renault	1
=	Audi	1
=	Fiat	1
=	Opel	1
=	Peugeot	1
=	Porsche	1
=	Renault	1

A FRACA COLHEITA DA PEUGEOT

Apesar de ter anos de sucesso no WRC, a Peugeot havia vencido Monte Carlo uma única vez. Foi em 1985, quando Ari Vatanen venceu a batalha pelo grupo B no seu 205 Turbo 16. Recentemente, a Peugeot venceu em Monte Carlo com Sébastien Ogier em 2009, mas numa etapa do International Rally Challenge (IRC) e não no WRC. Detalhe: naquele ano, Monte Carlo ficara fora do WRC.

No alto **40 anos na estrada:** François Delecour ajudou a Ford a encerrar sua abstinência em Monte Carlo em 1994. *Acima, à esquerda* **Monte Carlo para a Mitsubishi:** Tommi Mäkinen no Mitsubishi; terceira vitória consecutiva em 2001. *Esquerda* **A fraca colheita da Peugeot:** Sébastien Ogier celebra a vitória em 2009 pela Peugeot.

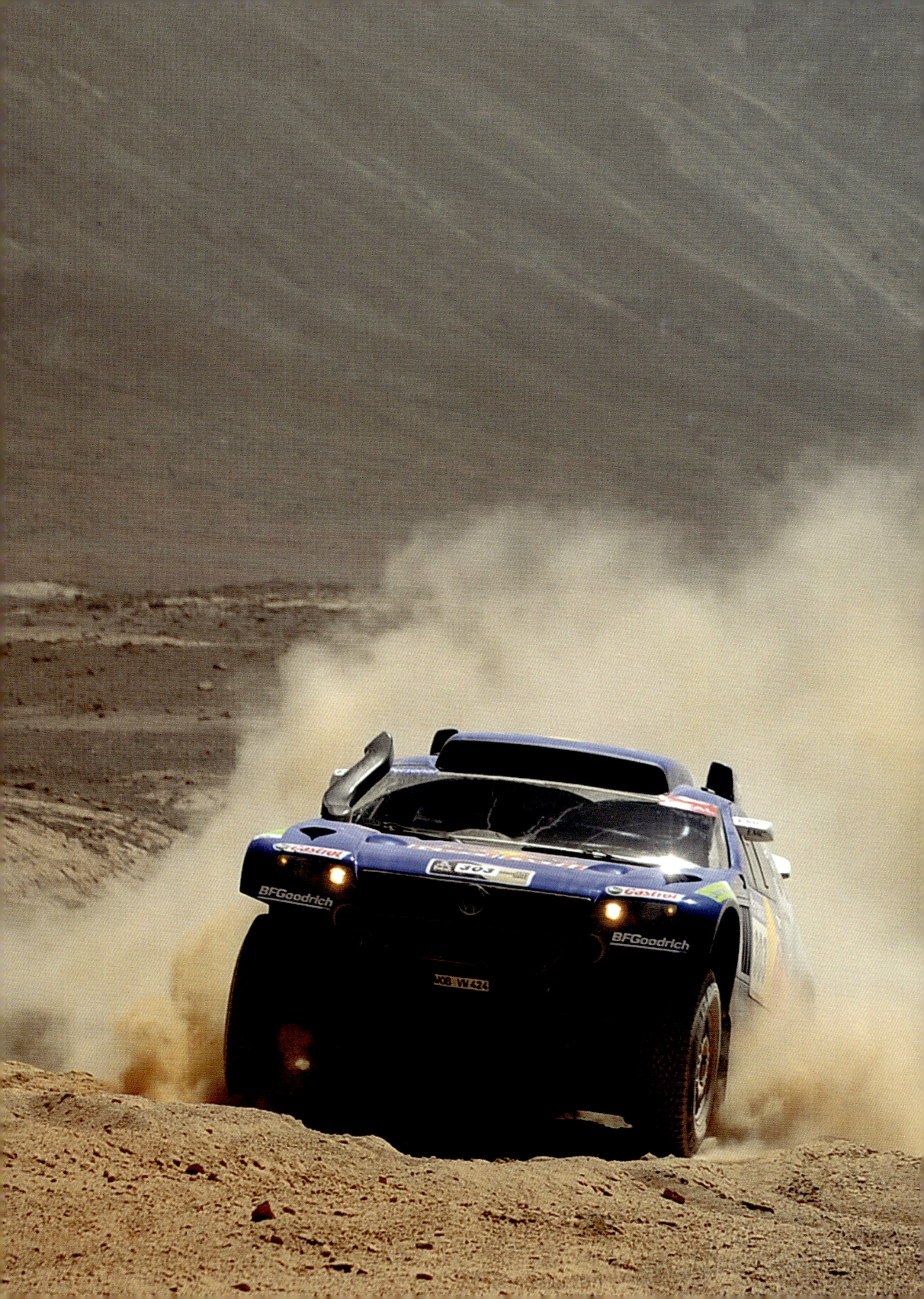
Castrol
BFGoodrich
Castrol
BFGoodrich

RALI PARIS-DACAR

O Rali Paris-Dacar era um evento como nenhum outro. Caminhões, bugues e motocicletas saltam sobre montanhas de areia através de pequenos vilarejos para finalmente chegarem ao oeste africano, na praia de Dacar, local de encerramento do rali. Cada competidor sempre tinha uma história para contar. Hoje ainda existe, conhecido como Rali Dacar, embora desde 2009 seja disputado na América do Sul, por questões de segurança pessoal.

Abaixo **Bugue na areia:** Carlos Sainz caminhando para a vitória em 2010, no Rali Dacar.

RECORDES POR PILOTO

SENHOR DAS TROCAS
Jacky Ickx é um competidor que aparece numa ampla gama de campeonatos, incluindo sua carreira de sucesso na F1. Vencedor de GP (foi vice-campeão mundial em 1970 na F1), foi durante muitos anos o maior vencedor das 24 Horas de Le Mans e, em 1983, para mostrar sua versatilidade, venceu o Rali Paris-Dacar com um Mercedes 280G.

VENCENDO COM O PRÓPRIO CARRO
Jean-Louis Schlesser, campeão mundial de esporte protótipo pela Mercedes em 1989, é um dos muitos e muitos franceses que competiram regularmente nesse rali. De fato, ele transformou isso num negócio, construiu seu bugue Schlesser – veículo muito leve e com grande distância do solo, preparado especialmente para esse tipo de evento. Ele pilotava um deles ao vencer as provas de 1999 e 2000.

QUATRO VEZES ARI VATANEN
Ari Vatanen venceu três vezes seguidas o Paris-Dacar, de 1989 a 1991. Marcou as primeiras duas com um Peugeot e depois levou sua sede de vitória para a Citroën em 1991. Bruno Berglund foi seu copiloto em todas essas ocasiões. O finlandês voador já tinha vencido o evento anteriormente em 1987, também com um Peugeot.

MAIS LONGO, MELHOR
Pierre Lartigue igualou-se a Ari Vatanen ao vencer três vezes seguidas o Paris-Dacar, quando levantou os troféus de 1994, 1995 e 1996, pela Citroën. Tendo vencido o Rali Paris-Moscou-Pequim pela Citroën em 2002, esse ex-piloto de rali achou seu nicho nessas provas de longa distância, em terreno difícil e se tornou campeão mundial de rali Raid todos os anos entre 1993 e 1996.

MONTANHA ACIMA E ABAIXO
Luc Alphand fez seu nome nos eventos mundiais de esqui (campeão mundial em 1997), mas ele amava mesmo era o Dacar e levantou a vitória em 2006. Ele venceu o evento com um Mitsubishi Pajero, quando a rota era de Lisboa, em Portugal, até Dacar. Para manter a forma, ele ainda disputou algumas vezes as 24 Horas de Le Mans.

PILOTOS COM MAIS VITÓRIAS – CARROS

1	Ari Vatanen	4
2	Pierre Lartigue	3
=	René Metge	3
=	Stéphane Peterhansel	3
5	Hiroshi Masuoka	2
=	Jean-Louis Schlesser	2

15 pilotos venceram uma vez.

METGE DEIXOU SUA MARCA
O primeiro a mostrar autoridade no Paris-Dacar foi o ex-piloto de turismo René Metge – campeão francês em 1975 –, quando venceu a prova com um Range Rover em 1981. Ele ainda venceu mais duas vezes, em 1984 e 1986. Em ambas pilotou um Porsche, quando o fabricante germânico levou a prova do Paris-Dacar tão a sério quanto as 24 Horas de Le Mans, na qual tem um sucesso inigualável.

Acima **Montanha acima e abaixo:** Luc Alphand provou seu talento no 4 x 4 ao vencer em 2006 o Lisboa-Dacar com um Mitsubishi. *Abaixo* **Sainz se junta à turma:** Carlos Sainz iniciou a temporada de 2010 com uma vitória no Dacar, ao vencer seu companheiro de VW, Nasser Al-Attiyah.

SAINZ SE JUNTA À TURMA
Carlos Sainz é o terceiro campeão mundial de rali a vencer o Dacar, depois de Ari Vatanen e Juha Kankkunen. Ele conquistou a vitória com um Volkswagen na abertura de 2010 e resistiu à pressão nos estágios finais de seu companheiro de equipe Nasser Al-Attiyah, ao se aproximarem de Buenos Aires. Levou seu VW Race Touareg à frente por 2 minutos e 12 segundos depois de 9.296 km. Foi sua primeira vitória num evento de 4 x 4.

RALI PARIS-DACAR 153

PARA ONDE ME LEVAR

O campeão mundial de Enduro Stéphane Peterhansel simplesmente não se cura do mosquito do Dacar, pois sempre volta querendo mais e mais. Não satisfeito por ter o recorde de seis vitórias nas motocicletas entre 1991 e 1998, de Yamaha, pulou para as quatro rodas em 1999 com um Nissan. Então, foi o primeiro na linha de chegada em 2004, 2005 e 2007, com Mitsubishi Pajeros.

O PRIMEIRO DE UMA LONGA LISTA

Alain Génestier, o vencedor do primeiro Rali Paris-Dacar, em 1979, não devia fazer nem ideia do quanto esse evento seria grandioso. Quando chegou a Dacar, capital do Senegal, com seu Range Rover, ele não deve ter imaginado que seu nome iria se unir ao dos maiores pilotos de corridas e de ralis. Ele devia estar simplesmente aliviado por terminar essa jornada de mais de 9.000 km pelo desconhecido.

BOM EM 4 RODAS, LOUCO EM 2

Depois de Stéphane Peterhansel, o segundo maior vencedor em motocicletas no Dacar foi Cyril Neveu, que venceu a prova inaugural, além de 1980, 1982, 1986 e 1987.

SEGURA O CAMINHÃO

Vladimir Chagin passou a Karel Loprais em 2011 e se tornou o primeiro a vencer sete vezes a classe dos caminhões. Sua primeira vez foi em 2000, pilotando o modelo russo Kamaz. Loprais venceu em 1988 e, mais recentemente, em 1999, pilotando pela marca Tatra.

PILOTOS COM MAIS VITÓRIAS – MOTOCICLETAS

1	Stéphane Peterhansel	6
2	Cyril Neveu	5
3	Edi Orioli	4
4	Marc Coma	3
=	Cyril Despres	3
=	Richard Sainct	3
7	Hubert Auriol	2
=	Fabrizio Meoni	2
=	Gaston Rahier	2
10	Gilles Lalay	1
=	Nani Roma	1

Direita **Segura o caminhão:** Vladimir Chagin controla seu Kamaz na vitória de 2006. *Abaixo* **Para onde me levar:** Stéphane Peterhansel pilota seu Mitsubishi na areia funda na rota da vitória nas quatro rodas em 2007.

RECORDES POR EQUIPE

FORA DA ZONA DE CONFORTO

Porsche é sinônimo de carro esporte em Le Mans, Silverstone ou Sebring. Entretanto, depois de ameaçar correr em rali nos anos 1970, o fabricante alemão decidiu entrar no Paris-Dacar quando o evento cresceu. René Metge venceu com um 911 SC/RS 4 x 4 em 1984 e repetiu a dose dois anos depois, desta feita pilotando um modelo mais radical, o 959.

CITROËN, O RETORNO

Disputado quase totalmente na África até mudar para a América do Sul em 2009, o Dacar sempre foi visto como um evento francês. Ele começava lá e seu organizador, Thierry Sabine, sempre dava preferência para competidores franceses. Consequentemente, sempre foi um evento forte para os fabricantes do país, e a Citroën tinha que responder ao domínio da Peugeot. Eles venceram a primeira em 1991; depois por três vezes seguidas de 1994 até 1996, tendo Pierre Lartigue a bordo do modelo ZX.

LEVADO NA NOITE

O finlandês Ari Vatanen deu à Peugeot a primeira vitória em 1987, mas as esperanças da França no fabricante para conquistar duas em seguida foram ameaçadas. É que o carro de Vatanen, o modelo 405 Turbo 16, foi roubado. Para a sorte da Peugeot, o compatriota e companheiro de rali, Juha Kankkunen herdou a liderança e venceu com outro modelo 405 Turbo 16.

OURO, PRATA E BRONZE

A VW marcou sua segunda vitória consecutiva com 1-2-3 na edição 2011 do Dacar no Chile/Argentina. Nasser Al-Attiyah liderou a Giniel de Villiers e Carlos Sainz, com Mark Miller em sexto nos modelos Touaregs. Essa vitória veio depois do triunfo de 2010, que teve Sainz à frente de Al-Attiyah e Miller; Villiers foi sétimo depois de capotar.

FABRICANTES COM MAIS VITÓRIAS – CARROS

1	Mitsubishi	12
2	Citroën	4
=	Peugeot	4
=	VW	4
5	Porsche	2
=	Range Rover	2
=	Schlesser Bugue	2
8	Mercedes	1
=	Renault	1

O BÁSICO ERA SUFICIENTE

Antes dos engenheiros modificarem os carros e fazê-los especialmente para esses eventos, os veículos básicos de rua conseguiam triunfar, como o Range Rover. Alain Genestier venceu a prova inaugural em 1979 e René Metge deu à marca sua segunda vitória em 1981. Depois, cada um dos eventos foi vencido por máquinas especialmente feitas para eles.

ESTRANHO VENCEDOR

O VW Touareg que venceu as provas de 2009, 2010 e 2011 é uma versão mais larga e robusta do SUV 4 x 4. Entretanto, o primeiro vencedor nos anos 1980 foi uma máquina muito estranha, montada com partes de outras máquinas. Era um veículo desenhado para fins militares e usava um sistema 4 x 4 da Audi, que havia dado fama ao seu modelo Audi Quattro.

Acima **Citroën, o retorno:** Pierre Lartigue venceu com a Citroën por três anos com um ZX; aqui em 1996. *Abaixo* **Ouro, prata e bronze:** O VW de Giniel de Villiers não gostou muito de 2010, pois fora vencedor em 2009.

FABRICANTES COM MAIS VITÓRIAS – MOTOCICLETAS

1	Yamaha	9
2	KTM	8
3	BMW	6
4	Honda	5
5	Cagiva	2

⫸ MUDANÇA DE GUARDA

A Yamaha, vencedora da classe motocicletas da prova inaugural do Dacar, ainda lidera a lista com nove vitórias; a última delas com Stéphane Peterhansel em 1998. A austríaca KTM vem marcando vitórias desde oito eventos atrás, com o piloto Marc Coma triunfando para a marca japonesa, em 2011, pilotando o modelo 690 Rally.

⫸ DE CIMA PARA BAIXO

O evento de 1992 do Paris-Dacar foi especial porque a rota fora alterada. Saía de Paris para o topo da África e depois descia para a cidade do Cabo. A fabricante de modelos para todos os terrenos Perlini fez esse trajeto alargado com Francesco Perlini ao volante, repetindo a dose em 1993 quando o rali teve o final tradicional em Dacar.

⫸ SETE SEM PARAR

A Mitsubishi tem o recorde mais importante do Dacar, pois seus veículos 4 x 4 venceram sete vezes seguidas. A primeira delas veio com Jutta Kleinschmidt – única mulher a vencer o evento – pilotando um Mitsubishi Pajero; depois registrou seis vitórias seguidas com Stéphane Peterhansel. A vitória mais recente do fabricante japonês ocorreu em 2007.

CADA UM NA SUA

O francês Thierry de Montcorge parece ter decidido que o Dacar era um caminho muito longo e por isso resolveu que tinha que viajar confortavelmente. Inscreveu para a edição de 1981 um Rolls Royce Silver Shadow cupê. O carro realmente não parecia estar em seu hábitat, e não era somente pela quantidade de adesivos colocados em sua elegante carroceria.

COADJUVANTE E PROTAGONISTA

A categoria de caminhões nunca fez parte dos planos. Eles entraram na prova de 1979 apenas para apoiar os carros. Mas em 1980, já existia uma bela disputa com a Kamaz superando a Tatra como a marca mais bem-sucedida no evento. A vitória registrada em 2011, na prova da América do Sul, levou a marca a sua décima conquista no rali.

No alto **Coadjuvante e protagonista:** O Tatra de Karel Loprais venceu em 2001 na classe dos caminhões. *Acima* **Sete sem parar:** Jutta Kleinschmidt iniciou a série de 7 vitórias para a Mitsubishi. *Esquerda* **Cada um na sua:** Espectadores surpresos com o Rolls Royce de Thierry de Montcorge em 1981.

PARTE 4
INDYCAR

A categoria principal dos Estados Unidos, a IndyCar, foi disputada entre 1909 e 1979 sem definir um nome específico para seu campeonato. Ficou mais conhecida como Championship Auto Racing Teams (Cart), mas se dividiu em duas, quando surgiu a Indy Racing League (IRL), em 1996, focada apenas nos ovais. Ao longo dos anos, algumas dessas provas foram magníficas e promoveram grandes pilotos norte-americanos como AJ Foyt, Mario Andretti, Al Unser, Bobby Rahal e Rick Mears, além das 500 Milhas de Indianápolis, a joia da coroa.

Abaixo **Lá na frente:** *O piloto da Penske, Will Power, lidera Helio Castroneves em Mid-Ohio 2010.*

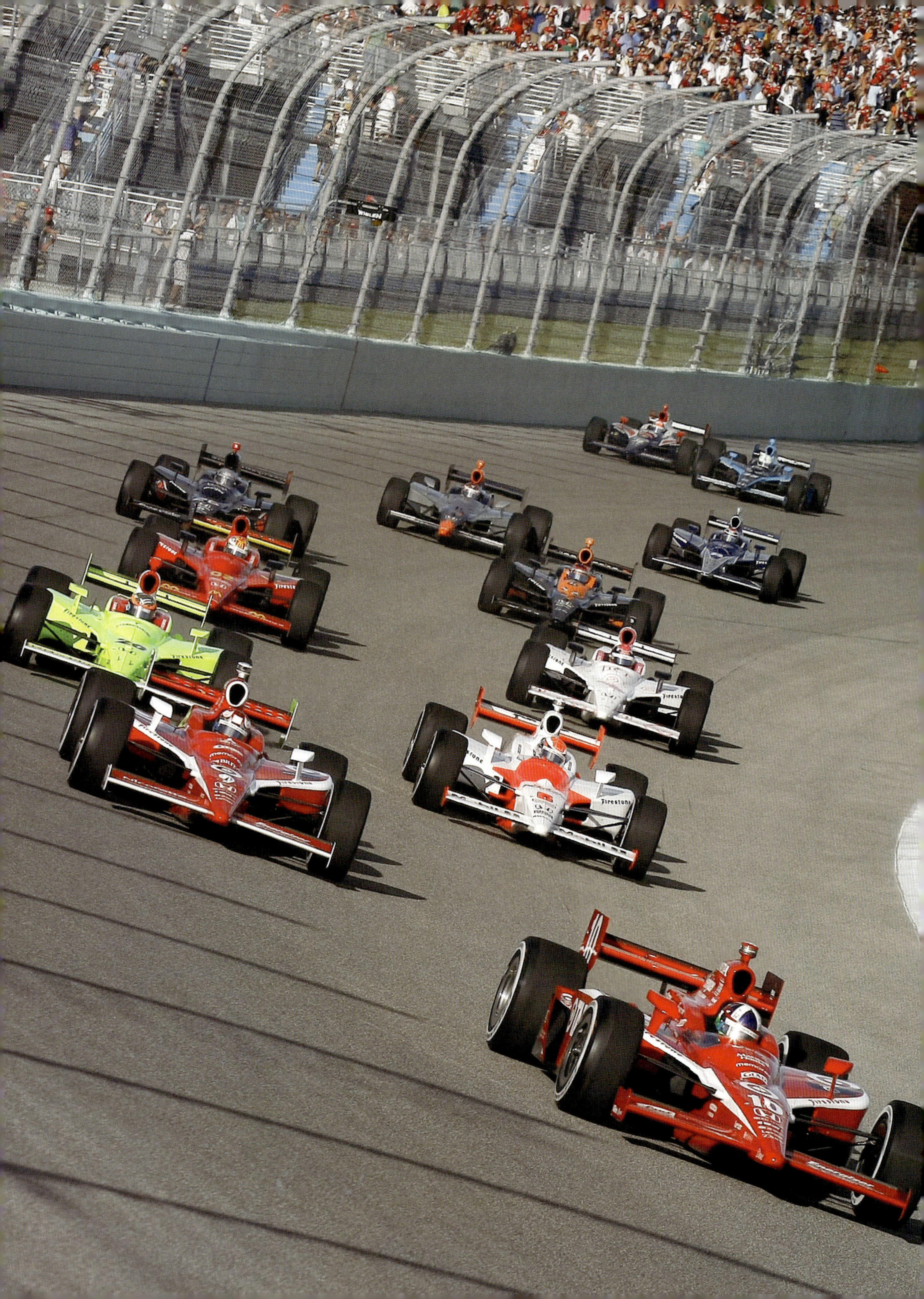
WHELEN
Firestone

PILOTOS

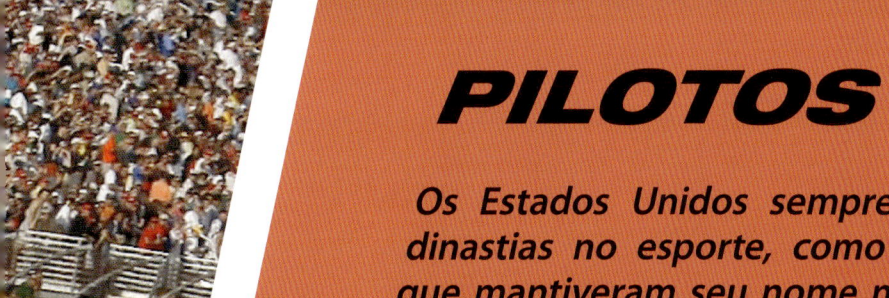

Os Estados Unidos sempre foram vistos como lugar de dinastias no esporte, como as famílias Andretti e Unser, que mantiveram seu nome na IndyCar por várias gerações ao longo dos últimos anos. Contudo, grandes premiações sempre atraem pilotos de outros continentes, como Sébastien Bourdais, Alessandro Zanardi, Gil de Ferran, Juan Pablo Montoya e Dario Franchitti, que recentemente conquistaram títulos no campeonato da IndyCar, Cart e ChampCar.

Abaixo **Escocês voador:** Dario Franchitti lidera o pelotão na largada do Firestone Indy 300 em Homestead, Flórida, em 2009, prova decisiva na qual conquistaria o título da IndyCar.

CAMPEÕES

TRÊS CONTRA QUATRO

Rick Mears foi um piloto consistentemente na frente nos primórdios da Cart, vencendo o título inaugural da categoria em 1979, repetindo o feito em 1981 e 1982. Esses três títulos o colocaram ao lado de Bobby Rahal, ficando atrás somente de Sébastien Bourdais, que tem quatro títulos.

SETE PARA FOYT

O campeonato norte-americano de carros de fórmula era conhecido como AAA National Championship de 1909 até 1955. Depois virou Usac National Championship, convertendo-se em Cart a partir de 1979. AJ Foyt arrebatou "apenas" sete títulos Usac: 1960, 1961, 1963, 1964, 1967, 1975 e 1979 – um recorde que não foi quebrado nem na Cart nem na IRL.

LONGA ESPERA

Bobby Rahal, o melhor estreante de 1982, venceu seus dois primeiros títulos da Cart de forma consecutiva em 1986 e 1987, pela equipe Jim Trueman Truesports. Entretanto, Rahal teve que esperar mais cinco anos para levantar o troféu novamente. Isso aconteceu em 1992, pela equipe Rahal Hogann Racing. É a maior distância entre títulos da história da Cart.

COMEÇO EMPATADO

A primeira disputa do título da IRL – Indy Racing League – foi única porque o título de campeão foi dividido entre Buzz Calkins e Scott Sharp, que encerraram a temporada com 246 pontos. Foram apenas três corridas e Sharp não venceu nenhuma. No entanto, ele venceria na temporada seguinte, iniciada em agosto de 2006 e terminada em meados de 2007.

Esquerda **Três contra quatro:** Rick Mears venceu o terceiro de seus quatro títulos pela Penske, em 1981, com seis vitórias. *Abaixo* **Sacré bleu, Sébastien:** Vitória número 7 para Sébastien Bourdais ao receber a quadriculada no México em 2007, chegando ao seu quarto título.

SACRÉ BLEU, SÉBASTIEN

A série norte-americana da Cart virou cosmopolita, com pilotos vindos do Brasil, Canadá, Colômbia, Grã-Bretanha, França, Itália e, é claro, dos Estados Unidos. O recorde de títulos foi estabelecido por Sébastien Bourdais em 2007, quando chegou a sua quarta coroa, selada nessa vitória no México, a oitava conquista da temporada do francês.

DE SÃO PAULO PARA OS EUA

Os brasileiros tiveram um longo caso amoroso com a categoria de fórmula norte-americana. Emerson Fittipaldi mudou-se para lá depois de ser bicampeão mundial na F1 e até Nelson Piquet fez corridas lá. Fittipaldi sagrou-se campeão da categoria em 1989. Mas o brasileiro de maior sucesso na Cart foi Gil de Ferran, bicampeão nos anos 2000 e 2001.

PILOTOS COM MAIS TÍTULOS NA CART

1	Sébastien Bourdais	4
2	Rick Mears	3
=	Bobby Rahal	3
4	Gil de Ferran	2
=	Al Unser	2
=	Al Unser Jr.	2
=	Alessandro Zanardi	2
8	Mario Andretti	1
=	Michael Andretti	1
=	Emerson Fittipaldi	1
=	Nigel Mansell	1
=	Juan Pablo Montoya	1
=	Johnny Rutherford	1
=	Danny Sullivan	1
=	Paul Tracy	1
=	Jimmy Vasser	1
=	Jacques Villeneuve	1

DE UMA DISCIPLINA PARA OUTRA

Seis pilotos, Mario Andretti, Bobby Rahal, Danny Sullivan, Emerson Fittipaldi, Nigel Mansell e Alessandro Zanardi, vieram da F1 para serem campeões na Cart. Mansell foi quem fez sucesso de imediato, pois foi campeão da Cart em 1993, imediatamente depois do ano do seu campeonato na F1, em 1992.

SAM E DARIO

Até Dario Franchitti conquistar seu terceiro título em 2010, Sam Hornish Jr. liderava a tabela de campeões, com três marcas: 2000, 2001 e 2006. Os títulos anteriores de Franchitti foram conquistados em 2007 e 2009. Atrás deles, vem Scott Dixon (campeão nos anos de 2003 e 2008). Os campeões da primeira temporada, Buzz Calkins e Scott Sharp, juntam-se a eles com um título, acompanhados de mais oito pilotos que também têm uma conquista.

AMÉRICA PARA ALIENÍGENAS

O campeonato da IRL começou com a inteção de ser mais norte-americano do que a Cart, que virara cosmopolita. E no início foi assim: seis norte-americanos foram campeões nos primeiros sete anos da IRL. Mas, depois disso, tirando Sam Hornish Jr., em 2006, desde 2003 os títulos ficaram com estrangeiros – Scott Dixon, da Nova Zelândia, Dan Wheldon, da Inglaterra e Dario Franchitti, da Escócia, se juntaram ao campeão de 1999, o sueco Kenny Brack.

No alto **De São Paulo para os EUA:** Gil de Ferran beija o troféu Vanderbilt depois de ser campeão em 2000. *Acima, à esquerda* **Cruzando a ponte:** Al Unser juntou o segundo título na Cart em 1985 ao título da Usac de 1970. *Abaixo* **Olha só esses garotos:** Al Unser Jr. venceu o primeiro de dois títulos da Cart em 1990, cinco anos depois de seu pai ser campeão pela segunda vez.

CRUZANDO A PONTE

Al Unser foi um dos dois únicos pilotos campeões na Usac que também foi campeão na Cart. Ele foi coroado na Usac em 1970 e bicampeão da Cart em 1983 e 1985. O outro piloto a fazer isso foi Mario Andretti, tricampeão da Usac em 1965, 1966 e 1969, coroado em 1984 na Cart.

VILLENEUVE FOI NA CONTRAMÃO

Michael Andretti, Juan Pablo Montoya e Cristiano da Matta tentaram, mas Jacques Villeneuve foi o único campeão da Cart a se transferir para a F1. Depois de ser coroado campeão na Cart 1995, ele quase foi campeão na F1, quando fechou como vice do companheiro de Williams em 1996, Damon Hill. Mas Villeneuve insistiu e se tornou campeão mundial no ano seguinte, em 1997, pela mesma equipe.

OLHA SÓ ESSES GAROTOS

A dinastia norte-americana em corridas tem Andrettis e Unsers. Somou mais nomes quando chegou à segunda geração de pilotos: Michael Andretti e Al Unser Jr. Os dois foram lutar por títulos na Cart e Unser Jr. venceu esse duelo ao ser campeão em 1990, um ano antes do filho de Mario também conquistar seu título na categoria.

VITÓRIAS

CORRER SEM PARAR

O italiano Alessandro Zanardi nunca foi destaque na F1, mas ficou em evidência quando mudou para a Cart. Ele venceu três provas na sua temporada de estreia, em 1996: Portland, Mid-Ohio e Laguna Seca. Conquistou dois títulos e mais 12 vitórias, sendo que sete delas vieram em 1998. Zanardi perdeu as duas pernas num pavoroso acidente em 2001, no Euro Speedway, mas inacreditavelmente, voltou a competir e ainda venceu provas no Campeonato Mundial de Turismo.

O GAROTO FOI BEM

Depois de uma rápida passagem pela Cart em 1982, Danny Sullivan fez uma única temporada na F1 e voltou para a categoria norte-americana, na qual fez sucesso imediato ao vencer pela equipe Doug Shierson Racing. Em 1988, "o garoto de Kentucky" foi campeão depois de vencer em Portland, Michigan, Nazareth e Laguna Seca. No total, ele venceu 17 provas e está em nono lugar na lista de vencedores.

AS DUAS SEQUÊNCIAS

O campeão europeu da F3000 Juan Pablo Montoya obteve o título de 1999 da Cart com duas sequências de três vitórias. O colombiano venceu três seguidas: Long Beach, Nazareth e Rio de Janeiro; depois mais três: Mid-Ohio, Chicago e Vancouver no final do ano. Essas vitórias foram vitais pois, em pontos, Montoya e Dario Franchitti empataram, mas o colombiano tinha sete vitórias contra três do escocês, e foi declarado o campeão.

NEOZELANDÊS VOADOR

Scott Dixon lidera a lista de mais vitoriosos na IRL. O bicampeão tinha 24 vitórias até 2010, cinco à frente de Sam Hornish Jr. e Hélio Castroneves. A primeira vitória do neozelandês veio na sua estreia na IRL em Homestead, 2003, quando foi campeão pela primeira vez; a mais recente em Homestead, em 2010. Ele corre pela equipe de Chip Ganassi desde que chegou na IndyCar.

FOYT NA FRENTE

O texano AJ Foyt é o rei da era pré-Cart e pré-IRL, quando o campeonato se chamava Usac National Championship. Ele venceu 67 provas, sendo a primeira em Du Quoin num Meskowski-Offenhauser, em 1960, e a última no Texas World Speedway, em 1979, pilotando um Parnelli-Cosworth. Ele ainda venceu uma prova extracampeonato em Pocono, em 1981.

AFASTANDO OS RIVAIS

O bicampeão da Usac, Rodger Ward, era o piloto observado pelos fãs quando procuravam um vencedor no final dos anos 1950 e início dos anos 1960. Ele teve muitas batalhas ferozes com AJ Foyt. Sua última vitória veio em Trenton conduzindo um Lola-Offenhauser em 1966, a 26ª da carreira. Seu melhor ano aconteceu em 1963, quando venceu cinco corridas na temporada.

PILOTOS COM MAIS VITÓRIAS NA CART

1	Michael Andretti	42
2	Sébastien Bourdais	31
=	Paul Tracy	31
=	Al Unser Jr.	31
5	Rick Mears	25
6	Bobby Rahal	24
7	Emerson Fittipaldi	22
8	Mario Andretti	19
9	Danny Sullivan	17
10	Alessandro Zanardi	15

Acima **Correr sem parar:** Alessandro Zanardi caminha para a vitória em Laguna Seca, a terceira daquele ano. *Esquerda* **Muitas vitórias, poucos títulos:** Paul Tracy sobe no carro para comemorar sua 31ª vitória da carreira, em Cleveland 2007.

MUITAS VITÓRIAS, POUCOS TÍTULOS

O canadense Paul Tracy está em segundo na lista dos maiores vencedores da Cart, apesar de ter apenas um título de campeão. Ele arrebatou 31 vitórias, igual a Al Unser Jr. e Sébastien Bourdais. A primeira delas foi em Long Beach, em 1993, para a Penske Racing, e a última foi em Cleveland, em 2007, pela Forsythe Racing.

PILOTOS COM MAIS VITÓRIAS NA IRL

1	Scott Dixon	24
2	Sam Hornish Jr	19
=	Hélio Castroneves	19
4	Dario Franchitti	16
5	Dan Wheldon	15
6	Tony Kanaan	14
7	Scott Sharp	9
8	Buddy Lazier	8
9	Ryan Briscoe	6
=	Will Power	6

UNSER, VIVA A CART!

Depois que a categoria de fórmula foi oficializada como Cart, em 1979, Bobby Unser e Johnny Rutherford eram os pilotos a serem batidos. Unser foi o primeiro piloto a vencer dez vezes na Cart, atingindo esta marca na décima prova da temporada de 1980, pela Penske, no circuito de Ontario Speedway, na Califórnia. Por isso, ele foi vice-campeão em 1979 e 1980.

HORNISH, O PRIMEIRO 10

O norte-americano Sam Hornish Jr. foi o primeiro piloto da IRL a chegar nas dez vitórias, quando levou o Dallara da Panther Racing para a vitória em Chicagoland, no final da oitava temporada da série em 2003. Foi nessa temporada que muitos pilotos internacionais de sucesso vieram para a categoria e começaram a derrubar os primeiros vencedores e campeões da IRL, desde sua fundação em 1996.

ESTILO TODO PESSOAL

O vibrante piloto brasileiro, Hélio Castroneves está em segundo lugar como maior vencedor da IRL, com 19 vitórias. Muitas delas são memoráveis, como a Indy 500 de 2009, depois de perder algumas provas por investigação de evasão fiscal. Todavia, o que mais marca sua carreira é sua forma de celebrar as vitórias, subindo nas grades de proteção na frente do público. Também ficou conhecido por vencer o concurso do programa *Dancing with the Stars*.

No alto **Estilo todo pessoal:** O mais pontuador da IRL, Hélio Castroneves sobe na grade de Indianápolis em 2009, depois da vitória. *Esquerda* **Pilotos com mais vitórias na IRL:** Scott Dixon celebra a conquista do título de 2008 na IRL. *Abaixo* **Saindo da sombra do pai:** Michael Andretti vence em Long Beach 2002 sua 42ª e última vitória.

SAINDO DA SOMBRA DO PAI

Michael Andretti tinha uma trilha difícil para seguir, já que seu pai, Mario Andretti, fora três vezes campeão da Usac, uma vez na Cart e uma vez na F1. Todavia, apesar de Michael ter sido campeão apenas uma vez, na Cart, em 1991, ele é o piloto com o maior número de vitórias da Cart: 42 registros em seu nome (primeira Long Beach 1986 até a última Long Beach 2002). Seu pai venceu 19 vezes na Cart e 33 vezes na Usac.

POLE POSITIONS E VOLTAS MAIS RÁPIDAS

▶ RÁPIDO DESDE O COMEÇO

O piloto com maior número de voltas mais rápidas na Cart é Sébastien Bourdais. O francês tetracampeão fez a melhor volta em 34 corridas, superando por 16 registros Alessandro Zanardi, o recordista anterior. Bourdais foi muito veloz logo na sua primeira temporada, quando marcou quatro voltas mais rápidas no ano de estreia em 2003.

▶ BOAT NAVEGA PARA A POLE

Billy Boat marcou nove poles na IRL em suas 63 largadas na categoria, para empatar na sétima colocação da tabela geral de pole positions. Dois terços dessas poles vieram em 1998, quando fez 6 em 11 etapas. Entretanto, provando que pole não conta muito, terminou o ano em 13º na tabela de pontos, com uma vitória na temporada.

▶ PODER AO LONGO DO CAMINHO

Will Power passou a ser o piloto com mais poles na IRL numa mesma temporada, ao fazer oito delas em 2010. Ele superou a Hélio Castroneves e Scott Dixon, ambos com sete poles em 2007 e 2008. Dixon ainda lidera uma tabela, a de voltas mais rápidas na IRL, tendo fechado 2010 com 16 a seu favor.

▶ MEARS PARA VARIAR

Rick Mears tinha o hábito de marcar a pole na Cart e seu recorde de 39 poles está muito à frente dos rivais. Michael Andretti fez o que pôde para

Acima **Rápido desde o começo:** Sébastien Bourdais toma banho de champanhe e após sua vitória em Surfer's Paradise 2007. *Abaixo* **Mario e Danny:** Mario Andretti registrou nove poles para a Newman/Haas em 1984.

MARIO E DANNY

Mario Andretti e Danny Sullivan dividem o recorde de mais poles numa temporada da Cart com nove cada um. Andretti fez sua marca em 1984 e Sullivan igualou-a em 1988. Andretti assegurou cinco das nove de forma sucessiva e ainda venceu três delas com seu Newman–Haas Lola T800. Sullivan registrou cinco poles em sequência em 1988, nas últimas cinco provas, e venceu duas com seu carro da equipe Penske.

PILOTOS COM MAIS POLES NA CART

1	Rick Mears	39
2	Michael Andretti	32
3	Sébastien Bourdais	31
4	Mario Andretti	29
5	Paul Tracy	25
6	Danny Sullivan	19
7	Emerson Fittipaldi	17
=	Bobby Rahal	17
9	Gil de Ferran	16
10	Juan Pablo Montoya	14

PILOTOS COM MAIS VOLTAS MAIS RÁPIDAS NA CART

1	Sébastien Bourdais	34
2	Alessandro Zanardi	18
3	Hélio Castroneves	14
4	Michael Andretti	13
=	Paul Tracy	13
6	Juan Pablo Montoya	12
7	Emerson Fittipaldi	11
=	Bruno Junqueira	11
9	Jimmy Vasser	9
10	Dario Franchitti	8

se colocar na segunda colocação com 32 marcas. Em 1982, Mears fez sua melhor temporada com oito poles no ano e aproveitou os fluidos dessa melhor fase para repetir o feito em 1983.

ELE VEIO DO BRASIL
Hélio Castroneves lidera a lista de mais pole positions da tabela da IRL com suas 30 marcas, 13 à frente de Scott Dixon. Mas sua *expertise* numa volta isolada não foi estendida para as corridas, nas quais ele aparece em oitavo na lista de voltas mais rápidas. Todavia, seu registro de vitórias e títulos mostra que esse popular piloto brasileiro definiu muito bem suas prioridades nas pistas.

RÁPIDO RYAN
Um dos autralianos da equipe Penske, o piloto Ryan Briscoe, está em quinto lugar na tabela de voltas mais rápidas da IRL, com dez marcas. Ele reforçou essa soma recentemente, quando fez quatro na temporada de 2008 e igualou-se ao neozelandês Scott Dixon em 2009, quando fez cinco voltas mais rápidas no ano.

APRENDENDO COM A EXPERIÊNCIA
O piloto canadense Paul Tracy está empatado com o norte-americano Michael Andretti, na conta de voltas mais rápidas da Cart, com 13 registros cada um. Ele conquistou em sua primeira temporada completa três vezes a marca, nos idos de 1992, depois de competir quatro provas em 1991. E imagine, ele fazia parte do plantel da equipe Penske e teve que entrar na esteira dos veteranos como Emerson Fittipaldi, Rick Mears e Al Unser.

RAY BRILHANTE
Greg Ray não é dos pilotos mais comentados do círculo da IRL, apesar de ter sido campeão em 1999, mas sua competência para pole era expressiva. Ele fez 14 e está em terceiro na lista da IRL. Elas foram marcadas antes da vinda dos pilotos mais famosos da Cart. A última pole position de Ray foi na prova chamada de Harrah's 200 na Nashville Superspeedway na temporada de 2001.

QUEM PRECISA DE VOLTA MAIS RÁPIDA?

Sam Hornish Jr. foi completamente batido em termos de voltas mais rápidas no ano de seu segundo título consecutivo na IRL, em 2002. Ele fez apenas uma, em Gateway Raceway/ St. Louis, com seu Panther Racing Dallara. Na mesma temporada, Tomas Scheckter arrebatou sete vezes a melhor volta e ainda assim terminou o ano fora dos dez primeiros colocados.

No alto **Ray brihante:** Greg Ray era frequentemente o pole no início da IRL, aqui visto em sua temporada de 2004. *Acima, à esquerda* **Rápido Ryan:** Ryan Briscoe fez nove poles em 2008 e 2009 para a Penske. *Esquerda* **Quem precisa de volta mais rápida?:** Sam Hornish Jr. celebra uma rara volta mais rápida, a nona da carreira, em 2006. Ele era melhor para fazer pole positions.

PILOTOS COM MAIS POLES NA IRL

1	Hélio Castroneves	32
2	Scott Dixon	17
3	Greg Ray	14
=	Dario Franchitti	14
5	Sam Hornish Jr	12

PILOTOS COM MAIS VOLTAS MAIS RÁPIDAS NA IRL

1	Scott Dixon	16
2	Tony Kanaan	15
3	Dan Wheldon	13
4	Tomas Scheckter	12
5	Ryan Briscoe	11

PONTOS

PIONEIROS FAVORECIDOS

É realmente estranho olhar a tabela de pontos da Cart e perceber o domínio absoluto dos pioneiros da categoria.

A razão para isso é simples: nas duas primeiras temporadas, o vencedor levava 300 pontos, que foram reduzidos para 20 pontos a partir de 1981. Então, depois que a Cart faliu, em 2008, Rick Mears cimentou seu primeiro lugar com 8.642 pontos a seu favor.

VENCEDOR ATÉ O FINAL

Bobby Unser já tinha 25 vitórias na IndyCar quando a Cart foi formada, mas suas dez vitórias na era de pontos generosos o colocaram na segunda colocação da tabela geral, com 1.009 pontos a menos do que Rick Mears. Em seguida, tendo conquistado mais dois segundos lugares em 1981 e chegando aos 47 anos, resolveu dar uma chance de vitória aos pilotos da nova geração.

O MELHOR DOS OUTROS

O piloto que mais pontuou numa temporada da Cart, depois da mudança de sistema de pontos, foi Sébastien Bourdais. O piloto francês levantou 387 pontos no terceiro dos seus quatro títulos consecutivos, também graças às sete vitórias com seu Newman-Haas/Lanigan Racing Panoz, em 2007.

O VALOR DA CONSISTÊNCIA PARA CARTER

Quatro dos dez maiores pontuadores da Cart não conseguiram chegar ao título de campeão. São eles Bobby Unser (segundo na lista de pontuadores atrás do tricampeão Rick Mears), Tom Sneva (4º), Gordon Johncock (5º) e Pancho Carter (8º). Carter está na lista graças às duas temporadas iniciais da Cart, com pontos generosos, quando ele conseguiu vencer uma única vez, em Michigan no torneio de 1981.

Acima **Vencedor até o final:** Bobby Unser viveu um grande momento em 1968 pilotando um Eagle-Offenhauser. *Abaixo* **Pioneiros favorecidos:** O vencedor Rick Mears (3) ao lado de John Andrettino no início da Indy 500 de 1991.

VAI, JOHNNY, VAI

Johnny Rutherford deixou a Cart em 1992, mas sua consistência nos pontos somada aos pontos generosos da época o colocam na terceira posição na tabela. Ele fez 7.243 no total, mas seus 4.723 pontos na campanha do título de 1980 permanecem como a maior soma da história da Cart numa só temporada.

DESVANTAGEM CASEIRA

A IRL foi criada para ser a categoria de fórmula mais importante dos EUA, depois que os estrangeiros dominaram a Cart. As corridas aconteciam em ovais que favoreciam os pilotos locais. Contudo, quando se olha na tabela de pontos, apenas três dos dez pilotos principais são norte-americanos: Sam Hornish Jr. em quarto, Scott Sharp, em quinto, e Buddy Lazier em oitavo.

TONY "KAN"

Tony Kanaan, ex-piloto da Andretti Green Racing, deve seu terceiro lugar como maior pontuador da IRL por sua consistência e competitividade. Ele marcou pelo menos uma vitória desde seu primeiro campeonato completo em 2003, até passar em branco na temporada de 2009. Ao longo desses anos, o piloto brasileiro foi ao pódio 49 vezes.

OS 10 PILOTOS COM MAIS PONTOS NA CART

#	Piloto	Pontos
1	Rick Mears	8.642
2	Bobby Unser	7.633
3	Johnny Rutherford	7.243
4	Tom Sneva	4.978
5	Gordon Johncock	4.194
6	Al Unser	3.923
7	Mario Andretti	2.979
8	Pancho Carter	2.701
9	Michael Andretti	2.492
10	Bobby Rahal	2.321

O MELHOR ANO

Scott Dixon subiu para a segunda posição nos pontos da IRL ao ser vice-campeão pela Chip Ganassi Racing em 2009. O neozelandês teve seu melhor ano em pontos na IRL em 2008, quando foi segundo na tabela ao marcar 646 pontos, vencendo seis vezes em 17 eventos do ano.

A MARGEM

A. J. Foyt, mesmo no auge da carreira, muitas e muitas vezes evitou participar de provas em circuitos de rua, concentrando a atuação nos seus circuitos preferidos, os ovais. Ele marcou 190 pontos ao longo de 85 largadas em provas realizadas na Cart, no início dos campeonatos dessa categoria.

BATALHA ENTRE FAMÍLIAS

A família Unser leva vantagem sobre a Andretti quando se somam os pontos marcados por cada um de seus membros. Bobby, Al e Al Jr. somam 13.809 pontos; Johnny e Robby não marcaram nenhum. Eles superam em 8.027 pontos Mario, Michael, John e Jeff, que têm 5.782.

Acima, à esquerda **Vai, Johnny, vai:** Johnny Rutherford teve razões para sorrir em 1980 com cinco vitóras e o título. *Acima, à direita* **O melhor ano:** Scott Dixon subiu para segundo na tabela de pontos da IRL em 2009. *Abaixo* **Hélio de novo:** Hélio Castroneves beija os tijolos na linha de chegada no Indianapolis Motor Speedway, depois de vencer em 2009 a Indy 500.

HÉLIO DE NOVO

Hélio Castroneves é o maior pontuador da história da IRL. Sua marca de 4.407 até 2010 era 382 pontos acima do segundo colocado, Scott Dixon. Apesar dessa impressionante marca, o brasileiro ainda não tem um título na IRL, embora tenha ficado por duas vezes muito perto: vice de Sam Hornish Jr., em 2002, e de Scott Dixon, em 2008.

OS 10 PILOTOS COM MAIS PONTOS NA IRL

#	Piloto	Pontos
1	Hélio Castroneves	4.407
2	Scott Dixon	4.025
3	Tony Kanaan	3.930
4	Dan Wheldon	3.645
5	Sam Hornish Jr.	3.412
6	Scott Sharp	3.338
7	Dario Franchitti	3.139
8	Vitor Meira	2.477
9	Buddy Lazier	2.229
10	Danica Patrick	2.172

LARGADAS

TREZENTAS E TANTAS
Considerando-se a Cart isoladamente, isto é, entre 1979 e sua falência em 2007, Michael Andretti é o recordista de largadas com 309 participações. Ele fez sua estreia três corridas antes do final da temporada de 1983 e permaneceu na categoria até uma corrida antes do final da temporada de 2002. No total, venceu 42 vezes.

TEMPO PERDIDO
Bobby Rahal não seguiu o caminho tradicional para a IndyCar. Primeiro ele tentou a F1, procurando fazer carreira na Europa. Entretanto, como não decolou, voltou para os Estados Unidos para começar sua história na IndyCar em 1982, quando tinha 29 anos. Ele correu até 1998, quando completou o terceiro maior número de largadas na Cart, com 264 participações nos anos de atividade na categoria.

GANHANDO E PERDENDO
Paul Tracy tem o quarto maior número de largadas na Cart, mas poderia ter feito mais, não fossem certos azares. Ele não começou muito bem, pois quebrou a perna logo na estreia na categoria em 1991. Isso lhe custou algumas ausências, como também uma contusão nas costas em 1996 e outra em 2007. E ele ainda teve uma suspensão disciplinar, ficando ausente da primeira prova da temporada de 1999.

FORA DE CASA
Se não tivesse estendido sua carreira na F1 até o final de 1981, Mario Andretti estaria mais bem colocado do que na sexta posição em largadas na Cart. Embora tenha participado de algumas provas do início da Cart em 1979, precisamente 12 corridas, ele perdeu 25, que o colocariam à frente de Jimmy Vasser, com 233 largadas.

CORRENDO PELA AMÉRICA DO NORTE
Poucas pessoas poderiam imaginar, quando Jimmy Vasser conquistou o título da Cart, em 1996, que ele seria o último norte-americano a levantar a coroa antes de a categoria ser invadida por estrangeiros. Jimmy correu mais nove temporadas, chegando a 232 largadas até abandonar as pistas.

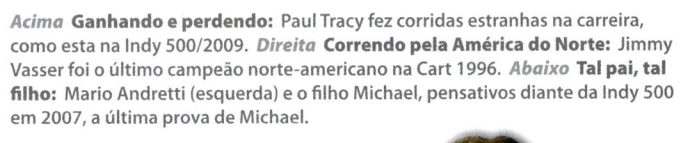

PILOTOS COM MAIS LARGADAS NA CART

#	Piloto	Largadas
1	Michael Andretti	309
2	Al Unser Jr	273
3	Bobby Rahal	264
4	Paul Tracy	261
5	Jimmy Vasser	232
6	Mario Andretti	208
7	Emerson Fittipaldi	195
8	Adrian Fernandez	179
9	Rick Mears	178
10	Raul Boesel	172

Acima **Ganhando e perdendo:** Paul Tracy fez corridas estranhas na carreira, como esta na Indy 500/2009. *Direita* **Correndo pela América do Norte:** Jimmy Vasser foi o último campeão norte-americano na Cart 1996. *Abaixo* **Tal pai, tal filho:** Mario Andretti (esquerda) e o filho Michael, pensativos diante da Indy 500 em 2007, a última prova de Michael.

TAL PAI, TAL FILHO
Al Unser Jr. e Michael Andretti conseguiram sair da sombra dos pais. Com seis meses de diferença de idade, eles chegaram à Cart com poucos anos de distância entre eles e Unser Jr. registrou o segundo maior número de largadas na Cart, atrás de Michael, com 273 participações entre sua estreia em Riverside, em 1982, e sua corrida final no California Speedway, em 1999.

PILOTOS 169

Abaixo, à direita **Começando bem:** Buddy Rice venceu a Indy 500 2004, mas interrompeu a carreira antes das 100 largadas na IRL. *No pé da pág.* **Final afiado:** Scott Sharp, em ação aqui em 2004, divide o recorde de 147 largadas na IRL.

FINAL AFIADO

Scott Sharp estava presente no início da IRL em 1996 e ainda corria em 2009. Por isso, é com certa surpresa que ele divide o recorde de participações em provas da IRL só com 147. Esse número seria maior, não fosse sua decisão de concentrar sua carreira na American Le Mans Series em 2008, voltando para a IRL apenas para fazer a prova Indy 500.

QUEM PRECISA SE APOSENTAR?

Daqueles que fizeram uma segunda carreira, o bicampeão mundial de F1 Emerson Fittipaldi é o piloto com maiores conquistas na Cart. Ele havia se retirado depois de cinco anos correndo com sua equipe na F1, mas um convite em 1984 para uma corrida de carros esporte reacendeu o fogo de competir. Ele mudou para a Cart, em que competiu em 195 provas e foi campeão em 1989.

HÉLIO TEM A MARCA

Hélio Castroneves se juntou à Indy Racing League, em 2001, e igualou o recorde de 147 largadas em 2010. É inacreditável, mas todas as provas da IRL, desde sua estreia em Phoenix, ele correu pela mesma equipe, a Penske, com a qual ele já competia na Cart desde 2000.

A CENTÉSIMA

Buddy Lazier tem um lugar na história da IRL como o primeiro pole position da categoria na prova de abertura, no Walt Disney World Speedway em 1996. Ele virou um vencedor constante até o final de 2002, quando perdeu um cockpit em tempo integral. Participando desde então de algumas provas e sempre fazendo a Indy 500, ele chegou a 100 provas na IRL em Indianápolis, em 2008.

COMEÇANDO BEM

Buddy Rice é um dos pilotos que quase chegaram a 100 provas na IRL até sua prova mais recente, em 2008, em Chicagoland. Ele poderia ter feito mais, já que começara bem com um bom segundo lugar na estreia em Michigan, em 2002, e pelas três vitórias pela Rahal Letterman Racing, em 2004, mas simplesmente não apareceu nenhuma vaga em equipes competitivas para o piloto continuar a carreira.

PILOTOS COM MAIS LARGADAS NA IRL

1	Hélio Castroneves	147
=	Scott Sharp	147
3	Tony Kanaan	132
4	Dan Wheldon	131
5	Scott Dixon	130
6	Sam Hornish Jr	116
7	Tomas Scheckter	115
8	Vitor Meira	114
9	Ed Carpenter	103
10	Dario Franchitti	101

CARREIRA

POR AQUI E POR LÁ

Mario Andretti teve uma carreira de sucesso na F1, alternada com as provas da IndyCar, o que lhe custou algumas ausências na segunda. Entretanto, em termos de longevidade de carreira ele só fica atrás de A. J. Foyt. A carreira de Mario se estendeu por 31 anos, desde a estreia em Trenton, em 1964, até a despedida em Laguna Seca, em 1994, quando encerrou a carreira que podemos chamar de "Arrivederci Tour".

LONGO TEMPO CORRENDO SOZINHO

Johnny Rutherford foi um piloto de muita força, pois sobreviveu a anos de provas perigosas nos "modified stock cars", depois nos minimonopostos, até chegar à IndyCar e seus ovais em 1963. O texano correu naquele ano e em mais outros 29 anos, até sua última tentativa de classificação na Indy 500, em 1992, quatro anos depois de sua última temporada completa na Cart.

ELE AINDA CORRIA

Al Unser não se igualou a AJ Foyt e Mario Andretti na longevidade da carreira, mas seus 29 anos na IndyCar não foram menos extraordinários. Ele começou em 1965, e venceu a corrida de Pikes Peak já naquele ano. Foi campeão em 1970, 1983 e 1985, depois passou a escolher quando e qual prova competir. Mas seu desempenho ainda era bom em 1993 na sua última Indy 500, aos 54 anos de idade.

A ÚLTIMA, DE VERDADE

Gordon Johncock desfrutou de uma carreira de 28 anos na IndyCar. Iniciou em 1965 e teve um grande momento ao vencer em Milwaukee. Ele competiu durante os anos 1970, obtendo algumas vitórias. O sucesso demorou para aparecer nos anos 1980, mas veio e logo na Indy 500, em 1982. Abandonou as pistas em 1985, voltou para a Indy 500 em 1992, mas parou de vez em seguida.

DE GAROTO A HOMEM

Enquanto tinha chances de vencer, AJ Foyt continuou a competir. Sua carreira na IndyCar é a mais longa de todas, com 35 anos. Ele começou a correr em 1958, vencendo pela primeira vez em 1960, em Du Quoin. Mas como as vitórias continuavam a vir, mais 66, ele continuou a competir até 1992. Fez sua última aparição na Indy 500, terminando na nona colocação.

PILOTOS COM MAIS ANOS NA INDY

#	Piloto	Anos
1	AJ Foyt	35
2	Mario Andretti	31
3	Johnny Rutherford	30
4	Al Unser	29
5	Gordon Johncock	28
6	Michael Andretti	25
7	John Andretti	24
8	Al Unser Jr	23
9	Paul Tracy	20
10	Pancho Carter	19
=	Tom Sneva	19
=	Bobby Unser	19

PARAR ANTES DE FICAR LENTO

Bobby Unser é cinco anos mais velho do que o irmão Al e foi o primeiro a chegar à IndyCar em 1963. Ele também fez muito sucesso, com dois títulos de campeão e três vitórias na Indy 500, mas preferiu parar de correr ao final de 1981, depois de 19 temporadas. Ele poderia ter continuado a competir, pois em sua última participação, em Phoenix, terminou com um segundo lugar, o que provava que ainda era veloz.

Acima **Longo tempo correndo sozinho:** Johnny Rutherford acena para a multidão com seu McLaren após a vitória na Indy 500 em 1974.
Esquerda **De garoto a homem:** A. J. Foyt começou a competir em alto nível em 1958 e competiu até 1992, quando ainda era veloz o suficiente para ser o nono colocado na Indy 500.

PILOTOS

Direita **Uma para John:** John Andretti acena para os fãs em Indianápolis 2007, seu 21º ano na IndyCars. *Abaixo* **Viajar e conquistar:** Nigel Mansell conseguiu impactar a Indy ao chegar da F1. *No pé da pág.* **Um quarto de século para Michael:** Michael Andretti experimentou a Cart pela primeira vez em Las Vegas 1983.

UMA PARA JOHN

John Andretti – filho de Aldo, sobrinho de Mario, primo de Michael – se manteve longe das câmeras, apesar de ter feito 24 anos na IndyCar. Começou a carreira em 1987 e venceu uma prova em Surfer's Paradise, em 1991, antes de se mudar para a Nascar em 1993. Mas o glamour da Indy 500 o levou de volta todos os anos para competir lá.

UM QUARTO DE SÉCULO PARA MICHAEL

Mudar da Cart para a IRL fez bem a Michael Andretti. Além de liderar uma equipe de sucesso, estendeu sua carreira de piloto por 25 anos, entre 1983 e 2007. No entanto não teve um bom período na F1, quando esteve na Europa em 1993, competindo pela equipe McLaren.

TRACY AINDA VELOZ

Paul Tracy tinha cara de adolescente quando mudou do Canadá para a Fórmula Ford na Grã-Bretanha. Agora, de cabelo grisalho, ele tem 20 anos de IndyCar rodados em seu cockpit desde a estreia em Long Beach em 1991, quando veio como campeão da American Racing Series. Sua história de títulos poderia ser bem melhor, mas ele batalhou, lutou e conseguiu ser campeão na Cart em 2003.

ESPERANDO POR MAIS

A carreira de Tom Sneva na IndyCar durou 19 anos. Começou na Indy 500 em 1974 e foi até a mesma prova em 1992, depois da qual parou uma semana antes do 44º aniversário. Isso exemplifica o significado da Indy 500 na vida dos pilotos, que continuam fazendo mais tentativas de vencer a tão famosa prova. A última temporada completa de Sneva na Cart foi em 1986.

VIAJAR E CONQUISTAR

Curta, mas geralmente doce, é uma boa forma de descrever a carreira de Nigel Mansell nos dois anos de Cart. Campeão no ano de 1993, recém-chegado como campeão da F1, o britânico não passou de cinco vitórias. Ele raramente foi competitivo em 1994, no segundo ano na Newman/Haas Racing e resolveu parar no final da temporada.

OUTROS RECORDES

›› TROCANDO UMA COROA POR OUTRA

Quando descobriu que a Williams iria dispensar seus serviços, mesmo depois de ser campeão mundial em 1992, Nigel Mansell voltou sua atenção para a Cart e assinou com a Newman-Haas Racing para 1993. Depois de vencer na estreia em Surfer's Paradise, ele venceu mais quatro vezes e conquistou o título da Cart, que foi seu segundo título em dois anos (F1 e Cart).

›› PAI MOSTRA PARA O FILHO

Duas gerações de competidores já é raro, imagine um competir com o outro! Normalmente o mais velho já se aposentou quando o novo está começando a correr. Mas os Unsers, Al e Al Jr., conquistaram algo incrível quando Al ainda era competitivo na Cart e Al Jr. iniciou a carreira por lá. Eles ainda marcaram um 1-2 familiar em 1985, quando o pai manteve o filho na segunda colocação numa prova.

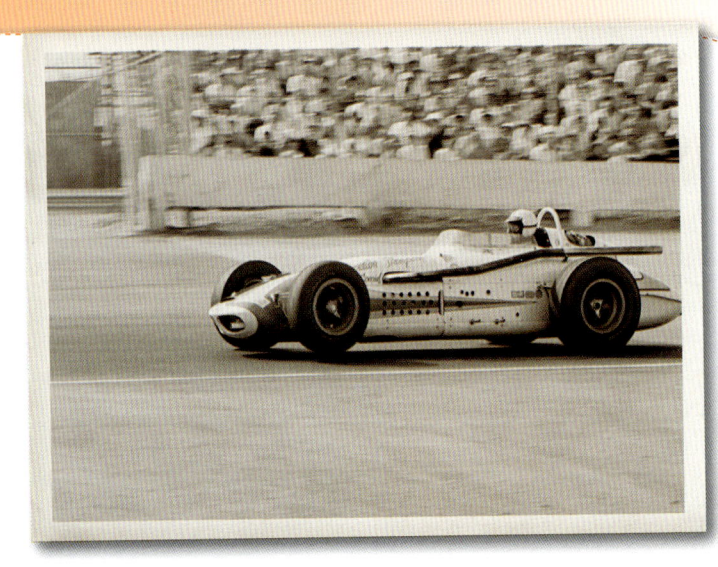

›› A MELHOR TEMPORADA DE FOYT

A. J. Foyt é um piloto cheio de títulos e recordes, mas nenhuma temporada foi melhor para esse texano do que a da IndyCar em 1964. Ele venceu 10 das 13 provas, registrando o maior aproveitamento da história da IndyCar com 76,92%, depois de abrir a temporada com sete vitórias.

FRAÇÃO DE SEGUNDO

O final mais apertado do história da IRL aconteceu em Chicagoland, em 2002, quando o piloto Sam Hornish Jr. superou a Al Unser Jr. por 0,0024 segundo. Seis anos depois, no mesmo lugar, Hélio Castroneves chegou perto disso ao vencer Scott Dixon por uma margem de 0,0033 segundo.

Acima **O melhor de Foyt:** A. J. Foyt dominou 1964, vencendo em Phoenix, Trenton (2), Indianápolis, Milwaukee (foto), Langhorne, Springfield, Du Quoin, Indiana State Fairgrounds e Sacramento. *Abaixo* **Fração de segundo:** Sam Hornish Jr. passa Al Unser Jr. por fora em Chicagoland 2002.

SENHOR VERSÁTIL

Tony Stewart é mais conhecido por seu sucesso na Nascar Winston Cup, da qual foi campeão em 2001. Mas ele também foi campeão na IRL, em 1996 e 1997. Seu talento é evidente: ele foi vencedor da tríplice coroa da Usac em 1995, quando levou os troféus das séries de acesso, chamadas de Silver Crown, Sprint Cars e Midgets.

UM GRANDE PASSO PARA AS MULHERES

Danica Patrick é a única mulher a vencer na IndyCar. Ela fez uso de uma estratégia de combustível para trazer seu carro da Andretti Green, um Dallara-Honda, à sua primeira vitória em Motegi, no Japão, em 2008. Ela largou em sexto e liderou apenas três voltas das 200 da prova, as mais importantes. Sua carreira foi à estratosfera e sua vitória levou a audiência da categoria a novos patamares no mercado norte-americano.

JOVEM E VELOZ

O três vezes campeão da IRL Sam Hornish Jr. é o mais jovem piloto a vencer uma corrida na categoria. Ele tinha apenas 21 anos e 259 dias quando venceu, em 2001, a prova de abertura da temporada em Phoenix, pela equipe Panther Racing Dallara. Tomas Scheckter é o segundo mais jovem, apenas 50 dias mais velho ao vencer em Michigan, em 2002.

DE ESTREANTE A CAMPEÃO

Só um estreante do ano da IRL chegou a ser campeão na categoria. Foi o ex-campeão britânico de Fórmula Ford Dan Wheldon, que chegou à IRL depois de ser vice-campeão na Indy Lights, em 2001. Ele foi o estreante do ano em 2003, pela Andretti Green Racing, e chegou ao título dois anos depois.

MICHAEL MOSTRA O CAMINHO

Michael Andretti tem o recorde de maior número de voltas lideradas na história da Cart, totalizando 6.607 passagens entre Las Vegas, em 1983, e sua última prova na California Speedway, em 2002. Ele fez 965 voltas em 1991 e aumentou para 1.136 em 1992. É dele também o recorde de mais voltas lideradas em provas isoladas, com 57 vezes.

COLOCANDO O NARIZ NA FRENTE

O piloto com mais corridas lideradas na Cart entre 1979 e 2008 é Michael Andretti. Ele tem na bagagem 140 corridas lideradas. Paul Tracy vem a seguir, com 104, uma a mais do que o pai de Michael, Mario Andretti. Al Unser Jr. (89), Bobby Rahal (83) e Rick Mears (74) completam a lista dos seis primeiros na lista de líderes por corridas.

VEJA O UNSER

Al Unser chegou à IndyCar causando um grande impacto, ao vencer o Indianapolis Raceway Park, no meio da temporada de 1970, com seu Vel's Parnelli Colt. Ele venceu mais sete vezes em oito provas. Depois, Jim McElreath venceu em Ontario Speedway e Swede Savage a prova final da temporada. Em 1971, Unser continuou a vencer, levando o troféu das três primeiras provas; Mike Mosley venceu a quarta em Trenton e Unser venceu mais duas vezes seguidas, registrando 13 sucessos em 16 provas, um fato sem precedentes na história da categoria de fórmula norte-americana.

No alto **Um grande passo para as mulheres:** Danica Patrick posa com o troféu em Motegi 2008. *Esquerda* **Senhor versátil:** Tony Stewart fez sucesso na IRL antes de ir para a Nascar. *Abaixo* **Os 10 pilotos com mais voltas lideradas – Cart:** Michael Andretti venceu em Fontana 2002, aumentado seu número de voltas lideradas.

OS 10 PILOTOS COM MAIS VOLTAS LIDERADAS – CART

#	Piloto	Voltas
1	Michael Andretti	6.607
2	Paul Tracy	4.240
3	Rick Mears	3.243
4	Al Unser Jr	3.134
5	Mario Andretti	3.054
6	Bobby Rahal	3.034
7	Emerson Fittipaldi	2.635
8	Sébastien Bourdais	2.100
9	Juan Pablo Montoya	1.774
10	Alessandro Zanardi	1.467

HONDA
HONDA
HONDA
HONDA
HONDA
HONDA
10
Energizer
NICODERM CQ
Firestone
FIREHAWK

EQUIPES E PISTAS

É enorme a variedade de circuitos visitados pela IndyCar. De ovais, como Indianápolis, às subidas e descidas de Laguna Seca e Road America e os contrastes das ruas de Long Beach e Toronto. Nesses circuitos, surgiram grandes equipes, como a Penske Racing, Newman/Haas, Chip Ganassi e Andretti Green Racing.

Abaixo Ruas pavimentadas com ouro: Dario Franchitti se diverte nas ruas de Toronto com seu Target Chip Ganassi, em 2009: pole position, volta mais rápida e, o mais importante, a vitória na corrida Honda Indy Toronto.

RECORDES POR EQUIPE

A PENSKE TEM MAIS COROAS

A equipe de Roger Penske há muito tempo é um exemplo para as outras equipes, por seu considerável sucesso e por seu profissionalismo. Assim, não é surpresa que a Penske Racing tenha acumulado mais títulos na Cart – nove – um a mais do que a Newman-Haas/Lanigan Racing. Seus títulos vieram com Rick Mears (1979, 1981 e 1982), Al Unser (1983 e 1985), Danny Sullivan (1988), Al Unser Jr. (1994) e Gil de Ferran (2000 e 2001).

DOIS SEGUIDOS

Vencer títulos consecutivos na Cart por equipes é uma proposição difícil, por isso Jim Trueman tinha razão para ficar muito orgulhoso ao final da temporada de 1987, quando seu piloto Bobby Rahal fez exatamente isso. Rahal e Truesports superaram Michael Andretti em 1986, para aumentar a diferença sobre o mesmo piloto no ano seguinte, mesmo tendo mudado do chassi March para o Lola.

DE ESPORTE PROTÓTIPO À FÓRMULA

Piloto, dono de equipe e engenheiro genial, Jim Hall era um homem ocupado. O esporte protótipo foi sua primeira paixão, mas tentou a F1, foi para a F5000 e para a IndyCar, sempre com chassi próprio. Rápido desde o início, Johnny Rutherford conquistou seu segundo título da Cart em 1980, com o recorde de pontuação de 4.723, antes do sistema de pontos ser alterado.

Acima **Dois seguidos:** Bobby Rahal, na tortuosa pista de Laguna Seca, a caminho do segundo título pela Truesports 1987. *Abaixo* **A Penske tem mais coroas:** Gil de Ferran entra nos boxes à frente de Patrick Carpentier, a caminho de seu segundo título com a Penske na Cart 2001.

EQUIPES E PISTAS 177

EQUIPES COM MAIS TÍTULOS – CART

1	Penske Racing	9
2	**Newman/Haas/Lanigan Racing**	8
3	Chip Ganassi Racing	4
4	Truesports	2
5	Chapparal Racing	1
=	Forysthe Racing	1
=	Galles-Kraco Racing	1
=	Team Green	1
=	Patrick Racing	1
=	Rahal-Hogan Racing	1

DIVIDIR PARA VENCER

Depois de uma breve parceria com a Forsythe, Barry Green montou a própria equipe e, em 1995, teve um ano incrível com Jacques Villeneuve. Iniciaram o ano em Miami com uma vitória, marcaram um triunfo dramático na Indy 500, e Villeneuve ainda venceu em Elkhart Lake e Cleveland, conquistando o título de pilotos.

DE CAMPEÃO PARA CAMPEÃO

Bobby Rahal é o único campeão da Cart a conquistar o título com seu próprio time. Depois de vencer os títulos de 1986 e 1987 com a Truesports, Bobby formou a Rahal-Hogan Racing com Carl Hogan no final de 1991, assumindo a Truesports. Eles conquistaram o título na Cart na primeira temporada, em 1992. Em 1996, a equipe virou a Rahal-Letterman Racing com a associação do apresentador de TV David Letterman.

ANOS VENCEDORES

A equipe Newman/Haas/Lanigan Racing tem o recorde de mais vitórias na Cart, com 107 triunfos, 24 à frente da equipe Penske. A primeira vitória aconteceu com Mario Andretti em Elkhart Lake, 1983, no último ano da antiga Cart. Depois, o francês Sébastien Bourdais venceu quatro títulos consecutivos e ainda adicionou mais 31 vitórias para a equipe, na fase ChampCar.

PENSKE FAZ SUA MARCA

A Penske comemorou uma memorável primeira temporada na Cart, em 1979, quando seu chassi venceu 11 das 14 provas do ano. A McLaren venceu duas e a Chaparral, uma. Mas, de forma pouco usual, somente nove foram da Penske Racing, pois Gordon Johncock venceu a abertura daquele ano e levou mais uma no meio da temporada, mas pela equipe Patrick Racing com chassi Penske.

FORÇA FORSYTHE

A Forsythe Racing está em quarto lugar em número de vitórias, com 34, incluindo a primeira de Hector Rebaque em Elkhart Lake, em 1982. Seu melhor ano foi em 2003, quando seus pilotos venceram oito etapas. Paul Tracy venceu sete e foi campeão absoluto e o compatriota Patrick Carpentier levantou o outro troféu para a equipe.

LOLA REINA SUPREMA

A Lola é a fabricante com mais títulos na Cart, com 13, seis à frente da Penske e da Reynard. Ela também tem o recorde de mais vitórias, 196, ajudada pelo chassi padrão adotado em 2005 e 2006. A compatriota britânica Reynard está em segundo, com 95.

AZUL OVAL NOS OVAIS

O motor Ford tem o maior número de vitórias na Cart, além de levar seus pilotos a 17 vitórias. O Cosworth-modelo DFX, um turbo derivado do vencedor DFV na F1, levantou o título entre 1979 e 1987. Em termos de vitórias, a marca do logo oval vem à frente, com 251 conquistas, seguida da Chevrolet, que tem 82.

QUATRO EM QUATRO

A equipe do ex-piloto Chip Ganassi pegou o jeito de vencer títulos na Cart depois da primeira conquista com Jimmy Vasser em 1996, pois venceu mais três vezes em seguida: Alessandro Zanardi, em 1997 e 1998; e Juan Pablo Montoya, em 1999. Em quatro anos, a equipe pulou para a terceira posição na tabela de títulos conquistados.

No alto **Equipes com mais títulos – Cart:** Paul Newman saúda Cristiano da Matta após vitória em Chicago 2002. *Acima* **Dividir para vencer:** Barry Green se juntou à Andretti, pela qual Tony Kanaan foi campeão em 2004. *Direita* **Quatro em quatro:** Alessandro Zanardi foi bicampeão na Cart pela Target Chip Ganassi em 1997–98.

DAS COMPRAS PARA AS PISTAS

A Bradley Motorsports teve uma curta trajetória até o título, pois a primeira temporada da IRL teve apenas três provas: Walt Disney World's Speedway, Phoenix e a Indy 500. Apoiada pelo dono da rede de supermercados Brad Calkins, a equipe venceu o título de 1996 com Buzz, filho de Brad, ao volante, empatado com Scott Sharp, da AJ Foyt Racing.

Acima **Primeiro sucesso da Penske:** A vitória nas 500 Milhas de Indianápolis em 1979 pôs Rick Mears no caminho do título na Cart. *Abaixo* **Das compras para as pistas:** Buzz Calkins deu à Bradley Motorsports seu título IRL em 1996.

PRIMEIRO SUCESSO DA PENSKE

A primeira equipe a ser campeã na estreia na Cart foi a Penske Racing, em 1979. Rick Mears esteve ao volante dos seus carros e venceu três provas na temporada: Indianápolis, Trenton e Atlanta Motor Speedway, que foi a última prova daquele ano.

ASTRO NAS TELAS E NAS PISTAS

O ator Paul Newman tinha paixão por velocidade e não era bobinho ao volante, não. Ele demonstrou isso ao terminar em segundo lugar as 24 Horas de Le Mans, em 1979. Entretanto, será lembrado no círculo de competidores norte-americanos pelo sucesso da equipe que mantinha com Carl Haas, a Newman/Haas, que virou Newman Hass Lanigan em 2007. A equipe é a segunda em títulos, com oito troféus. Tudo começou com Mario Andretti, em 1984, e terminou com Sébastien Bourdais em 2007.

EQUIPES COM MAIS TÍTULOS NA IRL

1	Chip Ganassi Racing	4
2	Andretti Green Racing	3
3	AJ Foyt Racing	2*
=	Team Menard	2
=	Panther Racing	2
6	Bradley Motorsports	1*
=	Hemelgarn Racing	1
=	Penske Racing	1

*Título compartilhado.

EQUIPES E PISTAS 179

COMBINAR E BRILHAR

Foram dez anos competindo como a equipe homônima de Rick Galles na Cart, 1980 a 1990 sem um título. Então, um ano depois de se juntar a Maurice Kranes, formando a Galles-Kraco, o sucesso de Al Unser Jr. veio com vitórias em Long Beach, Milwaukee e mais quatro consecutivas em Toronto, Michigan, Denver e Vancouver. Contudo, só conseguiu repetir esse desempenho tão forte nas 500 Milhas de Indianápolis, vencidas por Al Jr. em 1992.

TRÊS PARA DOIS

Fundamentado no conhecimento adquirido com as vitórias na Cart, Barry Green juntou-se a Michael Andretti em 2003, formando a Andretti Green Racing, que imediatamente se colocou no topo dos títulos na IRL. Eles vieram com Tony Kanaan em 2004, Dan Wheldon em 2005 e Dario Franchitti em 2007. A Chip Ganassi Racing igualou esse feito em 2009, quando Franchitti lhes deu o terceiro título.

HONDA PASSA À FRENTE

O motor Oldsmobile Aurora foi o dominador no início da IRL, equipando os campeões em 1996 e 1997. Contudo, a Honda assumiu em 2009 o lugar de motor com mais vitórias na IRL, quando Dario Franchitti conquistou para eles o sétimo troféu. É importante destacar que a Honda é motor padrão desde 2006.

NO TOPO, É DIFÍCIL

A equipe de John Menard está em terceiro lugar na tabela de títulos da IRL, com duas conquistas. A primeira foi feita por Tony Stewart em 1996/97 e a segunda com Greg Ray em 1999. O proprietário da equipe e de uma rede de artigos para casa, John, percebeu como era difícil permanecer no topo da categoria e preferiu se unir à Panther Racing em 2004.

CARROS ITALIANOS

O chassi italiano Dallara tem o maior número de títulos da IRL – 12 – desde 2004. Também possui a maior quantidade de vitórias na IRL, com 184 conquistas, 107 à frente da G-Force. Essa estatística favorece o fabricante italiano, pois seu chassi foi adotado como padrão na categoria a partir da temporada de 2007.

A PANTHER DOMINA

A equipe Panther Racing de John Barnes, sediada em Indianápolis, tem orgulho de seu histórico na IRL, pois levou o piloto Sam Hornish Jr. a dois títulos seguidos, em 2001 e 2002, vencendo oito provas ao longo dessas duas temporadas.

VENCER E PERDER

A Patrick Racing é uma das equipes a terem um título na Cart, conquistado em 1989 quando o bicampeão mundial da F1, Emerson Fittipaldi, mostrou como ainda era competitivo na segunda fase da carreira ao derrotar Rick Mears com três vitórias seguidas, no início daquela temporada. Depois disso, tudo deu errado para a Patrick: Fittipaldi levou o patrocínio da Marlboro para a Penske e o sócio mais novo do time, Chip Ganassi, saiu da sociedade para montar a própria equipe.

No alto **Combinar e brilhar:** Al Unser Jr. leva a vitória em Denver com a Galles Lola 1990, no ano em que foi campeão. *Acima, à direita* **A Panther domina:** O ás vencedor Sam Hornish Jr. lidera a Tomas Scheckter em Fontana 2002. *Abaixo* **Foyt vence também como equipe:** AJ Foyt conversa com Kenny Brack em 1998, quando ajudou o sueco a conquistar seu título.

FOYT VENCE TAMBÉM COMO EQUIPE

Depois de dividir o título inaugural da categoria com a Bradley Motorsports, o vencedor inveterado AJ Foyt desfrutou de seu conhecimento para ser o primeiro bicampeão da IRL, levando o Kenny Brack ao título em 1998. Ele venceu três provas consecutivas em Charlotte, Pikes Peak e Atlanta, na segunda metade da temporada daquele ano.

RECORDES POR PISTA

MICHIGAN, O MÁXIMO

Michigan recebeu mais provas da Cart do que qualquer outro circuito, com 33 provas entre 1979 e 2001, graças ao fato de receber uma segunda prova da categoria entre 1979 e 1986, além das 500 Milhas. Sem dúvida, a razão para isso era o fato de ser a pista mais veloz do calendário, até a inauguração da California Speedway, situada em Fontana, em 1997.

NOVA YORK, NOVA PISTA

As tentativas da Cart para conquistar Nova York nunca deram certo. A pista de Meadowlands, perto de Manhattan, teve sua fase entre 1984 e 1991, mas não decolou. Mario Andretti foi o vencedor, mas a média de 129,9 km/h não agradou aos fãs; foi feita então uma adaptação para oval, mas não adiantou muito, pois a média de velocidade de Al Unser Jr. ao vencer em 1988 ainda foi baixa: 159,85 km/h.

APAGÃO NA HORA ERRADA

A Texas Motor Speedway sediou uma prova da Cart em 2001 e causou preocupação para alguns pilotos. A razão é que sua inclinação de 24 graus e a força centrífuga a que os pilotos eram submetidos causaram desmaios em alguns deles. Como consequência, alguns se recusaram a correr e a Cart nunca mais voltou para lá.

VELOZ NAS RUAS

Quando se fala em circuitos temporários montados nas ruas das cidades, Al Unser Jr. é aquele que tem o melhor retrospecto, com 18 vitórias. Ele começou vencendo em Meadowlands com seu Shierson Racing Lola em 1985 e conquistou mais vitórias em Miami, Long Beach (seis vezes), Toronto e Vancouver.

Acima **Michigan, o máximo:** Michigan recebeu 33 provas da Cart, incluindo a última, em 2001. *Abaixo, à direita* **Subidas e descidas:** As curvas traiçoeiras de Mid-Ohio sempre atraem os pilotos, como perceberam Oriol Servia e Bruno Junqueira, ao baterem lá em 2003. *Abaixo, à esquerda* **Direita e esquerda:** Mario Andretti brilhou nos circuitos permanentes e em Indianápolis 1967.

FOYT, MELHOR INCLINADO

Os ovais com inclinação nas curvas estão muito associados à IndyCar em todas as suas encarnações, assim como A. J. Foyt, pois ele é o recordista de vitórias nesses circuitos, com 40 triunfos em sua longa carreira. A primeira delas foi em 1961, quando venceu nada menos do que a Indy 500. Mas já havia vencido em outros ovais, em pista de terra batida em 1960.

PÉ EMBAIXO, MAS NÃO O TEMPO TODO

A variedade de circuitos da Cart pode ser atestada pela pista de Cleveland Burke Lakefront Airport. Era delimitada por cones, muito larga, feita quase o tempo todo com o pé embaixo, o que criava grandes possbilidades de ultrapassagens. Os pilotos Emerson Fittipaldi, Danny Sullivan e Paul Tracy venceram três vezes cada um nessa bela pista.

SUBIDAS E DESCIDAS

A pista de Mid-Ohio é o oposto dos superspeedways. Suas subidas e descidas e seu asfalto ondulado estão localizados próximos a Lexington. Introduzida na Cart por Jim Trueman, dono da Truesports, em 1980, essa pista foi adotada também pela IRL quando assumiu a Cart/ChampCar no final de 2007.

DIREITA E ESQUERDA

Mario Andretti mostrou habilidade em virar tanto para a direita como para a esquerda, pois venceu em todos os tipos de circuito e não somente nos ovais. Ele detém o recorde de 17 vitórias em circuitos permanentes como o misto de Indianápolis, St. Jovite, Seattle, Riverside, Castle Rock, Elkhart Lake, Mid-Ohio e Portland.

OS 10 CIRCUITOS MAIS VELOZES – CART

	Circuito	Piloto	Ano	Média km/h
1	Fontana	Gil de Ferran	2000	388,45
2	Michigan	Paul Tracy	2000	378,07
3	Texas	Kenny Brack	2001	375,45
4	Indianápolis	Roberto Guerrero	1992	374,07
5	Motegi	Gil de Ferran	1999	352,25
6	Homestead	Greg Moore	1998	349,99
7	Rockingham	Kenny Brack	2002	343,91
8	Pocono	Emerson Fittipaldi	1989	340,65
9	Lausitzring	Tony Kanaan	2001	337,16
10	Las Vegas	Patrick Carpentier	2004	331,75

Voltas classificatórias.

PERTO DA FRONTEIRA

O Canadá recebeu a IndyCar (Usac e Cart) em seis circuitos diferentes: Edmonton, Gilles Villeneuve em Montreal, Mosport Park, St. Jovite em Mont-Tremblant, Toronto e Vancouver. Edmonton é um circuito temporário montado num aeroporto, Toronto e Vancouver são montados nas ruas das cidades, enquanto os demais são circuitos permanentes.

O VOADOR DA CALIFÓRNIA

A California Speedway em Fontana tem um recorde considerável em seu nome: a maior velocidade média num circuito fechado do esporte a motor. Gil de Ferran voou durante 30,255 segundos, em 2000, a 388,54 km/h. E qualquer pessoa que tenha tido o prazer de conhecer esse brasileiro teria a certeza de que ninguém melhor do que ele para descrever essa fabulosa volta em Fontana.

Esquerda **Os 10 circuitos mais velozes – Cart:** Gil de Ferran segura a placa com a velocidade recorde em milhas por hora, em Fontana 2000. *No pé da pág.* **Vitória pelo nariz:** Mark Blundell (esquerda) bate Gil de Ferran por um nariz em Portland 1997.

VITÓRIA PELO NARIZ

A final mais apertada da Cart aconteceu em Portland, em 1997. Mark Blundell saiu melhor da última curva para superar Gil de Ferran praticamente em cima da linha de chegada, já na bandeira quadriculada. A margem da vitória foi de apenas 0,027 segundo naquela prova, a Budweiser Gl Joe's 200.

LONG BEACH, LONGO RECORDE

O circuito em torno das ruas da cidade californiana de Long Beach foi utilizado em quatro categorias internacionais: F5000 em 1975, F1 de 1976 até 1983, Cart de 1984 até 2008 e, mais recentemente, pela IRL em 2009. Al Unser Jr. venceu seis vezes ali. Alessandro Zanardi (1997/98), Paul Tracy (2003/04), Sébastien Bourdais (2005/06) e Will Power (2007/08) todos têm duas vitórias em Long Beach.

EUROPEUS ADOTAM OS OVAIS

As pistas ovais são poucas na Europa, depois do abandono de Brooklands na Inglaterra, Sitges na Espanha e a parte oval de Monza na Itália. Mas surgiram os ovais modernos como Rockingham na Inglaterra e Lausitzring (conhecido como Euro Speedway) na Alemanha, ambos se colocando entre os dez mais velozes da Cart, com médias horárias na faixa dos 340 km/h.

FECHAM-SE AS CORTINAS

O circuito oval de Chicagoland Speedway chama para si as finais mais apertadas do automobilismo, tendo quatro entre as dez finais mais justas. A mais apertada de todas foi em 2002, a segunda em 2008, a quinta em 2003 e a nona em 2005. As margens de vitórias estão entre 0,0024 seg até inacreditáveis 0,0133 seg. Em 2003, os três primeiros colocados tinham entre si apenas 1 décimo de segundo na bandeira quadriculada.

TEXAS COM DOIS Ts

A Texas Motor Speedway sediou mais etapas da IRL do que as outras pistas, incluindo a pista-talismã da série, Indianápolis, com 20 eventos contra 15 da segunda. Isso porque o Texas sediou duas provas nos anos entre 1998 e 2004. Depois disso, nenhuma outra pista teve o privilégio de sediar duas provas.

UMA FORMA DIFERENTE DE CAVALARIA

O estado de Kentucky é mais conhecido por seus cavalos e pelo bourbon, mas agora também é conhecido por causa do trioval que tem desde 2000. E pode se gabar em relação ao estado vizinho, Tennessee, porque sua pista é mais veloz do que aquela de Nashville.

AS DUAS FACES DOS DADOS

Não dá para se confundir com as duas pistas que Las Vegas já teve. A primeira sediou a F1 no Caesar's Palace em 1980, e a segunda recebe a IRL no Las Vegas Speedway. A primeira era tortuosa e construída dentro do estacionamento do cassino famoso, com média de 172 km/h. A outra foi desenhada para que se atingissem médias de 170 km/h acima das médias registradas no outro evento.

MILWAUKEE MAIS VISITADA

Indianapolis Motor Speedway promoveu as 500 Milhas de Indianápolis 93 vezes, mas a pista de Milwaukee Mile, localizada no Wisconsin State Fair Park – o circuito fechado mais antigo do mundo –, é a mais visitada de todas ao longo das séries AAA National Championship, Usac, Cart e IRL, tendo recebido 112 provas entre os anos de 1903 e 2009.

GUARDE A MELHOR PARA O FINAL

A volta mais rápida registrada no trioval de Pocono Raceway foi de 340,65 km/h, marcada por Emerson Fittipaldi no seu Penske-Chevrolet PC18 durante a classificação de 1989. Essa foi a última visita da categoria àquela pista, pois as equipes alegavam que as ondulações de seu asfalto eram muito grandes para carros que passavam muito dos 320 km/h.

Acima **Long Beach, longo recorde:** Sébastien Bourdais vence pela segunda vez em Long Beach 2006. *Abaixo* **Intercontinentes:** Rockingham Speedway foi o circuito mais recente na Grã-Bretanha a receber a IndyCar em 2001 e 2002.

INTERCONTINENTES

A IndyCar aumentou suas provas fora dos Estados Unidos e Canadá ao longo dos anos. Foram feitas provas: Argentina (Rafaela), Austrália (Surfer's Paradise), Bélgica (Zolder), Brasil (Jacarepaguá e São Paulo), Alemanha (Lausitzring), Holanda (Assen), Japão (Fuji e Motegi), México (Cidade do México e Monterrey) e Grã-Bretanha (Brands Hatch, Silverstone e Rockingham).

EQUIPES E PISTAS 183

AS 10 VOLTAS MAIS RÁPIDAS – IRL

	Circuito	Piloto	Ano	Média km/h
1	Indianápolis	Tony Stewart	1996	375,06
2	Fontana	Hélio Castroneves	2003	364,89
3	Atlanta	**Greg Ray**	2001	360,49
4	Chicagoland	Richie Hearn	2003	359,03
5	Texas	Gil de Ferran	2003	358,65
6	Michigan	Tomas Scheckter	2003	357,97
7	Kentucky	Sam Hornish Jr.	2003	353,38
8	Homestead	Sam Hornish Jr.	2006	351,64
9	Kansas	Scott Dixon	2003	350,87
10	Las Vegas	Sam Schmidt	1999	337,03

Voltas classificatórias em cada circuito.

Esquerda **As 10 voltas mais rápidas – IRL:** Greg Ray pôs Atlanta na tabela dos mais velozes em 2001. *Abaixo, à esquerda* **A bela e a fera:** Bruno Junqueira conquistou Road America em 2001. *No pé da pág.* **Pista local para pilotos locais:** Paul Tracy parte para a vitória em Toronto 2003.

» A BELA E A FERA

Se houvesse um prêmio por beleza, certamente a pista de Road America, em Elkhart Lake, no norte do Wisconsin, seria sempre a vencedora. Há uma certa sedução ao se mergulhar em seus 8,5 km de extensão e tem sido uma das mais disputadas da Cart. Ela ainda tem o apelo de apresentar alguns vencedores-surpresa como aconteceu em 1982, quando Hector Rebaque venceu, e em 1985, quando foi a vez de Jacques Villeneuve.

» RAY TEM A FORÇA

Tipicamente um circuito modelo Nascar, o Atlanta Motor Speedway foi usado pela Cart entre 1979 e 1983 e a IRL usou o traçado entre 1998 e 2001. Greg Ray fez a terceira volta mais rápida da categoria nesta pista, depois de Indianápolis e Fontana, quando registrou a pole position para a prova de 2001, com uma média de 360,49 km/h com seu Dallara-Aurora da equipe Menard.

PISTA LOCAL PARA PILOTOS LOCAIS

O circuito de rua de Toronto, localizado no Exhibition Place, era muito popular na Cart. Talvez um de seus dias mais emocionantes foi quando Paul Tracy venceu lá em 2003. Ele abriu uma vantagem tão grande que pôde parar nos boxes durante uma bandeira amarela e ainda voltar na liderança antes de seu rival mais próximo chegar aos boxes.

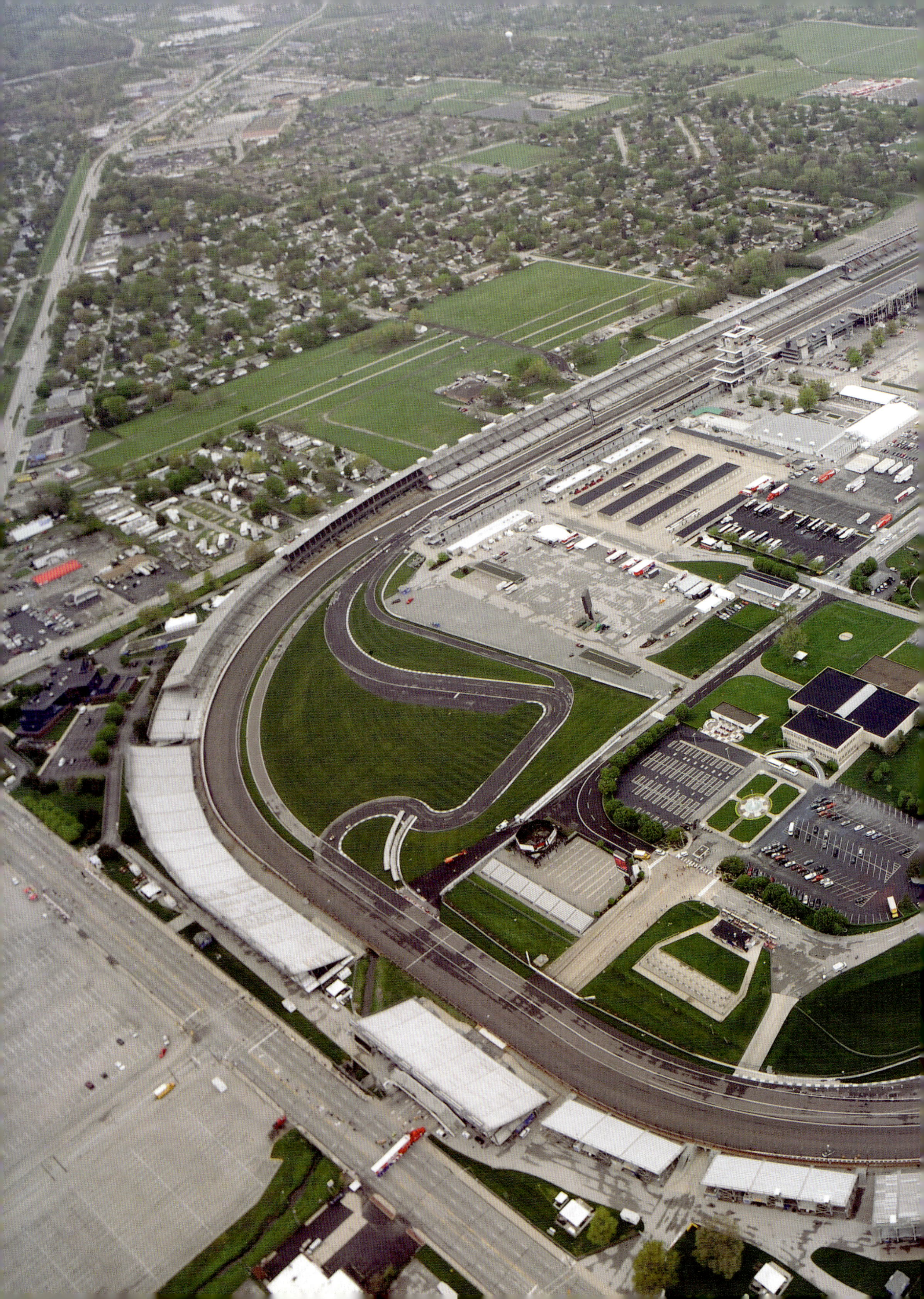

500 MILHAS DE INDIANÁPOLIS

Datando de 1911, as 500 Milhas de Indianápolis, ou Indy 500, são a maior corrida dos Estados Unidos. As 500 Milhas de Daytona (Nascar) vêm crescendo nos últimos anos, mas a Indy 500 é "a maior de todas". É uma corrida cuja história tem dramas e cujos participantes experimentam altos e baixos. A Indy 500 projetou grandes nomes ao longo dos anos, como A. J. Foyt, os Unsers, os Andrettis e Rick Mears.

Abaixo **A rosa tem outro nome:** O Indianapolis Motor Speedway, ou Brickyard, é a sede das 500 Milhas de Indianápolis, corrida mais conhecida e maior evento a motor dos Estados Unidos.

RECORDES POR PILOTO

DOIS NA RODA

Apenas cinco pilotos venceram a Indy 500 dois anos seguidos. O primeiro a conquistar esse feito foi Wilbur Shaw, que faturou em 1939 no Boyle Special – o Maserati 8C – e repetiu o feito em 1940 no mesmo carro vermelho-escuro. Os outros foram: Mauri Rose (1947 e 1948), Bill Vukovich (1953 e 1954), Al Unser (1970 e 1971) e Hélio Castroneves (2001 e 2002).

CURTINDO A VIDA NA FRENTE

Ralph de Palma está em segundo lugar no ranking de voltas lideradas na Indy 500, atrás de Al Unser, com 612. Quando fez essa marca, ele tinha ao seu lado um mecânico, como mandava o regulamento até 1937. Palma, italiano de nascimento, adorava a corrida, mas seu mecânico, que em 1920, teve que pular em cima do capô para apagar o fogo que se iniciava no carro, gostava muito mais.

SEM RESPEITO PELA IDADE

Os pilotos de competição tinham uma média de idade maior na década de 1950, assim Troy Ruttman devia parecer um bebê de colo ao se classificar para a Indy 500 pela primeira vez em 1949, aos 18 anos. Ele quebrou antes do final, mas voltou todos os anos até que, na sua quarta visita, com um JC Agajanian Kuzma-Offenhauser, em 1952, com apenas 22 anos e 80 dias, ele venceu. O recorde de Troy ainda persiste.

DOMÍNIO QUASE TOTAL

Billy Arnold quase atingiu a performance máxima na Indy 500 em 1930. Ele partiu da pole position com seu Miller-Hartz com motor dianteiro e venceu, liderando 198 voltas, pois as duas primeiras foram lideradas por Lou Meyer num Sampson.

TRÊS PARA QUATRO

A. J. Foyt, Al Unser e Rick Mears têm o recorde de mais vitórias na Indy 500, com quatro triunfos cada. Foyt foi o primeiro a conseguir o feito em 1977 (havia vencido em 1961, 1964 e 1967). Unser fez as suas em 1970, 1971, 1978 e 1987 antes de Mears igualá-los em 1979, 1984, 1988 e 1991.

Acima **Dois na roda:** Wilbur Shaw acena para a multidão após vencer a Indy 500 1940. *Abaixo* **Três para quatro:** Al Unser no Lola-Cosworth passa Johnny Parsons em seu Lightning Offenhauser a caminho da terceira vitória na Indy 500 1978.

500 MILHAS DE INDIANÁPOLIS 187

PILOTOS COM MAIS VITÓRIAS NA INDY 500

1	AJ Foyt	4
=	Rick Mears	4
=	Al Unser	4
4	Hélio Castroneves	3
=	Louis Meyer	3
=	Mauri Rose	3
=	Johnny Rutherford	3
=	Wilbur Shaw	3
=	Bobby Unser	3
10	Emerson Fittipaldi	2
=	Dario Franchitti	2
=	Gordon Johncock	2
=	Arie Luyendyk	2
=	Tommy Milton	2
=	Al Unser Jr.	2
=	Bill Vukovich	2
=	Rodger Ward	2
=	Howdy Wilcox	2

54 pilotos venceram 1 vez.

▶▶ SUPERANDO A PENALIZAÇÃO

A Indy 500 é difícil de vencer, mas Jacques Villeneuve escolheu um jeito duro em 1995, quando superou uma penalização de duas voltas, para assumir a liderança na volta 195 das 200. Tudo começou porque na volta 37 ao ultrapassar o carro-madrinha, por não saber que liderava quando os advesários haviam entrado nos boxes. Ele caiu para a 24ª colocação e teve que se recuperar até a ponta da prova.

▶▶ SEM SINAL DE VELHICE

Al Unser foi desses pilotos que continuaram a competir e virou o mais velho vencedor da Indianápolis 500 em 1987, quando estava a cinco dias do 48º aniversário. Mesmo tendo largado em 20º, ele trouxe seu Penske Racing March amarelo-brilhante através do pelotão até terminar à frente de Roberto Guerrero da Vince Granatelli Racing March, com 4,487 segundos de vantagem.

▶▶ 12 DIVIDEM A LIDERANÇA

Emerson Fittipaldi estava na frente na hora que realmente importava em 1993, pela Penske. Foi uma corrida com muitas trocas de liderança: 12 dos 33 pilotos lideraram a corrida. Os outros foram: Arie Luyendyk, Raul Boesel, Stephan Gregoire, Kevin Cogan, Al Unser, Mario Andretti, John Andretti, Robby Gordon, Scott Goodyear, Nigel Mansell e Al Unser Jr.

▶▶ AS MULHERES TÊM A FORÇA

Em 1977 a engenheira espacial Janet Guthrie foi a primeira mulher a se classificar para correr a Indy 500. Ela chegou em nono no ano seguinte em seu Texaco Star Wildcat. O melhor resultado de uma mulher na Indy 500 foi em 2009, quando Danica Patrick terminou em terceiro pela Andretti Green, vindo da décima colocação na largada.

▶▶ ATAQUE VINDO DE TRÁS

Ray Harroun e Louis Meyer têm o recorde de maiores avanços no pelotão da Indy 500, ambos indo de 28º para a vitória. Harroun fez isso no primeiro evento da Indy 500 em 1911, com seu Marmon Wasp da equipe de Ralph Mulford, que largou ao lado dele. Destaque para o fato de que não houve treino classificatório e os carros largaram pela ordem de inscrição. Meyer fez seu ataque em 1936, quando chegou à liderança na metade da corrida, superando Ted Horn por 2 minutos e 17,15 segundos.

No alto **Superando a penalização:** Jacques Villeneuve enfrentou um grande obstáculo em 1995: uma penalidade de duas voltas.
Acima **As mulheres têm a força:** Janet Guthrie preparou o caminho e Danica Patrick (vista aqui em 2009) é a estrela atual da Indy.
Abaixo **A revolução dos motores traseiros:** Graham Hill, segunda vitória com um motor traseiro pela Lola em 1966.

A REVOLUÇÃO DOS MOTORES TRASEIROS

O futuro dos carros de corrida com motor dianteiro (roadsters) foi selado em 1961, quando Jack Brabham teve um bom desempenho correndo com um Cooper de motor traseiro, e em 1963, quando Jim Clark quase venceu uma prova. Clark fez a pole em 1964 e em 1965 obteve a primeira vitória com um carro de motor traseiro. Em 1966, Graham Hill, colega de Clark na F1, obteve a segunda vitória do gênero, com um Lola.

RECORDES POR EQUIPE

PENSKE NA POLE

A Penske lidera a tabela de vitórias na Indy 500 com 15 marcas, quase igual ao número de pole positions, 16. Tom Sneva fez a primeira para a equipe em 1977, com seu McLaren-Cosworth M24 a 320 km/h. Na prova ele ficou na segunda colocação, logo atrás de AJ Foyt e seu Coyote.

DOBRADINHA MAIS ANTIGA

A primeira dobradinha aconteceu em 1947 com Mauri Rose e Bill Holland, pilotos da equipe Lou Moore. Seus modelos Blue Crown Spark Plug Specials largaram em terceiro e oitavo, mas conseguiram superar o pole, Ted Horn, num Maserati. Era para Holland vencer, mas Rose ignorou os avisos de Moore para diminuir, alcançou Holland a sete voltas do final e venceu. Holland deixou, pois achava que o companheiro estava uma volta atrasado.

RETORNO DOS EUROPEUS

Fora as vitórias da Peugeot, Delage e Mercedes entre 1913 e 1919, e a Maserati que venceu em 1939 e 1940, foram os norte-americanos que venceram com carros e equipes até que os europeus superassem os seus carros com motores dianteiros. A equipe Lotus usou toda sua experiência da F1 para vencer em 1965 e ser segunda colocada em 1966, atrás de Graham Hill com um carro britânico Lola, inscrito pela equipe norte-americana de John Mecom.

QUATRO VEZES FOYT

AJ Foyt venceu quatro vezes as 500 Milhas de Indianápolis e, em todas as vitórias menos a primeira em 1961, ele venceu com sua própria equipe. Ele venceu em 1964 e 1967, sob a bandeira da Ansted-Thompson Racing e em 1977 como Gilmore Racing numa sociedade com Jim Gilmore. Depois de se retirar das pistas, ele montou a A. J. Foyt Enterprises que levou o sueco Kenny Brack ao triunfo na prova em 1999.

3 VITÓRIAS PARA OS 3Ws

O piloto Rodger Ward formou a Leader Card Racing com o produtor de cartões Bob Wilke e o desenhista mecânico AJ Watson para a temporada de 1959. A recompensa foi imediata, pois Ward venceu, à frente de Jim Rathmann. Venceram de novo em 1962 e em 1968 quando Ward quebrou e Bobby Unser estava ao volante do carro da equipe, um Eagle-Offenhauser.

VITÓRIAS COM A AJUDA DA CHUVA

A Patrick Racing distribuiu suas três vitórias na Indy 500 ao longo de 17 anos, incluindo a vitória de Emerson Fittipaldi em 1989 que levou a equipe para a quarta posição na tabela dos maiores vencedores da prova. As duas primeiras vieram com o piloto Gordon Johncock, em 1973 e 1982, sendo que na primeira delas o piloto foi ajudado pela chuva, que fez a prova ser interrompida na volta 133 das 200 programadas.

EQUIPES COM MAIS VITÓRIAS NA INDIANÁPOLIS 500

#	Equipe	Vitórias
1	Penske Racing	15
2	Lou Moore	5
3	AJ Foyt Enterprises	4
4	Andretti Green Racing*	3
=	Leader Cards Racing	3
=	Patrick Racing	3
7	JC Agajanian	2
=	Boyle Racing	2
=	Chaparral Cars	2
=	Duesenberg Automobile	2
=	Chip Ganassi Racing	2
=	Harry Hartz	2
=	Howard Keck	2
=	McLaren Cars	2
=	Louis Meyer	2
=	Peugeot	2
=	George Salih	2
=	Vel's Parnelli Jones Racing	2
=	John Zink	2

* Como Team Green em 1995.

Esquerda **Dobradinha mais antiga:** Mauri Rose é cumprimentado pela atriz Carole Landis depois da vitória em 1947. *Abaixo* **Holandês voador:** Arie Luyendyk venceu em 1990 na Indy 500 mais veloz da história, com a média de 299,24 km/h.

HOLANDÊS VOADOR

A equipe Shierson Racing venceu a Indy 500 uma vez, em 1990, com Arie Luyendyk ao volante de um Lola-Chevrolet T90/00. O proprietário da equipe, Doug Shierson, pôde se orgulhar da vitória de seu pupilo holandês, que estabeleceu a média horária recorde para a prova: 299,24 km/h.

O DESAFIO DA PENSKE

A Penske Racing é a equipe com mais vitórias na Indy 500, com 15 triunfos em casa. A primeira vitória foi conquistada pelo veterano Mark Donohue num McLaren azul-escuro em 1972. A mais recente foi do brasileiro Hélio Castroneves a bordo de um dos dois Dallaras pintados nas cores da Marlboro, em 2009.

SATISFAZENDO O CHEFE

Sete pilotos têm a distinção de vencer a Indy 500 como donos de seu próprio carro. O primeiro deles foi em 1922, Jimmy Murphy; depois vieram Kelly Petillo (1935), Wilbur Shaw (1937), A. J. Foyt (1967 e 1977) e Eddie Cheever (1998). Parnelli Jones e Bobby Rahal fizeram diferente. Venceram como pilotos e depois como donos de equipes: Al Unser (1970 e 1971) e Buddy Rice (2004), respectivamente.

Acima **Satisfazendo o chefe:** Em 1998 Eddie Cheever virou o quinto dono de equipe vencedor. *Direita* **Irmãos vencedores:** Dan Wheldon posa com a equipe Ganassi em 2007. *Abaixo* **O desafio da Penske:** Hélio Castroneves, o chefão Tim Cindric e o dono da equipe, Roger Penske, celebram a vitória em 2009.

IRMÃOS VENCEDORES

Barry Green e seu irmão Kim correram com o piloto canadense Jacques Villeneuve na Fórmula Atlantic e depois na Cart, em 1994, como Equipe Green. Venceram a Indy 500 e o título da Cart naquele ano. O ex-piloto Michael Andretti correu pela equipe em 2001, o que facilitou a formação da Andretti Green Racing, que venceu duas vezes a Indy 500. Em 2005 com Dan Wheldon e, em 2007, com Dario Franchitti, ambos britânicos.

SUCESSO O TEMPO TODO

A Firestone é a fabricante de pneus com melhor retrospecto na Indy 500, com 63 vitórias desde a primeira prova, em 1911. Depois, venceu com Jimmy Murphy, em 1922, e seguiram na frente por mais 25 provas consecutivas até 1948. Outras vitórias vieram em 25 anos, mas ficaram 20 anos sem vencer, até 1993, quando retomaram a vitória. A última delas veio com Dario Franchitti em 2010.

OUTROS RECORDES

FIM DE UMA ERA

A chegada dos carros da F1 disparou uma revolução na Indy 500 nos anos 1960: os seus motores eram colocados atrás dos pilotos e não mais à frente. Sua maneabilidade era muito superior aos modelos da época da IndyCar roadsters, mas A. J. Foyt conseguiu levar mais uma prova em 1964 com um Ansted-Thompson Racing Watson-Offenhauser, tornando-se o último vencedor com esses modelos.

PARA CASA

Jules Goux venceu com a maior margem da história, quando, em 1913, levou seu Peugeot 13 min e 8,40 seg à frente de Spencer Wishart num Mercer. Antes de 1966, o cronômetro ficava funcionando até os pilotos completarem as 500 Milhas. O francês foi o primeiro estrangeiro a vencer a corrida e o primeiro a correr sem um mecânico ao lado. Dizem que nas paradas ele bebia champanhe!

Acima **Fim de uma era:** A. J. Foyt cruza a linha de chegada em 1964 na Indy 500, a última vitória de um carro com motor dianteiro. *Abaixo* **Em cima da linha:** Al Unser Jr. venceu Scott Goodyear em 1992 por 0,043seg, a menor margem da história das 500 Milhas; Goodyear havia largado na última posição, depois de ter substituído Mike Groff.

EM CIMA DA LINHA

O final mais apertado da Indy 500 aconteceu em 1992, quando Al Unser Jr. bateu Scott Goodyear por apenas 0,043 seg. Uma bandeira amarela encerrada na volta 194, deu a chance para a arrancada final. Unser Jr. cometeu um erro e Goodyear mergulhou por dentro, mas não foi o suficiente para ultrapassá-lo. O recorde anterior era de Gordon Johncock sobre Rick Mears por 0,16 seg.

O PILOTO DA FRENTE É...

Al Unser detém o recorde de mais voltas lideradas na Indy 500, com 644 nas suas 27 largadas. Ralph de Palma vem a seguir com 612 (10 largadas) e Bill Vukovich tem 485 (5 largadas, ótimo aproveitamento). Mas o melhor de todos foi Juan Pablo Montoya, com 167 voltas na liderança em sua única aparição na Indy 500.

OS 10 PILOTOS COM MAIS VOLTAS LIDERADAS

1	Al Unser	644
2	Ralph de Palma	612
3	Mario Andretti	556
4	AJ Foyt	555
5	Wilbur Shaw	508
6	Emerson Fittipaldi	505
7	Parnelli Jones	492
8	Bill Vukovich	485
9	Bobby Unser	440
10	Michael Andretti	431

ITALIANO VOADOR

A Dallara, fabricante italiana de chassis, está em segundo lugar em número de vitórias na Indy 500, com dez marcas. Venceu com 1998 (Eddie Cheever), 1999 (Kenny Brack), 2001 e 2002 (Hélio Castroneves), 2005 (Dan Wheldon), 2006 (Sam Hornish Jr), 2007 e 2010 (Dario Franchitti), 2008 (Scott Dixon) e 2009 (Hélio Castroneves). Vale lembrar que eles são fornecedores exclusivos para a IRL desde 2007.

OFFENHAUSER, OU OFFY

O motor Offenhauser é quase um símbolo da Indy 500, parecido com os tijolos originais que ainda permanecem na linha de chegada. E existe uma razão para isso: é que os Offy equiparam 27 vencedores entre 1935 (Kelly Petillo/ Wetteroth) e 1976 (Johnny Rutherford/ McLaren).

O PIOR LUGAR DE TODOS

Cinco pilotos tiveram a "sorte" de ser vice-campeões na Indy 500 em três ocasiões: Harry Hartz (1922, 1923 e 1926), Wilbur Shaw (1933, 1935 e 1938), Jim Rathmann (1952, 1957 e 1959), Al Unser (1967, 1972 e 1983) e Tom Sneva (1977, 1978 e 1980). Deles todos, apenas Harry Hartz nunca conseguiu vencer a prova!

NA FRENTE, MAS ATRÁS

Rodger Ward tem um recorde inesquecível: atingiu a liderança da prova dez vezes em 1960, mas não conseguiu vencer com seu Leader Card-Offenhauser. Ele batalhou roda a roda com Jim Rathmann e seu Ken-Paul Special durante 31 voltas, quando trocaram oito vezes de posição. Mas Rathmann assumiu definitivamente a liderança, quando os pneus de Ward perderam aderência e ele não teve mais como lutar pela vitória.

INICIANDO BEM DEVAGAR

A média horária da vitória mais baixa da história das 500 Milhas de Indianápolis foi registrada na primeira prova, realizada em 1911 e vencida por Ray Harroun. Ray fez 120 km/h pilotando o seu Marmon Wasp, que ele mesmo havia desenhado e pintado de amarelo e preto. A média de Harroun poderia ter sido maior, se ele não tivesse recorrido aos boxes por ter estourado um pneu na corrida.

FALHANDO NO FINAL

Um piloto pode sofrer um ataque do coração a qualquer momento durante uma corrida. Mas o que aconteceu com Ralph de Palma foi muito cruel. Em 1912, ele liderava a prova na volta 198, faltando portanto duas voltas para o final, quando uma biela de seu Mercedes quebrou, deixando a vitória para Joe Dawson. Oito anos depois, o mesmo Palma teve um motor em chamas quando liderava a prova na volta 186!

Acima **O piloto da frente é...:** Bill Vukovich dominou completamente a prova de 1953. Saiu na pole, liderou 195 das 200 voltas e venceu a primeira das suas duas conquistas na Indy 500. *Abaixo* **Chegando com sucesso:** O piloto colombiano Juan Pablo Montoya se tornou o sétimo estreante a vencer a Indy 500, pela Chip Ganassi em 2000, na única vez em que participou da prova.

CHEGANDO COM SUCESSO

Oito estreantes venceram a Indy 500: Ray Harroun (1911), Jules Goux (1913), René Thomas (1914), Frank Lockhart (1926), George Souders (1927), Graham Hill (1966), Juan Pablo Montoya (2000) e Hélio Castroneves (2001). Montoya foi o mais eficaz, pois largou em segundo, liderou 167 das 200 voltas com seu Chip Ganassi Racing G-Force, venceu a corrida e levou US$ 1.235.690 de premiação pela conquista e nunca mais correu de IRL nessa pista.

PARTE 5
OUTRAS FÓRMULAS

Mais do que nunca, hoje existem muitas competições de monopostos-fórmula, contrariamente aos tempos antigos, quando somente havia a F3, F2 e, se você fosse suficientemente bom, a F1. Todavia, é nessas fórmulas que um piloto trilha seu acesso, chama a atenção para si e quem vê, gosta. Assim como fizeram os pilotos Jackie Stewart, Jochen Rindt, Ayrton Senna, Michael Schumacher e Lewis Hamilton.

Abaixo **Estrelas em ascensão:** Lewis Hamilton obteve resultados notáveis no seu caminho para a F1, como esta vitória vindo da pole position em Mônaco/2006 na GP2.

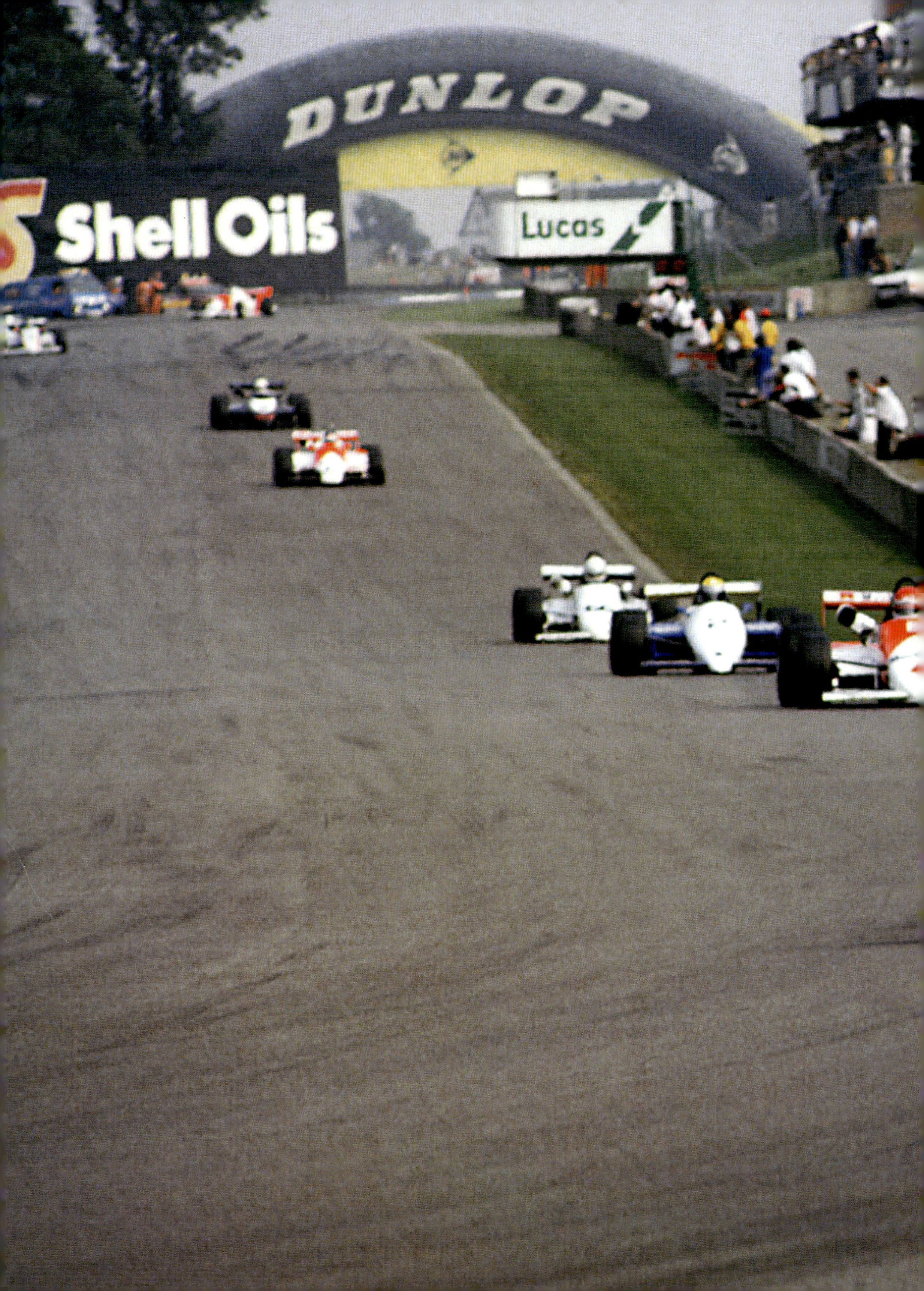
DUNLOP
Shell Oils
Lucas

FÓRMULA 2

Embora tenha sido disputada desde 1948, a F2 virou a série de acesso mais importante para a F1 em 1967, quando foi criado o Campeonato Europeu, disputado até 1984. Era o trampolim para a F1, o degrau final para o grande campeonato mundial. Aqui Jacky Ickx, Clay Regazzoni, René Arnoux e muitos outros mostraram seus talentos. Era a categoria em que os pilotos da F1 davam um passo atrás em alguns finais de semana, oferecendo um verdadeiro desafio aos pilotos em ascensão.

Abaixo **Correndo atrás do sonho:** Mike Thackwell dominou a última temporada da F2, em 1984, embora esta corrida em Donington Park tenha sido vencida pelo brasileiro e companheiro de equipe Roberto Moreno visto aqui na terceira colocação.

PILOTOS

SENHOR FÓRMULA 2

Para muitas pessoas, Jochen Rindt era a cara da F2. Ele apareceu em 1964 em Crystal Palace e continuou a vencer até mesmo quando chegou à F1, onde começou em 1965. Também servia para manter a habilidade para competir com os pilotos da F1, uma vez que no primeiro ano do Europeu, em 1967, ele venceu as três primeiras provas, batendo rivais da F1 como Graham Hill, Jack Brabham e John Surtees.

SEMPRE NA FRENTE

Bruno Giacomelli – campeão da F2 em 1978 – tem o recorde de mais poles na categoria. Tendo vindo para a F2 em 1977, depois do título no britânico de F3, Bruno pilotou pela March Engineering e marcou sua primeira pole na quinta prova. Ele ainda marcaria mais dez poles até ser campeão em 1978. Jochen Rindt vem a seguir, com dez, seguido de Mike Thackwell com nove marcas.

FAZENDO A GRADUAÇÃO

Se a F2 era o trampolim para alguns, era também o cemitério para outros, que depositavam ali seus sonhos de F1 como o caso do italiano Alberto Colombo. Ele participou de 74 provas na F2, entre os anos de 1973 e 1980, e tentou se classificar para um GP de F1 em 1978 três vezes, sem sucesso. Assim, como o sétimo lugar foi sua melhor posição num campeonato da F2 e ele nunca obteve uma colocação melhor do que um terceiro lugar, ele realmente não merecia ser graduado para a F1.

O VALOR DA EXPERIÊNCIA

Graham Hill era um dos pilotos da F1 que mais frequentemente descia para a F2. Ele não fazia isso somente por prazer, mas também pelos prêmios, que ele colecionou. Todavia, como piloto graduado e bicampeão da F1 (1962 e 1968) não marcava pontos para o campeonato da F2. Hill parecia se ajustar muito bem ao carro menos potente da categoria e se transformou no vencedor mais velho da F2, aos 42 anos e 56 dias ao vencer a prova de Thruxton em 1971.

DENTRO E FORA

A F2 foi substituída pela F3000 e em 1985, na pista muito molhada de Brands Hatch. Philippe Streiff venceu sua primeira e única prova na F2, prova que teve duas partes. Sua conquista foi para a equipe francesa AGS a terceira vitória da marca. Nenhum dos dois seguiu para a F3000.

CONTINUANDO A PONTUAR

Mike Thackwell aproveitou bem sua passagem para F2 (menos em 1982 quando ele foi

PILOTOS COM MAIS VITÓRIAS – F2

1	Jochen Rindt	12
2	Bruno Giacomelli	11
3	Mike Thackwell	9
4	Jean-Pierre Jarier	7
=	Jacques Laffite	7
6	René Arnoux	6
=	Corrado Fabi	6
=	Emerson Fittipaldi	6
=	Brian Henton	6
=	Jonathan Palmer	6
=	Ronnie Peterson	6
12	Thierry Boutsen	5
=	Jean-Pierre Jabouille	5
=	Hans-Joachim Stuck	5

Acima **Senhor F2:** Jochen Rindt venceu cinco provas na F2 e mais três provas extras em 1967, incluindo esta em Rouen-les-Essarts. *Abaixo* **Vencer e seguir:** Jacky Ickx foi o primeiro campeão da F2. Ao lado em seu Matra na pista de Nürburing na prova de F2, no mesmo evento que teve o GP da Alemanha da F1 em 1967.

VENCER E SEGUIR

Como benefício por conquistar uma categoria, os campeões da F2 subiam para a F1. De fato, alguns já estavam na F1, como Ronnie Peterson – campeão em 1971 –, e simplesmente se mantiveram na F2. Durante a existência do Europeu de F2, tivemos 18 campeonatos e 18 campeões, de Jacky Ickx em 1967 até Mike Thackwell em 1984.

FÓRMULA 2

Esquerda **Continuando a pontuar:** Patrick Depailler marcou mais 3ºs lugares na história da F2. *Abaixo* **Ainda com cara de bebê:** Depois de vencer em Mugello, Corrado Fabi venceu em Pau. *Embaixo* **Outro neozelandês voador:** Mike Thackwell acelera seu Ralt numa das suas sete vitórias de 1984.

OUTRO NEOZELANDÊS VOADOR

O astro adolescente Mike Thackwell bateu o recorde de mais melhores voltas em sua passagem na F2. Ele registrou 15 delas entre 1980 e 1984. E ainda teria feito mais, não fosse o acidente pavoroso que sofreu em Thruxton em 1981, que interrompeu temporariamente sua carreira. Brian Henton vem a seguir com 12 melhores voltas em 1980, ano que foi campeão com a Toleman.

dispensado pelo chefe e dono da equipe da Ralt, Ron Tauranac, que percebeu que ele ainda não estava recuperado do grave acidente sofrido em 1981, na pista de Thruxton. Por isso, fez 164 pontos ao longo dos cinco anos na F2. Brian Henton está em segundo com 123, seguido de Patrick Depailler, 119, e Bruno Giacomelli com 114 pontos marcados na passagem pela categoria.

VENCENDO POR UM NARIZ

Duas provas – Snetterton em 1967 e Enna-Pergusa em 1968 – empataram com finais mais apertados na história da F2. A margem? Zero! Como pode? É que os cronômetros não eram exatos o suficiente na década de 1960, assim, vários carros foram cronometrados com o mesmo tempo. Em Snetterton (Inglaterra), Jochen Rindt foi considerado o vencedor sobre Graham Hill. Na outra prova, em Enna (Itália), o vácuo ajudou a um grupo de carros a ficar com o mesmo tempo. Foram eles Jochen Rindt, Piers Courage, Tino Brambilla e Clay Regazzoni. E novamente ele, Jochen Rindt foi considerado o vencedor, à frente de Courage.

IMPRESSIONAR E SAIR

É frequente no esporte competitivo que um competidor abandone antes que alguém peça para ele sair. Contudo, o italiano Pierluigi Martini levou essa máxima ao extremo. Ele terminou em segundo em sua prova de estreia na F2 com a Minardi em Misano, em 1983, e depois disso, nunca mais voltou a competir na categoria.

AINDA COM CARA DE BEBÊ

Eddie Cheever tem o recorde de vencedor mais jovem da F2. Venceu em Rouen-les-Essarts no ano de 1977 aos 19 anos e 168 dias. Mike Thackwell também venceu com 19 (fez 20 no dia seguinte) e Corrado Fabi venceu 42 dias depois de seu 20º aniversário.

EQUIPES

›› FUNCIONA PARA MIM

Embora a March fornecesse chassis para quem quisesse comprar, ela também competia com sua própria equipe – March Engineering – e isso a ajudou a obter 57 vitórias entre 1971 e 1982, data em que a equipe foi desfeita. A Ralt Racing é a segunda maior vencedora da F2, com 20 vitórias, e equipes independentes obtiveram três triunfos com o chassis Ralt.

›› MARCH... ANDO PARA A VITÓRIA

A March se transformou na maior vencedora de provas da F2 nos 18 anos de história do campeonato Europeu, com 77 vitórias. Seu primeiro sucesso veio com Ronnie Peterson em Rouen-les-Essarts, em 1971, na segunda temporada da equipe. A última vitória foi conquistada por Pascal Fabre em Hockenheim, em 1984.

›› O QUASE DOMÍNIO DA RALT

A Ralt marcou nove vitórias em 11 etapas em 1984, estabelecendo a melhor média entre equipes, quando seu motor Honda ajudou os pilotos Mike Thackwell e o brasileiro Roberto Moreno, depois que Jonathan Palmer foi campeão em 1983. Em 1978, a March fez oito em 12, sendo que uma delas foi conquistada pelo March privado do brasileiro Alex Dias Ribeiro.

›› VIDA CURTA AO DESAFIANTE

O construtora alemã Maurer apareceu bem em 1981 e ameaçou controlar a F2 no início de 1982, quando Stefan Bellof e Beppe Gabbiani ficaram em primeiro e terceiro na estreia em Silverstone, e Bellof venceu a segunda em Hockenheim. Todavia, a March e a Spirit venceram as outras etapas e a Maurer nem chegou a disputar a temporada de 1983.

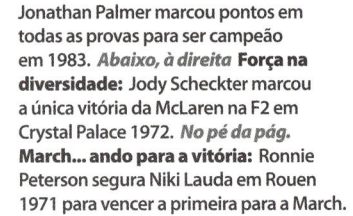

Acima O quase domínio da Ralt: Jonathan Palmer marcou pontos em todas as provas para ser campeão em 1983. *Abaixo, à direita* **Força na diversidade**: Jody Scheckter marcou a única vitória da McLaren na F2 em Crystal Palace 1972. *No pé da pág.* **March... ando para a vitória:** Ronnie Peterson segura Niki Lauda em Rouen 1971 para vencer a primeira para a March.

›› A CAVALARIA DA BMW ERA A MELHOR

Os motores BMW obtiveram mais vitórias na F2, superando o domínio inicial da Ford por 94 a 60. A marca conquistou sua primeira em Rouen-les-Essarts, em 1970 com Jo Siffert, e continuou a vencer regularmente até 1984. A Honda veio forte a seguir em 1980 para chegar às 23 vitórias, superando a Hart, que tinha 17, grande parte graças às vitórias da equipe Toleman em 1980.

›› FORÇA NA DIVERSIDADE

Ainda que a March dominasse e a Ralt também fosse estrela na história da F2, 21 outras marcas entraram e venceram corridas da F2 entre 1967 e 1984. Entre elas estão a Spirit, AGS, Osella e a Minardi. Todas subiram para a F1 posteriormente. Com uma vitória aparece a McLaren, com Jody Scheckter/Crystal Palace/1972, que elegeu concentrar suas forças na F1 e na CanAm, saindo da categoria.

CONSTRUTOR QUE VENCEU MAIS CORRIDAS DA F2

1	March	77
2	Ralt	23
3	Brabham	18
4	Martini	14
5	Lotus	10
=	Matra	10
7	Toleman	8
8	Chevron	6
9	Elf	5
=	Surtees	5
=	Tecno	5

TRAMPOLIM PARA A F1

Muitos construtores fizeram sucesso na F2 antes de avançarem para a F1. Entre eles: Toleman, campeã da F2 em 1980, quando Brian Henton e Derek Warwick fizeram 1-2 no campeonato, mais algumas vitórias vindas pela equipe de Docking Spitzley Racing Tolemans de Huub Rothengatter e Siegfried Stohr.

▶▶ FERRARI FULGAZ

Quando os fãs pensam em Ferrari, pensam em F1 e em carros esporte da década de 1960. Entretanto, a Ferrari teve uma participação na F2 na qual obteve dois triunfos. O primeiro deles veio no final da temporada de 1968, quando Tino Brambilla venceu em Hockenheim e Vallelunga. A terceira marca aconteceu em 1977, quando o italiano Lamberto Leoni venceu em casa, na pista de Misano, usando um motor Ferrari em seu Chevron da equipe Everest.

▶▶ PROTETOR DE SONHOS

Tendo investido muito dinheiro patrocinando pilotos franceses na F2, a petrolífera francesa Elf decidiu dar o nome à equipe de Jean-Pierre Jabouille (Elf Switzerland) para seus Alpine 2J. Isso foi em 1975, e Jabouille liderou a equipe de três carros em 1976, levando seu Elf 2J a vitórias em Vallelunga e Hockenheim para ser campeão, enquanto o companheiro de equipe, Michel Leclere, venceu uma prova somente.

▶▶ JUNTO COM AS GRANDES

Nos anos 1960, quando o GP alemão era disputado na pista de Nürburgring longa, os carros da F2 largavam junto com os carros da F1, pois os 22,8 km da pista acomodavam bem a todos. O melhor resultado de um F2 foi em 1967, quando a Lotus Components pôs um modelo para Jackie Oliver ser o quinto colocado; este resultado foi igualado por Henri Pescarolo para a Matra, dois anos depois.

▶▶ EQUIPE DAS ESTRELAS NO INÍCIO

A Roy Winkelmann Racing foi uma das melhores equipes da F2. Está em quarto com 11 vitórias, todas graças a Jochen Rindt e seu Brabham nos primeiros anos de Campeonato Europeu de F2. Ele venceu 23 provas pela equipe do norte-americano, 11 delas na série europeia. Quando a equipe fechou as portas, Bernie Ecclestone pôs Rindt num Lotus em 1970, para sua última vitória na categoria.

O HOMEM DAS MOTOS

John Surtees, o mais famoso motociclista convertido em piloto de carros, adicionou o título da F1, em 1964, às sete coroas de moto que já tinha. Embora sua equipe nunca tenha vencido na F1, Surtees obteve o título de 1972, quando o também ex-piloto de motos Mike Hailwood venceu em Mantorp Park e Salzburgring. O próprio Surtees havia vencido em Imola, embora como piloto graduado não marcasse pontos para o campeonato.

Abaixo, à esquerda **Trampolim para a F1:** A Toleman (Stohr, Rothengatter e Henton) encheu o pódio em Zolder, 1980. *Acima* **O homem das motos:** Mike Hailwood lidera a prova de Rouen, em 1972.

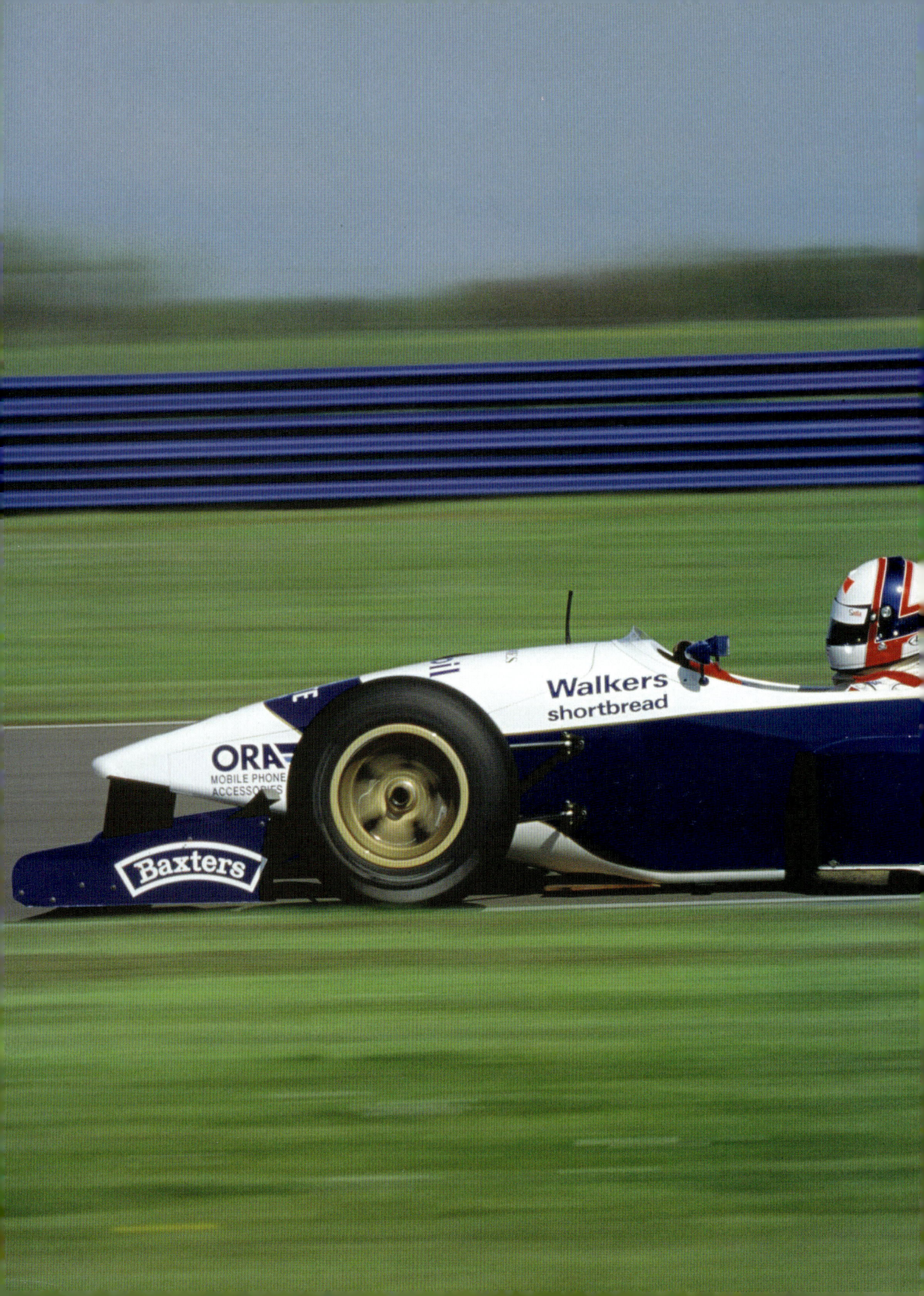
Walkers
shortbread
Baxters
MOBILE PHONE
ACCESSORIES

FÓRMULA 3000

Depois do fim da Fórmula 2, a Fórmula 3000 foi criada em 1985 e durante 20 anos foi a porta da entrada para a Fórmula 1. Mas por alguma razão, a categoria que deveria fornecer campeões para a F1 nunca atingiu esse objetivo. O piloto campeão da 3000, Juan Pablo Montoya, foi aquele que conseguiu mais sucesso na F1, obtendo sete vitórias na categoria. Em 2005, a Fórmula 3000 foi substituída pela série GP2.

Abaixo **Não pode subir:** Gil de Ferran foi vencedor na F3000 em 1993 e 1994 pela Paul Stweart Racing, mas nem como campeão conseguiu vaga na F1; então, foi brilhar na IndyCar.

PILOTOS

UMA VEZ E CHEGA
Vinte pilotos venceram provas na F3000 em 20 anos, mas no total 77 nomes venceram provas na categoria. Alguns venceram também na F1, como Fernando Alonso, David Coulthard, Johnny Herbert e Eddie Irvine. Um ponto comum entre eles é que todos venceram apenas uma prova na F3000 antes de subirem para a principal categoria de fórmulas do mundo, a F1.

VOADORES DA F3000
Vitantonio Liuzzi e Juan Pablo Montoya dividem o recorde de poles na F3000, com dez cada um. Montoya dividiu suas conquistas entre 1997 e 1998, enquanto Liuzzi fez uma pole no final de 2003 e depois arrasou com nove poles em dez provas, em 2004. Na segunda prova daquela temporada, ele largou em segundo, atrás de Enrico Toccacelo.

INDEFINIDO ATÉ O FINAL
A temporada de 1989 da F3000 terminou empatada, com o francês Jean Alesi e o compatriora Erik Comas marcando 39 pontos. O título foi para Alesi da equipe Eddie Jordan Racing, por ter vencido três corridas contra duas de Comas da equipe Dams. Comas viria a conquistar seu título no ano seguinte, em 1990.

O FINAL MAIS APERTADO
O uruguaio Gonzalo Rodriguez tem o recorde de vitória mais apertada na F3000, feito em Spa-Francorchamps, em 1998. Seu Lola da equipe Astromega manteve o bico à frente na linha de chegada por apenas 0,035 seg sobre Juan Pablo Montoya da equipe Super Nova Racing, também com Lola. A segunda marca é de Olivier Grouillard com 0,22 seg na frente de Mark Blundell em Zolder, em 1988.

MARGEM MARGINAL
O sueco Bjorn Wirdheim venceu apenas três provas em dez largadas, em 2003, mas ainda assim foi campeão da F3000 com a maior margem de um campeonato da F3000. Ele venceu pela Arden International por 35 pontos, três a mais do que o britânico Justin Wilson em 2001, quando foi campeão pela Nordic Racing en 2001.

VELOZ, NÃO CAMPEÃO
O piloto checo Tomas Enge foi muito competitivo nos anos de 2001 e 2002, vencendo seis vezes, mas o único recorde que ele tem é o de voltas mais rápidas: dez marcas, somadas às três feitas ao final de 2004. Ele superou o alemão Nick Heidfeld, que havia feito nove registros, e o colombiano Juan Pablo Montoya, que marcou oito vezes a melhor volta de uma prova na categoria de acesso da F1.

TRÊS NO TOPO
Juan Pablo Montoya, Nick Heidfeld e Vitantonio Liuzzi dividem o recorde de vitórias na F3000, com sete triunfos cada um. Montoya marcou três em 1997, antes de ser campeão em 1998. O piloto que ele bateu em 1998 foi Heidfeld, que também venceu três provas, para voltar no ano seguinte e ser campeão. Liuzzi venceu suas sete provas no ano final da F3000, em 2004.

PILOTOS COM MAIS VITÓRIAS NA F3000

1	Nick Heidfeld	7
=	Vitantonio Liuzzi	7
=	Juan Pablo Montoya	7
4	Erik Comas	6
=	**Tomas Enge**	6
=	Giorgio Pantano	6
7	Bruno Junqueira	5
=	Roberto Moreno	5
=	Emanuele Naspetti	5
=	Ricardo Zonta	5
11	Luca Badoer	4
=	Sebastien Bourdais	4
=	Kenny Brack	4
=	Christian Danner	4
=	Franck Lagorce	4
=	Pierluigi Martini	4
=	Nicolas Minassian	4
=	Luis Perez Sala	4
=	Mike Thackwell	4
=	Jason Watt	4
=	Mark Webber	4
=	Bjorn Wirdheim	4

Esquerda **Três no topo:** Juan Pablo Montoya (direita) e Nick Heidfeld no pódio em Silverstone/ 1998. *Acima* **Pilotos com mais vitórias na F3000:** Tomas Enge estoura champanhe depois de vencer na A1-Ring 2002.

FÓRMULA 3000

Direita **Esforço na dose certa:** Christian Fittipaldi venceu duas provas em 1991, Jerez e Nogaro, o suficiente para ser campeão. *Abaixo* **Primeiro entre iguais:** Jorg Muller foi o primeiro campeão quando a F3000 teve carros iguais em 1996. *No pé da pág.* **Christian foi o primeiro:** O primeiro campeão da F3000 foi Christian Danner em 1985.

CHRISTIAN FOI O PRIMEIRO

A honra de ter seu nome no primeiro troféu da história da F3000 coube ao alemão Christian Danner, em 1985, quando venceu quatro das 11 etapas com seu March 85B da BS Automotive, superando o Ralt de Mike Thackwell. Outros 19 pilotos, que seriam campeões da categoria até ela ser encerrada, também foram vitoriosos na F3.

ESFORÇO NA DOSE CERTA

Os pilotos que foram campeões da F3000 com menos vitórias foram Ivan Capelli (em 1986) pela Genoa Racing, Christian Fittipaldi (em 1991) pela Pacific Racing, e Jorg Muller (em 1996) pela RSM Marko. Todos eles venceram duas vezes o título, enfatizando a competitividade desses anos na categoria.

TENTOU ATÉ CONSEGUIR

Marco Apicella passou anos tentando vencer na F3000. Ele se classificou na pole duas vezes e subiu ao pódio em dez ocasiões, mas nunca como vencedor. Depois de estabelecer o recorde de 52 largadas, mudou para a F3000 no Japão, onde além de vencer a primeira prova, foi campeão no segundo ano por lá.

PRIMEIRO ENTRE IGUAIS

A F3000 virou um campeonato monomarca em 1996, na busca de reter seus custos. Todos os pilotos tinham um motor Zytek em seus Lolas T96/50. Então, seria um bom ano para vencer o campeonato, que foi para as mãos de Jorg Muller, pela equipe RSM Marko.

VELOCIDADE PRECOCE

O espanhol Fernando Alonso obteve uma impressionante vitória na F3000 em Spa-Francorchamps, em 2000, pela equipe Astromega, e ainda se tornou o mais jovem vencedor da categoria. Ele tinha 19 anos e 27 dias quando superou o recorde do brasileiro Tarso Marques, que havia registrado sua marca em Estoril, pela Dams, cinco anos antes.

VOCÊ DEVERIA ESTAR AQUI?

A F3000 sempre foi vista como categoria para pilotos novatos, em formação. Mas isso não impediu que Fritz Glatz, sob o pseudônimo de Pierre Chauvet, corresse quando tinha mais de 45. O vencedor mais velho da F3000 foi Philippe Alliot, com 31 anos e 300 dias ao vencer em Spa-Francorchamps pela equipe Oreca em 1986, depois de sair da F1. No ano seguinte ele retornaria à F1.

EQUIPES

ESTRELAS DA F3000

A Super Nova Racing foi a maior das equipes da F3000, marcando 37 vitórias. A primeira delas foi em 1995, na abertura da temporada na pista de Silverstone, quando o brasileiro Ricardo Rosset liderou a dobradinha com Vincenzo Sospiri. A última veio com Enrico Toccacelo em Nürburgring, em 2003. A segunda equipe que mais venceu na F3000 foi a Dams, com 21 vitórias nos anos 1990.

TREINAMENTO GERENCIAL

Christian Horner é hoje conhecido por ser o chefão da Red Bull Racing na F1, mas sua transição até lá passou pela F3000, quando esteve na Arden International. A equipe ficou mais forte em 2003, quando Bjorn Wirdheim levou o título, e no ano seguinte deu a Vitantonio Liuzzi a chance de ser campeão. No total, foram 15 quadriculadas na primeira colocação.

APENAS UM BOM COMEÇO

A March, a mais bem-sucedida fabricante de chassi da antiga F2, começou bem a F3000 em 1985, quando venceu sete vezes com Christian Danner e ainda levou o título do primeiro ano da categoria. Mas, depois da vitória de Fabrizio Giovanardi em Vallelunga em 1989 – a 18ª deles –, passou a assistir à concorrente Reynard colecionar vitória sobre vitória até atingir 59, antes da F3000 virar monomarca em 1996. A Lola assumiu daí para a frente e venceu nada menos do que as 116 provas antes de a categoria chegar ao fim.

Acima **Treinamento gerencial:** Christian Horner, atual chefão da Red Bull na F1, aprendeu a comandar na Arden International na F3000. *Abaixo* **Estrelas da F3000:** O brasileiro Ricardo Zonta, campeão de 1997, foi um dos dez pilotos vencedores da Super Nova Racing.

TÍTULOS POR EQUIPES

A Super Nova Racing obteve quatro títulos com Vincenzo Sospiri (1995), Ricardo Zonta (1997), Juan Pablo Montoya (1998) e Sebastien Bourdais (2000). A Dams levantou três com Erik Comas (1990), Olivier Panis (1993) e Jean-Christophe Boullion (1994).

FÓRMULA 3000

MAIS VITÓRIAS POR FABRICANTE

1	Lola	116
2	Reynard	59
3	March	18
4	Ralt	13

AMBIÇÃO REALIZADA

Eddie Jordan sempre foi ambicioso. Uma vez que percebeu que não iria longe como piloto, montou sua própria equipe. O sucesso na F3 o levou à F3000 em 1985, quando foi coroado pelo título de 1989 com Jean Alesi e uma vitória de Martin Donnelly. Animado com isso, a Eddie Jordan Racing virou Jordan Grand Prix e subiu para a F1 em 1991.

UM MINI-F1

A McLaren considerou que a melhor maneira de apoiar o desenvolvimento de novos pilotos era montar sua própria equipe de F3000. Como a fornecedora de motores da equipe McLaren, a Mercedes, queria Nick Heidfeld no cockpit, foi montada a West Competition em 1998 na F3000 para ele, que levou o título em 1999. O carro tinha a mesma pintura da McLaren de F1 e o mesmo esquema visual da West.

SOB A CARENAGEM

Não fosse a tranformação da F3000 em monomarca em 1996, a Cosworth seria a fábrica de motores de maior sucesso. Como monomarca, a Zytek venceu 84 vezes, quatro a mais do que a Cosworth. A fabricante japonesa Mugen está em terceiro lugar nessa lista com 20 vitórias.

MISTURA COSMOPOLITA

Foram 36 equipes que tiveram o prazer de ver seus pilotos subindo ao pódio durante os 20 anos de existência da F3000. Mostrando como a categoria era realmente internacional, foram estes países: Áustria, Bélgica, França, Grã-Bretanha, Itália e Espanha. As equipes estabelecidas na Grã-Bretanha conquistaram metade dessas vitórias.

Acima **Um mini-F1:** A West de Nick Heidfeld, em 1999, fez parte de seu caminho até a F1. *Abaixo, à esquerda* **Ambição realizada:** A Eddie Jordan Racing saúda Jean Alesi em 1989. *No pé da pág.* **Com uma ajudinha dos amigos:** A fabricante March ajudou a Onyx de Stefano Modena rumo ao título de 1987.

A PROVA MAIS VELOZ DA F3000

A Arden International detém o recorde da vitória mais veloz da história da F3000. Foi no circuito italiano de Monza, em 2003, quando o piloto Bjorn Wirdheim triunfou no velocíssimo e antigo circuito, com suas duas chicanes e curvas de alta velocidade entre suas enormes retas. A média horária recorde foi de 204,78 km/h durante a prova.

OITAVA PARTE

A Lola tem o recorde de ter marcado mais pontos entre os oito construtores que fizeram parte em algum momento da F3000. Foram estes fabricantes, obedecendo a ordem de pontos marcados, do maior para o menor: Reynard, March, Ralt, AGS, Williams, Tyrrell e Dallara. A Williams e a Tyrrell marcaram seus pontos na primeira temporada da F3000, em 1985, quando alguns chassis antigos da F1 eram usados antes de se ter vários fabricantes de chassis somente para F3000.

LENTO PROGRESSO

A média horária de 123,90 km/h foi a mais baixa da história da categoria, registrada em Mônaco em 2001. O piloto australiano Mark Webber levou o Lola da Super Nova Racing à vitória no famoso principado, menos de 1 segundo à frente do britânico Justin Wilson, piloto da equipe Nordic Racing.

MAIS VITÓRIAS POR MOTOR

1	Zytek	84
2	Cosworth	80
3	Mugen	20
4	Judd	7
5	Honda	3

COM UMA AJUDINHA DOS AMIGOS

A F3000 era uma fórmula em que as equipes compravam os chassis de fabricantes e corriam por sua conta. Algumas tinham apoio direto do fabricante, outras nem tanto. Um exemplo foi a equipe de Mike Earle, a Onyx Race Engineering, que levou o piloto italiano Stefano Modena ao título de 1987 com um March que tinha assistência direta. A Onyx entrou na F1 em 1989.

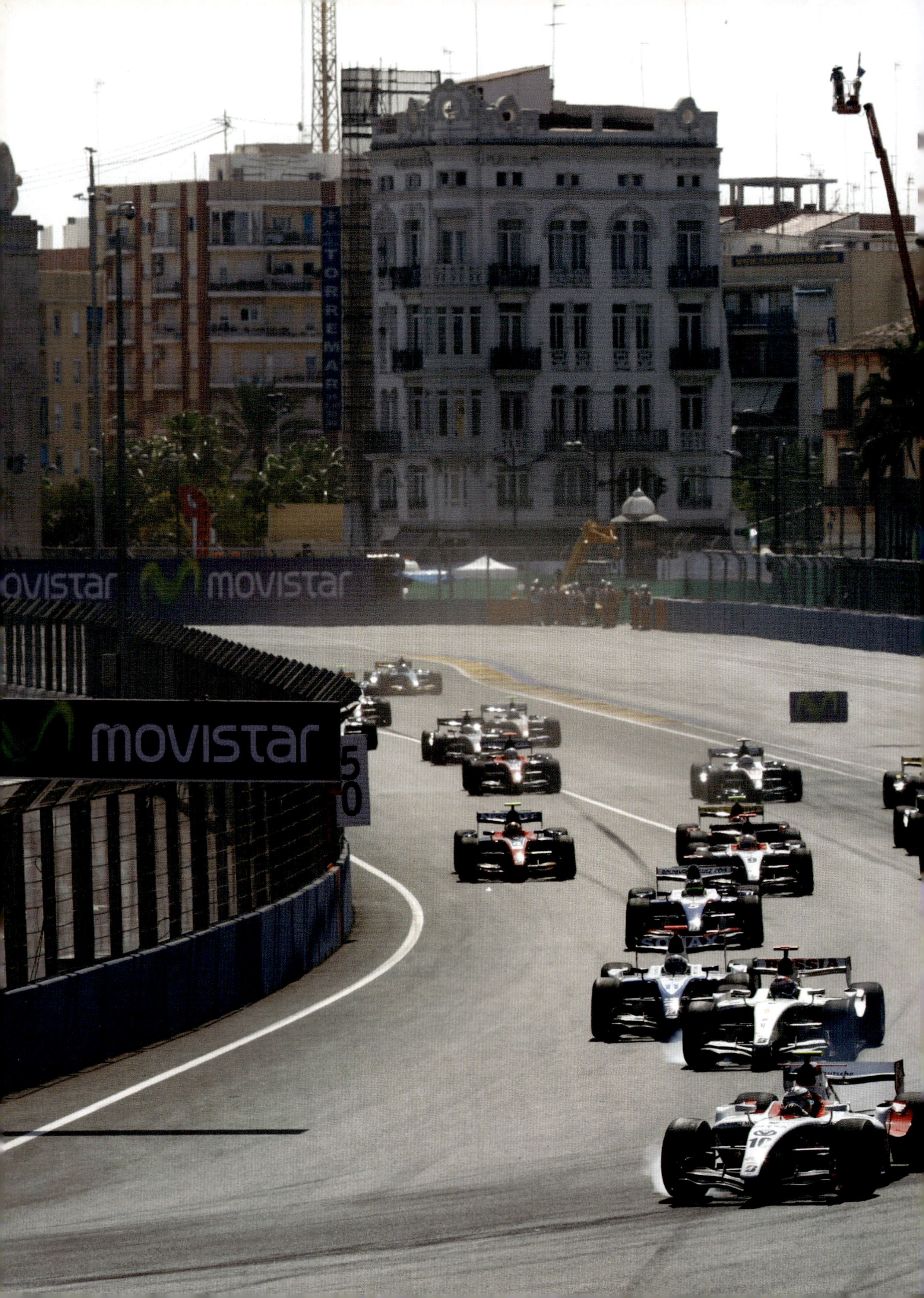
movistar
movistar
movistar
TORREMAR
50

OUTRAS FÓRMULAS

No início do século 21, parece que surge uma nova categoria de fórmula a cada ano. Isso expandiu as possibilidades para os novos pilotos. A GP2 é a série principal de acesso e seguidora da Fórmula 1, a A1GP trouxe a novidade da competição entre as nações, enquanto a F3 permanece como primeira categoria internacional para os jovens talentos mostrarem todo seu potencial.

Abaixo **Talentos em ascensão:** Nico Hülkenberg lidera o grupo da GP2 na pista de Valência em 2009, para vencer sob os olhares impressionados dos chefões da F1.

208   Outras Fórmulas

RECORDES GP2: PILOTOS/EQUIPES

TERRENO PARA FUTUROS CAMPEÕES

Embora a série predecessora tenha falhado, por razões desconhecidas, ao produzir um campeão mundial de F1, a GP2 em apenas cinco anos de existência já produziu um. Lewis Hamilton ficou a um ponto de ser campeão após o título na GP2, em 2006, mas retornou em 2008 para conquitar o troféu na F1.

PERSEVERANÇA PREMIADA

Velocidade natural e longevidade foram as chaves para Giorgio Pantano ser o piloto com mais vitórias na GP2: nove. Ele chegou na categoria em 2005, depois de uma breve passagem pela Jordan na F1. Seus planos para retornar à F1 não deram certo, pois levou quatro anos para ser campeão na GP2 e nem assim as portas se reabriram para ele. Timo Glock vem a seguir com sete vitórias, seguido do brasileiro Lucas di Grassi, Lewis Hamilton, Nico Hülkenberg, Heikki Kovalainen, Nelson Piquet Jr. e Nico Rosberg, todos com cinco sucessos na série.

Esquerda **Terreno para futuros campeões:** Lewis Hamilton venceu a prova da GP2 em Mônaco 2006. *Abaixo, à esquerda* **Perseverança premiada:** Cinco das vitórias de Timo Glock aconteceram em 2007. *No pé da pág.* **Três por seis:** Nico Rosberg marcou o primeiro dos três títulos da ART Grand Prix em 2005.

TRÊS POR SEIS

Das seis temporadas da GP2, entre 2005 e 2010, a ART Grand Prix mostrou que é a equipe a ser batida. Ela levantou três títulos de pilotos: Nico Rosberg em 2005, Lewis Hamilton em 2006 e Nico Hülkenberg em 2009 – mais o título das equipes nesses mesmos anos.

PILOTOS COM MAIS PONTOS NA GP2

1	Giorgio Pantano	228
2	Lucas di Grassi	221
3	Pastor Maldonado	208
4	Nelson Piquet Jr.	148
5	Timo Glock	146
6	Vitaly Petrov	135
7	Alexandre Prémat	133
8	Adam Carroll	123
9	Romain Grosjean	121
10	Nico Rosberg	120

DOIS SETE DA SORTE

A honra de fazer a volta mais rápida na categoria GP2 está dividida entre o inglês Lewis Hamilton e o mexicano Sergio Perez, com sete para cada um. A diferença é que o futuro campeão fez sua marca numa única temporada, enquanto o mexicano fez uma em 2009 e seis em 2010.

O DIA DO JOVEM

O suíço Sébastien Buemi é o mais jovem vencedor da GP2. Ele ganhou na pista de Magny-Cours, em 2008, com 19 anos e 244 dias. Javier Villa era o recordista anterior, quando venceu também na pista francesa, com então 19 anos e 291 dias.

VOANDO A CADA ANO

Na quarta vez que fez a melhor volta, Sam Bird levou a equipe ART Grand Prix a sua 33ª marca. Isso enfatiza a excelência na preparação da equipe, que lidera os seis anos da GP2, à frente da iSport International que tem 17, seguida da Piquet Sports/Rapax que tem 14 marcas.

PELA MENOR MARGEM

A final mais apertada da história aconteceu na pista mais longa da GP2, em Spa-Francorchamps. Foi em 2010, quando o candidato a campeão, o venezuelano Pastor Maldonado, da Rapax, superou por apenas 0,243 seg o português Alvaro Parente, piloto da Scuderia Coloni.

A POLE ESTÁ ONDE A ART ESTIVER

A ART Grand Prix é a equipe que mais vezes foi vista na pole position: 14 vezes até o final da temporada de 2010. Eles têm três a mais do que a iSport International e seis à frente da Piquet Sports e a Racing Engineering. A Barwa Addax vem ganhando terreno, após ter feito cinco em 2009 e mais uma em 2010.

LÍDER DO ESQUADRÃO

A ART Grand Prix também fica em evidência quando se analisam os pontos marcados na GP2, depois de seis anos de história: 981. Seu perseguidor mais próximo é a equipe iSport International, que tem um pouco mais do que a metade disso, com 503,5. A equipe Barwa Addax (formada pela Campos Racing) é a terceira na tabela com 434,5, à frente da equipe Arden International com 356 e da equipe Super Nova Racing que marcou 343 pontos nesses anos de disputa.

NUM CONTINENTE DIFERENTE

Existe um campeonato asiático da série GP2, que é disputado no encerramento do ano e que completou quatro anos de existência. O piloto Romain Grosjean e a ART Grand Prix venceram em 2008, depois Kamui Kobayashi com a Dams, seguidos de Davide Valsecchi com a iSport International. Em 2011, o torneio foi disputado no início do ano e a Dams levou Grosjean ao título novamente.

VITÓRIA COM ART

A ART Grand Prix tem o recorde de vitórias, se considerarmos somente as equipes. Até o final de 2010, a equipe francesa, pertencente a Frederic Vasseur e ao filho do presidente da FIA, Nicolas Todt, colecionou 24 troféus. A primeira vitória da equipe veio em casa na pista de Magny-Cours em 2005, com Nico Rosberg, que iria vencer também o campeonato daquele ano. E as vitórias ainda acontecem, como aquela que Sam Bird conquistou em Monza, na Itália, em 2009.

Acima **Voando a cada ano:** Nico Hülkenberg fez cinco voltas mais rápidas e ajudou a ART Grand Prix a ter quase o dobro de pontos da equipe mais próxima.
Abaixo **O melhor lugar para começar:** Giorgio Pantano venceu o título pela Racing Engineering em 2008 e ainda fez o maior número de voltas mais rápidas.

O MELHOR LUGAR PARA COMEÇAR

Giorgio Pantano tem o recorde de poles na GP2, com sete marcas. O brasileiro Nelson Piquet Jr. está em segundo com seis, enquanto Timo Glock, Romain Grosjean e Nico Rosberg saíram na pole quatro vezes. A pole na GP2 conta apenas para a primeira prova do final de semana. Para a segunda, esse lugar é ocupado pelo oitavo colocado na primeira prova, que tem o grid invertido.

RECORDES DA A1GP: PILOTOS/EQUIPES

›› PRECISÃO SUÍÇA

Colocar uma nação competindo com outra era a filosofia da A1GP, com equipes tradicionais buscando seus melhores talentos para defender sua glória. Neel Jani era um dos pilotos da equipe suíça, que detém o recorde de vitórias, com dez triunfos, uma vitória a mais do que Nico Hülkenberg conquistou quando dominou a temporada de 2006/2007 para a Alemanha.

›› FRANÇA E HOLANDA NA FRENTE

Os britânicos perderam uma das 39 etapas da A1GP por não terem disponível o novo chassi com motor Ferrari para a abertura da temporada. Entretanto, o carro pintado nas cores azul, vermelha e branca ficou em terceiro no total de pontos marcados, com 343 – marcados por Robbie Kerr e Oliver Jarvis. A Suíça marcou 438 pontos e lidera a tabela seguida da França, que marcou 404.

›› ELES SEMPRE APARECEM

Treze nações compareceram em cada uma das 39 etapas da A1GP nas quatro temporadas disputadas entre 2005 e 2009. Foram estes os países participantes: África do Sul, Austrália, Brasil, China, Estados Unidos, França, Holanda, Irlanda, Itália, Líbano, Malásia, Nova Zelândia e Suíça. Desses, quatro foram campeões, pela ordem: França, Alemanha, Suíça e Irlanda.

›› NOVO CARRO, NOVO CAMPEÃO

A quarta temporada da A1GP – 2008/2009 – introduziu um novo chassi e um novo motor vindos da Ferrari, substituindo a combinação Lola-Zytek. O time irlandês com Adam Carroll venceu quatro provas no caminho ao título, superando a Suíça que buscava a segunda coroa da categoria, na disputa final em Brands Hatch.

Abaixo **Variedade internacional:** Alex Yoong celebra depois de vencer pela Malásia em Xangai 2006. *No alto, à direita* **Novo carro, novo campeão:** Adam Carroll venceu em Brands Hatch/ 2009 para a Irlanda. *No alto, à esquerda* **Precisão suíça:** Neel Jani tem o recorde de vitórias: dez.

EQUIPES COM MAIS VITÓRIAS NA A1GP

1	França	15
2	Alemanha	11
3	Suíça	10
4	Nova Zelândia	7
5	Irlanda	6
6	Grã-Bretanha	5
=	Malásia	5
8	Holanda	4
9	África do Sul	3
10	Brasil	2
=	Canadá	2
=	Índia	2
=	México	2

VARIEDADE INTERNACIONAL

A ideia da A1GP de dar às nações uma chance de disputar um campeonato com carros iguais funcionou. A Malásia marcou uma vitória na primeira temporada da série, quando o piloto Alex Yoong venceu em Xangai em 2006. A Malásia venceria mais quatro vezes até 2009, quando a série acabou.

COMEMORAR COM A BANDEIRA

Jonathan Summerton demonstrou sua forma pela equipe dos Estados Unidos e deu a primeira vitória para o time na corrida principal do final de semana em Xangai 2008. Foi um grande presente para ele, que comemoraria seu 20º aniversário no final de semana seguinte.

A CHANCE PARA JOVENS

Promover os jovens era uma das questões que estavam na mente dos promotores da A1GP, mas a Índia levou ao extremo essa filosofia. O piloto Armaan Ebrahim foi chamado para correr na terceira prova do primeiro ano da série, quando Karun Chandhok saiu do time. Ebrahim tinha apenas 16 anos e 159 dias quando largou em Estoril.

SUBINDO E DESCENDO

Sébastien Buemi, Nico Hülkenberg, Nelson Piquet Jr., Scott Speed e Adrian Sutil competiram na A1GP no antes da F1. Outros pilotos fizeram o inverso: Robert Doornbos, Ralph Firman, Christian Fittipaldi, Narain Karthikeyan, Franck Montagny, Hideki Noda, Max Papis, Jos Verstappen e Alex Yoong. Vitantonio Liuzzi manteve a forma na categoria, antes de retornar à F1.

FILHOS DE PAIS FAMOSOS

Inúmeros filhos de campeões mundiais da F1 competiram na A1GP. As duas primeiras vitórias marcadas na categoria foram de Nelson Piquet Jr., em Brands Hatch, em 2005, pelo Brasil, na equipe do bicampeão Emerson Fittipaldi. Mathias Lauda, filho de Niki, competiu pela equipe da Áustria; Alan Jones, campeão de 1980, pôs o filho Christian para correr e o filho de Jody Scheckter, Tomas, apareceu pela África do Sul, enquanto o neto de Mario Andretti, Marco, correu pelos Estados Unidos e o filho de Alain Prost, Nicolas, competiu pela França.

DONO DE TODOS OS RECORDES

Não existe um único recorde na A1GP que o suíço Neel Jani não detenha. Além de ter o maior número de largadas e vitórias, ele tem o recorde de pole positions, voltas mais rápidas, completou mais voltas, liderou mais corridas e mais voltas, apareceu no pódio mais vezes e ainda marcou mais pontos do que qualquer outro piloto.

SEGURA QUE ELE É O CARA

Muitas das equipes da A1GP faziam um constante rodízio entre seus pilotos, fosse por filosofia ou por falta de competitividade. No entanto, a equipe da Suíça manteve o seu piloto Neel Jani em 30 das 39 etapas em que o time participou. Sébastien Buemi participou de algumas, mas Jani deu conta do recado e venceu o campeonato de 2007/8.

Acima **Comemorar com a bandeira:** A equipe dos EUA da A1 comemorou a vitória de Jonathan Summerton em Xangai 2008. *Abaixo* **Vive la France:** Alexandre Prémat na primeira vitória em Estoril, quando a equipe francesa dominou.

VIVE LA FRANCE

A França tem o recorde de melhor ano na A1GP. Seus pilotos Alexandre Prémat e Nicolas Lapierre venceram 13 vezes em 22 largadas para conquistarem o título da temporada 2005/2006. Depois dessa conquista, a França venceu apenas mais duas vezes, com o piloto Loïc Duval.

RECORDES DA FÓRMULA 3: PILOTOS/EQUIPES

▶▶ O CAMINHO PELA WEST

Duas equipes campeãs da F3 produziram campeões mundiais para a F1. A West Surrey Racing teve Ayrton Senna na F3 inglesa, em 1983, e Mika Hakkinen sete anos depois. Mais recentemente, a ASM teve Lewis Hamilton (2005) e Sebastien Vettel (2006) na F3 europeia, só que Vettel foi vice-campeão.

▶▶ QUANDO A ALMA IMPORTA

Como 11 campeões da F1 – Jackie Stewart, Emerson Fittipaldi, James Hunt, Jody Scheckter, Alan Jones, Nelson Piquet, Ayrton Senna, Nigel Mansell, Damon Hill, Mika Hakkinen e Jenson Button – passaram pela F3 inglesa, ela é uma das maiores provedoras de pilotos de F1. Outros vencedores de corridas na F1 vieram desse campeonato, incluindo os contemporâneos de 1991, Rubens Barrichello e David Coulthard.

Esquerda **O caminho pela West:** Ayrton Senna foi um dos graduados campeões da F3 britânica pela West Surrey Racing. *Abaixo* **A vitrine da F3:** Jackie Stewart vence pela primeira vez na F3 em 1964 na pista de Mônaco, a bordo do Cooper de Ken Tyrrell.

▶▶ JAN É O CARA

O dinamarquês Jan Magnussen estabeleceu o recorde de vitórias numa mesma temporada da F3 inglesa em 1994, quando arrasou a oposição com seu Dallara-Honda da equipe Paul Stewart Racing: 14 vitórias em 18 provas. Ele superou o recorde do brasileiro Ayrton Senna, que tinha 12 vitórias em 20 provas, feitos em 1983.

A VITRINE DA F3

A prova da F3 de Mônaco era a mais prestigiosa do ano, pois era disputada sob a observação dos chefes de equipes de F1. Desde 1964, vencida por Jackie Stewart, outros 20 vencedores chegaram à F1, dez foram campeões e dez venceram provas na categoria. A prova deixou de existir em 1997, excetuando-se uma realizada em 2005.

MEU NOME É MIKA

A F3 inglesa de 1990 foi diferente por duas razões. Primeiro, foi uma luta entre dois pilotos que haviam enfrentado problemas no ano anoterior. Segundo, porque os dois chamavam-se Mika. A batalha de Mika Hakkinen e Mika Salo foi cheia de alternativas até que Hakkinen conseguisse definir uma vantagem para a West Surrey Racing.

SABER APLICADO

Bertram Schafer venceu o alemão de F3 em 1976 e 1978, mas sua ligação com o automobilismo permaneceu por mais 25 anos como chefe de equipe. Ele venceu 8 vezes, começando com Frank Jelinski em 1980 e 1981 e encerrando com Toshihiro Kaneishi em 2001.

AUMENTO DE IMPORTÂNCIA DA EURO F3

O campeonato europeu de F3 é a série mais importante nos dias de hoje. Desde sua renovação em 2003, pode ser indicada como o caminho para treinar novos pilotos para a F1. Lewis Hamilton venceu o título em sua 2ª tentativa em 2005.

MÔNACO F3 VENCEDORES POR CHASSI

1	Martini	10
2	Dallara	8
3	Lotus	2
=	March	2
=	Matra	2
=	Ralt	2
=	Reynard	2
=	Tecno	2
9	Alpine	1
=	Brabham	1
=	Chervon	1
=	Cooper	1
=	GRD	1

SETE TÍTULOS EM SEGUIDA

A equipe Oreca é a mais bem-sucedida da história dos campeonatos de F3 na França. Seus pilotos conseguiram sete títulos consecutivos sob o comando de Hughes de Chaunac, entre 1983 e 1989. Estes foram os pilotos campeões: Michel Ferte, Olivier Grouillard, Pierre-Henri Raphanel, Yannick Dalmas, Jean Alesi, Erik Comas e Jean-Marc Gounon, respectivamente. Apenas Ferte, campeão de 1983, não chegou a pilotar na F1.

QUATRO TÍTULOS CADA

Duas equipes dividem os títulos italianos de F3 no período de 1982 a 1989. A Enzo Coloni Racing e a Forti Corse levantaram quatro campeonatos cada. Coloni pilotou o carro vencedor em 1982 e colocou um carro para os campeões em 1983 (Ivan Capelli), 1984 (Alessandro Santin) e 1986 (Nicola Larini). A RC Motorsport venceu três títulos na categoria, mas nos anos 1990.

BRILHANDO NO LESTE

A prova de Macau da F3 equivale a uma F3 de Mônaco. O brasileiro Ayrton Senna venceu a prova em 1983, e Michael Schumacher venceu a prova de 1990, depois de um acidente muito comentado com Mika Hakkinen na última volta.

No alto **Meu nome é Mika:** Mika Hakkinen abriu alguns champanhes em 1990. *Esquerda* **Sete títulos em seguida:** Jean Alesi venceu o francês de F3 em 1987 para ser o sexto campeão da Oreca. *Abaixo* **Masters cosmopolitanos:** Jenson Button liderou, mas não venceu, o Masters em Zandvoort 1999.

MASTERS COSMOPOLITANOS

O Masters de F3 é um importante evento anual que foi realizado pela primeira vez em Zandvoort, com a vitória de David Coulthard, em 1991. Não houve provas em apenas duas ocasiões: quando foram para Zolder, na Bélgica, em 2007 e 2008. Nesses 19 anos, foram vencedores pilotos das seguintes nações: Alemanha, Argentina, Áustria, Bélgica, Brasil, Finlândia, França, Holanda, Inglaterra, Japão e Portugal.

PARTE 6
ESPORTE PROTÓTIPO E TURISMO

Esporte protótipo e prova de turismo são categorias do esporte a motor que têm uma legião de fãs dedicados, que aparece nas disputas táticas de provas de longa distância e nas provas curtas com embates porta-porta. Cada uma delas tem seus heróis, como Tom Kristensen e Jacky Ickx, nos carros esporte protótipo, e Bernd Schneider ou Peter Brock nos carros de turismo. Os fabricantes investem milhões nessas categorias para adicionar fascínio aos seus carros de rua.

Abaixo **Viva a diferença:** Diferentes fabricantes envolvidos na pista, com o Ford de Tom Chilton à frente de Chevrolet, Vauxhall, BMW, no Campeonato Britânico de Turismo, em Brands Hatch em 2009.

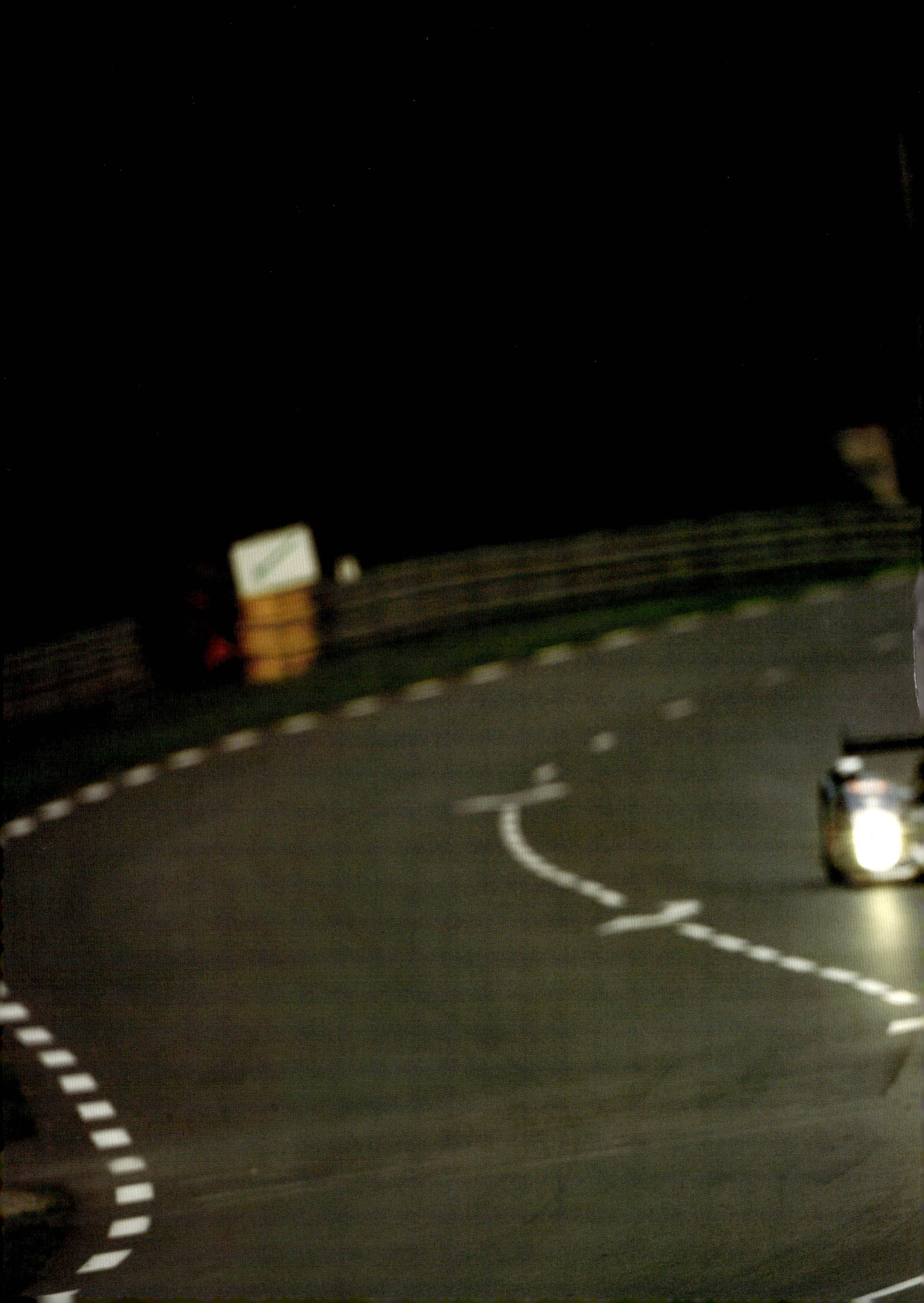

24 HORAS DE LE MANS

As 24 Horas de Le Mans são uma das maiores corridas de carros esporte do mundo, com imenso prestígio. A vitória aqui estará estampada na mídia do dia seguinte e por isso os fabricantes investem bastante, em busca da glória. Audi, Ferrari, Ford, Jaguar e Porsche – todos desfrutaram de um período de domínio. Mas para cada vitória nessa prova há também histórias de matar qualquer um do coração.

Abaixo **De volta ao topo:** Depois de perder para a Peugeot em 2009, a Audi triunfou com final de 1-2-3 em Le Mans 2010, com seu R15 TDI de Mike Rockenfeller, Timo Bernhard e Romain Dumas em primeiro lugar.

RECORDES POR PILOTO

O PILOTO DA POLE É...

Jacky Ickx é o piloto com mais poles para as 24 Horas de Le Mans. O belga partiu dessa posição cinco vezes: 1975, 1978, 1981, 1982 e 1983. Rinaldo Capello, Stéphane Sarrazin e Bob Wollek têm três marcas cada um. A pole passou a ser definida pela velocidade média a partir de 1963. Antes, os carros com maior cilindrada partiam na frente da largada.

A MAIOR RECUPERAÇÃO

O belga Jacky Ickx também é citado como dono da maior recuperação. Seu Porsche 936 caiu para a 41ª colocação entre os 55 participantes, depois de duas horas, devido a um problema na bomba de combustível, na edição de 1977. Mesmo assim, ele e os companheiros de equipe, Jurgen Barth e Hurley, deram um jeito de recolocar o carro no caminho da vitória.

RALI NA PISTA

Dos cinco pilotos campeões de rali que participaram de Le Mans, quem teve maior sucesso foi Sébastien Loeb, ao conquistar o segundo lugar em 2006 pela Pescarolo. Marko Alen, Colin McRae, Walter Rohrl e Bjorn Wöldegård foram os outros quatro campeões mundiais de rali que fizeram suas tentativas nessa competição.

PRÊMIO PELA INSISTÊNCIA

Hoje em dia Henri Pescarolo participa de Le Mans com seus carros, mas este tetracampeão das 24 Horas é o recordista de participações – 33. Bob Wollek, com 30, vem a seguir. Nunca venceu, mas foi segundo colocado quatro vezes. O veterano japonês Yojiro Terada largou em 27 provas, uma a mais do que o pentacampeão das 24 Horas de Le Mans, Derek Bell.

PILOTOS COM MAIS VITÓRIAS

#	Piloto	Vitórias	Anos
1	Tom Kristensen	8	1997, 2000, 2001, 2002, 2003, 2004, 2005, 2008
2	Jacky Ickx	6	1969, 1975, 1976, 1977, 1981, 1982
3	Derek Bell	5	1975, 1981, 1982, 1986, 1987
=	Frank Biela	5	2000, 2001, 2002, 2006, 2007
=	Emanuele Pirro	5	2000, 2001, 2002, 2006, 2007
6	Yannick Dalmas	4	1992, 1994, 1995, 1999
=	Olivier Gendebien	4	1958, 1960, 1961, 1962
=	Henri Pescarolo	4	1972, 1973, 1974, 1984
9	Woolf Barnato	3	1928, 1929, 1930
=	Rinaldo Capello	3	2003, 2004, 2008
=	Luigi Chinetti	3	1932, 1934, 1949
=	**Hurley Haywood**	3	1977, 1983, 1994
=	Phil Hill	3	1958, 1961, 1962
=	Al Holbert	3	1983, 1986, 1987
=	Klaus Ludwig	3	1979, 1984, 1985
=	Marco Werner	3	2005, 2006, 2007
17	Henry Birkin	2	1929, 1931
=	Ivor Bueb	2	1955, 1957
=	Ron Flockhart	2	1956, 1957
=	Jean-Pierre Jaussaud	2	1978, 1980
=	Gerard Larrousse	2	1973, 1974
=	JJ Lehto	2	1995, 2005
=	Allan McNish	2	1998, 2008
=	Manuel Reuter	2	1989, 1996
=	Andre Rossignol	2	1925, 1926
=	Raymond Sommer	2	1932, 1933
=	Hans-Joachim Stuck	2	1986, 1987
=	Gijs van Lennep	2	1971, 1976
=	Jean-Pierre Wimille	2	1937, 1939
=	Alexander Wurz	2	1996, 2009

90 venceram uma vez somente.

Abaixo **Ótimo aproveitamento:** Woolf Barnato (direita no carro) celebra sua terceira vitória com Bentley em 1930. *Direita* **Pilotos com mais vitórias:** Hurley Haywood (direita) celebra a primeira de suas três vitórias ao lado de Jürgen Barth em 1977. Para o outro companheiro, Jacky Ickx, era a quarta fatura.

ÓTIMO APROVEITAMENTO

Woolf Barnato venceu as três provas que disputou pela Bentley entre 1928 e 1930. Jean-Pierre Wimille também fez 100% com as duas pela Bugatti em 1937 e 1939. Quatro outros pilotos fizeram 100% numa única aparição: Tazio Nuvolari (Alfa Romeo), em 1933; Luis Fontes (Lagonda), em 1935; Hermann Lang (Mercedes), em 1952; e AJ Foyt (Ford), em 1967.

FIM DA LARGADA DE LE MANS

Uma tradição de Le Mans era sua largada. Os pilotos se alinhavam do lado oposto dos boxes e, quando o sinal era dado, corriam até o carro, pulavam para dentro, davam a partida e saíam para a pista, colocando o cinto de segurança depois. Em 1969, Jacky Ickx protestou ao andar em vez de correr. A partir de 1970, a corrida passou a ter início com os pilotos já dentro dos carros.

CAMPEÕES DA F1 E DE LE MANS

Dezenove pilotos que foram ou seriam campeões na F1 participaram das 24 Horas de Le Mans. São eles: Mario Andretti, Alberto Ascari, Jack Brabham, Jim Clark, Juan Manuel Fangio, Giuseppe Farina, Mike Hawthorn, Damon Hill, Graham Hill, Phil Hill, Denny Hulme, Alan Jones, Nelson Piquet, Jochen Rindt, Keke Rosberg, Michael Schumacher, Jackie Stewart, John Surtees e Jacques Villeneuve. Destes, somente quatro venceram: Mike Hawthorn (1955), Graham Hill (1972), Phil Hill (1958, 1961 e 1962) e Jochen Rindt (1965). E, desses, apenas Graham Hill e Phil Hill venceram depois de serem campeões na F1.

MAIS HORAS NAS 24 HORAS DE LE MANS

Louis Rosier pilotou 22 horas, duas a menos que o total, em sua vitória em 1950, ao dividir seu Talbot Lago com o filho, Jean-Louis. O piloto da Alfa Romeo Raymond Sommer abriu o precedente em 1932, quando pilotou 20 horas, deixando o copiloto Luigi Chinetti com pouca coisa a fazer. Contudo, Pierre Levegh (nascido Pierre Bouillin) queria bater essa marca em 1952, quando alinhou sozinho um Talbot. Ele liderava por quatro voltas, quando errou uma marcha e danificou seu motor. Faltavam menos de duas horas para o final.

OS BRITÂNICOS CONHECEM ESSA PISTA

Os pilotos britânicos têm experiência em vencer as 24 Horas de Le Mans, mais do que os outros, incluindo os donos da casa. A conta está em 32 a 27 para os britânicos. Uma vitória tipicamente britânica veio em 1988, quando Johnny Dumfries e Andy Wallace levaram a Jaguar à sua primeira conquista desde 1957, ajudados pelo holandês Jan Lammers.

PILOTOS FAMOSOS

O ator Paul Newman era mais do que um cara rico querendo aparecer na pista. Em 1979 foi segundo num Porsche 935 com Rolf Stommelen e Dick Barbour, sete voltas atrás do Porsche vencedor. Parte desse tempo foi perdida numa troca de pneus, quando uma roda ficou presa.

NÃO É SÓ PARA HOMENS

Cinquenta mulheres participaram das 24 Horas de Le Mans. Marguerite Maurese e Odette Siko foram as primeiras a competir com uma Bugatti e terminaram na sétima colocação em 1930. O quarto lugar obtido por Odete Siko em 1932, com uma Alfa Romeo 6C compartilhada com Louis Charaval, permanece como o melhor resultado de uma mulher. Annie-Charlotte Verney fez mais participações, dez entre 1974 e 1983 e sexto lugar em 1981. Ela pilotou um Porsche 935 da Cooke-Woods Racing com Bob Garretson e Ralph Kent-Cooke.

No pé da pág. **Os britânicos conhecem essa pista:** Andy Wallace e Johnny Dumfries venceram em 1988, ajudados por Jan Lammers. *Abaixo* **Piloto com toque de vitória:** Tom Kristensen dividiu a vitória em 2008 com Dindo Capello (foto) e Allan McNish.

PILOTO COM TOQUE DE VITÓRIA

Jacky Ickx era o rei de Le Mans, com seis vitórias entre 1969 e 1982, até a chegada de Tom Kristensen, que venceu na estreia, em 1997. Com um TWR, sua ida para a Audi lhe deu mais uma em 2000. Depois iniciou uma série de vitórias até 2005, todas com Audi, exceto em 2003, quando pilotou um Bentley. Venceu novamente em 2008, e essas oito vitórias em 12 participações provavelmente nunca serão batidas.

RECORDES POR EQUIPE

MELHORES RESULTADOS DE FABRICANTES

A Jaguar ficou em primeiro, segundo, terceiro, quarto e sexto lugares em 1957, enquanto a Audi fez, em 2004, 1-2-3-5. A Porsche tomou o pódio em 1982, assim como a Peugeot em 1993, e a Audi em 2000 e 2002.

VITÓRIA SURPRESA

A Mazda esteve sempre à sombra da Toyota e da Nissan, na dúvida sobre qual fabricante japonês venceria nas 24 Horas de Le Mans primeiro, até por ter um orçamento bem menor do que as outras duas. Mas tudo deu certo para a Mazda em 1991, quando venceu a prova e ainda colocou outro carro na terceira colocação. Não há dúvida de que ter o hexacampeão Jacky Ickx gerenciando a equipe ajudou os pilotos vencedores, Johnny Herbert, Volker Weidler e Bertrand Gachot, a levarem seu protótipo 787B com motor rotativo ficar duas voltas à frente do mais rápido e mais beberrão Jaguar.

O CIRCUITO MAIS VELOZ DAS 24 HORAS

Os 13,465 km da pista utilizada entre 1968 e 1971, na qual Jackie Oliver fez a volta em 3 min e 18,4 seg em 1971, foi durante anos a volta mais rápida de Le Mans, com média de 244,33 km/h. Essa marca foi batida 37 anos depois, quando Stéphane Sarrazin, Peugeot, marcou a melhor volta com 246,01 km/h. Em 2010, o francês Loïc Duval superou essa marca, fazendo a média de 246,41 km/h.

SUPREMACIA ALEMÃ

Com Audi, BMW e Mercedes reforçando as 16 vitórias da Porsche, os alemães estão no topo da tabela dos vencedores das 24 Horas, com 27 conquistas. Eles superam os fabricantes britânicos Aston Martin, Bentley, Jaguar, Lagonda, McLaren e Mirage, que têm 17, três a mais do que os donos da casa, Bugatti, Chenard & Walcker, Delahaye, Lorraine Dietrich, Matra Simca, Peugeot, Renault, Rondeau e Talbot. As nove vitórias da Ferrari, somadas com as quatro registradas pela Alfa Romeo, colocam os italianos em quarto lugar na tabela de conquistas em Le Mans.

CARRO E PILOTO COM O MESMO NOME

O único sucesso obtido por um carro que levava o mesmo nome do piloto aconteceu em 1980. O autor da proeza foi o francês Jean Rondeau pilotando seu Rondeau M379B. Ele dividiu o volante com Jean-Pierre Jaussaud; o outro carro da equipe foi pilotado por Gordon Spice e pelos irmãos Martin (Jean-Michel e Philippe), que terminou na terceira colocação, completando a festa da equipe pelo resultado excepcional obtido nas 24 horas mais famosas do mundo automobilístico.

Acima **Vitória surpresa:** A ordem esperada era Toyota, Nissan e Mazda, mas a Mazda derrubou todos ao vencer em 1991. *Abaixo* **Vencendo por uma fração:** O Ford da dupla Jacky Ickx e Jackie Oliver bateu por pouco o Porsche de Hans Herrmann e Gerard Larrousse em 1969.

MAIS VITÓRIAS POR FABRICANTE

1	Porsche	16
2	Audi	9
=	Ferrari	9
4	Jaguar	7
5	Bentley	6
6	Alfa Romeo	4
=	Ford	4
8	Matra Simca	3
=	Peugeot	3
10	Bugatti	2
=	Lorraine Dietrich	2

VENCENDO POR UMA FRAÇÃO

Parecia injusto que tanto o Ford de Jacky Ickx e Jackie Oliver quanto o Porsche de Hans Herrmann e Gerard Larrousse tivessem que sair perdedores em 1969. Depois de 24 horas de competição, o Ford GT40 estava à frente do Porsche 908 por alguns segundos. Três anos antes a Ford produziu outro final justo, mas entre eles mesmo. A única diferença é que a Ford achava que o vencedor era outro; os organizadores deram a vitória ao Ford GT40 de Chris Amon/Bruce McLaren alegando que eles haviam percorrido uma distância maior do que a dupla Denny Hulme e Ken Miles.

MELHOR MUDAR

As competições são ótimas para prover novas tecnologias, como perceberam os pilotos Duncan Hamilton e Tony Rolt com seu modelo da Jaguar, o XK120C. Eles venceram seguidos pelos companheiros Stirling Moss e Peter Walker, em 1953, quando seus carros foram equipados com freios a disco em vez dos freios a tambor, utilizados por todos os concorrentes até então.

RECORDE DE VELOCIDADE

Se a velocidade em linha reta fosse tudo em Le Mans, então o WM deveria ter vencido, com seu motor Peugeot turbo P88 pilotado por Roger Dorchy, Claude Haldi e Jean-Daniel Raulet. O piloto Dorchy fez nada menos do que 404,98 km/h na reta em 1988. Mas a velocidade do carro não era acompanhada de durabilidade. O WM fez apenas 59 voltas, ferveu e teve que desistir. No entanto, a inserção de três chicanas em 1990, dividindo a reta Mulsanne, que tinha 4,8 km de extensão, impossibilitou alguém de bater a marca de Dorchy.

MAIS E MENOS

O maior número de carros na largada das 24 Horas de Le Mans foi 60, nos ano de 1950, 1951 e 1953. O menor grid aconteceu em 1930, com 17 carros, o que determinou o menor número de carros no final da corrida: apenas nove. Os carros eram mais frágeis antigamente e em três ocasiões 40 carros se retiraram da prova: 1952, 1959 e 1966. Os anos com mais carros ao final das 24 Horas foram 1983, 1993 e 1997, quando 31 competidores completaram a corrida.

O ACIDENTE MAIS GRAVE EM CORRIDAS

O piloto Pierre Levegh e mais 80 espectadores foram mortos durante a realização das 24 Horas de Le Mans de 1955, quando uma colisão aconteceu na linha de entrada dos boxes, que era apenas pintada na divisão da pista com o local de trabalho das equipes. O Mercedes do francês acertou a traseira do Austin-Healey de Lance Macklin e catapultou sobre a grade de proteção do outro lado da pista, atingindo o público. Foi o maior acidente já ocorrido numa pista de competição.

APOSTANDO A CAMISETA

Se você comprou a camiseta comemorativa da Porsche para celebrar a vitória de Derek Bell e Jacky Ickx de 1981, você deve saber que ela mostrava um domínio de seis anos consecutivos da Porsche em Le Mans. Mas saiba que ela está superada pela camiseta da Audi, que venceu todas menos uma, depois de 2000. A exceção foi o ano de 2003 (Bentley de Kristensen, Smith e Capello).

VELOCIDADE E DISTÂNCIA

Em 1971, Helmut Marko e Gijs van Lennep cobriram o recorde de 5.334 km com o Porsche 917K, média de 222,25 km/h. O piloto Jackie Oliver fez a volta mais rápida com 244,33 km/h, o que ajudou a decisão dos organizadores de reformar o circuito. Ele foi totalmente recapeado, recebendo três chicanas na reta e, em 2010, o Audi vencedor com Timo Bernhard, Romain Dumas e Mike Rockenfeller cobriu 5.409 km.

Esquerda **Recorde de velocidade:** Roger Dorchy bateu os 404,98 kmh com seu WM em 1988. *Abaixo* **Velocidade e distância:** Helmut Marko e Gijs van Lennep detêm o recorde de velocidade média em 1971. *No alto* **Melhor mudar:** Jaguar usou freios a disco em 1953 e Duncan Hamilton/Tony Rolt com seu XK120C (18) foram os vencedores.

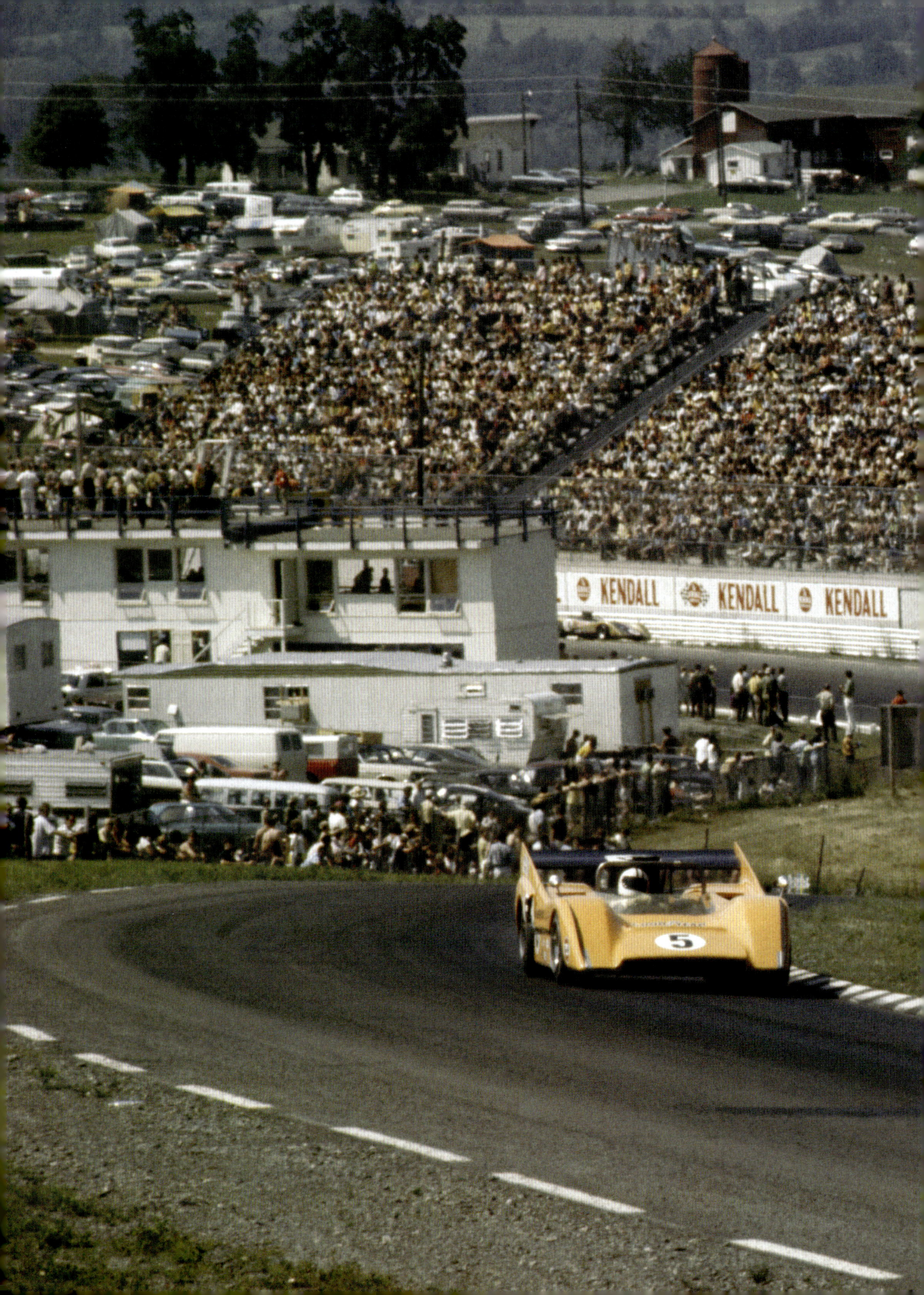
KENDALL
KENDALL
KENDALL
5

ESPORTE PROTÓTIPO

A lealdade a um fabricante mais do que a uma equipe é a base dos campeonatos dos carros esporte, que têm uma diversidade de competições mundo afora para suportar as diversas marcas existentes. Aston Martin, Audi, Ferrari, Jaguar, Peugeot e Porsche são exemplos, se enfrentando nos diversos e famosos circuitos espalhados pelo mundo. Também existiram categorias diferentes de carros esporte protótipos, como a série chamada CanAm, no final dos anos 1960 e começo de 1970.

Abaixo **Simplesmente melhor:** A McLaren era invencível na CanAm, com seus pilotos levantando o título entre 1967 e 1971. Aqui vemos Denny Hulme na vitória em Watkins Glen 1970.

PILOTOS

ANTES DE SEREM PREMIADOS
O título do mundial de esporte protótipo só contava para fabricantes até 1981. Por isso, Derek Bell é citado como destaque nesse tempo, quando esteve na Alfa Romeo em 1975 na conquista do primeiro dos dois títulos da marca. Usualmente seu nome é associado à Porsche, pela qual venceu 17 provas, incluindo quatro vezes as 24 Horas de Le Mans. Ele marcou 21 vitórias com esses carros em toda a carreira.

EMPATE TRIPLO
O primeiro piloto campeão de carros esporte protótipo foi o norte-americano Bob Garretson, em 1981, já que de 1953 até 1980 não era contado esse triunfo. Depois, de 1981 a 1992, três pilotos conseguiram levantar dois títulos. Foram eles: Jacky Ickx (1982 e 1983), Derek Bell (1985 e 1986) e Jean-Louis Schlesser (1989 e 1990).

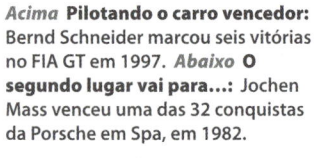

Acima Pilotando o carro vencedor: Bernd Schneider marcou seis vitórias no FIA GT em 1997. *Abaixo* O segundo lugar vai para...: Jochen Mass venceu uma das 32 conquistas da Porsche em Spa, em 1982.

CHEGANDO AO FIM
Com um número cada vez menor de carros e pilotos, 1992 foi o último ano do mundial de esporte protótipo. A Peugeot queria vencer todas as provas, mas ficou fora logo na primeira, quando sofreu um acidente. Vencendo três provas, incluindo as 24 Horas de Le Mans, Yannick Dalmas e Derek Warwick sagraram-se campeões daquele ano.

VENCENDO POR MUITO
A maior margem de distância entre um vencedor e o segundo colocado aconteceu em 1979, nas 24 Horas de Daytona. O Porsche 935 Interscope de Ted Field, Hurley Haywood e Danny Ongais finalizou 49 voltas à frente do Ferrari 365 GTB4 Daytona, de Tony Adamowicz, e John Morton, o equivalente a 1 hora e 40 minutos de diferença.

TÃO PERTO E TÃO LONGE
O final mais apertado da história dessas corridas, em oposição aos usuais 1-2 que as equipes buscavam, foi em Spa-Francorchamps, em 1986. Os pilotos Thierry Boutsen e Frank Jelinski levaram a prova com seu Brun Motorsport Porsche 962C por apenas 0,8 segundo sobre o Jaguar XJR-6 de Jan Lammers e Derek Warwick. Isso tudo após cinco horas e meia de corrida e depois que o Porsche cruzou a linha de chegada sem combustível.

A SPICE E O GRUPO C2
Entre 1985 e 1989, houve um campeonato secundário de esporte protótipo, o Grupo C2. Os títulos foram vencidos por Gordon Spice, num Tiga, depois em seu chassi próprio – Spice – quando compartilhou com o britânico Ray Bellm o carro em 1986 e 1988 e com o espanhol Fermin Velez em 1987.

PILOTANDO O CARRO VENCEDOR
Bernd Schneider foi o primeiro campeão do mundial de GT FIA, em 1997, quando esteve ao volante do modelo CLK-GTR da Mercedes-Benz. Ele ainda fez uso do regulamento que permitia que um piloto trocasse de carro. Como o seu quebrou em A1-Ring e em Suzuka, ele mudou de cockpit para vencer. Ao longo do ano, o piloto alemão registrou seis vitórias em 11 provas realizadas.

O SEGUNDO LUGAR VAI PARA...

Jochen Mass pilotou carros esporte de 1972 até 1991, quando venceu pela Mercedes no final dos anos 1980. Sua primeira vitória foi na pista de Enna-Pergusa em 1975, e a última na Cidade do México, em 1990, onde dividiu seu Mercedes com Michael Schumacher. Mass é o segundo maior vencedor da categoria, com 32 vitórias, 14 poles e 12 voltas mais rápidas. Jacky Ickx lidera as duas tabelas.

ESPORTE PROTÓTIPO 225

▶▶ O COMEÇO DE ALGO MAIOR

Os campeonatos de carro esporte enfraqueceram depois do colapso do mundial em 1992. Em 1994, surgiu uma luz no fim do túnel, quando foi reativado o campeonato de GT em 1995. John Nielsen venceu duas provas em conjunto com Thomas Bscher em seu McLaren F1 GTR para se tornar o campeão de carros esporte no retorno desse campeonato.

▶▶ DO JEITO DELE

O ex-piloto da F1 Karl Wendlinger é o maior vencedor de provas da FIA GT, com 16 vitórias. Elas tiveram início em sua campanha para o título em 1999 – venceu em Monza com Olivier Beretta num Oreca Chrysler Viper GTS-R – e terminaram em 2009, na abertura da temporada em Silverstone, a bordo de um Saleen. Mike Hezemans é o segundo com 14, Michael Bartels tem 13 e Jamie Campbell-Walter possui 12 vitórias.

▶▶ SONHO LARANJA

A McLaren, com seus motores Chevrolet, dominou a série Canadian-American Challenge (CanAm) desde a segunda edição. Seu fundador, Bruce McLaren sucedeu a John Surtees como campeão em 1967 e 1969. Seu companheiro de equipe, Denny Hulme, sagrou-se campeão em 1968 e 1970. Bruce morreu testando o carro em Goodwood, em 1970. O domínio continuou em 1971, quando Peter Revson foi campeão.

PILOTOS COM MAIS VITÓRIAS EM CARROS ESPORTE

1	Jacky Ickx	37
2	Jochen Mass	32
3	Derek Bell	21
=	Henri Pescarolo	21
5	Mauro Baldi	17
=	Brian Redman	17
7	Jean-Louis Schlesser	15
8	Phil Hill	14
=	Jo Siffert	14
10	Gerard Larrousse	12
=	Stirling Moss	12

Campeonatos entre 1953–92.

O SENHOR CARRO ESPORTE

Jacky Ickx não foi somente bicampeão mundial de esporte protótipo (ou carro esporte), em 1982 e 1983, pela Porsche. Ele venceu mais provas nesses carros do que qualquer outro piloto. A primeira foi em Spa, em 1967, num Mirage. Após essa conquista, ele adicionou mais 36. A última delas foi em 1985 na Malásia, com Porsche. Ele também tem mais pole positions (19) e mais voltas mais rápidas (25).

Esquerda **Do jeito dele:** Karl Wendlinger pilota seu Saleen da KplusK em Silverstone 2009. *Abaixo* **O Senhor Carro Esporte:** Jacky Ickx lidera o pelotão ladeira abaixo em Spa, em 1983, para vencer os 1.000 km para a Porsche.

RECORDES POR EQUIPE

›› VENCER E MUDAR

A Aston Martin vinha tentando vencer o mundial de carros esporte desde 1953, mas só conquistou a coroa em 1959. Curiosamente, depois de vencer três das cinco últimas corridas e abocanhar o título, eles fecharam a equipe. A alegação foi a necessidade de se concentrar no projeto da F1; no entanto, abandonaram a categoria um ano depois, em 1960.

›› SÃO TODAS MINHAS

A série de carros esporte de 1962 teve quatro provas – Sebring, Nürburgring, Le Mans e Targa Florio –, e a Ferrari venceu todas. A outras únicas marcas campeãs invictas foram: Porsche em 1977, 1978 e 1983 (Mundial de Marcas) e Alfa Romeo em 1977 (Mundial de Esporte Protótipo).

›› A SATISFAÇÃO DO SEIS

A Porsche tem o melhor recorde de domínio, por ter preenchido as seis primeiras colocações em 16 provas na história das competições. Foram elas: Daytona em 1975; Mugello em 1976; Mugello, Watkins Glen e Brands Hatch em 1977; Daytona em 1978, Sebring em 1981; Monza, Le Mans e Fuji em 1983; Le Mans, Brands Hatch, Spa, Imola e Sandown Park em 1984; e, finalmente, em Le Mans em 1986.

EQUIPES COM MAIS VITÓRIAS DE CARROS ESPORTE

1	Porsche	126
2	Ferrari	63
3	Mercedes-Benz	25
4	Jaguar	23
5	Alfa Romeo	19
6	Matra	15
7	Ford	13
8	Lancia	11
9	Peugeot	8
10	Aston Martin	7

Temporadas de 1953 a 1992.

PROEZA PORSCHE

Devido ao seu inacreditável sucesso entre 1970 e 1980, a Porsche está muito à frente das outras em número de vitórias em carros esporte. Foram 126 conquistas, o dobro da Ferrari. O terceiro lugar pertence à Mercedes-Benz, com 25; em quarto vem a Jaguar, com 23 vitórias.

Acima **Vencer e mudar:** O sucesso em Le Mans, depois de anos tentando, levou Aston Martin a sair da categoria. *Abaixo* **Proeza Porsche:** Mesmo que a última vitória tenha vindo em 1989, os modelos independentes da Porsche ainda eram competitivos nos anos 1990.

DURA BATALHA PELA 12ª VITÓRIA

A Ferrari venceu o 12º de seus 13 títulos em 1967, mas estava claro que seus novos inimigos, Ford e Porsche, estavam alcançando o fabricante italiano. A Porsche ficou a apenas dois pontos do chamado campeonato internacional de marcas. Chris Amon e Jackie Stewart terminaram em segundo na prova final em Brands Hatch com seu Ferrari 330P4, visto ao lado em Daytona.

TODAS MENOS UMA

A equipe Sauber com motor Mercedes esteve perto de vencer invicta a temporada de 1989, tendo perdido apenas a prova de Dijon-Prenois para a Porsche. O Porsche de Jean-Louis Schlesser, segunda nessa ocasião, venceu em Suzuka, Jarama, Nürburgring, Donington Park e México para assegurar o título de pilotos.

TÍTULOS DOIS A DOIS

A Audi e a Pescarolo Sport estão empatadas no topo da categoria principal, a LMP1, com dois títulos cada uma na série Le Mans. A Audi venceu o campeonato inaugural de 2004 e depois em 2008; a Pescarolo venceu em 2005 e 2006. A Larbre Compétition venceu duas vezes a classe GT1 e ambas, a Sebah Automotive e a Virgo Motorsport, conquistaram duas vezes a GT2.

PENSKE E SEUS PORSCHES

O carro esportivo mais potente da história foi o Porsche 917/30 turbo, que beirava os 1.500 cv, quando rodava a toda potência do turbo. Quando a Penske Racing trouxe um desses para Mark Donohue pilotar, ninguém mais teve chance na série de 1973 da CanAm. Dois modelos antigos 917/10 venceram as duas primeiras provas, mas daí para a frente só deu Donohue e seu Penske Porsche, levando as seis provas restantes.

TRIDENTE VENCEDOR

A equipe de mais sucesso no FIA GT é a Vitaphone Racing liderada por Michael Bartels. Seus Maseratis MC12 venceram os títulos entre 2005 e 2010 e seus pilotos foram campeões. Em 2005 bateram a Larbre Compétition de Gabriel Gardel por um ponto.

BMW VENCE A SÉRIE DA BMW

O modelo M1 da BMW teve um campeonato só dele em 1979 e 1980, como prova preliminar da F1 e alguns pilotos foram chamados para competir. Niki Lauda venceu pela Project 4 em 1979, mas a BMW Motorsport foi mais interessante em 1980. Os pilotos Carlos Reutemann, Didier Pironi e o brasileiro Nelson Piquet venceram cinco das nove provas; Piquet foi campeão depois de vencer as três últimas corridas daquela temporada.

FORÇA FERRARI

A Ferrari venceu mais provas do campeonato FIA GT do que as outras marcas. Foram 24 entre 2001, quando Peter Kox e Rickard Rydell levaram o modelo 550 Maranello ao primeiro lugar na Áustria e em Dubai, e 2005, quando Gabriel Gardel e Pedro Lamy venceram com um modelo similar. Nos últimos anos, a Ferrari tem sucesso na classe GT2. A Chrysler tem uma vitória a menos e a Maserati superou a Mercedes com suas 22 conquistas.

O RETORNO DO GATO

A Jaguar foi capaz de vencer as 24 Horas de Le Mans cinco vezes nos anos 1950, mas parecia que nunca conquistaria o campeonato mundial. Finalmente, Tom Walkinshaw liderou a equipe Jaguar para o título em 1987, quando o brasileiro Raul Boesel foi campeão. A equipe de Walkinshaw repetiu a dose em 1988 e 1991, vencendo 18 vezes nesses cinco anos.

No alto **Dura batalha pela 12ª da Ferrari:** Chris Amon e Lorenzo Bandini Ferrari (23) recebem a bandeira em Daytona 1967. *Acima, à esquerda* **Todas menos uma:** A Sauber abriu muitos champanhes em 1989. *Direita* **O retorno do gato:** Tom Walkinshaw (calça azul) e a Jaguar em Le Mans – acima dele, de pé, aparece Raul Boesel.

PORSCHE SUPERCUP

ALTFRID, O PRIMEIRO

Altfrid Heger foi o primeiro piloto a ser coroado campeão da Porsche Supercup, em 1993, temporada inaugural da categoria. A série exclusiva do modelo 911 Carrera era preliminar para as provas da F1 na Europa. O alemão venceu três de 35 e bateu a Uwe Alzen por 154 pontos a 152. Alzen foi campeão no ano seguinte.

OS VELHOS GAROTOS

A média mais alta de idade entre os finalistas de uma prova da Supercup aconteceu no Bahrein, em 2007. Damien Faulkner (31), Uwe Alzen (39) e Alessandro Zampedri (37) subiram ao pódio, resultando na idade média de 36 anos, 1 mês e 11 dias.

A CHANCE DOS MENINOS

A menor média de idade de um pódio da Supercup aconteceu em 2008, na Espanha. Jan Seyffarth (21) tinha a seu lado Jeroen Bleekemolen (26) e Martin Ragginger (20); a média deles era de 22 anos, 9 meses e 17 dias.

FARNBACHER ENSINA O CAMINHO

A equipe de maior sucesso na história da Porsche Supercup é a Farnbacher Motorsport, que tem 33 vitórias. São 12 conquistas a mais do que a Manthey Racing, que tem 21, e cinco a mais que a Kadach Racing, que tem 16 triunfos na categoria monomarca.

QUEM FOI QUE CONVIDOU ESSE CARA?

A Porsche sempre convidava um piloto de nome para uma de suas provas da Supercup. O bicampeão da F1 Mika Hakkinen estabeleceu o padrão em 1993, ao aparecer duas vezes e vencer as duas provas para desgosto dos pilotos usuais da categoria. Ou talvez ele estivesse querendo impressionar ainda mais a McLaren e tomar o lugar de Michael Andretti na equipe de F1, como faria mais tarde.

CARROS E VENCEDORES ALEMÃES

Os pilotos alemães, como era esperado, dominaram a Porsche Supercup desde sua criação, em 1993. Entre eles, são 91 vitórias em 18 anos, 54 a mais do que pilotos de outras nacionalidades. A Holanda e a França têm 26 vitórias cada, enquanto a Grã-Bretanha conquistou 15 corridas e os pilotos de origem italiana levantaram cinco troféus.

Acima **A chance dos meninos:** Quando Jan Seyffarth venceu em Barcelona, em 2008, ele liderou o mais jovem trio vencedor da Porsche Supercup. *Abaixo* **Campeão dos campeões:** Patrick Huisman conquistou o quarto título consecutivo da Supercup em 2000.

VENCEDORES DA PORSCHE SUPERCUP

1	Patrick Huisman	25
2	Wolf Henzler	14
3	Uwe Alzen	13
4	Jeroen Bleekemolen	11
5	René Rast	10
6	Jorg Bergmeister	8
=	Emmanuel Collard	8
=	Richard Westbrook	8
9	Stephane Ortelli	7
10	Marco Werner	6

CAMPEÃO DOS CAMPEÕES

Patrick Huisman faz parte da decoração da Porsche Supercup desde 1995 até os dias de hoje, exceto pelos dois anos disputando a DTM (German Touring Car Masters), em 2001 e 2002. Ele foi campeão quatro anos consecutivos desde 1997. Sua forma sempre foi excepcional, não tendo vencido apenas em três temporadas, 2004, 2008 e 2009. Ele tem os recordes de poles numa temporada, sete em nove provas de 1998, superando a Jorg Bergmeister, com sete em 12, em 2001.

ESPORTE PROTÓTIPO 229

Abaixo **O Ano dos anos de Wolf:** Wolf Henzler venceu em Magny-Cours em 2004, a sexta do ano de seu recorde.

O ANO DOS ANOS DE WOLF

O recorde de vitórias numa mesma temporada da Supercup pertence a Wolf Henzler, que fez nove em 12 etapas do ano de 2004. Pilotando pela Farnbacher Motorsport, esse alemão de 29 anos venceu em Imola, Barcelona, Nürburgring, dois em Indianápolis, Magny-Cours, Silverstone, Hungaroring e Spa-Francorchamps. Desnecessário dizer que foi um campeão dominante...

O MAIS PERTO POSSÍVEL

O final mais apertado da Supercup aconteceu no Bahrein, em 2009, na segunda prova. Jeroen Bleekemolen havia assegurado o título na primeira, mas ainda queria vencer. Entretanto, ele foi tirado do caminho da vitória a duas curvas da quadriculada por René Rast, que venceu por 0,157 segundo. Mas os comissários consideraram a manobra muito agressiva e reverteram a vitória para Jeroen.

FRANÇA, DEPOIS EUROPA

A Supercup é o máximo das disputas das corridas de Porsche, com séries disputadas em vários países como Grã-Bretanha, França, Alemanha e, mais recentemente, na Ásia, Austrália e Itália. Jean-Pierre Malcher subiu para a Supercup, depois de quatro anos na Carrera Cup francesa e um campeonato em 1991 (nunca ficou abaixo de terceiro). Assim, na primeira temporada na Supercup, foi campeão em 1995.

CAMINHO FORA DOS MONOPOSTOS

Emmanuel Collard tinha esperança de chegar à F1, mas não passou da F3000, e a Supercup lhe deu uma esperança. Ele a agarrou com as duas mãos em 1994, adaptando-se rapidamente aos carros esporte, lutando pelo título com Uwe Alzen. Foram três vitórias em 1995, seguidas de cinco e o título em 1996. Desde então, "Manu" é um piloto Porsche nos diversos campeonatos de GT pelo mundo.

RARO SUCESSO

Os britânicos não tinham muito sucesso na Supercup, exceto pela vitória de Kelvin Burt, como convidado em 1994. Richard Westbrook (campeão da Porsche Carrera Cup inglesa de 2004) refez essa trajetória, quando em 2006 venceu quatro provas e o título, repetindo o feito em 2007. Outro piloto britânico, Sean Edwards, venceu duas corridas em 2008 e uma em 2010, quando Nick Tandy venceu três provas.

O OUTRO HOLANDÊS

Patrick Huisman não foi o único holandês a vencer a Porsche Supercup, pois Jeroen Bleekemolen conseguiu esse feito, depois de alguns anos pulando de categorias, incluindo a A1GP. Suas três vitórias em 2007 foram seguidas de mais três conquistas e o título em 2008. Em seguida, ele marcou mais cinco vitórias e outro título em 2009, desta feita com o compatriota Huisman vindo logo atrás, ao seu encalço.

DIVIDINDO 11 POR 5

Demonstrando o alto nível de competitividade da série Porsche Supercup, cinco equipes dividiram os títulos ao longo dos anos 2000. A Farnbacher venceu em 2001, 2003 e 2004; a Lechner Racing 2005, 2007 e 2010; a Konrad Motorsport em 2008 e 2009; a Kadach Tuning (2002) e a Tolimit Motorsport (2006) são as duas equipes que conquistaram apenas um título da Porsche Supercup.

AMERICAN LE MANS SERIES

VENCEDOR SEM VENCER

O veterano piloto Elliott Forbes-Robinson fez o que precisava para ser campeão da American Le Mans Series (ALMS) em 1999: foi constante. Ele nunca terminou melhor do que segundo colocado com seu Dyson Racing Riley & Scott, mas foi o suficiente para superar a Panoz e os BMWs mais velozes, sendo que a segunda não disputou duas provas do certame.

CAPELLO SEMPRE NA FRENTE

J. J. Lehto foi o primeiro piloto a vencer mais de uma vez na ALMS, levando quatro provas para a BMW em 1999, o primeiro ano da categoria. Embora tenha vencido 19 provas no total, J. J. Lehto foi superado em número de vitórias por Dindo Capello, em Sebring, em 2009, com um Audi, seu 26º triunfo. Os companheiros de Audi preencheram mais cinco lugares na tabela de mais vitórias na categoria.

O INIMIGO VEM DE DENTRO

A menor margem de um campeonato aconteceu em 2002, quando Tom Kristensen bateu Dindo Capello por 232 a 230 pontos. Eles estiveram no mesmo modelo R8 da Audi North America durante grande parte da temporada, menos nas duas primeiras provas do ano. Capello venceu em Sebring, com Kristensen em quinto, e Kristensen foi segundo em Sears Point com Johnny Herbert, enquanto Capello dividiu com Frank Biela e Emanuele Pirro o carro que terminou em 15º.

GRAVATA-BORBOLETA VENCEDORA

A Corvette Racing levou o nome Chevrolet e seu símbolo, a gravata-borboleta, a um grande sucesso na série ALMS, com seus dois modelos Corvette dominando a temporada da classe GT1. Os carros pintados de amarelo e preto levantaram o título da classe oito vezes com Olivier Beretta, Oliver Gavin, Ron Fellows e Johnny O'Connell. A classe GT1 foi eliminada da série por falta de concorrentes ao final de temporada de 2009, quando a Corvette passou a competir na classe GT2.

No pé da pág. **Fácil como 1-2-3:** Allan McNish (foto) e Dindo Capello foram vencedores com a Audi em 2000, com três triunfos na American Le Mans Series e seu modelo R8.

FÁCIL COMO 1-2-3

A primeira trinca de vitórias na série ALMS foi comandada pela dupla Allan McNish e Dindo Capello. Eles começaram vencendo em Laguna Seca, em 2000 com seu Audi R8, e seguiram à frente nas provas de Portland e Road Atlanta.

MUDANÇA DE CARA

Com a saída dos campeões de longo tempo, a Audi, e de seus rivais de 2008, a Porsche, foi a vez da Honda e seu Acura ser a campeã em 2009. Os pilotos David Brabham e Scott Sharp levantaram a coroa para a equipe Highcroft Racing. Em seguida, Brabham e Simon Pagenaud conquistaram o título de equipes em 2010, graças às três vitórias no início da temporada.

PILOTOS COM MAIS VITÓRIAS

#	Piloto	Vitórias
1	Dindo Capello	26
2	Frank Biela	21
3	Marco Werner	20
4	J. J. Lehto	19
5	Allan McNish	18
6	Emanuele Pirro	16
7	David Brabham	13
8	Romain Dumas	10
=	Tom Kristensen	10
10	Timo Bernhard	9

MARCAS COM MAIS VITÓRIAS

#	Marca	Vitórias
1	Audi	63
2	Acura	13
2	Porsche	12
4	Panoz	8
5	BMW	6
=	Lola	6
7	Peugeot	3
8	Riley & Scott	1
=	Zytek	1

A MÃO CHEIA DE JORG

Jorg Bergmeister marcou sua quinta conquista na classe em 2010, passando para a ponta da tabela de campeões, à frente do compatriota Lucas Luhr. Seus títulos foram todos obtidos na classe GT (antiga GT2), pela Porsche. Ele dividiu as conquistas com Patrick Long em 2005, 2009 e 2010; com Wolf Henzler, em 2008, e sozinho, em 2006. Luhr venceu em três classes: GT em 2002 e 2003, LMP2 em 2006 e LMP1 em 2008.

DIVIDINDO COM OUTROS

O piloto alemão especialista em carros esporte, Marco Werner, venceu a principal classe da ALMS, a LMP1 (antiga LMP900) em três ocasiões pela Audi, mas dividiu a fatura com parceiros distintos: Frank Biela, em 2003, JJ Lehto, em 2004, e Lucas Luhr, em 2008.

JOHNNY O'VENCEDOR

O domínio da Chevrolet na classe GT1, chamada de GTS até 2004, deu a Johnny O'Connell o maior número de vitórias dentro da categoria da ALMS, com 36. Uma a mais do que o companheiro de Chevrolet, Olivier Beretta, que fez uma campanha sensacional em 2000 com um Dodge Viper, quando venceu nove das 12 etapas, antes de se mudar para a Chevrolet.

FÓRMULA AUDI

A Audi terminou em terceiro lugar na sua primeira prova pela ALMS, em 1999 nas 12 horas de Sebring. Voltou um ano depois com Frank Biela, Tom Kristensen e Emanuele Pirro, para ser vitoriosa. A Audi continuou a vencer, totalizando 63 triunfos na série. A Porsche está em segundo lugar com 12 vitórias.

No alto **Pilotos com mais vitórias:** Dindo Capello é o maior vencedor da ALMS, com 26 vitórias. *Acima, à esquerda* **Mudando a cara:** David Brabham e Scott Sharp vibram com a vitória em St Petersburg 2009. *Abaixo* **Penske ligada:** Timo Bernhard e Romain Dumas dividiram o título conquistado em 2008.

PENSKE LIGADA

Tendo feito sucesso na F1, IndyCar e Nascar, a Penske está nas paradas na ALMS desde 2006. Venceu o título da LMP2 na sua primeira tentativa e ainda conquistou uma prova na geral, batendo os rivais da LMP1. Lucas Luhr e Sascha Maassen pilotaram o vencedor Porsche RS Spyder, mas os companheiros Timo Bernhard e Romain Dumas foram os campeões em 2007 (seis vitórias) e 2008, somando mais um título ao que Bernhard ganhou em 2004.

EATSONS BUILDING SUPPLIES
SEAT SEAT SEAT
CRUZE
SILVERLINE
ecm
CRUZE
HiQ
SILVERLINE
BTCC ON itv4
2
EVO
DUNLOP

TURISMO

Semelhantes à Nascar, que tem muitos fãs nos Estados Unidos, os carros de turismo têm apoiadores fervorosos em todos os países que têm um campeonato desse tipo. O Campeonato Britânico de Carros de Turismo (BTCC) conta sempre com um grande público. O Campeonato Alemão de Turismo (DTM) lota as arquibancadas e o australiano V8 Supercar tem fãs espalhados pelos morros de Bathurst, o símbolo de sua paixão. E as corridas são sempre cobertas de lances dramáticos.

Abaixo **Caminho para a vitória:** Jason Plato venceu a terceira prova em Knockhill Racing Circuit, em 2010, no caminho de seu segundo título no British Touring Car Championship.

RECORDES POR PILOTO

PRIMEIRO OS MAIS VELHOS

Manter-se forte mentalmente era parte do arsenal de John Cleland quando disputou o BTCC entre 1989 e 1999. Ele venceu seu primeiro título na classe C com um Vauxhall Astra aos 37 anos, com 11 vitórias em 13 provas. Depois que as classes foram reestruturadas, ele venceu pela Vauxhall passando para 17 triunfos até o final da temporada de 1995.

DEIXANDO SUA MARCA

O piloto que vence o primeiro título de um campeonato tem lugar garantido na história. Assim fez Jack Sears, campeão do BTCC em 1958, com um Austin A105 Westminster. Ele voltou a ser campeão em 1963, quando pilotou um Lotus Cortina e o enorme Ford Galaxie norte-americano.

TRÊS TRI

Três pilotos foram tricampeões do BTCC: Bill McGovern venceu três vezes consecutivas na classe D com Sunbeam Imp; Win Percy igualou o feito em 1980, sendo as duas iniciais feitas na classe B com Mazda RX7 e a terceira na classe C, com Toyota Corolla. Andy Rouse seguiu a tocada de Percy e começou seu tri em 1983. Rouse marcou suas conquistas pilotando carros diferentes – na classe B com Alfa Romeo GTV6, na classe A com Rover Vitesse e, finalmente, em 1985, novamente na A com um Ford Sierra Turbo.

A F1 ENTRA NA BRIGA

Um dos fatos mais importantes da década de 1960 é que os pilotos de ponta participavam de todo o tipo de corrida que podiam. Eles buscavam os prêmios durante todo o ano em categorias diferentes. Foi por isso que o campeão mundial da F1 de 1963 pela Lotus, Jim Clark, participou do BTCC em 1964, levando a coroa de campeão pela Ford com o Lotus Cortina.

SENHOR COSMOPOLITA

Se Fabrizio Giovanardi ficou desapontado quando sua carreira em monopostos estacionou na F3000, talvez não imaginasse que sua ida para os carros de turismo em 1991 produzisse tanto sucesso. Vencedor de uma classe no italiano de 1992, Giovanardi foi campeão espanhol em 1997, bicampeão italiano 1998/9, tricampeão europeu 2000/2 – sempre com Alfa Romeo – e bicampeão britânico de 2007/8, desta vez com Vauxhall.

Abaixo **Senhor Cosmopolita:** Fabrizio Giovanardi e seu Alfa Romeo em Magny-Cours 2002. *No pé da pág.* **Primeiro os mais velhos:** John Cleland voa em Brands Hatch 1995.

TURISMO

PILOTOS COM MAIS VITÓRIAS NO BTCC

1	Jason Plato	60
=	**Andy Rouse**	60
3	Alain Menu	36
=	Yvan Muller	36
=	Matt Neal	36
=	James Thompson	36
7	Frank Gardner	35
8	Gordon Spice	27
9	Brian Muir	23
10	Fabrizio Giovanardi	22

MELHOR DOS MELHORES

O neozelandês Paul Radisich pode dizer que era o melhor piloto do mundo de turismo. Quando o regulamento era para carros de série com motores de 2 litros, existia uma Copa do Mundo que reunia numa prova os melhores pilotos da categoria. Ele venceu as duas provas realizadas em Monza, em 1993, num Ford Mondeo, e venceu novamente em 1994, a única prova em Donington Park. Frank Biela venceu o evento em Paul Ricard pela Audi, em 1995.

No alto **Pilotos com mais vitórias no BTCC:** Andy Rouse tem mais vitórias no BTCC – 60 –, incluindo esta em 1988, com o Ford Sierra RS500. *Direita* **O dominador:** Andy Priaulx levou o segundo e o terceiro títulos para a BMW em Macau. *Abaixo* **Rolo suíço:** Em 1997, ninguém acompanhou a Renault de Alain Menu no BTCC.

O DOMINADOR

O campeonato da FIA World Touring Car Championship (WTCC) tinha um problema para a temporada de 2008. O público era ótimo, muitos carros na largada e as corridas bem disputadas, mas Andy Priaulx arrematou os títulos em 2005, 2006 e 2007 para a BMW. Nem sempre com larga margem, como em 2006, que foi de um ponto sobre Jorg Müller, mas o suficiente para frustrar os rivais. A rotina de Priaulx acabou em 2008, quando Yvan Muller levou o título, com um Seat León turbo-diesel.

CINCO COM TRÊS

O campeonato europeu de turismo foi disputado de 1963 a 1988 e, depois, de 2000 a 2004, quando os carros italianos foram campeões. Cinco pilotos venceram na classe ou no geral três vezes. Foram eles: Dieter Quester, Toine Hezemans, Umberto Grano e Helmut Kelleners, mais Fabrizio Giovanardi, campeão do restaurado europeu (ETCC) entre 2000 e 2002.

DOBRADINHA DE TOM

Futuro dono de equipe, Tom Walkinshaw tem um recorde difícil de ser batido. Primeiro ele venceu no BTCC em 1994, numa das visitas à cidade de Ingliston, na Escócia, com um Ford Capri 3000GT em sua classe. Depois, no mesmo dia, venceu de novo em outra classe, com um Ford Escort RS2000.

ANDY E JASON SHOW

Andy Rouse recebeu a companhia de Jason Plato em 2010, no topo da lista de maiores vencedores do britânico de turismo, BTCC, com 60 conquistas cada um. Mas o campeão de 1983 a 1985 tem outro recorde, que é o de maior número de vitórias sucessivas: oito em 1988, pilotando um Ford Sierra RS500. Robb Gravett fez sete seguidas com um Trakstar Ford Sierra Cosworth, em 1990, e está em segundo lugar na lista de vitórias consecutivas.

ROLO SUÍÇO

Alain Menu teve um ano magnífico no BTCC de 1997. Ele começou a temporada com seu Williams Renault marcando quatro vitórias em seguida, somando mais oito ao longo da temporada. Ele marcou o recorde de 110 pontos de vantagem sobre o segundo colocado, o Audi Sport de Frank Biela, vice-campeão.

RECORDES POR EQUIPE

FORD COM VARIAÇÕES

Ford e Vauxhall venceram quatro títulos de pilotos no BTCC, de 1965 a 1968 e de 2001 a 2004, respectivamente. Mas a diferença é que a Ford obteve suas marcas com modelos diferentes. O primeiro título com Roy Pierpoint foi com um Mustang, em 1965, depois com John Fitzpatrick num Broadspeed Anglia, em 1966. A seguir, Frank Gardner levantou dois títulos pela Alan Mann Racing, num Falcon em 1967, e usou um Escort e um Cortina em 1968.

SCHNITZER DÁ AS CARTAS

As corridas de carros têm a propriedade de confundir com suas mudanças. O ETCC decidiu realizar algumas provas fora da Europa, e levou sua categoria para a Austrália, Nova Zelândia e Japão, em 1987, o que poderia até ser chamado de torneio mundial. Roberto Ravaglia venceu pela Schnitzer BMW. Em 1988, Ravaglia venceu o ETCC, o que deu à equipe o tricampeonato, pois ela havia vencido o ETCC em 1986.

BMW: MELHOR DO MUNDO

O fabricante com maior número de vitórias no World Touring Car Championship (WTCC), desde a última encarnação da série em 2004, é a BMW, com 51 triunfos em 132 provas, nunca vencendo menos do que seis provas na temporada. A mais bem-sucedida das equipes BMW foi a alemã, que conseguiu 25 vitórias com a Schnitzer Motorsport.

Abaixo, à direita **Título e adeus:** A Seat saiu fora do WTCC apesar de Gabriele Tarquini ter sido campeão em 2009 em Macau. *Abaixo, à esquerda* **Vitória de classe:** Jason Plato iniciou quatro anos de vitórias no BTCC para a Vauxhall em 2001.

TÍTULO E ADEUS

A Seat colocou cinco modelos Leon TDIs em 2009 no FIA World Touring Car Championship, e Gabriele Tarquini foi campeão à frente do companheiro Yvan Muller. Em seguida, o fabricante espanhol passou apenas a apoiar outras equipes em 2010. Resultado: Tarquini foi segundo para o Chevrolet de Muller.

FABRICANTES COM MAIS TÍTULOS NO BTCC

1	Ford	9
2	Vauxhall	8
3	BMW	5
=	Mini	5
5	Honda	3
=	Sunbeam	3
=	Toyota	3
8	Alfa Romeo	2
=	Austin	2
=	Chrysler	2
=	Mazda	2

VITÓRIA DE CLASSE

O BTCC sofreu grande mundança em 1991, com o fim do sistema de classes. A partir dali, todos os carros passaram a correr com motores do mesmo tamanho. Nesse ano, a Vauxhall, de John Cleland, foi vice-campeã; a equipe conquistou o título em 1995. A Vauxhall voltou a vencer apenas entre 2001 e 2004, quando Jason Plato, James Thompson (duas vezes) e Yvan Müller ganharam quatro títulos seguidos.

BAVARIAN MOTORS WORK – BMW

O modelo BMW 3.0 tem o recorde de melhor da história da ETCC: serviu para cinco pilotos conquistarem seus títulos, entre 1975 e 1979. Como haviam sido utilizados por Toine Hezemans em seu título em 1973, a BMW ajudou outros quatro, com os modelos 320i, 635CSi e 528i.

QUANDO O GATO RUGE

A Jaguar foi quase imbatível no British Touring Car Championship (BTCC), vencendo todas menos uma nas primeiras cinco temporadas entre 1958 e 1962, mas nenhum dos seus pilotos chegou ao título. O único vencedor que não usou um Jaguar foi Doc Shepherd que estava num Austin A40, em Snetterton em 1960.

CARREIRA DE VITÓRIAS

A equipe suíça Eggenberger Motorsport teve um grande período no ETCC, vencendo três títulos seguidos. Começou em 1980, com Helmut Kelleners, seguiu com Kelleners mais Sigi Müller Jr. em 1981, e Kelleners e Umberto Grano, em 1982, sempre usando BMWs. A equipe somou mais um em 1985, quando Gianfranco Brancatelli e Thomas Lindstrom dividiram um Volvo 240 turbo.

Acima **Carreira de vitórias:** Gianfranco Brancatelli, em seu Eggenberger Volvo 240T, venceu em Macau 1985. *Abaixo* **TWR deixa marca:** TWR com Win Percy num Mazda RX7 à frente em Thruxton 1981. *No pé da pág.* **Oval azul bate a BMW:** Cena típica do ETCC de 1972: Ford Capris lutam com BMW CSLs, aqui com Jochen Mass à frente.

DOMINADOR, NÃO IMBATÍVEL

O tempo mais longo que um carro manteve-se vencedor no BTCC foi entre 1987 e 1990, quando a Ford registrou 40 triunfos com o dominador Sierra RS500. Mas o sistema de pontos não mostra isso, pois apenas Robb Gravett foi campeão para a marca. Em 1987, o campeão foi Chris Hodgetts na classe D Toyota Corolla; em 1988, foi Frank Sytner classe B BMW M3 e, em 1989, quem levou foi John Cleland na classe C Vauxhall Astra GTE.

TWR DEIXA MARCA

Tom Walkinshaw foi piloto e dono de equipe. Ele desfrutou mais sucesso na segunda, em carros esporte e F1. Entretanto, a primeira conquista da Tom Walkinshaw Racing foi no BTCC, quando seu piloto Win Percy foi bicampeão em 1980/1981, superando os Ford Capris com 18 vitórias na classe B com um modelo Mazda RX7.

OVAL AZUL BATE A BMW

Algumas das mais emocionantes corridas da história da ETCC foram nos anos 1970, quando a Ford alemã pôs seus modelos Capri RS2600 contra os BMWs 3.0 CSL. A Ford venceu o título da temporada de 1972 com Jochen Mass – o primeiro ano sem a confusão das classes – e repetiu o título em 1974 com Hans Heyer usando um Capri e um Escort RS.

DEUTSCHE TOURENWAGEN MEISTERSCHAFT (DTM)

>> **VARIANDO A ESPÉCIE**

A Deutsche Tourenwagen Meisterschaft – DTM – tem uma história dividida em duas partes: de 1984 até 1996 e depois do ano 2000. No entanto, na primeira parte delas, oito fabricantes chegaram ao título: Alfa Romeo (1993), Audi (1990 e 1991), BMW (1984, 1987 e 1989), Ford (1988), Mercedes (1992, 1994 e 1995), Opel (1996), Rover (1986) e Volvo (1985). Essa variedade prova que o campeonato era tudo, menos um torneio nacional alemão.

>> **PERTO DO TOPO**

Klaus Ludwig, campeão da DTM pela Ford em 1988 e pela Mercedes em 1992 e 1994, tem o recorde de pontos marcados na DTM. Ele acumulou 1.792,5 entre 1985 e 2000, superando Bernd Schneider que tinha 1.770,5. Kurt Thiim, o campeão de 1986, é o terceiro com 1.405, Roland Asch tem 1.141 e o campeão de 1996 Manuel Reuter é o quinto com 1.107.

Acima **Variando a espécie:** Manuel Reuter levou os louros para a Opel 1996, com um Calibra V6. *Abaixo* **Dona DTM:** O multicampeão da DTM, Bernd Schneider, leva seu Mercedes CLK-DTM à frente de Marcel Fassler em Hockenheim, em 2000.

DONA DTM

De muitas maneiras, Bernd Schneider representa a DTM, pois correu lá entre 1986 – ao mesmo tempo que esteve na F3 e F1 – e 2008. Ele venceu mais do que todos, 43 vezes, e foi campeão cinco vezes. Seus títulos, todos com Mercedes, foram em 1995, 2000, 2001, 2003 e 2006.

TURISMO 239

MUDANDO DE GUARDIÃO

A Audi e Mattias Ekstrom aumentaram sua influência na DTM, assim como Bernd Schneider, a partir de 2004. O piloto sueco se tornou o segundo multicampeão na era moderna (após 1999), vencendo dois títulos – 2004 e 2007 – pela equipe Audi Sport Team Abt.

PILOTOS COM MAIS VITÓRIAS

1	Bernd Schneider	43
2	Klaus Ludwig	36
3	Kurt Thiim	19
4	Nicola Larini	18
5	Johnny Cecotto	14
=	Mattias Ekstrom	14
=	Alessandro Nannini	14
8	Hans-Joachim Stuck	13
=	Gary Paffett	13
10	Manuel Reuter	11

» DOIS DÍGITOS DE VITÓRIAS

Nicola Larini detém o recorde de mais vitórias numa temporada – 10 –, registrado em 1993, quando conquistou o campeonato de pilotos pela Alfa Corse. Ele venceu em Nürburgring (três vezes), Wunstorf, Norisring (duas vezes), Diepholz e Singen em seu Alfa Romeo 155.

» QUEM PRECISA VENCER?

Em 1984, Volker Strycek tornou-se o primeiro campeão da DTM sem vencer nenhuma corrida das 15 provas. Harold Grohs, que terminou o ano em terceiro lugar, venceu a maioria – 5 –, mas seu companheiro da BMW 635CSi levou o título porque foi mais constante durante a temporada. Seu melhor resultado foi um segundo lugar em Hockenheim e em Zolder.

» O MESTRE DA POLE

Bernd Schneider fez mais poles na DTM, chegando a 25. O ex-campeão Klaus Ludwig e Kurt Thiim estão em segundo com 16 cada um, enquanto o piloto da Audi, Mattias Ekstrom, subiu também para a segunda colocação após a temporada de 2010.

» DENTRO E FORA DE CASA

A DTM é uma série com pés irrequietos. A Alemanha tinha mais circuitos nos anos 1980, quando a série teve 15 provas em 1984. Todavia, visitou mais 23 países durante seus campeonatos. Em ordem cronológica: Zolder, Brno, Salzburgring, Hungaroring, Donington Park, Mugello, Helsinque, Estoril, Magny-Cours, Silverstone, Interlagos, Suzuka, A1-Ring, Zandvoort, Adria, Spa-Francorchamps, Istambul, Brands Hatch, Le Mans, Barcelona, Dijon-Prenois, Valência e Xangai.

» BERND, O VOADOR

A lenda da DTM, Bernd Schneider, está no topo da lista de voltas mais rápidas, com 60, durante seus longos anos com a Mercedes. Isso é quase três vezes o que fez Nicola Larini, que tem 22; Klaus Ludwig tem 16 e Kurt Thiim, 13.

» PERFORMANCE TRÊS ESTRELAS

Embora tenha se transformado numa batalha entre duas marcas, a Mercedes e a Audi, a primeira leva grande vantagem em número de vitórias conquistadas.
A casa das três estrelas tem 162 triunfos contra 54 da concorrente Audi, sendo que apenas 16 delas ocorreram antes de 1990. Os britânicos Gary Paffett, Jamie Green e Paul di Resta marcaram sete vitórias para a marca Mercedes ao longo da temporada de 2010 da categoria.

» BATALHA A DOIS

Mercedes e Audi venceram todos os títulos desde 1990 – exceto Larini (Alfa Romeo) e Reuter (Opel). A primeira tem nove coroas – Klaus Ludwig, Bernd Schneider, Gary Paffett e Paul di Resta. Hans-Joachim Stuck deu o primeiro para a Audi em 1990, seguindo-se seis títulos para a marca – Frank Biela, Laurent Aiello, Mattias Ekstrom e Timo Scheider.

No alto **Mudando de guardião:** Mattias Ekstrom, aqui em Brands Hatch/2007, venceu dois títulos para a Audi. *Acima, à direita* **Performance três estrelas:** O britânico Paul di Resta venceu várias provas pela Mercedes, mas ficou atrás de Gary Paffett em Dijon-Prenois, em 2009. *Acima* **Batalha a dois:** Timo Scheider foi o campeão pela Audi na DTM, em 2009.

V8 SUPERCARS DA AUSTRÁLIA

FORD VERSUS HOLDEN (GM)

Muitos pilotos venceram o Australian Touring Car Championship (ATCC) para a BMW, Chevrolet, Jaguar, Mazda, Nissan e Volvo, mas a série sempre foi mais forte na luta caseira entre Ford e Holden. A Ford lidera com 23 títulos contra 15 da Holden. Todavia, desde a primeira conquista da Holden no final de 1970, o título vem trocando de mãos, com 17–15 para a Ford.

MUDANDO COM O TEMPO

O piloto canadense Allan Moffat foi um piloto que mudou com os tempos. Ele deu continuidade aos títulos obtidos com a Ford, em 1973, 1976 e 1977, com mais uma conquista em 1983, mas com um carro totalmente diferente: um Mazda RX7, desde que a BMW e a Nissan se juntaram à Mazda na tentativa de bater as locais Ford e Holden.

"PERFEITO" DE NOME

Sem dúvida, Peter Brock, chamado de Peter Perfeito, é o piloto mais famoso do turismo australiano. Ele venceu as duas principais provas do certame Bathurst e Sandown 500 nove vezes. Também levou três títulos, todos com a Holden – o primeiro em 1974 até parar de correr no final de 2004.

LUTA ENTRE ESCRITÓRIOS

Todo promotor de competições esportivas gosta de duelos. Ford versus Holden era uma grande chamada e os fãs do esporte tiveram muitas e muitas disputas entre Peter Brock e seu Holden contra sua contraparte na Ford, Dick Johnson. O piloto Johnson acabou por vencer mais títulos, cinco. Os primeiros vieram com o modelo Falcon em 1981, 1982 e 1984; depois foi a vez do Sierra RS500 em 1988 e 1989.

Abaixo "Perfeito" de nome: Peter Brock carregou a bandeira da Holden por 31 anos. *No pé da pág.* Escalando gráficos: Depois de seis anos na V8 Supercars, Jamie Whincup já é o quinto maior vencedor da categoria.

ESCALANDO GRÁFICOS

Ao final de 2010, com 27 anos, Jamie Whincup já tem dois títulos da V8 Supercars – 2008 e 2009. Na equipe Triple 8 Race Engineering, subiu para a quinta colocação entre os maiores vencedores da categoria, com 46 vitórias. E ele fez isso em apenas seis anos disputando a categoria de turismo, vindo de carros de fórmula.

TURISMO

SKAIFE DISPARA NA FRENTE

Mark Skaife foi o novato que impulsionou a ATCC para a era moderna, depois da era de Peter Brock/Dick Johnson/Jim Richards. Ele levantou o primeiro de seus cinco títulos, com um Nissan Skyline GT-R, em 1992, e seguiu desfilando vitórias até a 89ª taça. Importante ressaltar que nos seus primórdios a série realizava cinco corridas a menos do que os campeonatos modernos.

PILOTOS COM MAIS VITÓRIAS

1	Mark Skaife	89
2	Craig Lowndes	74
3	Garth Tander	49
4	Peter Brock	48
5	Jamie Whincup	46
6	Glenn Seton	40
7	Allan Moffat	36
8	John Bowe	31
9	Dick Johnson	30
10	Marcos Ambrose	28
=	Greg Murphy	28

QUATRO SEGUIDAS

O recorde de títulos consecutivos foi estabelecido por Ian Geoghegan, entre 1966 e 1969, todos num Ford Mustang. O destaque mais interessante é que os primeiros três foram decididos numa única corrida no final da temporada; ele tem cinco títulos porque havia sido campeão em 1964 também. Todavia, ele nunca venceu a prova de Bathurst.

NA LINHA DE LARGADA

John Bowe começou na ATCC em 1985 e correu até 2007, levantando o título de pilotos em 1995 com um Ford Falcon EF, pela equipe de Dick Johnson. Nesse período, o tasmaniano fez mais largadas do que qualquer outro piloto, 225 no total. Mark Skaife vem a seguir com 220, oito à frente de Peter Brock. Glenn Seton e Dick Johnson também chegaram a 200 largadas.

JOVEM E VELOZ

O enduro anual de Bathurst é sempre um teste para pilotos e máquinas. Craig Lowndes deixou sua marca lá, em 1994, por ter liderado algumas voltas, depois de uma ultrapassagem ousada sobre John Bowe. Mas ele só venceu o evento dois anos depois, com 22 anos e 105 dias, o mais jovem da história. Em 1999, ele já havia conquistado três títulos do campeonato australiano de Supercars V8 – a ATCC.

POR TRÁS DO NOME

Quando a ATCC esteve ameaçada de extinção, em 1994, foi formada a Super Touring e os organizadores escolheram os carros locais como foco do torneio. Depois, a mudança de nome para V8 Supercar Series em 1997 completou o plano com seus poderosos motores V8. A Holden venceu sete títulos contra seis da Ford desde então.

Acima **Skaife dispara na frente:** O pentacampeão Mark Skaife celebra mais uma vitória em Adelaide, em 2003. *Abaixo* **Jovem e veloz:** Craig Lowndes conseguiu 12 vitórias para a Holden em seu título de 1999. *No pé da pág.* **A Holden mostra o caminho:** Garth Tander é um dos muitos pilotos vencedores da Holden; aqui em Surfer's Paradise 2007.

A HOLDEN MOSTRA O CAMINHO

A Holden, a GM australiana, é a fabricante com mais vitórias no ATC, com as recentes conquistas no V8 Supercars. Foram 203 triunfos obtidos com os modelos Monaro, Torana e Commodor e estão 31 marcas à frente da Ford, que usou Cortina, Mustang e Falcon. A Nissan está em terceiro com 25, vindos com os modelos "Godzilla" e Skyline GT-R.

PARTE 7
OUTRAS CATEGORIAS

Nenhum outro esporte tem tanta variedade como o esporte a motor, abrangendo desde os circuitos permanentes até o chamado off-road, em terrenos muito acidentados. Alguns de seus formatos, como a série Camping World Truck da Nascar são regulares, enquanto outros, como os Dragsters, vivem num mundo totalmente diferente. Assim, um olhar nestes bravos e extremamente focados pilotos, buscando recordes de velocidade, nos dá a certeza de que estão em outro universo, com alvos na faxa de 1.600 km/h.

Abaixo **A queimada:** Top Fuel é sempre espetacular e Dominic Lagana dá uma ótima demonstração disso no Maple Grove Raceway, na Pensilvânia, em 2009.

Outras Categorias

RECORDES DE VELOCIDADE

E LÁ SE VAI...

O primeiro recorde de velocidade conhecido foi em 1898, quando Gaston de Chasseloup-Laubat pôs seu carro elétrico Jeantaud Duc numa linha reta em Achères, França. Ele foi cronometrado a 63,13 km/h. Seis meses depois o recorde havia mudado cinco vezes e passado para 105,86 km/h pelo belga Camille Jenatzy num carro chamado carinhosamente de *La Jamais Contente* (jamais contente).

PERDENDO UMA RODA

Craig Breedlove causou um certo furor ao aparecer com um carro de três rodas, o Spirit of America em 1963; uma delas à frente e duas atrás. Todas elas eram alimentadas por seu motor a jato. Ele foi o primeiro homem a atingir as 400mph – 643,60 km/h. No entanto, seu recorde levou um longo tempo para ser reconhecido, o que permitiu a Donald Campbell manter-se como recordista por esse período.

AREIA LISA E SECA É MELHOR

Como as praias britânicas não ofereciam uma reta longa, lisa e seca o suficiente, as esperanças britânicas foram depositadas na América do Norte, em Utah, precisamente em Bonneville Salt Flats. Foi para lá que o capitão George Eyston levou seu Thunderbolt em 1937 para superar o recorde de Malcolm Campbell (1935/ 484,51 km/h), chegando a 501,06 km/h.

Abaixo **Areia lisa e seca é melhor:** Capitão George Eyston fez novo recorde em Bonneville Salt Flats 1937. *No pé da pág.* **Uma tonelada e meia:** Chapas de metal sob o Bluebird de Malcolm Campbell evitou que afundasse na areia da praia de Pendine Sands, em 1925, um dia antes de bater o recorde de velocidade.

UMA TONELADA E MEIA

As tentativas britânicas de recordes de velocidade eram feitas em Pendine Sands, sul de Gales, nos anos 1920. Foi lá que Malcolm Campbell registrou o primeiro recorde com seu modelo aerodinâmico Bluebird, em 1924. Voltou no ano seguinte e acrescentou mais 7,4 km/h no percurso de 1,6 km. Foi o primeiro homem a fazer 241,35 km/h.

RECORDES DE VELOCIDADE 245

OS 10 MAIS VELOZES

	Marca km/h	Piloto	Carro	Ano
1	1.227,72	Andy Green	ThrustSSC	1997
2	1.149,06	Andy Green	ThrustSSC	1997
3	1.018,50	**Richard Noble**	**Thrust2**	1983
4	1.001,45	Gary Gabelich	Blue Flame	1970
5	966,37	Craig Breedlove	Spirit of America – Sonic 1	1965
6	927,64	Art Arfons	Green Monster	1965
7	893,78	Craig Breedlove	Spirit of America – Sonic 1	1965
8	863,57	Art Arfons	Green Monster	1964
9	846,78	Craig Breedlove	Spirit of America	1964
10	754,17	Craig Breedlove	Spirit of America	1964

›› BRITÂNICOS ENTRAM NA BRIGA

Richard Noble foi o primeiro britânico a bater o recorde de velocidade em 33 anos, quando levou seu Thrust2 para o deserto de Black Rock, no noroeste de Nevada, em 1983. Ele levou seu Rolls-Royce Avon à velocidade máxima de 1.047,27 km/h e fez a média de 1.018,50 km/h.

›› BATALHA DE BONNEVILLE

O outono de 1964 foi a época de tentar quebrar o recorde de velocidade em Bonneville Salt Flats, pois os norte-americanos Tom Green, Art Arfons e Craig Breedlove buscavam o título de mais veloz do mundo. Arfons fez a nova marca com 863,57 km/h com seu Green Monster de motor a jato. Depois, em 1965, voltariam para ser ainda mais rápidos.

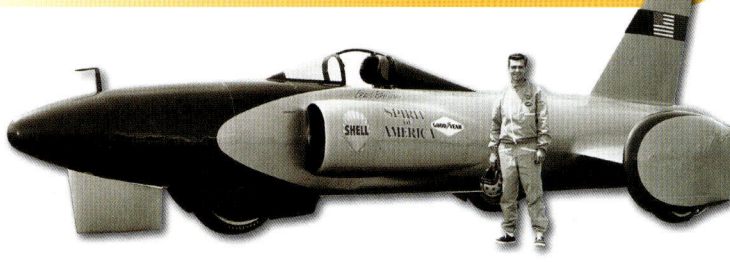

›› NAS MANCHETES

Uma barreira que sempre foi imaginada na cabeça de todos os competidores e seguidores deste esporte, foram os múltiplos das 100 mph (160,9 km/h). Isso só aconteceu quando Craig Breedlove retornou a Bonneville Salt Flats, em 1965, e levou o Spirit of America a exatas 600mph – 965,4 km/h. Ele foi 24 mph (38,6 km/h) mais veloz do que o arquirrival Art Arfons alguns dias antes.

›› VOLTANDO PARA MAIS

Malcolm Campbell foi o piloto que deteve o maior número de recordes de velocidade. Foram seis vezes desde 235,17 km/h com o Bluebird em Pendine Sands, em 1924, até a marca final de 484,53 km/h novamente em Bonneville Salt Flats, mas em 1935, sua quarta e última tentativa com o Bluebird, a mais potente e superalimentada versão do Napier Lion, que tinha "apenas" 1.470 cv!

›› MORTE OU GLÓRIA

John Parry-Thomas foi o primeiro piloto a morrer na busca do recorde de velocidade. Ele faleceu em Pendine Sands, na sua terra natal Gales. Aconteceu em 1927, quando ele tentava recuperar o recorde que havia sido quebrado por Malcolm Campbell no ano anterior. Parry-Thomas levou seu carro além dos 279 km/h, quando um problema causou a explosão do motor que levou ao acidente. Seu carro, o Babs, foi enterrado nessa mesma praia.

›› RECORDISTA POR ALGUMAS HORAS...

O período mais curto que um recorde durou foi menos de 24 horas. Camille Jenatzy registrou a nova marca, para vê-la ser batida horas depois, por Gaston de Chasseloup-Laubat em 1899. Mais recentemente, o recorde mudou quatro vezes entre três competidores, em outubro de 1964, quando Art Arfons conseguiu estabelecer a melhor marca e pôde descansar sobre os louros da vitória, pelo menos até o outono seguinte, época das tentativas de recorde.

No alto, à esquerda **Os 10 mais velozes:** Quando Richard Noble bateu os mais de 1.000 km/h em 1983, foi o primeiro britânico a ser recordista, em 33 anos. *Acima* **Nas manchetes:** Craig Breedlove posa com o Spirit of America depois de chegar aos 1.018,50 km/h. *Abaixo* **Virando supersônico:** Andy Green acelera no deserto de Black Rock em 1997.

VIRANDO SUPERSÔNICO

Richard Noble era a mente brilhante atrás do recorde de velocidade em 1997 no deserto de Black Rock com seu ThrustSSC. A ideia era atingir a velocidade supersônica – a velocidade do som, 1.235,7 km/h – e o piloto da Royal Air Force, Andy Green, foi convidado para levar esse bólido de dois motores acoplados – os mesmos usados nos aviões Phantom F4 fighter. Green usou todos os 110.000 cv para chegar a 1.149,06 km/h e subiu para 1.227,72 km/h ao percorrer, 20 dias depois, a milha do trajeto de ida e volta.

OUTRAS CATEGORIAS

RECORDES DA NASCAR TRUCK SERIES

▶▶ POR UM FIO DE CABELO

O final mais apertado da série de acesso da Nascar, a Truck Series, a categoria de picapes, aconteceu em sua primeira temporada. Mike Skinner apareceu com seu Richard Childress Racing Chevrolet à frente na curva final do Total Petroleum 200 no Colorado National Speedway, em 1995, mas Butch Miller pôs o nariz de seu Liberty Racing Ford na frente e venceu por um centésimo de segundo depois de 1 hora e 20 minutos de prova.

▶▶ LEVANDO PARA CASA

Quatro dos 16 campeões da Truck Series, até hoje, levantaram seus títulos com menos de dez pontos de vantagem para seu rival mais próximo. Foram eles: Ron Hornaday Jr. (1998), Jack Sprague (1999), Travis Kvapil (2003) e Johnny Benson (2008). O primeiro título de Hornaday veio com três pontos, 4.072 a 4.069 sobre Sprague, quando ele apenas acompanhou seu adversário na prova final em Las Vegas.

▶▶ DEGRAU PARA CONQUISTAS MAIORES

Greg Biffle é um exemplo de sucesso da história da Truck Series. Foi lá que ele iniciou sua subida para a série principal. Ele havia sido vice-campeão de Jack Sprague em 1999 antes de ser campeão em 2000. Ficou dois anos na segunda série da Nascar, a Busch Series (hoje Nationwide Series), antes de subir mais um degrau chegando à Sprint Cup e vencendo sua primeira prova na categoria em 2003.

▶▶ UMA É SUFICIENTE

Dois campeões da Truck Series levantaram a taça apesar de vencer apenas uma prova na temporada. Foram eles Travis Kvapil, da Xpress Motorsports em 2003, e Ted Musgrave da Ultra Motorsports, ambos com 25 largadas, reforçando o fato da constância ser mais importante do que a vitória.

▶▶ ANO SIM, ANO NÃO

Jack Sprague tem três títulos da Nascar Truck Series. Ele conquistou todos eles pela Hendrick Motorsports, o primeiro em 1997, depois em 1999 e finalmente em 2001. Nenhum deles veio com muitas vitórias – 3/26, 3/25, 4/24, respectivamente –, mas a taça de 1997 foi conquistada com uma larga margem, 232 pontos, sobre o vice-campeão, Rich Bickle.

▶▶ SUCESSO CHAMA SUCESSO

Ecoando com suas numerosas conquistas na Sprint Cup, a Hendrick Motorsports também faz sucesso na Nascar Truck Series, tendo vencido três campeonatos nas picapes. Outras quatro equipes levantaram dois títulos e estão atrás da Hendrick. São elas: Dale Earnhardt, Steve Coulther, Kevin Harvick e Germain Racing.

Acima **Degrau para conquistas maiores:** Greg Biffle venceu na Truck em 2000, estabelecendo a série como um sólido degrau para desafios maiores.
Abaixo **Sucesso em série:** Mike Skinner (direita) celebra a vitória na primeira prova da Truck Series em Phoenix 1995.

SUCESSO EM SÉRIE

Richard Childress Racing era uma equipe de ponta na Nascar Winston Cup no começo de 1990, por isso a surpresa foi pequena quando ele venceu o primeiro título da Truck Series em 1995. Seu piloto, Mike Skinner, desfilou para a conquista partindo da pole position sete vezes e levantando oito vitórias nas 20 provas da temporada.

RECORDES DA NASCAR TRUCK SERIES

PILOTOS COM MAIS VITÓRIAS NA TRUCK SERIES

1	Ron Hornaday Jr	47
2	Mike Skinner	28
=	Jack Sprague	28
4	Kyle Busch	24
5	Todd Bodine	21
6	Ted Musgrave	17
=	Dennis Setzer	17
8	Greg Biffle	16
9	Johnny Benson	14
10	Mike Bliss	13
=	Joe Ruttmann	13

MELHOR ANO DE RON

O melhor ano de Ron Hornaday Jr. na Truck Series foi 1998, quando conquistou a coroa com 4.072 pontos, numa campanha com duas pole positions, seis vitórias e 13 visitas ao pódio.

DE CIMA PARA BAIXO

Alguns pilotos usam a Truck Series como caminho para a Sprint Cup, outros fazem o contrário. Todd Bodine é o melhor exemplo disso. Fez sua estreia na Winston Cup, em 1992, quando fez a pole, mas experimentou a Truck Series em 2004, na qual pareceu mais à vontade, sempre entre os primeiros. Ele foi campeão em 2006 e 2010 pela Germain Racing com um Toyota.

TRIPLA COROA

Vinte pilotos já venceram provas nas três séries que compõem a Nascar: Truck Series, Nationwide e Sprint Cup. Entre eles, Mark Martin é o maior vencedor, com 95 conquistas divididas assim: 40 na Sprint Cup, 48 na Nationwide Series e 7 na Truck Series. Kyle Busch está em segundo com 86 troféus, 19, 43 e 24 respectivamente.

BOM NO QUE FAZ

Kyle Busch tem uma ótima história nas categorias principais da Nascar – Sprint Cup, Nationwide Series e Truck Series. Ele conseguiu no mínimo 12 vitórias em cada uma delas, nas três, em seis: Bristol, California Speedway, Chicagoland, Dover Downs, New Hampshire International Speedway e Phoenix.

CHEVROLET MOSTRA O CAMINHO

Com 16 temporadas completadas na Nascar Truck Series no final de 2010, a Chevrolet é a fabricante com mais títulos na categoria: dez. A Toyota já venceu três vezes, a Dodge conquistou um par de troféus e a Ford apenas um, em 2000. A conquista da fábrica do logo oval azul veio justamente com Greg Biffle, pela equipe de Jack Roush, renomado preparador de carros da marca.

O SENHOR TRUCK RACING

Ron Hornaday Jr. venceu títulos na Truck Series em 1996, 1998, 2007 e 2009. Ele é o piloto mais importante da série desde sua criação em 1995. Arrancou 47 vitórias, "apenas" 19 a mais do que Mike Skinner e Jack Sprague, seus perseguidores mais próximos.

Acima **De cima para baixo:** Todd Bodine desceu para a Truck Series em 2006, depois de uma década na Sprint Cup. *Abaixo* **O Senhor Truck Racing:** Ron Hornaday Jr. vai para a vitória em Kentucky Speedway 2009, ano de seu quarto título de campeão na Truck Series.

COMPETIÇÕES DE ARRANCADA

O PAI DAS ARRANCADAS

"Big Daddy" Don Garlits é o piloto mais famoso do Drag Racing, chamado de "King of the Dragsters". Esse apelido não veio do nada, pois ele tem o recorde de vitórias: 144 vezes no seu Swamp Rat Top Fuel dragsters preto. O último de seus 17 títulos na NHRA foi em 1987, aos 54 anos. Ele também tentou inovar na Top Fuel dragsters, optando por colocar o motor atrás do piloto, ao perder parte do pé por um problema no câmbio em 1970.

NO INÍCIO

Os Estados Unidos sempre serão a terra do drag racing. Em 1955, a National Hot Rod Association (NHRA) se reuniu pela primeira vez em Great Bend, no Kansas. Calvin Rice emergiu como vencedor com 10,30 seg a uma média de 231,6 km/h no quarto de milha, para ser o primeiro campeão da história da Top Fuel.

VENCENDO O RELóGIO E O PRECONCEITO

Conhecida como a Primeira Senhora do Drag Racing, Shirley Muldowney trabalhou duro passando pela Top Gas, Funny Car até chegar na Top Fuel em 1973. Ela venceu três títulos na categoria, em 1977, 1980 e 1982. Todavia, ao longo do caminho, ela enfrentou resistência na própria NHRA o tempo todo em que competiu.

DE UM MODO DIFERENTE

Gary Scelzi foi o segundo piloto, depois de Kenny Bernstein, a vencer título no NHRA classe Nitro. Ele foi campeão da Top Fuel em 1997, 1998 e 2000, antes de cruzar para a Funny Car class, quando muitos pilotos fazem o caminho diferente. Contudo, ele fez isso para satisfazer um desejo do patrocinador e foi campeão da Funny Car em 2005.

O SETE DA SORTE PARA TONY

Segunda geração de pilotos de Dragster, Tony Schumacher tem o recorde de vitórias na Top Fuel, 61, e de títulos, com sete. E ainda venceu seis títulos consecutivos entre 2004 e 2009, com uma incrível sequência de dez vitórias consecutivas em 2004. Ele ainda tem o recorde de maior vantagem sobre o vice: 415 pontos no seu iluminado ano de 2004.

Esquerda **Vencendo o relógio e o preconceito:** Shirley Muldowney dá entrevista depois de seu terceiro título na Top Fuel 1982. *Abaixo* **O pai das arrancadas:** "Big Daddy" Don Garlits celebra mais uma vitória na AA/Fuel em 1968, na Indianapolis Raceway Park.

COMPETIÇÕES DE ARRANCADA 249

Esquerda **Os 10 pilotos com mais vitórias na Top Fuel:** Tony Schumacher está no topo da lista dos vencedores da NHRA Top Fuel, 66 até 2009. *Abaixo* **Campeões fazem campeões:** Larry Dixon parou depois de vencer na Top Fuel no Pontiac Excitement NHRA Nationals in Hebron, Ohio 2002. *No pé da pág.* **A de Amato:** Joe Amato é outra lenda do Drag Racing, com mais de 50 vitórias.

OS 10 PILOTOS COM MAIS VITÓRIAS NA TOP FUEL

1	Tony Schumacher	66
2	Larry Dixon	61
3	Joe Amato	52
4	Kenny Bernstein	39
5	Don Garlits	35
6	Doug Kalitta	32
7	Cory McClenathan	31
8	Gary Scelzi	25
9	Gary Beck	19
10	Darrell Gwynn	18

O MAIS RÁPIDO DE TODOS

Tony "The Sarge" Schumacher tem o recorde de velocidade na Top Fuel em provas de quarto de milha. Ele atingiu, com seu carro patrocinado pelo exército dos EUA, a marca de 540,87 km/h (336,15mph) em Columbus, em 2005, abaixando o recorde para o Top Fuel em 4 milésimos, fechando em 4,437 segundos.

CATEGORIA E PILOTO MÁXIMOS

Tony Schumacher abaixou o recorde para o quarto de milha na Top Fuel para 4,428 seg em Pomona, em 2006. Mas foi superado por Doug Kalitta, que reduziu o tempo para 4,420 seg. Schumacher tem o recorde de pistas mais curtas (1.000 pés/305 metros) de 3,771 seg, atingindo a maior velocidade nessas pistas, com 523,90 km/h (325,61mph), em Las Vegas, em 2010.

PEGA O CARTER

O piloto de maior sucesso na Europa na categoria Top Fuel é o inglês Andy Carter, que foi campeão europeu pela FIA em 2001, 2004, 2008 e 2009. O piloto sueco Jimmy Alund vem conquistando vários títulos na Pro Stock, sete em seguida, de 2004 a 2010.

NO TOPO

Joe Amato chegou perto da marca de 100 finais na categoria Top Fuel, retirando-se quando tinha 99 aparições, das quais extraiu 52 vitórias. Tony Schumacher é o único piloto a chegar aos 100, com 103 finais até o encerramento de 2010. Larry Dixon, que ainda luta para ser campeão, está em terceiro na lista dos maiores finalistas.

RÁPIDO TAMBÉM LÁ EMBAIXO

O último recorde que tem Scott Kalitta é na Top Fuel da Austrália, chegando aos 535,54 km/h (332,84mph) numa puxada em Rapisarda Racing no Western Sydney, no final de 2006. O recorde do Top Fuel australiano em termos de tempo é de 4,563 seg marcado pelo campeão local, Phil Read em Willowbank, em 2008.

CAMPEÕES FAZEM CAMPEÕES

Larry Dixon, campeão da Top Fuel 2002, 2003 e 2010, com o recorde de nove vitórias em 2002, tinha um bom professor: seu pai, Larry, que também fez sucesso no dragster. Entretanto, passou seus primeiros anos por lá aprendendo com outro campeão: Larry "The Snake" Prudhomme, que gerenciou suas primeiras provas nesse tipo de competição.

TIRO MAIS RÁPIDO

A frase que diz que o segundo colocado é o primeiro perdedor, fica muito mais forte quando aplicada ao dragster. Assim, em Chicago, em 2004 Dave Grubnic tinha todas as razões para ficar chateado quando perdeu por 4,497 a 4,477 segundos para Tony Schumacher, na final mais rápida da história da NHRA.

A DE AMATO

Joe Amato não era um raio, mas era muito rápido. Foi o primeiro piloto a chegar aos 418,42 km/h, e depois aos 450,61 km/h, e venceu 52 vezes. Foi o primeiro a conquistar cinco títulos na Top Fuel, em 1984, 1988, 1990, 1991 e 1992. Um problema levou Joe a se retirar das pistas ao final de 2000, talvez, não fosse isso, seu recorde não teria sido superado por Tony Schumacher, quando levantou o sexto título na Top Fuel em 2008.

OUTROS RECORDES
(FUNNY CAR, PRO STOCK E OUTROS)

PILOTOS COM MAIS TÍTULOS NA NHRA DESDE 1974

1	John Force	15
2	Kenny Bernstein	4
=	Don Prudhomme	4
4	Raymond Beadle	3
5	Frank Hawley	2
=	Cruz Pedregon	2
=	Tony Pedregon	2
8	Shirl Greer	1
=	Robert Hight	1
=	Bruce Larson	1
=	Mark Oswald	1
=	Gary Scelzi	1

SEM GRAÇA PARA OS OUTROS

Don Prudhomme era o cara a ser batido nos Funny Cars – dragsters cobertos por uma bolha de fibra de carbono moldado para ficarem parecidos com carros de rua – entre 1975 e 1978, vencendo quatro títulos consecutivos. Ele foi o primeiro Funny Car abaixo dos 6 seg em 1975 e fez outro recorde em 1982, quando superou a marca dos 400 km/h.

FORÇA DA NATUREZA

John Force é o cara a ser batido na história do Funny Car. É também um grande contador de histórias... porém, dentro do carro é imbatível. Campeão da NHRA em 1990 e 1991, não fosse pelo título de Cruz Pedregon em 1992, teria sido campeão consecutivo. Depois que Tony Pedregon venceu em 2003, John ainda levou para casa os troféus de 2004, 2006 e 2010. Foram 15 títulos em 21 anos!

COBRA VERSUS MANGUSTO

A rivalidade mais intensa no Dragster aconteceu entre os anos 1960 e 1970 entre Don "The Snake" (O Cobra) Prudhomme, com seu Plymouth Barracuda amarelo e Tom "The Mongoose" (O Mangusto) McEwen com seu Plymouth Duster vermelho. Era uma batalha chamada por McEwen, que dizia que seu mangusto iria caçar a cobra. No entanto, na vida real, o mangusto era quase sempre batido, conseguindo superar o inimigo apenas cinco vezes. A fama deles foi tão grande, que a Mattel patrocinou os dois e produziu Hot Wheels (carrinhos de brinquedo) para comemorar os shows que eles davam na pista.

GLIDDEN COMPRIDO...

O piloto Bob Glidden venceu 85 NHRA finais, o que era um recorde na época, até que os pilotos John Force e Warren Johnson demolissem seu recorde. Ele era o dominador na série Pro Stock, quando foi vencedor pela primeira vez 1974. Ele venceria mais nove campeonatos até parar em 1995. Detalhe: conquistou cinco destes consecutivamente, entre 1985 e 1989.

JOHNSON NO PRO STOCK

A posição de Warren Johnson no ranking da Pro Stock não poderia ser melhor. Talvez por isso ele seja chamado de "O professor da Pro Stock", liderando a tabela de vitórias. Ele tem 97 conquistas, enquanto Bob Glidden tem 85. Greg Anderson vem a seguir com 65, Jeg Coughlin tem 51 e Kurt Johnson está com 39 conquistas.

Acima **Força da natureza:** John Force foi campeão da Funny Car pela 14ª vez em 2006 em Houston Raceway Park. *Direita* **Johnson no Pro Stock:** Warren Johnson acelera seu Pontiac Firebird em Pomona Raceway 1996.

O SUCESSO DE HIGHT

O recorde de quarto de milha do Funny Car é de 4,646 seg, feitos por Robert Hight. O recorde de velocidade é de 537,92 km/h de Mike Ashley. Para os 304,8 metros (1.000 pés), o recorde de tempo é 4,010 seg (Matt Hagan/Mohnton/2010) e Ashley Force Hood tem o recorde de velocidade com 509,06 km/h com seu modelo Concord.

CAMPEÃO EM DUAS DISCIPLINAS

Patrocinado pela Budweiser, Kenny Bernstein conquistou quatro títulos diretos na Funny Car, de 1985 a 1988. Mudou para a classe Top Fuel e foi o primeiro piloto a superar a barreira das 300mph nas largadas de quarto de milha, quando foi campeão em 1996. Foi bicampeão em 2001 e o primeiro a ser campeão de duas disciplinas nitro da NHRA.

NAS LINHAS E NOS OVAIS

Raymond Beadle fez história no automobilismo norte-americano. Depois de vencer três títulos na NHRA entre 1979 e 1981 com seu Blue Max Funny Car, arriscou a sorte na Nascar em 1983 ajudando Rusty Wallace a ser campeão em 1989 na Winston Cup. Ele foi o único piloto a realizar esse feito nos disputados campeonatos norte-americanos.

ARMA PARA OS MAIS JOVENS

Com mais de 500 largadas na carreira até o final da temporada de 2006, Warren Johnson demonstrou que a idade nunca foi impedimento para as corridas de dragster. Era como se correr aos 60 anos de idade fosse sua segunda natureza. No evento da Mopar Parts Mile High Nationals em 2007, ele se tornou o mais velho vencedor da NHRA, com 64 anos!

DIRETO PELA LINHA

O vencedor mais lento da história da Pro Stock num quarto de milha foi Mike Edwards com 6,509 seg em St. Petersburg no ano de 2009, ao vencer o tricampeão Greg Anderson. Entretanto, Anderson agora é o mais veloz ao atingir a marca de 341,84 km/h numa final com um Concord em 2010, quando superou seu concorrente Jason Line, que mantinha o recorde desde 2007.

Abaixo **Arrumando um jeito:** Tony Pedregon venceu seu segundo título na Funny Car 2007. *No pé da pág.* **Campeão em duas disciplinas:** Kenny Bernstein e seu Funny Car explodindo em Brainerd 1982.

ARRUMANDO UM JEITO

John Force é de longe o maior vencedor dos modelos Funny Cars com 132 vitórias até agora. A seguir vem Tony Pedregon, com 43. Ambos, Force e Pedregon superaram facilmente os recordistas anteriores, Don Prudhomme e Kenny Bernstein, que tinham 35 e 30 vitórias cada um, respectivamente.

ÍNDICE REMISSIVO

A

A1-Ring
 recorde de volta 71
A1GP 210-11
Abu Dhabi
 recorde de velocidade 77
Acrópolis, rali da 143
Adelaide 67, 68
 Fórmula 1 34-5
 GP2 209
 Nascar Sprint Cup 96-7
 Porsche Supercup 228
AGS
 pontos 51
Aintree 68
Airikkala, Pentti
 carreira 136, 137
A. J. Foyt Enterprises
 vitórias por equipe 188
Al-Attiyah, Nasser 154
Alemanha
 IndyCar circuitos 182
 pistas 68
 títulos por equipe 52
Alén, Markku 138
 carreira 136, 137
 pontos 135
 vitórias 132, 133
Alesi, Jean 37, 59, 202
Alexander, Tyler 33
Alfa Romeo 16, 56, 66
 motores 62, 63
 pole positions 46, 47
 pontos 51
 vitórias 44, 45
 voltas mais rápidas 48
Alguersuari, Jaime 34
Alliot, Philippe 31
Allison, Bobby 100, 101
 campeonatos 83
 largadas 99
 pole positions 92
 recordes de idade 96, 97
 vice-campeões 84, 85
 vitórias 87, 89
 vitórias por equipe 105
Allison, Davey 124
 premiação 111
 vitórias 87
 vitórias por equipe 107
Alonso, Fernando 61
 campeonatos 15, 17
 GPs 41
 recordes de idade 34, 35
 pole positions 26, 27
 pontos 31
 vitórias 25
 vitórias por equipe 203
Alphand, Luc 152
Amati, Giovanna 40
Amato, Joe 249
American Le Mans Series (ALMS) 230-1
Amon, Chris 34, 38, 40, 71
Anderson, Greg 251
Andretti Green Racing
 vitórias por equipe 178, 179
Andretti, John 171
Andretti, Marco 211
Andretti, Mario 41, 56
 campeonatos 15, 17

 carreira 170, 171
 largadas 168
 Nascar, vitórias 88, 100
 pole positions 27, 164, 165
 vitórias 180
Andretti, Michael 173
 campeonatos 161
 largadas 168
 pole positions 165
 vitórias 162, 163
Andruet, Jean-Claude 148
Apicella, Marco 33, 203
Arden International
 vitórias por equipe 204, 205
Argentina
 IndyCar, circuitos 182
 número de provas 74
 sedes de rali 143
Arnold, Billy 186
Arnoux, Rene 19, 48
Arrows 39, 57
 GPs 55
 pontos 51
ART Grand Prix
 vitórias 209
Ascari, Alberto 63, 69
 campeonatos 15, 16
 voltas mais rápidas 28, 29
 GPs 38
 vitórias 21, 22
 vitórias por equipe 45
Aston, Bill 35
Aston Martin
 vitórias por equipe 226
Atlanta Motor Speedway
 número de corridas 123
 recordes de pista 183
 recordes de volta 120
Audi
 American Le Mans Series 231
 DTM 239
 equipes 227
 fabricantes 141
 Le Mans 220
 Rali de Monte Carlo 146
Augusta International Raceway
 extensão 117
Auriol, Didier 131
 pontos 135
 Rali de Monte Carlo 146, 147
 vitórias 133
Austrália 15, 18
 circuitos IndyCar 182
 corridas 75
 Rali da Austrália 142
Áustria
 sedes de rali 142
Avus 68
 recordes de volta 71

B

Badoer, Luca 31
Baghetti, Giancarlo 24, 25
Bahrein
 recordes de velocidade 77
Baker, Buck 113
 campeonatos 82
 carreira 94

 largadas 99
 vice-campeões 84
Bandini, Lorenzo 15, 52
BAR 36
Barcelona
 recordes de velocidade 77
Barnato, Woolf 218
Barrichello, Rubens
 campeonatos 14, 15
 carreira 32, 33
 GPs 36, 37, 40, 55
 pontos 31, 50, 51
 recordes de velocidade 77
 vice-campeões 18, 19
 vitórias 22, 24, 25
 voltas mais rápidas 48, 75
Beadle, Raymond 251
 títulos por equipe 52
Beam, Herman 100
Beatrice 57
Beauchamp, Johnny 89
Behra, Jean 40
Bell, Derek 221, 224
Bélgica
 circuitos IndyCar 182
Beltoise, Jean-Pierre 22, 28
Benetton 30, 57, 59
 pole positions 47
 pontos 50
 vitórias 44
 voltas mais rápidas 48, 49
 títulos 52, 53
Berger, Gerhard 19, 37, 44, 46, 62
Berglund, Bruno 152
Bergmeister, Jorg 231
Bernstein, Kenny 251
Biasion, Miki
 campeonatos 130, 131
 pontos 135
 vitórias 132, 133
Biffle, Greg 246, 247
 pontos 91
Biondetti, Clemente 35
Blash, Herbie 33
Blomqvist, Stig 139
 carreira 136, 137
 pontos 134, 135
BMW
 fabricantes 141
 motores 62
 Paris-Dacar 155
 turismo 236
BMW Sauber
 pontos 50
 títulos por equipe 52
Boat, Billy 164
Bodine, Geoff 120
Bonnier, Jo 24, 36
Bourdais, Sebastian 76
 campeonatos 160
 pontos 166
 voltas mais rápidas 164, 165
Boutsen, Thierry 33, 224
Bowe, John 241
Brabham 39, 56, 57, 59
 pole positions 47
 pontos 50, 51
 títulos 52, 53
 vitórias por equipe 44, 45
 voltas mais rápidas 49

Brabham, Jack 41
 campeonatos 15, 16
 GPs 36, 54
 vitórias 22
Bradley Motorsports
 vitórias por equipe 178, 179
Brambilla, Vittorio 23, 24, 75
Brawn GP
 pole positions 47
 pontos 50, 51
 títulos 52, 53
 vitórias por equipe 45
Brawn, Ross 57
Brasil 75
 circuitos IndyCar 182
Breedlove, Craig 244, 245
Brewer, Tim 112, 113
Briatore, Flavio 59
Brickyard 400 – 116
Bridgehampton Race Circuit
 extensão 116, 117
Bridgestone 60, 61
Briscoe, Ryan 165
Bristol Motor Speedway 124
 capacidade 124
 extensão 116
 número de provas 123
Bristow, Chris 70
British Touring Car Championship veja BTCC
BRM 22, 23, 59
 equipes 44
 motores 63
 pole positions 46, 47
 pontos 51
 títulos 53
 voltas mais rápidas 49
Broadley, Eric 33
Brock, Peter 240
Brooks, Tony 71
Brudes, Adolf 35
Brundle, Martin 30
BTCC, provas 234, 235, 236, 237
Bud Moore Engineering
 premiação 110
 vitórias por equipe 105, 107
Buemi, Sébastien 209
Buenos Aires
 provas 74
Buick 106, 107
Burns, Richard
 campeonatos 131
 vitórias 133
Burt, Kelvin 229
Busch, Kurt 93
 pontos 91
 vitórias por equipe 105
 vitórias 88
Busch, Kyle 93, 247
 recordes de idade 96, 97
 vitórias 88
Button, Jenson
 campeonatos 14, 15, 16, 17
 pontos 31
 títulos por equipe 52

 vitórias em GPs 24
Byron, Red
 vitórias 86
 vitórias por equipe 107

C

California Speedway
 recordes de pista 181
 recordes de volta 121
Calkins, Buzz
 campeonatos 160
Campbell, Malcolm 118, 244, 245
Campeonato e Copa de Construtores 15, 50, 51, 52, 53
Canadá
 recordes de pista 181, 183
Cantoni, Eitel 35
Capelli, Ivan 38, 203
Capello, Dindo 230, 231
Carreira
 Fórmula 1- 32-3
 IndyCar 170-1
 Mundial de Rali 136-7
 Nascar Sprint Cup 94-5
Carros de turismo
 pilotos 234-5
 vitórias por equipe 236-7
Cart veja IndyCar
Carter, Pancho
 pontos 166
Castroneves, Hélio
 largadas 169
 pole positions 164, 165
 pontos 167
 vitórias 163
Ceccotto, Johnny 16
Cevert, François 40
Chagin, Vladimir 153
Campeonatos
 Campeonato Mundial de Rali 130-1
 Fórmula 1 - 14-17
 IndyCar 160-1
 Nascar Sprint Cup 82-3
Chapman, Colin 49, 56
Chaparral
 vitórias 176
Charlotte Motor Speedway 124, 125
 capacidade 124
 número de corridas 123
 sedes 118
Chase for the Cup 91
Cheever, Eddie 34
 recordes por idade 197
Chevrolet 106, 107, 109, 247
Chicagoland Speedway
 recordes de pista 182
China
 sedes de rali 142
Chip Ganassi Racing
 vitórias 177
Chiron, Louis 35
Chrysler 106
Citroën
 fabricantes 140, 141, 148
 Rali Paris-Dacar 154
Claes, Johnny 36
Clark, Jim 56, 234
 campeonatos 14, 15, 16

 GPs 38, 40, 41
 pole positions 26, 27
 vitórias 187
 vitórias em GPs 21, 23, 24, 72
 voltas mais rápidas 29
Cleland, John 234
Cleveland, circuito
 recordes de pista 180
Collard, Emmanuel 229
Collins, Peter 40
Colombo, Alberto 196
Coloni
 pontos 51
Coma, Marc 153
Comas, Erik 202
Connaught 59
Construtores veja também vitórias
 chefes de equipe 56-9
 GPs 54-5
 pole positions 46-7
 pontos 50-1
 títulos 52-3
 vitórias por equipe 44-5, 72
 voltas mais rápidas 48-9
Continental 60, 61
Cooper 15, 56, 57
 pole positions 46, 47
 títulos 52, 53
 vitórias 45
Cooper, Charles 56
Cooper, John 56
Coulthard, David
 campeonatos 15
 GPs 37, 39, 54, 55
 pontos 31
 recorde de velocidade 76
 vice-campeões 18, 19
 vitórias GPs 20
 vitórias na F3 213
 voltas mais rápidas 28
Courage, Piers 58
Coventry Climax 63

D

Dakar Rally veja Rali Paris-Dacar
Dale Earnhardt Inc.
 premiação 111
Dallara
 pontos 51
 vitórias 17, 191
Dallara, Giampaolo 33
Daly, Derek 66-7
Danner, Christian 203
Darlington, pista
 número de corridas 123
Darniche, Bernard 146
Datsun
 fabricantes 141
Daytona, 24 Horas de 224
Daytona 500 87, 88, 89, 92, 95, 100, 108, 113
Daytona Beach Course 122
 extensão 117
Daytona International Speedway
 capacidade 124
 extensão 117
 média km/h na corrida 118
 número de corridas 122

ÍNDICE REMISSIVO 253

recordes de voltas 120
sedes 118
de Angelis, Elio 25
de Cesaris, Andrea 37, 38
de Chasseloup-Laubat,
  Gaston 244, 245
de Ferran, Gil 121
de Filippis, Maria-Teresa 40
Delecour, François 147
de Montcorge, Thierry 155
Dennis, Ron 33, 57
de Palma, Ralph
  recordes de pilotos 186,
  191
Deutsche Tourenwagen
  Meisterschaft (DTM)
  238-9
Dijon-Prenois
  extensão 66
di Montezemolo, Luca 33,
  59
Dixon, Larry 249
Dixon, Scott
  pole positions 164
  pontos 167
  vitórias 162, 163
  voltas mais rápidas 164
Dodge 106, 107
Donohue, Mark 57
Dover International
  Speedway
    capacidade 124
    número de corridas 123
    sedes 118
Drag racing 248-9, 250
Dunlop 60, 61
Duval, Loic 220

E

Earnhardt, Dale Sr. 100
  premiação 110
  vitórias 87
  vitórias por equipe 104
Earnhardt, Dale Sr. 100
  campeonatos 82,
  83, 113
  carreira 94
  morte 119
  recordes por idade 97
  vice-campeões 84
  vitórias 87, 89
Ebrahim, Armaan 211
Ecclestone, Bernie 33, 58,
  59
Edwards, Carl 91, 93
Eggenberger Motorsport
  237
Eklund, Per 137
Elf
  vitórias por equipe 199
Elliott, Bill
  campeonatos 82, 83
  carreira 94
  pole positions 92, 109
  pontos 91
  premiação 110
  vitórias 88, 89
  voltas mais rápidas 120
Enge, Tomas 202
Englebert 60, 61
Enzo Coloni Racing
  vitórias por equipe 213
Eriksson, Kenneth 136
Esporte protótipo
  equipes 226-8
  pilotos 224-5
Estados Unidos 75
  A1GP, equipe 210
  motores 63
  pistas 68, 69
  sedes de rali 143
  voltas mais rápidas 49
Etancelin, Philippe 35
Evernham Motorsports
  premiação 111

Evernham, Ray 112
Eyston, George 244

F

F3 212-13
Fabi, Teo 62
Fabricantes
  140-1, 148
Fabricantes de
  motores 62-3
Fabricantes de pneus 60-1
Fagoili, Luigi 25, 32, 34,
  35, 67
Fangio, Juan Manuel 32, 66,
  67, 73
  campeonatos 15, 16
  GPs 38, 41
  pole positions 26
  pontos 30
  recordes de velocidade
  76
  recordes de idade 34, 35
  vice-campeões 19
  vitórias em GPs 21, 22, 25,
  72, 74
  voltas mais rápidas 70
Farina, Giuseppe 66
  campeonatos 15, 16, 17
  recordes de idade 34
  vitórias 21, 22, 24
Farnbacher Motorsport 228
Fenning, Jimmy 112
Ferrari 59
  campeonatos 14, 16, 17
  GPs 39, 54, 55
  motores 62, 63
  pole positions 46, 47
  pontos 50, 51
  títulos 52, 53
  vitórias em GPs 20, 22,
  72, 73
  vitórias por equipe 44,
  45, 199, 226, 227
  voltas mais rápidas 28, 48,
  49
Ferrari, Enzo 56, 59
Finlândia
  Campeões Mundiais de
  Rali 139
  Rali dos Mil Lagos 142
Firestone 60, 189
Fisichella, Giancarlo 37
Fittipaldi, Emerson 69
  campeonatos 15, 16, 203
  IndyCar 161, 169
  largadas 169
  recordes por idade 34
  vitórias 187
  vitórias em GPs 77
Flock, Bob 88, 92, 101
Flock, Ethel 101
Flock, Fonty 88, 92, 101, 107
Flock, Tim 89, 92, 100, 101,
  116
Fontana
  capacidade 124
  recordes de pista 181
  voltas mais rápidas 121
Forbes-Robinson, Elliott 230
Force India 39
  pole positions 47
Force, John 250, 251
Ford
  fabricantes 140, 149
  Le Mans 220
  motores 63
  Nascar Sprint Cup 106,
  107
  turismo 236, 237
  V8 Supercars 240
Fórmula Atlantic 189
Fórmula 1
  campeonatos 14-17
  carreira 32-3
  fabricantes de pneus 60-1

fabricantes de motores
  62-3
GPs 36-9, 40
irmãos 41
mortes 40
mulheres 40
nações 40
os mais jovens 34
pole positions 26-7
pontos 30-1
recordes de velocidade
  76-7
recordes de idade 34-5
sedes 68-9
vice-campeões 18-19
vitórias em GPs 20-5
voltas mais rápidas 28-9
Fórmula 2
  pilotos 196-7
  vitórias por equipe 198-9
Fórmula 3000
  pilotos 202
  vitórias por equipe 204-5
Forsythe Racing
  vitórias 177
Forti Corse
  vitórias 213
Foyt, A. J. 172, 190
  carreira 94, 95, 170
  pontos 167
  vitórias 162, 180,
  186, 188
França
  A1GP, equipe 210, 211
  Campeões Mundiais de
  Rali 139
  F1 Grand Prix 25, 67
  Monte Carlo Rali 147
  pistas 68
  pontos 50
  sedes 142
  títulos por equipe 52
  voltas mais rápidas 48
France, Bill 110
Franchitti, Dario 162, 189

G

Galica, Divina 40
Ganassi, Chip 177
Gant, Harry
  recordes de idade 97
  vitórias 88
Garlits, Don 248
Garretson, Bob 224
Génestier, Alain 153
Geoghegan, Ian 241
Gethin, Peter 23, 25, 40
Giacomelli, Bruno 67
  pilotos 196
Ginther, Richie 52, 60
Giovanardi, Fabrizio 234
Glatz, Fritz 203
Glidden, Bob 250
Glock, Timo 71, 208
Goodyear 60, 61
Goodyear, Scott 190
Gordon, Jeff 100, 101, 113,
  124, 125
  campeonatos 82, 83
  largadas 98
  pole positions 92, 108
  pontos 91
  premiação 110
  vitórias 87, 89, 116
  voltas mais rápidas 121
Goux, Jules 190, 191
GP2 208-9
GP da Europa 21, 61
Grandes Prêmios, recordes
  construtores 54-5
  fabricantes de pneus 60-1
  Fórmula 1 36-9, 40-1
  pit stops 61
Grã Bretanha

A1GP, equipe 210
Campeões Mundiais de
  Rali 139
campeonatos 14
Campeonato F3 212
GPs 37
IndyCar, circuitos 182
Le Mans, vitórias 219
pistas 68, 69
pole positions 46
pontos 31, 50
sedes de rali142, 143
títulos por equipe 52
vitórias em GPs 20, 22, 23,
  24, 72
voltas mais rápidas 28, 29,
  48
Grécia
  Acrópolis Rally 143
Green, Barry 177, 189
Green, Kim 189
Grönholm, Marcus 131, 138
  pontos 134, 135
  Rali de Monte Carlo 146,
  147
  vitórias 133
Grosjean, Romain 209
Grouillard, Olivier 31
Gurney, Dan 25, 100, 123,
  125
Guthrie, Janet 187

H

Hailwood, Mike 16, 40
Hakkinen, Mika 15, 17, 40,
  41, 55, 213, 228
Hamilton, Bobby 101
Hamilton, Lewis
  campeonatos 14, 15, 16,
  213
  pole positions 47
  pontos 31
  recorde de idade 34
  vice-campeões 18, 19
  vitórias 22, 72
  voltas mais rápidas 209
Hamlin, Denny 92, 121
Hammond, Jeff 112
Harroun, Ray 187, 191
Harvick, Kevin 93
Hasemi, Masahiro 28
Hawthorn, Mike
  campeonatos 14, 15, 16
  vice-campeões 19
  vitórias 22, 24, 25
Head, Patrick 58
Heger, Altfrid 228
Heidfeld, Nick 25, 30, 37, 39,
  40, 46, 202
Hendrick Motorsports
  campeonatos 246
  pole positions 108
  premiação 110, 111
  vitórias por equipe 104,
  105, 107
Henzler, Wolf 228, 229
Hesketh 49, 58
Hight, Robert 251
Hill, Damon 41
  campeonatos 14, 15, 16,
  17
  GPs 40, 59
  IndyCar 161
  pole positions 46
  vitórias 21, 25
Hill, Graham 41
  campeonatos 14, 15, 16
  carreira 32, 33
  recordes por pilotos 196
  títulos por equipe 52
  vitórias 187, 191
Hill, Phil 15, 16, 30
Hirvonen, Mikko 139
Hockenheim

A1GP, equipe 210
Campeões Mundiais de
  Rali 139
campeonatos 14
Campeonato F3 212
GPs 37
Holanda
  Grande Prêmio 54
  títulos por equipe 52
Holden
  V8 Supercars 240
Holman-Moody
  pole positions 108
  vitórias por equipe 105
Homestead-Miami
  Speedway 118, 121
Honda 57
  Goodyear 60
  motores 63
  pole positions 46
  Rali Paris-Dacar 155
  recordes de velocidade 76
  títulos 52
Hornaday, Ron Jr. 247
Hornish, Sam Jr. 172, 173
  campeonatos 161
  vitórias162, 163
  voltas mais rápidas 165
Hudson 106, 107
Huisman, Patrick 228, 229
Hülkenberg, Nico 46, 209
Hulme, Denis 15, 16, 50
Hungaroring
  vitórias 73
Hunt, James 58
  campeonatos 14, 15
  vitórias por equipe 45
Hylton, James
  carreira 94, 95
  vice-campeões 84

I

Ickx, Jacky 19
  Le Mans 219, 221
  pole positions 218
  Rali Paris-Dacar 152
  recordes por piloto 224,
  225
Imola
  número de corridas 74
Indianópolis, 500 Milhas de
  21, 28, 55, 74, 105, 125
  recordes por equipe
  188-9
  recordes por piloto 186-7
  vice-campeões 191
Indianapolis Motor
  Speedway 68, 125
  capacidade 124
  extensão 116
  número de corridas 123
  recordes de pista 181,
  182
IndyCar
  campeonatos 160-1
  carreira 170-1
  largadas 168-9
  pontos 166-7
  recordes de pista 180-3
  vitórias 162-3
  vitórias por equipe 176-9
Inman, Dale 112, 113
Interlagos 68
  número de corridas 74
  recordes de velocidade 77
IRL veja IndyCar
Irvan, Ernie 107
Isaac, Bobby 92, 108
Islip Speedway
  extensão 117
Istambul
  recordes de velocidade 77
Itália
  GPs 39
  número de corridas 74
  pistas 68
  pontos 50

títulos 52
voltas mais rápidas 48

J

Jabouille, Jean-Pierre 48, 57
Jaguar Racing 59, 220,
  221, 236
Jani, Neel 210, 211
Jarama 28
  extensão 66
Jarier, Jean-Pierre 47, 67
Jarrett, Dale
  largadas 98
  premiação 111
  recordes de idade 97
  vitórias por equipe 107
  voltas mais rápidas 121
Jarrett, Ned 101
Jenatzy, Camille 245
Jerez 28
Joe Gibbs Racing
  premiação 110, 111
  vitórias por equipe 105,
  106
Johansson, Stefan 37, 38
Johncock, Gordon 170
Johnson, Dick 240
Johnson, Jimmie 93, 100,
  125
  campeonatos 83
  pontos 90, 91
  premiação 110
  vice-campeões 85
  vitórias 88, 89, 123
Johnson, Joe Lee 123
Johnson, Junior 100, 118
  pole positions 108
  vitórias 88
  vitórias por equipe 105
Johnson, Warren 250,
  251
Jones, Alan 15, 17, 28, 47
Jordan 30, 55, 59
  vitórias por equipe 205
  voltas mais rápidas 48
Jordan, Eddie 59, 205
Jordânia
  sedes de rali 142
Junior Johnson Associates
  113
  pole positions 108
  vitórias por equipe 105

K

K & K Insurance
  pole positions 108
Kahne, Kasey 93, 111
Kalitta, Scott 249
Kanaan, Tony
  pontos167
  voltas mais rápidas 164
Kankkunen, Juha 138
  campeonatos 130, 131
  pontos 134, 135
  vitórias 133, 142
Kenseth, Matt 125
  campeonatos 83
  vitórias 89
Kentucky
  recordes de pista 182
Kiekhaefer, Carl 107,
  112, 113
Kling, Karl 25
Knaus, Chad 112
Kovalainen, Heikki 35, 36
Kristensen, Tom 230
KTM
  Rali Paris-Dacar 155
Kubica, Robert 35
Kulwicki, Alan
  campeonatos 82, 83
  pontos 90
  vitórias 87, 119
Kyalami 69
  número de corridas 74

ÍNDICE REMISSIVO

L

Labonte, Bobby 101, 125
  campeonatos 83
  carreira 94, 95
  largadas 99
  premiação 110
  vitórias por equipe 106
  voltas mais rápidas 120
Lammers, Jan 32
Lancia
  fabricantes 140, 141, 148
Langes, Claudio 38
Langhorne Speedway 123
Langley, Elmo 94
Largadas
  IndyCar 168-9
  Nascar Sprint Cup 98-9
Larini, Nicola 239
Larrousse, Gerard 57
Lartigue, Pierre
  Rali Paris-Dacar 152
Las Vegas 68, 124
  recordes de pista 182
Latvala, Jari-Matti 138, 144
Lauda, Mathias 211
Lauda, Niki
  campeonatos 14, 15, 17
  GPs 40, 41
  pontos 31
  vice-campeões 18
  vitórias 21
  vitórias por equipe 45
Lausitzring
  recordes de pista 182
Lazier, Buddy 169
Leader Card Racing
  vitórias por equipe 188
Legat, Arthur 35
Lehto, J. J. 230
Le Mans
  recordes por equipe 220-1
  recordes por piloto 218-19
Levegh, Pierre 221
Lewis-Evans, Stuart 40
Liatti, Piero 146
Ligier 39, 57
  pontos 51
  títulos 52
Ligier, Guy 57
Liuzzi, Vitantonio 202
Lockhart, Frank 191
Loeb, Sébastien 138, 139
  campeonatos 131
  pontos 134, 135
  Rali de Monte Carlo 146
  vitórias 133, 218
Logano, Joey 96, 97
Lola
  pontos 51
  vitórias por equipe 177, 205
Lombardi, Lella 40
Long Beach
  extensão 66
  número de corridas 74
  recordes de pista 182
Loprais, Karel 153
Lorenzen, Fred 108
Lotus 56
  campeonatos 16
  GPs 39, 54, 55
  pole positions 27, 46, 47
  pontos 50, 51
  títulos 52, 53
  vitórias 20, 44, 72, 73
  vitórias por equipe 44, 45, 188, 199
  voltas mais rápidas 29, 49
Lou Moore
  vitórias por equipe 188
Lowndes, Craig 241
Ludwig, Klaus 238, 239

M

Macau 213
Magnussen, Jan 212
Mairesse, Willy 70
Mais jovens
  veja recordes de idade
Mäkinen, Tommi 131, 139
  Rali de Monte Carlo 146, 149
  vitórias 133
Malásia
  A1GP, equipe 210
Maldonado, Pastor 209
Mansell, Nigel 172
  campeonatos 14, 15, 17
  carreira 171
  GPs 40, 41
  IndyCar 161
  pole positions 26, 46
  pontos 31
  vice-campeões 18
  vitórias 20, 21, 23, 25
Manzo, Frank 250
March 23, 58
  pontos 51
  vitórias por equipe 198, 204
  voltas mais rápidas 49
Marcis, Dave
  carreira 94
  largadas 99
  vice-campeões 84
Marques, Tarso 34
Martini, Pierluigi 197
Martin, Mark
  pole positions 92, 93
  pontos 91
  premiação 110
  recordes por idade 96
  vice-campeões 84
  vitórias 88
  voltas mais rápidas 120
Martinsville Speedway
  extensão 117
  número de corridas 122
  voltas mais rápidas 121
Maserati
  voltas mais rápidas 48, 49
Massa, Felipe 19, 32, 48, 77
Mass, Jochen 224
Matra 57
  pole positions 46
  títulos 52, 53
Maurer
  vitórias por equipe 198, 199
Mazda
  fabricantes 141
  Le Mans 220
McDuffie, JD 94
McEwen, Tom 250
McGovern, Bill 234
McLaren 57
  campeonatos 14, 15, 16
  GPs 39, 54, 55
  pole positions 46, 47
  pontos 50, 51
  títulos 51, 52
  vitórias 20, 44, 72, 73
  vitórias por equipe 44, 45, 205, 225
  voltas mais rápidas 48, 49
McLaren, Bruce 50, 54, 225
McMurray, Jamie 93, 121
McRae, Colin
  campeonatos 131
  pontos 135
  vitórias 133
Meadowlands
  recordes de pista 180
Mears, Casey 125
Mears, Rick 125
  campeonatos 160
  pole positions 164-5
  pontos 166, 167
  vitórias 186
Melbourne
  número de corridas 74
recordes de velocidade 77
voltas mais rápidas 71
Melling, Harry 109
Menu, Alain 235
Mercedes 56
  DTM 239
  fabricantes 141
  GPs 55
  motores 63
  pole positions 46
  títulos 52
  vitórias por equipes 227
Mercury 106, 107
Metge, René 152
México 15, 68
  IndyCar, circuitos 182
Meyer, Louis 187
Michelin 60, 61
Michigan International Speedway
  recordes de pista 180, 181
  voltas mais rápidas 121
Mikkola, Hannu
  carreira 137
  pontos 135
  vitórias 132, 133, 143
Minardi
  GPs 55
  pontos 51
Mitsubishi
  fabricantes 141, 149
  Rali Dacar 155
Moffat, Allan 240
Mônaco 55, 67, 68, 69, 77
  extensão 66
  F3 212
  vitórias 72
  voltas mais rápidas 70
Monte Carlo
  recordes velocidade 76
  vitórias 72, 73
Monteiro, Tiago 36, 37
Montoya, Juan Pablo 19, 62, 77, 88, 93, 100, 161
Montreal 68, 73
  número de corridas 74
Monza 41, 68, 69, 74, 75
  extensão 67
  GPs 72, 73
  recordes de velocidade 76, 77
  voltas mais rápidas 70, 71
Moody, Ralph 113
Mosley, Max 33, 58, 59
Moss, Stirling 56, 70
  campeonatos 14
  GPs 38
  pole positions 27
  vice-campeões 19
  vitórias 21, 25, 72
Mouton, Michèle 136
Muldowney, Shirley 248
Mulheres
  Fórmula 1 40
  Indianápolis, 500 Milhas de 187
  IndyCar 173
  Le Mans 219
Muller, Jorg 203
Munari, Sandro 143
  Rali de Monte Carlo 146, 147
Mundial de Rali
  campeonatos 130-1
  carreira 136-7
  fabricantes 140-1
  pontos 134-5
  Rali de Monte Carlo 146-9
  sedes 142-3
  vitórias 132-3
Mundial de Esporte Protótipo
  campeonatos 224, 225
Musso, Luigi 25, 40

N

Nações
  Fórmula 1 - 40
Nascar Sprint Cup
  campeonatos 82-3
  carreira 94-5
  fabricantes 106, 107, 112
  largadas 98-9
  pole positions 92-3, 108-9
  pontos 90-1
  premiação 110-11
  recordes por idade 96-7
  vice-campeões 84-5
  vitórias 86-9
  vitórias por equipe 104-7
Nascar Truck Series 246-7
Neubauer, Alfred 56
Neveu, Cyril 153
Nova Zelândia
  sedes de rali 143
Newey, Adrian 26
Newman/Haas/Lanigan Racing 177, 178
Newman, Paul 178, 219
Newman, Ryan 109, 121
Nicolas, Jean-Pierre 148
Noble, Richard 245
North Wilkesboro Speedway
  sede 119
  número de corridas 122
Nürburgring 66, 72, 73
  extensão 66, 67
  número de corridas 74

O

O'Connell, Johnny 231
Ohio
  recordes de pista 180
Oldsmobile 106, 107
Oliver, Jackie 39, 220
Ontario Motor Speedway
  sedes 119
Onyx
  pontos 51
Onyx Race Engineering 205
Opel
  fabricantes 141
Oreca
  vitórias por equipe 213
Orioli, Edi 153
Osella
  pontos 50, 51
Österreichring
  número de corridas 74
  voltas mais rápidas 71
Owen, Sir Alfred 59

P

Pace, Carlos 69, 77
Panis, Olivier 55
Pantano, Giorgio
  pole positions 209
  vitórias 208
Panther Racing
  vitórias por equipe 179
Parks, Raymond 107
Parnelli 49
Parrott, Todd 112
Parry-Thomas, John 245
Parsons, Benny 124
Patrese, Riccardo
  campeonatos 15
  GPs 36, 37, 55
  pole positions 46
  vitórias 21
Patrick, Danica 173
Patrick Racing
  vitórias por equipe 17, 188
Pearson, David 125
  campeonatos 83
  pole positions 92, 93, 108
  vitórias 86, 87, 89
Penske Racing

American Le Mans Series 231
  pole positions 109
  premiação 110, 111
  vitórias por equipe 104, 105, 176, 177, 178, 188, 189
Penske, Roger 57, 110
Perez, Sergio 209
Perlini, Francesco 155
Pescara
  extensão 67
Pescarolo, Henri 218
Pescarolo Sport 227
Peterhansel, Stéphane
  Rali Paris-Dacar 152, 153, 155
Peterson, Ronnie 19, 23, 25, 39, 40, 75
Petty Enterprises veja Richard Petty Motorsports
Petty, Kyle 100
  carreira 94
Petty, Lee
  campeonatos 82
  vice-campeões 84
  vitórias 87, 88, 122
  vitórias por equipe 104
Petty, Richard 101, 124
  campeonatos 82, 83
  carreira 94, 95
  largadas 98, 99
  pole positions 92, 108
  pontos 91
  vice-campeões 84
  vitórias 86, 87, 88, 89, 118, 122, 123
  vitórias por equipe 104
Peugeot
  equipes 59
  fabricantess 140, 141, 149
  Rali Paris-Dacar 154
Phoenix International Raceway
  sede 119
Piquet, Nelson 41
  campeonatos 15
  GPs 37, 40, 41
  IndyCar 161
  pontos 31
  vitórias 21
Pirelli 60, 61
Pistas
  extensão 66-7, 116-17
  IndyCar 180-3
  número de corridas 74-5, 122-3
  recordes de velocidade 76-7
  sedes 68-9, 118-19
  vitórias 72-3
  voltas mais rápidas 70-1, 120-1
Pit stops 61
Plymouth 106
Pocono Raceway
  extensão 117
  voltas mais rápidas 120, 182
Pontos
  Campeonato Mundial de Rali 134-5
  construtores 50-1
  Fórmula 1 - 30-1
  IndyCar 166-7
  Nascar Sprint Cup 90-1
Polônia
  sedes de rali 142
Pole positions
  construtores 46-7
  fabricantes de pneus 60
  Fórmula 1 26-7
  GP2 209
  IndyCar 164-5

Nascar Sprint Cup 92-3, 108-9
Pontiac 106
Porsche
  fabricantes 148
  Le Mans 221
  motores 63
  pole positions 46
  Rali Paris-Dacar 154
  vitórias por equipe 226, 227
Porsche Supercup 228-9
Portland
  recordes por equipe 181
Portugal GP 14
Power, Will 164
Priaulx, Andy 235
Premiação
  Nascar Sprint Cup, 110-11
Prost, Alain
  campeonatos 14, 15, 16, 17
  GPs 40, 41
  pole positions 46
  pontos 31, 50
  títulos por equipe 52
  vice-campeões 18, 19
  vitórias 21, 69
  vitórias por equipe 44
  voltas mais rápidas 28
Prost, equipe 39
Prudhomme, Don 250
Pryce, Tom 47

Q

Quênia
  Rali Safári 143

R

RAC Rally veja Rali da Grã-Bretanha
Radisich, Paul 235
Rahal, Bobby
  campeonatos 160
  largadas 168
  vitórias por equipe 177
Rahal-Hogan Racing
  vitórias por equipe 177
Räikkönen, Kimi 63
  campeonatos 14, 15, 17
  pontos 31
  vice-campeões 18
  voltas mais rápidas 28, 29, 48
Rali veja Campeonato Mundial de Rali
  Vitórias 132-3
Rali da Argentina 143
Rali da Austrália 142
Rali da Grã-Bretanha 143
Rali de Monte Carlo 142, 146-9
Rali dos Mil Lagos 142
Rali Paris-Dacar 150-5
Rali Safári 143
Ralt
  vitórias por equipe 198, 199
Ramirez, Jo 33
Range Rovers
  Rali Paris-Dacar 154
Ray, Greg 165
Recalde, Jorge
  carreira 137
Recordes antigos veja recordes de idade
Recordes de idade
  Fórmula 1 34-5
  GP2 209
  Nascar Sprint Cup 96-7
  Porsche Supercup 228
Recordes de velocidade
  em terra 244-5
  Fórmula 1 76-7
Red Bull 24, 26, 46, 53, 59

ÍNDICE REMISSIVO 255

campeonatos 52, 53, 74
pole positions 46, 47
pontos 30, 46, 50, 51
vitórias 24, 51
Regazzoni, Clay 40
Reims
  extensão 67
  voltas mais rápidas 71
Renault
  fabricantes 141, 148
Renault 18, 57
  motores 62, 63
  pole positions 47
  pontos 50
  títulos 52, 53
  vitórias por equipe 45
  voltas mais rápidas 48, 49
Reutemann, Carlos 19, 27
Reutimann, David 125
Rexford, Bill
  campeonatos 82
  recordes de idade 96
Rial
  pontos 51
Rice, Buddy 169
Richard Childress Racing 114, 246
  premiação 111
  vitórias por equipe 104, 105, 106
Richard Petty Motorsports 113
  pole positions 108
  premiação 110, 111
  vitórias por equipe 104, 105
Richards, David 132
Richmond International Speedway
  número de corridas 122
Rindt, Jochen 15, 22, 25, 59
  pilotos 196, 199
Riverside International Raceway
  extensão 117
  número de corridas 123
Road America
  extensão 116, 117
  recordes de pista 183
Roberts, Fireball 117, 123
Robert Yates Racing
  premiação 111
  vitórias por equipe 107
Rockingham
  recordes de pista 182
Rodriguez, Gonzalo 202
Rodriguez, Ricardo 34, 40, 70
Rohrl, Walter
  campeonatos 130
  carreira 137
  pontos 135
  Rali de Monte Carlo 146, 149
Rolls Royce
  Rali Paris-Dacar 155
Rondeau, Jean 220
Rondel 57
Rosberg, Keke 41
  campeonatos 15, 16
  GPs 21, 25
  títulos por equipe 52
  voltas mais rápidas 71
Rosberg, Nico 35, 208
Rosier, Louis 35, 219
Rouse, Andy 234, 235
Roush Fenway Racing
  premiação 111
  vitórias por equipe 105
Roush, Jack 104
Roy Winkelmann Racing
  vitórias por equipe 199
Rudd, Ricky
  carreira 94
  largadas 98, 99

vitórias por equipe 104
Rutherford, Johnny 100, 163
  carreira 170
  pontos167
Ruttman, Troy 186

S
Saab
  fabricantes 141
Sabates, Felix 111
Saby, Bruno 146
Sabco/Chip Ganassi
  premiação 111
Ste. Dévote 66-7
Sainz, Carlos 138, 154
  campeonatos131
  carreira 136
  pontos 135
  Rali de Monte Carlo 146
  Rali Paris-Dacar 152
  vitórias 133
Sala, Luis Perez 31
Salo, Mika 213
Salonen, Timo 139
  carreira 137
  pontos 134, 135
  Rali de Monte Carlo 146
Sanchez, Ralph 118
Sato, Takuma 52
Sauber
  pontos 50
Scelzi, Gary 248
Schafer, Bertram 213
Scheckter, Jody 15, 16, 17, 39, 45, 52, 68, 69
Scheckter, Tomas 167
Schlesser Buggy
  Rali Paris-Dacar 154
Schlesser, Jean-Louis 152
Schneider, Bernd 224, 238, 239
Schrader, Ken
  largadas 99
  pole positions 108
Schumacher, Michael 57, 59, 61
  campeonatos 14, 15, 17
  carreira 32
  GPs 35, 37, 38, 39, 40, 41, 54, 55
  pole positions 26, 27, 47
  pontos 30, 31, 50, 51
  recordes de velocidade 77
  títulos 52
  vitórias 20, 21, 22, 23, 25, 72, 73, 75, 77
  vitórias por equipe 44, 45
  voltas mais rápidas 28, 29, 48, 66, 69, 70, 71, 72
Schumacher, Ralf 41, 62
Schumacher, Tony 248, 249
Scuderia Toro Rosso 34, 39, 55
  pole positions 46
  vitórias por equipe 45
Sears, Jack 234
Sears Point
  capacidade 124
  extensão 116
  sedes 119
  voltas mais rápidas 121
Sebring
  extensão 67
Senna, Ayrton 66, 77, 212
  campeonatos 14, 15, 16, 17
  GPs 35, 40, 41
  pole positions 26, 27, 46, 47
  pontos 50
  títulos por equipe 52
  vice-campeões 18

vitórias 21, 23, 25,66, 72, 77
  vitórias por equipe 44
  voltas mais rápidas 49
Shadow
  pole positions 47
  voltas mais rápidas 49
Sharp, Scott
  campeonatos 160
  largadas 169
Shaw, Wilbur 186
Shelmerdine, Kirk 112, 113
Shepherd, Morgan 97
Shierson Racing
  vitórias por equipe 188
Siffert, Jo 40
Silverstone 69
  GPs 73
  número de corridas 74
  voltas mais rápidas 71
Singh, Joginder 143
Siviero, Tiziano 131
Skaife, Mark 241
Skinner, Mike 247
Smith, Bruton 120
Smith, Jack 116
Sneva, Tom 171
Solberg, Petter 133, 134, 143
Spa-Francorchamps
  extensão 67
  GPs 72, 73
  número de corridas 74
  recordes de velocidade 77
  voltas mais rápidas 71
Spice, Gordon 224
Sprague, Jack 246
Spyker 55
Stacey, Alan 70
Stanley, Louis 59
Stewart, Jackie 56, 59, 66
  campeonatos 14, 15
  GPs 40, 41
  vitórias 21, 23, 72, 73
Stewart 59
Stewart, Paul 59
Stewart, Tony 93, 123, 173
  pontos 91
  premiação 110
  vitórias 86, 87, 118
  vitórias por equipe 106
Stohl, Manfred 137
Streiff, Philippe 196
Strycek, Volker 239
Stuck, Hans 35
Subaru
  fabricantes 141, 149
Sullivan, Danny
  pole positions 164
  vitórias 162
Super Nova Racing
  vitórias por equipe 204, 205
Surtees, John
  campeonatos 14,15, 16
  GPs 24
  títulos por equipe 52
  vitórias 199
Sutil, Adrian 37
Suzuka 69
  GPs 72
  recordes velocidade 77
  voltas mais rápidas 71
Suécia
  Campeões de rali 139
  Rali da Suécia 142
Suíça
  A1GP, equipe 210, 211
  títulos por equipe 52

T
Talbot
  fabricantes 141
Talladega Speedway 124

  capacidade 124
  extensão 117
  número de corridas 122
  velocidade média 118
  voltas mais rápidas120
Tandy, Mick 229
Tarquini, Gabriele 31, 38, 236
Taruffi, Piero 21
Taylor, Mike 70
Team Green
  vitórias por equipe 177
Texas Motor Speedway
  capacidade 124
  recordes de pista 180, 181, 182
  voltas mais rápidas 120
Thackwell, Mike 34
  pilotos 197
Thomas, Donald 97
Thomas, Herb 100, 112
  recorde de idade 97
  títulos 83
Todt, Jean 58, 59
Toivonen, Henri 138, 146
Toivonen, Pauli 148
Toleman
  pontos 50
  vitórias por equipe 199
Toro Rosso *veja* Scuderia Toro Rosso
Tour de Corse 142
Toyota
  fabricantes 140, 149
  pole positions 47
Tracy, Paul
  carreira 171
  largadas168
  vitórias162, 183
  voltas mais rápidas 165
Trintignant, Maurice 38
Truesports
  vitórias por equipe 176
Trulli, Jarno 24, 37
Trundle, Neil 57
Tuero, Esteban 34
Tyrrell 39
  GPs 54, 55
  pole positions 47
  pontos 50, 51
  títulos 52, 53
  vitórias por equipe 45
  voltas mais rápidas 49
Tyrrell, Ken 56

U
Unser, Al 172, 173, 191
  campeonatos 161
  carreira 170
  pontos 167
  vitórias 186, 187
Unser, Al Jr. 172
  campeonatos 161
  pontos 167
  vitórias 180, 190
Unser, Bobby
  carreira 170
  pontos166
  vitórias163

V
V8 Supercars 240-1
Valência
  recordes de velocidade 76, 77
  voltas mais rápidas 71
Vandervell, Tony 52
Vanwall
  pole positions 46
  títulos 52, 53
Vasser, Jimmy 88
Vatanen, Ari
  campeonatos 131

carreira 137
  Rali de Monte Carlo 146, 147
  Rali Paris-Dacar 152
  vitórias 132
Verney, Annie-Charlotte 219
Vettel, Sebastian
  campeonatos 18, 19
  pole positions 26, 27
  recordes de idade 27, 34, 35
  vice-campeões 19
  vitórias 25, 34
  vitórias por equipe 45
  voltas mais rápidas 71
Vice-campeões
  Fórmula 1 18-19
  Indianápolis, 500 Milhas de 191
  Nascar Sprint Cup 84-5
Vickers, Brian 93, 100
Villeneuve, Jacques 15, 18, 22, 27, 36, 41, 52, 55, 71, 131, 161
Vitaphone Racing 227
Vitórias
  IndyCar 162-3
  Nascar Sprint Cup 86-9
Vitórias em GPs
  Fórmula 1 20-5, 63, 72-3
  pistas 72-3
Vitórias por equipe
  esporte protótipo 226-7
  Fórmula 2 198-9
  Fórmula 3000 204-5
  Indianápolis, 500 milhas de 188-9
  IndyCar 176-9
  Le Mans 220-1
  Nascar Sprint Cup 104-7
  turismo 236-7
Volkswagen *veja* VW
Voltas mais rápidas
  construtores 48-9
  Fórmula 1 28-9
  GP2 209
  IndyCar 164-5
VW
  Rali Paris-Dacar154

W
Waldegård, Björn 139
  campeonatos 130
  pontos134
Walkinshaw, Tom 235, 237
Wallace, Rusty
  pole positions 92, 109
  premiação 110
  vice-campeões 84
  vitórias 87, 89
  vitórias por equipe 105
Waltrip, Darrell 101, 124
  campeonatos 82
  carreira 94
  largadas 99
  pole positions 92, 108
  vice-campeões 84
  vitórias 87, 89, 123
  vitórias por equipe 105
Ward, Rodger 162
Warmbold, Achim 136, 137
Watkins Glen
  extensão 66, 116
  sedes 118
Watson, John 22, 23, 45, 57
Weatherly, Joe 107, 110
Webber, Mark 24, 26, 34, 205
Wendlinger, Karl 225
Werner, Marco 231
West Surrey Racing 212
Wheldon, Dan 173
Whincup, Jamie 240
Williams 57, 58

campeonatos 16
  GPs 39, 54, 55
  motores 62
  pole positions 26, 46, 47
  pontos 50, 51
  títulos 52
  vice-campeões 18
  vitórias 22, 73
  vitórias por equipe 44, 45
  voltas mais rápidas 48, 49
Williams, Frank 33, 58
Willow Springs Speedway
  extensão 117
Wilson, Desire 40
Winston Cup 82, 84, 87, 99, 100, 101, 113
  veja também Nascar Sprint Cup
Wirdheim, Bjorn 202
WM 221
Wolf, Walter 39, 45
Wolf-Williams
  pole positions 46
Wood Brothers Racing
  pole positions 108
  premiação 111
  vitórias por equipe 105, 110
Wood, Leonard 113
Wurz, Alexander 20, 33

X
Xangai
  número de corridas 74

Y
Yamaha
  Rali Paris-Dacar 155
Yarborough, Cale 100,101, 124
  campeonatos 82, 83
  largadas 99
  pole positions 93, 108
  recordes de pontos 90
  vice-campeões 84
  vitórias 87, 89
  vitórias por equipe 105
Yas Marina 69, 77
Yunick, Henry "Smokey" 112, 113

Z
Zakspeed
  pontos 51
Zanardi, Alessandro
  vitórias 162
  voltas mais rápidas165
Zandvoort 69, 213
  número de corridas 74
Zeltweg
  extensão 66
Zippadelli, Greg 112

CRÉDITO DAS FOTOS

Os editores gostariam de agradecer as seguintes pessoas e instituições pela permissão de reproduzir as fotos deste livro. A localização das fotos é indicada pelo número de página e por sua posição nela, conforme legenda a seguir:

C-centro, T-no alto, B-embaixo, E-esquerda, D-direita

Getty Images: 92T, 189TE; /Gunnar Berning/Bongarts: 224T; /Robert Cianflone: 241D; /Focus on Sport: 105BE, 188D; /Paul Gilham: Front Endpaper; /Bill Hall: 97T; /Darrell Ingham: 189D; /Craig Jones: 113B; /Robert Laberge: 180T; /MacGregor: 244B; /Leonard McCombe/Time & Life Pictures: 188E; /Ann Miller-Carr/AFP: 179BD; /Dozier Mobley: 85T, 87B, 92B, 109B; /Popperfoto: 198D; /RacingOne/ISC Archives: 82T, 82B, 84B, 86E, 88T, 88B, 89B, 90T, 90B, 91B, 93B, 94B, 95B, 97BE, 99TE, 99BE, 100B, 105E, 106B, 107TE, 107D, 107BE, 108TE, 108B, 112T, 112B, 120T, 123TE, 124T, 245C, 246B; /Jamie Squire: 250B; /David Taylor: 2E, 87T, 98B, 105T, 181B; /Mark Thompson: 204B; /Alvis Upitis: 166T, 248C, 251B

LAT Photographic: 2D, 4C, 12-13, 14T, 16B, 17D, 18B, 21D, 21B, 22B, 23B, 24B, 25TD, 25E, 26T, 26B, 27T, 28T, 30D, 31T, 32C, 32B, 33T, 35B, 38T, 38B, 39C, 39B, 40T, 40B, 41B, 44C, 45T, 46, 47B, 48BE, 49C, 49B, 51D, 52E, 52D, 54T, 54B, 55D, 56T, 56BD, 57E, 58TD, 58B, 59E, 60T, 62C, 63D, 66TE, 67T, 67B, 68T, 68B, 70D, 71T, 72D, 73C, 73B, 75B, 95TD, 110B, 113T, 116T, 118D, 125TD, 125B, 130T, 130B, 131TE, 131D, 132C, 132B, 133BE, 134D, 135T, 136C, 136BD, 137D, 137B, 138T, 139B, 140D, 141T, 142E, 142B, 143T, 143B, 146TE, 146BE, 147T, 147B, 148E, 148B, 149T, 160T, 161E, 161BD, 166B, 176T, 177BD, 179T, 187T, 187B, 196E, 196B, 197TE, 198B, 199T, 199B, 200-201, 203T, 203B, 204T, 205E, 208B, 212T, 212B, 213T, 216-217, 218E, 218D, 220T, 221E, 221B, 222-223, 225B, 226E, 226B, 227TD, 227BD, 232-233, 234B, 235T, 237C, 237B; /Phillip Abbott: 9BE, 156-157, 158-159, 163B, 169D, 176B, 183E, 183B; /Autostock: 118E; /Tyler Barrick: 91TD; /Lorenzo Bellanca: 42-43, 213BD; /Dan R. Boyd: 5T, 180T; /Charles Coates: 10-11, 31B, 37BD, 71B, 229; /Michael Cooper: 37T; /Rick Dole: 5B, 231T; /Paul Dowker: 236B; /Glenn Dunbar: 18T, 20B, 29B, 37C, 192-193, 209T; /Ebrey: 214-215, 225C; /Steve Etherington: 6-7, 8E, 33B, 41TD, 48D, 53D, 64-65, 66B, 69T, 70B, 77T; /Andrew Ferraro: 5C, 45C, 47T, 34BD, 36B, 74T, 76D, 77D, 206-207, 208T, 208E, 210B, 228T; /Art Flores: 171B; /Drew Gibson: 235D, 236D; /Ralph Hardwick: 133BR, 136TE, 144-145, 149E, 238B; /Gary Hawkins: 239TE; /Mark Horsburgh: 240C, 240B, 241T, 241BD; /David Hutson: 167TC; /Nigel Kinrade: 89T, 96T, 96B, Back Endpaper; /Walt Kuhn: 177C, 184-185; /LAT South: 80-81, 83T; /Gavin Lawrence: 202B, 205TD; /Robert LeSieur: 85B, 94T, 97D, 99BD, 101C, 104T, 111B, 124B; /Michael L. Levitt: 3E, 83B, 161T, 162T, 165T, 168D, 173B, 174-175, 181E, 189B, 191B; /McKlein: 126-127, 133D, 134T, 135B, 138D, 138B, 140B, 141E; /Lesley Ann Miller: 93T, 125C, 247B; /Photo 4: 234C; /Clive Rose: 202T; /Phil Sedgwick: 246T; /Alastair Staley: 47TE, 209B, 239D; /Dan Streck: 119B; /Steven Tee: 27C, 50T; /Mike Weston: 182B; /F. Peirce Williams: 9E, 102-103, 106T, 123D, 169B, 172B, 179D, 183TE, 230; /Kevin Wood: 228B

Offside Sports Photography: /L'Equipe: 155T, 155BE

Press Association Images: /AP: 53B, 100T, 108TD, 150-151, 170C, 172T, 178T, 180BE, 186T, 186B, 190T, 191T, 220B, 244C, 248B; /Walter G. Arce/Landov: 104B; /Guillermo Arias/AP: 160B; /Auto Imagery Inc/AP: 251D; /Barry Batchelor/PA Archive: 142T; /Paul Beaty/AP: 163E; /David Boe/AP: 190B; /Gerry Broome/AP: 114-115; /Scott K. Brown/AP: 122C; /Victor R. Caivano/AP: 63B; /Antonio Calanni/AP: 74B; /Stephen J. Carrera/AP: 177T; /Alan Chandler/PA Archive: 245BD; /Lionel Cironneau/AP: 146TD, 149BD; /Darron Cummings/AP: 168T, 171TD; /DPA: 17B, 28B, 45B, 73T, 153B; /David Davies/PA Archive: 22T, 35C, 59BD; /Tony Dejak/AP: 162B; /Eduardo di Baia/AP: 139T; /Paulo Duarte/AP: 152C, 153D; /Christophe Ena/AP: 154B; /Steve Etherington/Empics Sport: 4T, 20D, 134BE; /Micke Fransson/AP: 128-129; /Gareth Fuller/PA Archive: 207D; /Steven Governo/AP: 211B; /Alastair Grant/AP: 3D; /Laurence Griffiths/Empics Sport: 171D; /Harry Harris/AP: 110T; /Steve Helber/AP: 117C; /Tom Hevezi/PA Archive: 62B; /Damon Higgins/Zuma Press: 91TE; /Nam Y. Huh/AP: 109T, 165BE; /Mark Humphrey/AP: 116B, 167BE; /Shuji Kajiyama/AP: 173TD; /Carolyn Kaster/AP: 120B; /Ross Kinnaird/Empics Sport: 164B; /Jay Laprete/AP: 247T; /Jed Leicester/Empics Sport: 86B, 98T, 101B; /Ben Margot/AP: 165E; /John Marsh/Empics Sport: 14B, 16T, 36T, 51B, 53T, 55TD, 61D, 76B, 203C, 238T; /AJ Mast/AP: 168BE; /Steve Mitchell/Empics Sport: 19T, 55BD, 235BE; /Mitsubishi Motorsports: 8BD; /Max Nash: 210TE; /Steve Nesius/AP: 231E, 231BD; /Chris O'Meara/AP: 52B, 178B; /Rick Osentoski/Landov: 121T; /L. M. Otero/AP: 173E; /PA Archive: 15T, 23C, 245TE; /Dave Parker/AP: 170B; /Alberto Pellaschiar/AP: 50B; /Craig J. Penders/AP: 111T; /Natacha Pisarenko/AP: 152B; /Lefteris Pitarakis/AP: 69B; /Presse Sports: 154T; /Tom Puskar/AP: 167D; /Chris Putman/AP: 249C; /John Raoux/AP: 95E; /Martin Rickett/PA Archive: 27B; /Jeff Roberson/AP: 163TD, 187C; /Rick Rycroft/AP: 164T; /S&G and Barratts/Empics Sport: 19B; /Koji Sasahara/AP: 4B; /Mary Schwalm/AP: 84T; /Ken Sklute/AP: 250T; /Glenn Smith/AP: 117T, 117B; /Michael Sohn/AP: 61T; /Peter Steffen/DPA: 24T, 30B; /Sutton Motorsport: 8-9, 15B, 29T, 34E, 56BE, 57B, 72BE, 75T, 77BE, 131BD, 155BD, 211T, 219C, 219B; /Chris Szagola/Landov: 242-243, 249T; /Mark J. Terril/AP: 121B, 182T; /Matthew Thacker/CSM/ABACA USA/Empics Entertainment: 78-79; /Topham Picturepoint: 221T; /Chris Urso/AP: 249BD; /Rui Vieira/PA Archive: 60B; /Ronald Wittek/DPA: 239BE; /Matt York/AP: 119T

Topfoto.co.uk: 44B

Empreendemos todos os esforços para localizar e creditar corretamente os proprietários de todas as imagens desta obra. A Carlton Books Limited pede desculpas por qualquer omissão ou erro involuntários, que poderão ser corrigidos em futuras reimpressões do livro.

FONTES DE CONSULTA

LIVROS E REVISTAS

Analysing Formula 1 (Roger Smith, 2008)
Autocourse
Autocourse CART Official History 1979-1998 (Rick Shaffer, 1999)
Book of Formula 1 Top Tens, The (Roger Smith, 2008)
Can-Am Photo History (Pete Lyons, 1999)
Complete Book of the World Rally Championship, The (Henry Hope-Frost & John Davenport, 2004)
Complete Encyclopedia of Formula One, The (Bruce Jones, 2009)
50 Years of NASCAR (Bob Latford, 2000)
Grand Prix Data Book (David Hayhoe & David Holland, 2006)
Guinness Complete Grand Prix Who's Who, The (Steve Small, 1994)
Indianapolis 500 Chronicle (Rick Popely, 1998)
International Motor Racing Guide (Peter Higham 2003)
Official Formula One Yearbook, The (Bruce Jones, 2010)
Story of March: Four Guys and a Telephone, The (Robin Herd & Mike Lawrence, 1989)
Ultimate Encyclopedia of Formula One, The (Bruce Jones, 1995)
Winston Cup, The (Duane Falk, 2000)
World Atlas of Motor Racing, The (Joe Saward, 1989)
World Motor Racing Circuits (Peter Higham & Bruce Jones, 1999)

WEBSITES

about.howstuffworks.com
champcarstats.com
f1db.com
forix.com
indycar.com
jayski.com
motorsportsetc.com
nascar.com
racing-reference.com
rallybase.nl
rallycars.com
theinsidegroove.com
wikipedia.org
wrc.com

SOBRE O AUTOR

O jornalista Bruce Jones cobre as competições de esporte a motor há mais de 25 anos e já escreveu diversos livros sobre o assunto, com títulos destinados a todas as idades. Em meados de 1980, trabalhou na revista *Autosport*, considerada a voz do automobilismo em todo o mundo, e tornou-se seu editor em meados dos anos 1990.

Bruce também já foi repórter da FOM Television. Costuma transmitir as 24 Horas de Le Mans e o festival Goodwood Revival, seu evento anual de automobilismo predileto.